SV

Karl Dedecius
Zur Literatur und Kultur Polens

Suhrkamp

Satz und Druck: MZ-Verlagsdruckerei GmbH, Memmingen
Printed in Germany

Albrecht Dürer, Hieronymus im Gehäuse

Albrecht Dürer, Melancholie

Zur Literatur und Kultur Polens

INHALT

I

II

III

I

Ne quid nimis
Nur nicht zuviel

Hieronymus, Briefe

VORSTELLUNG

Hand aufs Herz: wer dekuvriert sich denn schon gern? Sich einfach vorstellen, ist schwierig, weil es leicht ist. Das Einfache mißrät zu oft, wenn es geraten scheint. Wir stellen uns arglos vor, und schon ist eine Vorstellung passiert, die in Verstellung, wenn nicht sogar in Unterstellung endet.
Dabei wäre zur Person alles kurz und rasch gesagt. Name, Vorname, Geburtsjahr und Ort sind in Dateien gespeichert und jedem Unbefugten zugänglich. Auf Klappentexten oder anderswo. Aber – was tun Daten zur Person, zur Sache? Die Sache steht für die Person, und die Person steckt in der Sache. In unserem Falle: in litteris. (Ein Schreibender ist sowieso ein Exhibitionist, auch wenn er sich in Wörtern, mit Wörtern, durch Wörter versteckt.)
Das Thema des gestrigen Tages[1] ist von nachhaltiger Inspiration. Es inspiriert und es irritiert mich, meinen lateinischen Kopf hier herzuhalten. Nominative sind verräterisch. In meinem Falle sagt der Name eigentlich alles. Mein abwertendes Präfix de – wie deplaciert – fixiert mich im voraus und für immer. Ich bin mit diesem überflüssigen »de« de-dekoriert, das heißt, wenn ich nicht irre, ab-geschmückt, und das sogar im Komparativ. Was Wunder also, wenn mich Sprachempfindliche, denen das Stottern nicht über die Lippen kommt, verlegen variierend, persiflierend, parodierend zum Desiderius oder auch Deditius oder Dekadentius deformieren. Nur die sehr Wohlwollenden sagen manchmal delikat Delicius. Eine kleine Selbstlaut- oder Mitlautfälschung, und alles wäre decens: schicklich, kleidsam. Ich könnte deduzieren, dezidieren, dedizieren. So aber bin ich Vorstellungen ausgeliefert, die bis zur ›Schändung‹ und ›Beschämung‹ reichen. Ein kleines ›de‹ zu viel ist keine Kleinigkeit. Mein Werfall ist

ein melancholischer Fall. Ein de-Fall, Abwärts-Fall, fast Unfall.

Beschränken wir uns auf das Wesentliche.

Meinem lateinisch-slawisch-germanischen Mischblut haftet Melancolia an. Melancolia sei das Wochenbett des Geistes, hatte – so oder ähnlich – Aristoteles gemeint. Talent zum Ernst, Besinnlichkeit. Nein, nur getrübte Sinnlichkeit, widersprachen die Biologen, weil die dunkle Galle die Vernunft verstopfe. Sie sei Temperament, meinten noch andere, als solches eine Neigung und Begabung, ja auch Vorbestimmung. Und Cicero verallgemeinerte, daß »ómnes ingeniosos melancholicos esse«. Nein, sie sei Apathie, Gemüt im Lichtbereich des Saturn. Komplex des Unmuts, sagt der Volksmund. Nein, Melancholia ist das Poetische an sich, behauptet Poe.

Antinomien jeden Augenblick, und alle stimmen. So ist die Sprache, so ihr Staat, so unser Haus. Das ist in aller Kürze auch mein nomen omen fatum Schicksal.

Dürer sah die Melancholie in Kreuzstruktur: als einen meditierenden Engel inmitten weltlichen Krams. Die Kunstbuchhalter machten Inventur im Bild und zählten zehn Hauptgegenstände, dazu zehn kleinere am Boden und zehn über der Mitte. Die Zahl erhoben sie zum Rhythmus, den Zirkelarm zur Achse.

Dem Laien ist die Ordnung und das Dezimalsystem im Bild nicht gleich erkennbar. Sein Auge flüchtet vor dem Durcheinander. So findet er den Stützpunkt in dem Rechteck: in der rechten Ecke. Dort hat sich die Magie der Mathematik im Mauerwerk verankert. Unter der Glocke, die die Ankunft anzeigt, neben dem Stundenglas, in dem der Abschied rieselt. (Die Zehn, die Zahl der Menschheit, auch die Zahl der Decii, findet man links; allerdings am zweiten Platz, in jeder Richtung, hinter dem Rücken der anderen, versteckt, als hätte sie Scheu oder Angst, ein Initial zu werden. Ihr genügt es zu wissen, daß sie im magischen Quadrat, ob waagerecht, ob senkrecht, an der Summe mitwirkt.)

Die Frage fällt nicht selten: Wie kann man nur in Frankfurt leben? Man lebt überall, wo man ist. Solange man lebt. Und wie man lebt, das ist bereits eine andere Frage.
Auf Delos, auf der Insel Apollos, waren Natur und Kunst seinerzeit zur Einheit geworden. Delos, erinnern wir uns, war das griechische Banken- und Handelszentrum, gewissermaßen das Frankfurt von Hellas. Das hatte Apollo nicht gehindert, dort zur Welt zu kommen, Delos in Melos zu verwandeln. Obwohl Delos der größte Markt für Hetären und Sklaven war.
Geschäft und Göttliches großzügig beieinander ist sehr Griechisch. Delos bedeutet übrigens das ›Erscheinende‹, das ›Vorstellbare‹, das ›Vorgestellte‹. Damit möchte ich auf die Vorstellung zurückkommen und bitten, diese de-finitiv beenden zu dürfen.

Stammbaum

Kann man sich auf seine Erbmasse – die faktische oder die fiktive – verlassen? Die Fast-Namensvettern, die diversen Decii, die zu allen Zeiten europäischer Geschichte in allen Ländern dieses Kontinents zum Vorschein kommen, bieten eine nachdenkenswerte Parabel.
Vor zweitausend Jahren trugen unter italischem Himmel sowohl Plebejer als auch Kaiser den gleichen Namen: Decius. Einer von ihnen, ein Plebejer, der fabulöse Decius Lanuvius[2], war im vierten Jahrhundert vor Christus Flötenbläser, sogar Vorsteher dieser Zunft. Als solcher hatte er einen Musikantenstreik in Rom angezettelt, weil der Senat seinen Mannen den Mai-Schmaus verweigert hatte und weil die Priester den

Meister selbst an einer Liebesaffäre hindern wollten. Der Streik war wirksam, denn ohne Flötenbegleitung konnten der Senat nicht seine Feste und die Priester nicht ihre Gottesdienste begehen. Der Plebejer setzte sich durch.

Ein anderer Decius – Decius Augustus, der Caesar – tat sich fünfhundert Jahre später in demselben Rom als roher Christenverfolger hervor. Sein Fiasko gelte als Beispiel dafür, wie wenig Gewalt auf die Dauer auszurichten vermag. Entwicklungen, die kommen müssen, können zwar aufgehalten, nicht aber abgewendet werden. Decius Mus, der Kaiser, hat das Christentum nicht verhindert.

Den Makel dieser beiden ungleichen, aber gleich unheiligen Deciorum aus Rom machten gut tausend Jahre später andere Decii woanders durch beispielhafte Gottgefälligkeit wett.

Franciskus Decius aus Valenza war um die Mitte des sechzehnten Jahrhunderts Professor der Rhetorik in seiner Vaterstadt und suchte seinen Schülern das damals vernachlässigte Studium der Alten näherzubringen. Er war traditionsbewußt, konservativ und hinterließ eine Reihe frommer oratorischer und eucharistischer Schriften.

Dann gab es noch einen italienischen Decius, Anton Decius von Orta im Patrimonio Petri. Dieser war Poet, lebte am Ende des 16. Seculi und hielt mit Torquato Tasso vertraute Freundschaft. Er hatte die Mode gemocht und wäre also modern, vielleicht auch progressiv zu nennen; aber er starb sehr jung und hinterließ deshalb nur ein bekannt gewordenes Werk: eine Tragödie.

Es ließen sich auch noch mehrere spanische Decii, gute Katholiken, Jesuiten-Fratres, Schriftgelehrte, Professoren, tüchtige Inquisitoren aufzählen.

Die deutschen Deciuse hielten es mit der Reformation. Nikolaus Decius zum Beispiel, ein Mönch, Propst am Nonnenkloster (sic!) zu Steterburg bei Wolfenbüttel, Lehrer in Braunschweig, dann – 1522 – Pfarrer an Sankt Nikolai zu Stettin, dichtete Kirchenlieder für Luther, die auch heute noch nach dem evangelischen Gesangbuch gesungen werden. Indem ich an die Decii der Religionskriege anknüpfe, mahnen mich die Fehler der Geschichte, gemeinsame Wurzeln nicht zu zerstören.

Als letzten Decius möchte ich einen präsentieren, der mich am stärksten beeindruckt; den Humanisten Jost Ludwig Decius (eigentlich Dietz, den die Polen Decjusz, oder Dejcz, auch Dycz, manchmal Dijecz nannten)[3], den Sohn des Jakob Decius, des Bürgermeisters von Weissenburg im Elsaß (weshalb er seine Werke mit ›Wissemburgensis‹ unterschrieb).[4] Jost Ludwig trieben die Unruhen in seinem Land mit vielen anderen Deutschen ostwärts nach Mähren. Im Herbst 1507 sehen wir ihn, als Zweiundzwanzigjährigen, in Fuggers Kupfer- und Silberbergwerken in Schwaz-Tirol beschäftigt. Kurz danach reist er im Gefolge des ungarischen Botschafters nach Ungarn und von dort nach Krakau, wo er in die Dienste des Fuggerschen Teilhabers, des Krakauer Bankiers J. Bonner, tritt und 14 Jahre sein Sekretär und Bevollmächtigter ist. Im Auftrag seines Prinzipals weilt er oft im Ausland, so 1511 auch in Frankfurt am Main. 1520 ist Decius bereits Sekretär und Berater des Königs Sigismund des Ersten, von dem er oft wichtige diplomatische Missionen im Norden und Westen, Süden und Osten übertragen bekommt.

»Dank diesen Auslandsreisen, den wissenschaftlichen Neigungen und den hervorragenden Talenten«, schreibt einer seiner Biographen, Władysław Pociecha[5], »erwarb sich Decius eine gewichtige Stellung in Kreisen der Gelehrten und Humanisten, die mit ihm literarisch und gesellschaftlich verkehrten«, so eine ganze Plejade polnischer Poeten, Gelehrten, Politiker. »Er zählte zu den engsten Freunden des Erasmus von Rotterdam, der ihm 1523 eine Paraphrase des ›Precatio dominica‹ gewidmet hatte.« Decius steht in der Korrespondenz des Desiderius Erasmus mit Polen an erster Stelle (»O würdigster Mann, dessen liebenswerte Worte entwaffnen, Argumente angreifen, dessen Bildung leuchtet,

Kraft der Eloquenz hinreißt. Doch am meisten spricht mich die erstaunliche und bewundernswerte Bescheidenheit an. Ich schätze sie so sehr, daß ich bereit wäre...«). Bücher interessierten Decius auch als Herausgeber, Bibliophilen und Mäzen von Gelehrten und Poeten. An ihn, als den Protektor der humanistischen Studien in Polen, wandten sich die Krakauer Altdrucker M. Scharffenberg und H. Vietor (bei der Herausgabe des Werks von Erasmus »De conscribendis epistolis«, Cracovia 1523).

Während seines Aufenthaltes in Neapel im Jahre 1523 beschrieb Decius das Erdbeben, dessen Zeuge er war, und veröffentlichte diese Schrift in Nürnberg 1527, danach gab er eine farbige Beschreibung des Sieges von Fürst K. Ostrogski über die Tataren an der Olszanica heraus (»Sendbrieff von der grossen schlacht... am XXVII tag Januarii des 1527 Jars...«). Decius schrieb Latein oder Deutsch, mit der Zeit lernte er auch Polnisch.

1523 gründete Decius in Krakau einen humanistischen Kreis, der bürgerlichen Charakter hatte und den Ideen der Renaissance diente, die aus Italien, Deutschland und England nach Polen drangen.

Der polnische Kleinadel warf Decius die guten Beziehungen zu den Deutschen vor, die Deutschen nahmen ihm das Engagement in Sachen seiner Wahlheimat übel, aber Decius ließ sich keinen Augenblick seines tätigen Lebens beirren; er genoß dank dessen – trotz zeitweiliger Verleumdungen und Intrigen – eine Sonderstellung als Vertrauter des polnischen Königs und die Anerkennung des preußischen wie des Habsburger Hofes. 1519 verlieh ihm der Kaiser in Wien den Titel eines Palatin (sacri lateranensis et imperialis palatii vicecomes palatinus) des Heiligen Römischen Reiches deutscher Nation..., der polnische König am 29.6.1531 das Wappen derer von Tęczyński, ein Beil, das Decius bald in ein leichteres und lustigeres Pfälzer Rebmesser abwandeln ließ. Er vermittelte zwischen den Höfen, besorgte vertrauliche Korrespondenzen, stützte moralisch und finanziell alle Bestrebungen im Lande und außerhalb, damit »die Freundschaft zwischen den Habsburgern und den Jagiellonen, durch Blutsbande geheiligt, nicht zerrissen werde« (D. an den König Ferdinand, Posen 1.5.1528).

Der Wahlkrakauer aus dem Elsaß vereinte scheinbar Unvereinbares. Er war Schöngeist und Finanzgenie zugleich. Beides hatte er sowohl theoretisch als auch praktisch nachgewiesen. 1526 trat er vor den Petrikauer Sejm mit einem Traktat »De monete cussione ratio« und legte das Programm einer umfassenden Reform des Münzsystems vor. Die Krönung dieser Reform, gegen die ursprünglich Herzog Albrecht 1528 in Elbing polemisiert hatte (durch die »Epistola ad L. Decium civem cracoviensem de monete restitucione«, die höchstwahrscheinlich Copernikus verfaßt hatte), war die Münzunion zwischen Polen und Preußen. Decius wurde Direktor der gemeinsamen Münzanstalt in Thorn; »die unter seiner Leitung geprägten Münzen gehören zu den schönsten der polnischen Renaissance«[6].

Dieser Jodovicus Ludovicus Decius hatte sich in Polen folgende Titel, Ämter und Ehrenämter allesamt (verdienterweise) erworben (ich zitiere polnische Quellen – und nur, weil heute so viel von Überlastung und von Spezialisierung geredet wird): Verdienter Schriftsteller und Verleger (Autor historischer Werke wie »De vetustatibus Polonorum«, »De Jagellonum familia«, »De Sigismundi regis temporibus«, außerdem Autor ökonomischer Traktate, z.B. »New Bergordnung das alt Bergwerk Kupferberg in Slesien under den Furstenthumben Schweidnicz und Jaur gelegen im Januario des MD und XXXIX jars ausgangen«), Stadtrat, Vizekastellan, Direktor der Königlichen und der Preußischen Münzanstalten, Ädil der Marienkirche zu Krakau, Provisor des Hospitals des Heiligen Rochus, Vorstand des Salzbergwerkes in Wieliczka, Schultheiß in Piotrków, und viele andere mehr. Gegen 1535 hatten ihm italienische Architekten nach einem Entwurf von Berrecci in Wola Chełmska bei Krakau, die später der Jostsche Freigrund genannt wurde, eine stattliche Renaissance-Residenz erbaut, die man noch heute besichtigen kann. Auch seine Werke sind in der Bibliothek der Jagiellonen-Universität einzusehen.

Der Name scheint wie geschaffen für Evolutionen, auch Mutationen, geeignet zu allerlei (mehr oder minder mutwilligen) Verschönerungen oder Verballhornungen; er taucht im literarischen Europa immer wieder neu auf: als Dedeke, Diediecke, Tiedecke, Dicius, Deciens, Dedekindus (»Grobianus et Grobiana«, Francofurti, ap. Chr. Egenolphum 1554.8°°), als Diticius, Duditius (Bibliotheca Fratrum Polonorum, Amsterdam), als Deditius (»Theorie über die Verbindung von Poesie und Musik«) oder Deddeus (»Geroepen om wrij te zijn...«, als Dederich (»Über die Feldzüge des Drusus und Tiberius in das nordwestliche Germanien«), Dedet (»L'exil«), Dederra (Gardavsky Vitezlav, »Gott ist nicht ganz tot, Betrachtungen eines Marxisten über Bibel, Religion und Atheismus«), Dedeček (»Etude litteraire et linguistique«), Dede (Volodymyr Kyrylovič Vynnyčenko), und noch einmal als Dedekind, Mathematiker der jüngsten Zeit (»Essays on the theory of numbers / Stetigkeit und irrationale Zahlen«). Zu möglichen Varianten gehören auch die Kurzfassungen Didi oder Dedi (wie schon der König Cheob vor 3000 Jahren seinen Zauberer nannte), oder persönliche Spitznamen wie De-Zug (in der Schule, der Geschwindigkeit wegen). Ernst und heiter im Wechsel, deutsch, italienisch, spanisch, polnisch, böhmisch, russisch, französisch, englisch im Gemisch – damit wäre die Absicht vollends offenbar: mit Hilfe des Namens Decius, als pars pro toto, eine europäische Windrose zu zeichnen. Eine, die die Gegensätze von Nord und Süd, von West und Ost genealogisch – faktisch, oder doch zumindest fiktiv, als Vorstufe des Faktischen – zu naturalisieren beitragen könnte.

Hieronymus

Ich habe oft über die unbewältigte Pathologie des Übersetzens nachgedacht. Meine Gedanken suchten Stütze bei den Ahnen (Schlegel, Tieck, Novalis, Schleiermacher, Luther), und blieben doch am liebsten bei dem ersten stehen, bei Sankt Hieronymus, dem Übersetzer-Urbild, Vorbild, Schutzpatron, wie ihn Valery Larbaud in dem Essay »Sous l'invocation de Saint Jérôme« bezeichnet hatte.

Es ging eine eigenartige phonetische Verbindung hin von St. Jérôme zu meinem Lehrer und Patron Żeromski (zu lesen: Jérômski)[7]. Nach ihm hieß die polnische Schule, die ich besucht habe und wo ich zu übersetzen anfing, damals aus dem Lateinischen und Deutschen ins Polnische. Von Jérôme über Jérômski (Żeromski) war mein Weg als west-östlicher Übersetzer ziemlich zwingend vorgezeichnet.

Mich reizte Jérôme allerdings nicht, wie Larbaud, zur Anrufung, sondern zur Anbetrachtung. So habe ich es mir zur Gewohnheit gemacht, auf meinen Reisen in Museen, Galerien und Kirchen nach den Bildnissen des »Doctor Doctorum, Doktor Maximus« Ausschau zu halten, um zu erfahren, welche Ansicht von ihm die deutschen, holländischen, italienischen, die spanischen und die angelsächsischen Meister verschiedener Zeiten hatten.

Hieronymus, unter Slawen geboren, Lateiner durch literarische Bildung, hatte purpurne Gewänder und Bettlerlumpen gekannt und mit der gleichen Selbstverständlichkeit getragen. Er war Prediger im Westen und Eremit im Osten, ebenso in Rom wie in der Wüste zu Haus. »Wer sich selbst und andre kennt, / Wird auch hier erkennen: / Orient und Occident / Sind nicht mehr zu trennen.«[8]

Für den Portugiesen Teixeira de Pascoaes, aber auch für die meisten anderen Biographen, war Hieronymus ein Sturmheiliger und Verkünder einer zum Kult erhobenen Freundschaft. Er war fasziniert von der Idee des Lebens, das in den Buchstaben steckt. Seine Empfindsamkeit für ihre Formen war ungewöhnlich, er suchte und achtete in ihnen die Ordnung. Er war ein Heiliger, der die Stufen der Laster und der Leidenschaften absolviert hatte. Eine Symbolfigur des Übergangs und der Verwandlung, die seine Zeit geprägt hatten, unterwegs vom Altertum zum Mittelalter; Cicero und Christus gleichermaßen verfallen. Ein Grenzgänger. Einer, der in der Zerrissenheit seiner Zeit eine Klammer sein wollte. Asketischer Ästhet. Furchtlos vor den Mächtigen, hilfsbereit gegen die verwundete Bestie. Lyrisch-gütig zu seinen Freunden und satirisch-bissig zu seinen Gegnern.

Diese Gegensätze und Widersprüche, verkörpert und vereint in der Gestalt des St. Hieronymus, werden besonders deutlich, wenn wir ihn auf den Bildern großer Meister betrachten. Piero della Francesca hat Hieronymus den Kopf des Sokrates aufgesetzt, den halbnackten Greis von einem purpurgeschmückten Patrizier anbeten lassen. Colantonio Napoletano hat seine Güte und Anhänglichkeit in der Freundschaft mit dem König der Wüste, dem Löwen, in den Mittelpunkt gestellt. Jusepe de Ribera gab ihm das strenge Antlitz eines Inquisitors, der die tödlichen Gedanken für die nächste Auseinandersetzung sammelt, Caravaggio ließ auf seiner Leinwand rechts und links zwei kahle Kugeln aus dem Dunkel hervorleuchten: den Totenschädel auf dem Buch (Vergänglichkeit des Ewigen) und auf der anderen Seite den lebendigen, strahlenden Schädel Hieronimi (Dauer des Augenblickes). Bei Tiepolo ist Hieronymus leidend, wenn auch im Prachtgewand eines Bischofs, geschmückt mit viel Brokat und einem Hirtenstab aus Gold. Francesco Barbieri hat ihn im Oratorio di S. Giovannino zu Rimini als Sancto Girolamo nel deserto venezianisch, weich, chromatisch, nicht kniend, sondern mit gegrätschten Beinen, in dramatischer Pose gegen die bedrängende Natur gestemmt, gemalt.

Aus dem finsteren Gewitterhimmel posaunt ihm gerade ein Engel einen guten Einfall zu. Des Übersetzers Schreibpult ist wie ein Altar.
Der große Hieronymus-Altar von Jakob Cornelisz van Amsterdam zeigt ihn in der Umgebung von Frauen (was man dem Übersetzer kirchlicherseits schon zu Lebzeiten zum Vorwurf machte). In Landshut, im Münster zu St. Martin, ist Hieronymus am ersten Beichtstuhl von links vor dem Altar holzgeschnitzt zu sehen, gegenüber einer mit Haarsträhnen nur bekleideten Jung-Frau. Reymerswaele hat dem typographischen Schmuck der aufgeschlagenen Schrift besondere Liebe geschenkt und neben das Buch ein Vergrößerungsglas gelegt. Ein Tip für jedermann: die Sätze genauer zu besehen und auch das schwächer und das klein Gedruckte zu beachten.
Lucas Cranach d. Ä. hat den Urahn der Übersetzer mehrmals gemalt. Zwei seiner Bilder sind im Kunsthistorischen Museum in Wien zu sehen, eins davon 1502 signiert. (Allein die Gemäldegalerie des Kunsthistorischen Museums in Wien verfügt über dreiunddreißig Hieronymus-Darstellungen, abgesehen von den vielen weiteren, weniger interessanten, im Depot. Hieronymus auf Eichenholz, auf Kupfer, Leinwand, Linde, Pappel, auf dem Holz der Olive.) Das Cranach-Bild von 1502 zeigt Hieronymus kniend vor dem Kruzifix, aber in der Gebärde des Protests. Die leidenschaftliche Linke zerrt am Bart, das derbe Hemd ist zerrissen, das Wundmal auf der Brust offen, die Rechte, mit dem Stein bewaffnet, holt gerade zum Wurf aus. Hier ist der Ungezähmte, der arme, purpurlose Streiter sichtbar, der heftig seine Argumente schleudert. Es fehlt in dieser Landschaft die Geborgenheit von Albrecht Dürers Gelehrten-Handwerksstube und auch die Eleganz der Interieurs im Renaissance-Palazzo des Antonello da Messina. Auf dem Bild des Italieners war der Löwe im Dunkel fast verschwunden; den lichten Vordergrund beherrschte ein selbstgefälliger Pfau. Wie anders dagegen erscheint der Über-

setzer auf dem Bild von Albrecht Bouts, der ihn als demutsvollen, schuldbewußten Büßer zeigt, in dunkler Mönchskutte mit Strick, auf Steinen.

Auch von Bartolomeo Montagna gibt es mehrere Hieronymi, wie später dann von Rembrandt. In Mailand (bei Poldi-Pizzoli) ist ein besonders eindrucksvoller Montagna zu sehen, Hieronymus betend, an einen Quaderstein, aus dem eine Jungeiche wächst, gelehnt, nur andeutungsweise kniend, fast aufrecht, vor eine merkwürdige Architektur postiert. Die angebetete Christusfigur ist in Augenhöhe an den jungen Eichentrieb gefesselt und ähnelt einem naturgewachsenen Ast. Dahinter sieht man einen in Fels gehauenen, unvollendeten Turmbau, zu dem massive Steintreppen führen, an einem dunklen Doppelbogen vorbei, durch einen hellen Torbogen hinauf in die große, tiefdunkle Öffnung im zweiten Stockwerk, dem Menschen schemenhaft zustreben. Hieronymus und der Turmbau von Babel? Das Übersetzen vor dem Hintergrund einer Sprachverwirrung?

Auf einem Bild, das ich in Boston entdeckt habe, einem Bild aus der Werkstatt des Paolo Veronese, beherrscht das Ganze die ausgestreckte Rechte des Hieronymus, ein schlanker, asketischer Arm und eine von Fleiß gemeißelte feinnervige Hand. Sie quert das Bild, einer Brücke gleich, von rechts nach links. Neben dem Totenkopf und dem Schreibgerät steht die unübersehbare Sanduhr. Ihr rieselnder Sand scheint an die im kleinlichen Streit und Müßiggang vergeudeten Minuten, Stunden und Tage – Tagungen – zu gemahnen.

Berninis Hieronymus aus dem Dom zu Siena ist musikalisch. Der über seine linke Schulter geneigte Heilige hält das Kruzifix am Kinn wie eine Violine, mit einer Hingabe, die selbst die Klänge sichtbar macht. Ein auf dem Kreuz musizierender Hieronymus – was für ein Thema!

Der römische Gerolamo von Il Caravaggio hat seine Rechte mit dem Federkiel sehr malerisch angehoben, doch so unnatürlich gespreizt, als säße er vor einer Kamera Modell für ein Senilen zugedachtes Schönheitsjournal. Der spanische Übersetzer-Heilige in Milano aus der Pinacoteca di Brera: eine Großaufnahme zweier Schädel zum Dialog des Prinzen Hamlet. Was mag der kahle Kopf des Heiligen wohl an den kahlen Totenschädel zu richten haben: die Frage etwa nach der Wahl zwischen Sein und Nichtsein?

Was mir stets auffiel: fast alle Hieronymus-Bilder wirken wie gemalte Mahnungen und Lehren. Auf dem Bilde von Joos van Cleve, das etwa 1520 entstanden ist und in der Sammlung des Fogg-Art-Museums der Harvard-Universität hängt, scheint das Rot des Mantels über den Rahmen hinaus die ganze Wand wie ein rotes Meer zu überschwemmen. Dieses Rot des weltlichen römischen Purpur und der geistlichen Kardinalswürde vereint die Passion von Glaube und Tat. Das Memento hat der Maler diesmal wörtlich in sein Bild hineingestanzt: »Respice finem«. Ein Wort, das sich jeder Übersetzer morgens und abends vorsagen sollte: Bedenke das Ende. Der auf dem Bild von Cranach frei auf einem Ast sitzende Papagei ist hier bei Cleve eingesperrt in einen Käfig. Vielleicht auch das als Mahnung für den Übersetzer: es nicht zu bunt und nicht zu nachahmungstriebhaft zu treiben.

Hieronymus lebte ein nicht ungefährdetes Leben. In Mailand, in der Fondazione Artistica Poldi-Pezzoli, erkennt man das auf dem Bild von Bernardino Luini, dunkel, aber unübersehbar. Hieronymus, weißbärtig und von edlem Wuchs, wird zum Ritter geschlagen, in seinem Rücken aber lauert die Schlange, versteckt in einer Grotte. Das Grottendunkel ist deutlicher Widerspruch zu der Helligkeit der idyllischen Parkanlage vorn; mit Teich und Schwänen, lustwandelnden Müßiggängern mit Hund. Der Löwe blickt mißtrauisch auf den schmalen, steinigen Weg seines Herrn.

Körper und Kopf des Löwen auf den meisten Bildern wären Stoff genug für eine besondere Studie. Mal Hund, mal Katze, mal Menschengesicht und mal Affenfratze, erscheint der zum Haustier gezähmte Wüstenkönig oft als Bernhardiner. Vielleicht war es tatsächlich ein Hund, der den in der Zoologie wenig bewanderten Mönchen den Esel hütete und manchmal strafweise vertrat?

Bei Antoniazzo Romano schläft der Löwe hinter einem Felsblock, unbeteiligt, als überlasse er die ganze Plage des Haderns mit Gott und der Natur seinem Herrn.

Sehr selbstgefällig sieht auf mich herab von seinem Standort der Heilige von der Hand des Meisters Anton Sturm aus Füssen (um 1750): ganz in Porzellanweiß gewandet, mit schweren, dicken Quasten, Borten und einem Hut von Gold. Das Kruzifix aus Gold, der Hirtenstab aus Gold, das Buch aus Gold (die Aurea Legenda, die sein Leben beschreibt?), ja selbst der plastische Totenschädel auf dem Buch aus Gold. Der aus müden Lidern blickende, mit sinnlich geschwungenen semitischen Lippen lässig lächelnde Heilige gleicht hier eher einem spanischen Grande und arbiter elegantiarum – doppelt bedenkenswert mitten in der bayerischen Folklore im Umfeld seiner Kirche, der Wies-Kirche zum gegeißelten Heiland des Dominikus Zimmermann.

Freunde spielten mir unlängst eine Postkarte zu, den Putto vom Diessener Hochaltar abbildend. Die Karte wird am See an Touristen verkauft. Der Putto, dem Kirchenvater zu Füßen, treibt Ulk mit dessen bequastetem Hut. Er hält ihn neckisch, wie weinselig (so könnte auch ein junges Mädchen seinen ersten Hut probieren) über dem Kopf. Das Foto der Postkarte ist scharf und läßt auf der Anrichte neben dem Putto, dem Heiligen zu Füßen, zwei Schnapsgläschen aus der bajuwarischen Jetztzeit erkennen, die noch zur Hälfte gefüllt sind. Der Meßdiener hatte sie wohl in der Eile vor dem Objektiv des Fotografen nicht mehr verbergen können. Schelmischer Putto, Hieronymus-Hut und ein Doppelkorn vom Ammersee – welch ein originelles Motiv!

Larbaud schrieb, wie erwähnt, eine Invokation auf Hieronymus, die er aus Zitat-Worten des Heiligen kompiliert hatte: »O Doctor Opime ... aggrediar opus difficillium ... nunc te precor ... ut me ... juves, quo possim eodem spiritu quo scripti sunt libri in meum transfere sermonem.« – »Preiswürdiger Lehrer ... ich rüste zu einem Geschäft voller Schwierigkeiten, und jetzt schon bitte ich dich um deinen Beistand, daß ich imstande sei, dieses Werk in meine Sprache zu übersetzen, in dem gleichen Geiste, in dem es verfaßt worden ist.«

Die Probleme des Übersetzers von heute sind nicht anders als die des Übersetzers von gestern, und nicht anders, als sie es morgen sein werden. Die modischen Attitüden wechseln, das Wesentliche aber, die Kernfragen bleiben die gleichen. Sie sind längst erörtert und dargelegt, am deutlichsten wohl in der so farbigen Gestalt des Übersetzer-Urahnen Hieronymus, des weisen Pilgers zwischen Ost und West. Der Eremit und Exeget, der Lehrer und Vorkämpfer, der Wahrheitssucher, der Widersacher, der Künstler und Pedant, der Kritiker und Visionär, der Arme und der Purpurträger, der Moralist und Missionar, der Demutsvolle und Samariter, der Mensch mit allen seinen Schwächen: Hieronymus hat uns die Problematik des Berufes eines Übersetzers vorgelebt und aufgezeichnet. In höchster Leidenschaftlichkeit – in der Passion.

Geburtsurkunde

Jedes Produkt setzt einen Herstellungsprozeß voraus, jedes Leben einen Zeugungsakt, für beides sind zwei Faktoren vonnöten: ein weiblicher (das Wollen) und ein männlicher (das Können).

Der weibliche Faktor im Entstehungsprozeß einer Übersetzung ist die biologische Disposition des Übersetzers – mit ihren Voraussetzungen und Bereitschaften; der männliche Faktor ist seine philologische Disposition, ein Quantum von verarbeiteten Kenntnissen, fixierten Erfahrungen. Der Zeugungsakt selbst ist in jedem Fall intim und führt dementsprechend zu ganz persönlichen Ergebnissen, von denen wir im voraus nicht sagen können, ob und wie gut sie gelingen.

Der weibliche Faktor, die biologische Voraussetzung, ist primär. Die Gedanken zum Übersetzen als Kunst kommen erst später hinzu. Es ist bei dieser Vaterschaft wie bei jeder anderen: zuerst beginnt man aus Lust, dann fängt man an, darüber nachzudenken, zu philosophieren.

Was ein Übersetzer über die Praxis des Übersetzens zu sagen hat, spricht immer nur von seiner eigenen Praxis. Es bleibt ein Versuch, die persönlichen Erfahrungen dingfest zu machen und zu hoffen, daß sich daraus – vielleicht – ein paar allgemeingültige Einsichten ableiten lassen. Die Motive, die Wege und die Mittel des Übersetzens sind so mannigfaltig, ihre Möglichkeiten derart unberechenbar, daß man die Anmaßung scheut, ein Phänomen, das schon bei uns selbst nur Zufälligkeiten und Abhängigkeiten unterliegt und endlose Zweifel auslöst, bei anderen Übersetzern ergründen, geschweige denn beurteilen zu wollen.

Mein erstes Übersetzen kam zustande, als ich vier Jahre alt war. Wir wohnten damals auf dem Lande, in der Nähe eines kleinen Flusses, der mir riesengroß und als das Ende der Welt erschien. Und täglich lockte mich von jenseits des Wassers unwiderstehlich ein unzugängliches, also phantastisches Reich: das andere Ufer. Es mag sich fast gar nicht von dem unseren unterschieden haben, doch mir schienen die Blumen dort bunter, das Gras grüner, die Früchte an den Bäumen begehrenswerter. Ich war neugierig, hatte Fernweh, wollte hinüber.

Einen gab's, der über diese Grenze gebot: den Fährmann; er war für mich der mächtigste Mann der Welt. Und eines Tages, nachdem er mich oft genug am Ufer hatte sitzen

sehen, sagte er freundlich zu mir: »Na komm schon, ich will dich übersetzen.«
Dann folgte für mich die Zeit der Sagen und Geschichten. Und wieder war es eine vom Übersetzen, die mich fesselte. Diesmal war's ein unbekannter Strom, er hieß Lethe, und ein fremder Fährmann, der hieß Charon; aber die Tatsache, daß er die Schatten der Toten über das dunkle Wasser des Vergessens hinüberbefördern konnte – soviel hatte ich verstanden –, erregte mich sehr.
Dazu lernte ich bald die große und die kleine Übersetzung kennen, als ich das erste Fahrrad bekam. Ich beneidete die Besitzer von doppelten, umschaltbaren Übersetzungen, die ihre Kraftanstrengung jeweils dem Gelände anpassen konnten. Mir wurde bewußt, während mein Tretkurbellager beim Fahren bergauf knirschte und knackte, daß wechselvolle Geländeformen auswechselbare Übersetzungsmöglichkeiten erfordern.
Dann kam allerdings ein Übersetzen, das ich nicht wollte und zu dem mich gar nichts trieb, sondern zu dem ich getrieben wurde: das Übersetzen über den Don im Sommer 1942. Es machte mir den Unsinn eines Übersetzens klar, zu dem wir nicht berufen und nicht gerufen sind. Mit feindlichen, falschen Mitteln, und wären sie noch so stark, läßt sich eine fremde Landschaft nicht mit Erfolg in eine vertraute übersetzen.
Dann folgten lange Jahre, Stacheldraht umflochtene, mit Wachtürmen umstellte Jahre, und ich lernte das Übertragen als Daseinsform, das Verständlichmachen als Möglichkeit des Überlebens.
Und nun habe ich, leidlich erwachsen, mir einen Nachen gebaut, mich an einem Strom angesiedelt, der Welten voneinander trennt, und versuche, soviel in meinem Boot Platz hat, so gut ich es kann, hinüberzuretten, auszutauschen und zu vermitteln. (Der Obolus für mich steckt stumm im Munde der Fracht.)

Der Sinn dieses Abenteuers ist jetzt wie damals, dort wie hier ein Dienst: der Fährmannsdienst, der sich im Hin und Her erfüllt, eine lebendige Brücke herstellen will, die Kommunikation zwischen den Ufern besorgt. Das Abenteuer selbst ist in der erregenden Ungewißheit enthalten, ob unsere Fracht denn auch unbeschadet am anderen Ufer landet oder im Styx versinkt, ob es gelingt, sie in ein neues Leben zu überführen, oder nur in einem neuen Schweigen zu löschen …
Der Unsinn dieses Abenteuers ist jetzt wie stets der Mißbrauch, der die eigene Kraft überschätzt, der übersetzt, um zu überschreiten, um durch Gewaltanwendung Besitz zu ergreifen, um das Fremde an sich zu reißen, es mit dem eigenen Gewicht zu erdrücken, gleichzuschalten, ihm das Eigenleben zu nehmen, alles so sehen, sprechen und leben zu lassen, wie wir es wollen, nicht wie es selber will …

Aus der Bereitschaft und dann aus den Versuchen entsteht ein Erlebnis- und Erkenntnisvorrat; in diesem wurzelt das Verhältnis zum Geschäft des Übersetzens; auf ihm basieren die Fragen, die man sich bei jedem Auslaufen neu stellen muß.
Was soll ich übersetzen? Vielleicht das, was mir gefällt? Das wäre eine Möglichkeit (wenn ich für mich allein übersetzte). Aber gefällt das, was mir gefällt, auch anderen? Und ist das, was mir gefällt, überhaupt von Interesse? Gewiß nicht. Es hätte eine subjektive, eingeschränkte und somit fragliche Bedeutung. Dann doch vielleicht – was allgemein gefällt? Auch das ist eine Möglichkeit. Man kann sie bei Verlagen, Zeitungen, Institutionen, aus Angebot und Nachfrage erfahren – aber welchen Wert hat noch Gefälligkeit, die allgemein geworden ist? Und welche Lebensdauer? Und welche Wichtigkeit hat es, das, was sowieso schon vorhanden, noch um ein Gleiches zu vermehren? Ich sollte also meine knappe Zeit und meine kleine Arche wirtschaftlich nutzen, so wie es Noah tat (die Zeiten sind ja, literarisch, einer Sintflut ähnlich), ich sollte nur die einmaligen Exemplare überliefern, die

für ihre Gattung stellvertretend und zeugungsfähig sind; die ihre Lebensform, ihre Entwicklungsstufe, ihre Klimazone überzeugend repräsentieren, die man als Beispiel, als Beleg – ganz gleich aus welchen Gründen: der Schönheit, der Wahrheit, der Güte – ein für allemal bewahren sollte. Auf diese Art entsteht die erste Konzeption der Auswahl.

Hat man die Wahl getroffen, erhebt sich die nächste Frage: *Wie* kann ich übersetzen? Ich kann natürlich immer nur eines: entweder Worte, Sätze, Gedanken oder Bilder, Stil und Poesie übersetzen. Das erste empfiehlt sich bei Texten, wo es vor allem auf die exakten Mitteilungen, also etwa bei wissenschaftlichen Texten, ankommt.

Poetische Texte stellen andere Ansprüche. Das wußten bereits die Übersetzer vor tausend und mehr Jahren, und das hat sich bis heute kaum geändert. Aber das scheinen nicht alle zu wissen, die darüber zu urteilen haben, sonst würden sie nicht derart siegesbewußt diese zwei oder auch zehn Worte zitieren, mit denen sie ›nachweisen‹, der Übersetzer habe die übersetzte Sprache mißverstanden, weil er die (zwei oder auch zehn) Worte anders wiedergegeben hat, als sie im Lexikon zu finden sind.

Zugegeben, die Fälle mehren sich, daß Leute Dichtung aus Sprachen übersetzen, die sie nicht beherrschen, daß dabei Dinge passieren, die man nicht unwidersprochen lassen darf. Aber das heißt nicht, daß ein Wörterbuch Maßstab dafür ist, ob eine Dichtung gut oder schlecht, richtig oder falsch übersetzt worden ist.

Dichtung ist übersetzbar – als Dichtung allerdings nur mit den Mitteln der Dichtung. Die Praxis belehrt jeden Übersetzer darüber, daß die Kenntnis einer Sprache dort beginnt, wo das Lexikon aufhört, wo man das Wort zwischen den Wörtern, das unausgesprochene, das verschwiegene oder unsichtbar gemachte, das über der Satzkonstruktion schwingende hört, wo man den Gedanken, der den Vers geboren hat, der aber nicht den Worten, sondern dem Gesamtgebilde zu entnehmen ist, auf die Spur kommt. Deshalb ist die entscheidende Frage beim Übersetzen eines Gedichts die nach seinem Gesamtwesen. Es gilt nicht zuletzt, seine Akzente, Proportionen, die tonischen und die architektonischen Absichten zu erkennen und für diese in der neuen Sprache angemessene Entsprechungen zu schaffen. Man kann Dichtung würdig übersetzen, wenn man zu unterscheiden weiß zwischen dem Wesentlichen und dem Beiwerk dieser Dichtung. Das erste müssen wir wiedergeben, das zweite dient uns als unerläßlicher Spielraum.

Am Ende steht die dritte Frage, die Existenzfrage allen Übersetzens:

Warum muß ich übersetzen? Mich reizt es in diesem Zusammenhang, einem Vorurteil zu widersprechen. Peter Suhrkamp hat einmal gesagt, ein Übersetzer *solle* nur *einen* Autor übersetzen. Das könnte man gelten lassen, wenn man bedenkt, daß es ein Verlegerstandpunkt war und daß Suhrkamp dabei an die Übertragung umfangreicher Gesamtwerke gedacht haben mochte. Wenn man dann aber sagen hört, ein Übersetzer *könne* nur einen Dichter übersetzen, nämlich den ihm gemäßen, wahlverwandten – dann stimmt das nicht.

Übertragen ist ein Verwandlungsvorgang. Entweder man kann sich sprachlich verwandeln, dann kann man übersetzen, auch mehrere Autoren – oder man kann es nicht, dann wird auch der eine Autor, den wir übersetzen, nur wir selber sein, niemand anderer. Es hat noch niemand einem Schauspieler, einem Darsteller fremder Charaktere, zugemutet, sein Leben lang nur eine Rolle zu verkörpern. (Er hätte ja sonst nicht Schauspieler zu werden brauchen.)

Mich reizt am Übersetzen gerade die Gelegenheit der Metamorphose, die vielfache Möglichkeit, mit Hilfe des Mediums Sprache ein Jahrhundert früher und später zugleich zu erfahren, die hellen und die dunklen Töne zugleich zu hören, in einem Leben mehrere Leben zu erleben. Der literarische Betrieb von heute hat den Autor aus seinem Paradies vertrieben. Seine Lage ist nicht selten mit der eines Filmstars vergleichbar. Man kennt seine Augenfarbe, seinen Haarschnitt und seine Schuhgröße. Man hat sich an seinen Tonfall, seinen Gang und seine Grübchen gewöhnt; man liebt sie und verlangt nach ihnen immer wieder, in jedem Streifen, in jeder Position. Der Übersetzer dagegen darf noch ungehindert, sogar legitim, die Haut wechseln, in seinem nicht alltäglichen Alltag Tragödien mitleiden und an Komödien teilhaben, so er nur will. Er darf Abend für Abend in einem anderen Stück auftreten und eine multiplizierte Vielfalt des Daseins und der Charaktere genießen.

So wandelt sich zum Schluß die Fragestellung in ein Lob des Übersetzens. Denn trotz aller Schmähung, die dieses Geschäft erfährt, und trotz der Unvollkommenheit, an der es leidet, hat es so viel Nutzen zu stiften und Genugtuung zu vergeben, daß es stets neue Adepten anzieht und neue Gönner herbeiruft.

So hart und vergeblich die Praxis des Übersetzens scheinen mag, die Besessenheit erhebt sie zur Kunst, der Zweck heiligt ihre Mittel, und ihre Leistung ist ebenso unentbehrlich wie die der Wasserleitung oder die des elektrischen Stroms.

In memoriam Kazimierz Wyka

Ich sitze am Schreibtisch, versunken in meine Erinnerungen – die gemeinsamen mit ihm und die einsamen um ihn –, umgeben, nein, schon belagert von seinen Büchern, ratlos ob seiner letzten Reise, die keine Wiederkehr hat.

Er war der erste Pole, der mich »willkommen« hieß. Er hätte es offizieller tun können, aber er tat es anders, herzlich, offen, vertraulich. Es war auf dem Flugplatz von Warschau, und es war mein erster Besuch im Nachkriegspolen, gegen Ende des Jahres 1959. Kazimierz Wyka[9] hatte mich zur Tagung des Instituts für Literaturforschung, als dessen Direktor, im

Namen der Polnischen Akademie der Wissenschaften eingeladen. Ich war nervös, denn das Flugzeug landete mit großer Verspätung; Wyka wartete geduldig in der Baracke von Okęcie, um mich, einen jüngeren, ihm fremden und für ihn sicherlich wenig wichtigen Amateur-Polonisten zu begrüßen; dazu noch einen, der aus dem Land kam, das in Polen keine Hoffnung auf spontane Sympathie hegen durfte.

Er war der erste Mensch, der mich ermutigt hatte, die Komplexe, die gegenseitig gefährlichen, zu überwinden, und zwar ohne jede Didaktik, mittels des natürlichen Takts und Vertrauens. Das bestärkte mich darin, daß unsere Begegnung sinnvoll sei und Folgen haben werde.

Er war der erste Professor, der mir mit seinen Büchern bewies, daß die Wissenschaft nicht aus Eisenbeton, nicht schwer verdaulich sein muß, daß sie sehr wohl aus Fleisch und Blut sei, so daß man sie geradezu umarmen, liebgewinnen und sich an ihren Gaben freuen kann.

Ich schöpfte aus seinen Quellen und aus den Quellen seines Instituts die erste, mich faszinierende Kenntnis von der polnischen Gegenwartsliteratur. Die anderen verhielten sich oft anders: sie antworteten nicht auf Fragen, hielten – verständlicherweise – Distanz oder zeigten sogar Verachtung. Wyka überragte die Mehrzahl um einen Kopf. Wörtlich: Kopf.

Er war für mich im entscheidenden Augenblick des Starts ein Zeuge für die Realität des Gelobten Landes aller Schreibenden: der Wissenschaft, die im Bündnis mit der Phantasie steht und einer üppigen Vorstellungskraft, die auf solidem Quellenstudium basiert.

Er war mir nahe als ein Verwandter des Doktor Faustus – polonisierte Ausgabe – mit zwei großen Seelen in der Brust: der eines komplizierten Künstlers und der eines einfachen Weisen. Was ich aus seiner Feder las, war nie als ob oder an niemand geschrieben. An Orten, die er passierte, hinterließ er Spuren.

Er betrieb Verständigung ohne Verstiegenheit; aus Verständnis, also mit Verstand. Trotzdem nie ohne Gefühl. Unprätentiös und mutig.
Unsere Bekanntschaft war seltsam, fast in absentia. Kaum ein paar Briefe und zwei, nicht mehr, Begegnungen am Rande der Tagungen des Instituts, an denen ich in Warschau teilnahm. Eher ein wortloser Austausch von Intuitionen, ein Wechselstrom von zwingendem Vertrauen und Anziehungskraft, die ohne viele Worte und Gesten auskam. Und aus Arbeiten natürlich, die uns gegenseitig neugierig machten oder sogar, was mich betrifft, fesselten. In dieser Atmosphäre der intuitiven Zugehörigkeit entstand bei mir ein Bild von Kazimierz Wyka, wie es etwa »Herrn Keuner« von Bert Brecht vorgeschwebt haben könnte.
»Was tun Sie«, wurde Herr K. gefragt, »wenn Sie einen Menschen lieben?« »Ich mache einen Entwurf von ihm«, sagte Herr K., »und sorge, daß er ihm ähnlich wird.« »Wer? Der Entwurf?« »Nein«, sagte Herr K., »der Mensch.«

Ich komme ohne Wörterbücher schlecht aus. So auch bei dieser Gelegenheit; wie immer suche ich bei Skorupka, Auderska, Łempicka (Warschau 1968) und finde auf Seite 927 unter ›Wyka‹: »Eine Pflanze, die in vielen Gattungen vorkommt ... im gemäßigten Klima.« Assoziationen, die in meiner Vorstellung die Persönlichkeit von Kazimierz Wyka zu umschreiben beginnen: »Ein Kraut aus der Familie der Papilionazeen, eine Futterpflanze.« Eine Nutzpflanze also, ein lebenspendendes Gewächs.
Meyers Lexikon (Leipzig 1930, Band XII, S. 698-699) informiert frappierender: *Vicia* (Wicke, poln. Wyka) gehöre zu den sich weit und breit und hoch rankenden Kräutern. Das ›Rankenwerk‹ als Pflanzenornament, denke ich weiter, bedeutet doch auch den Stolz der mittelalterlichen Schreiber und Schriftgelehrten, der Urheber kostbarer Inkunabeln, sie bedeutet die Zierde seltener Folianten, in deren Gesellschaft

der Professor viele Tage und Nächte zubrachte. Eine Pflanze, lesen wir weiter bei Meyer, von großer Blüte, »einzeln oder in Trauben«. Ein ragendes, reges Rankenwerk, ausgestattet mit einem uralten und weltweiten Stammbaum. Seine Spuren sind im ausgegrabenen Troja und in den prähistorischen Siedlungen Mitteleuropas gefunden worden. Eine der Gattungen, *vicia sativa*, zählt zu den ältesten unserer Kulturpflanzen. Sie stammt aus dem südlichen Kaukasus und war von hier in die ganze menschliche (und tierische) Welt gezogen. Auf einem zu leichten, zu sandigen Boden degenerierte sie zur *vicia villosa*, d.h. zum Unkraut. Und so belehrt uns die Botanik, daß es keinen Sinn hat, einer Pflanze die Beschaffenheit ihres Mutterbodens vorzuwerfen.

Vicia tetrasperma, ein anderes Exemplar der gleichen Herkunft, besitzt zehnpaarige gefiederte Blätter mit scharfen Stachelspitzen. Was wiederum belegt, daß sie sich in ihrer langen Evolution irgendwann zur Selbstverteidigung anpassen mußte – vielleicht gegen das überhandnehmende Getier aller Art, dem sie nicht mehr widerstandslos als Beute dienen wollte.

Es gibt auch dekorative Vicia, wie den *lathyrus odoratus*, die Gartenwicke, die Topfwicke, die Vasenwicke: *Sweet Pea*, die weiß-rote oder amarantene oder violette, herrlich duftende Zierpflanze.

Andererseits gibt es auch bittere Arten, giftige; womit gesagt sei, was alles in einem harmlosen Sammelbegriff eines Wortes in seinem unendlichen Mutationsreichtum Platz haben kann.

Wie viele Formen – kaukasische, römische, spanische, deutsche, französische Formen und Funktionen, wie viele Finessen!

Irgendwo zwischen der antiken *vicia* und der gegenwartspolnischen *wyka* hallen die historischen, altpolnischen, königlichen, atamanischen *wici* – ich füge zu Skorupka hinzu:

professorischen –, »geschriebenen oder gedruckten« – ich füge zum phraseologischen Skorupka (Warschau 1968, Band II, S. 543) noch die gesprochenen hinzu –, die die allgemeine Mobilmachung der Herzen und der Hirne bewirken. Wykas *wici* mobilisieren das Wissen und erinnern zugleich an das Winden *(wić)* eines warmen Nestes und an das Flechten *(wić)* eines Lorbeerkranzes.
Kazimierz Wyka wartete selbst mit einer ganz unerwarteten Etymologie auf – ich hätte diese Deutung nie gewagt –, als er in der Kultura vom 25. August 1974, in seiner Besprechung meiner beiden letzten polnischen Bücher, mit folgendem Bekenntnis überraschte: »Es gibt in der polnischen Kultur eine lange Liste höchst verdienstvoller Gestalten, die, obwohl sie deutsche Namen trugen und ebensolcher Herkunft waren, unserer Kultur und Wissenschaft oft mehr im Erbe hinterließen als die Verdienten von rein polnischen Namen. Linde, Kolberg, Estreicher, Adalberg, Gebethner, Wolff, Orgelbrand, Brückner, Nitsch, Szober, Szafer, Goetel, Staff, Braun ... Diese Liste könnte man beliebig fortsetzen ... als Anhang nenne ich mich selbst und bekenne urkundlich, daß im Namen Wyka das Blut meiner Vorfahren, der josephinischen bäuerlichen Siedler namens Weck fließt.«
Weck ›weckt‹ weitere Assoziationen. Vom täglichen Brot des süddeutschen ›Wecken‹ bis zum ›Weckruf‹ des Moralisten, Lehrers, Denkers, Schriftstellers, Patrioten.
Der wissenschaftliche Apparat von Kazimierz Wyka – der ›Weckapparat‹ – verleiht seinem Erbe Konservierung: Dauer und Gültigkeit.

Im oben zitierten, einem seiner letzten Aufsätze hält sich Kazimierz Wyka bei meiner stillen Bewunderung für die Gestalt des Hieronymus auf, des Urbildes aller, die Wanderer sind zwischen zwei Sprachen, auf der Suche nach den Quellen jener Worte, die das Wahre bewahren. Geboren, vermutlich, in Stridona (heute Grahovo Polje), irgendwo in Dalmatien jedenfalls, schon damals an der Grenze zweier Welten, zweier Glaubensrichtungen und Denkweisen, durchwanderte er Italien und Gallien, studierte in der Hauptstadt der Welt, lebte längere Zeit in Bethlehem und in Trevira (Trier) – »an den halb barbarischen Ufern des Rheins« (Brief III, 5) –, büßte in Palästen und in der Wüste...

Für den Tropfen meines slawischen Blutes und für den Steinbrocken meines lateinischen Kopfes[10] – so etwa hätte es Hieronymus gesagt haben können.

Er las und zitierte ungeniert, ohne Gewissensbisse, sowohl die heidnische als auch die christliche Literatur.

»Es genügt mir, meine Ansichten zu bekennen und die fremden nicht zu tadeln.« (Brief CII an Augustinus, geschrieben A. D. 402).

Er hatte seinen Stand-Punkt zwischen Cicero und Christus gefunden, zwischen Rom und der Wüste Chalkis, besser: seine Wegstrecke, seine Pendler-Laufbahn, die nicht weiß, ob die Freiheit des Körpers und der Seele eine griechische Göttin ohne Kopf und Arme ist, die Horden von Hunnen und Goten vergewaltigt und aus dem Tempel auf den trockenen Sand der Mittelmeerküste geworfen hatten, oder einzig und allein die Einsamkeit des Gelehrten, der gewissenhaft und trotzig die dunklen Dinge gegen die hellen und die hellen gegen die dunklen wägt, der seine Gedanken und Empfindungen niederschreibt und dem Urteil der Geschichte überantwortet; denn bei den ›Gegenwärtigen‹ fanden seine Argumente »wenig Verständnis, trotz der ungeheuren darin steckenden Arbeit«.[11] Zweihundert Jahre später wurden sie begriffen. Nicht nur Urbild also, sondern auch Trost und Hoffnung.

Hieronymus sehnte sich nach einer wahrhaftigen Freundschaft. Er beschwor sie in den Briefen und Traktaten, öfter noch in den Gedanken und Dialogen, wenn er Hylas, Innozentius, Rufin oder Heliodor zu sich rief zu einem offenen Gespräch, einem Gespräch ohne den Zwang von

Bedingungen und falschen Rücksichtnahmen. Er rührte die Steine der Klöster, den Wüstensand und den Löwen – nicht die Menschen, auf die es ihm aber vor allem ankam. Also blieb er allein, im Grunde, in seiner Höhle, seinem Gehäuse, das Schriften, Episteln, Wörterbücher, das Kruzifix, der Totenschädel, die Sanduhr und der Löwe behausten.

Als Rom gefallen war und er den ihm liebsten Menschen, die heilige Paula verlor, schrieb er den Satz: » . . . aestuantis animi taedium interpretatione digere conamur . . .« Ich versuche den Gram einer aufgewühlten Seele mit der Arbeit der Übertragung zu überwinden . . .

Kazimierz Wyka verstehe ich als einen meiner Nächsten: den Interpreten, der den Kurzsichtigen und Unbewußten wichtige Dinge aus einer ihnen fremden Sprache in ihre eigene übertrug. »Bittet also den Herrn, daß im Lateinischen das gefalle, was im Griechischen gefällt, und daß Rom mit freudigem Herzen das empfange, was der ganze Osten bewundert und rühmt« (Brief CXII, geschrieben im Frühjahr 402).

In dieser Mission aus dieser (des Hieronymi) Absicht fühlten wir uns mit Kazimierz Wyka nah und verwandt. Wir verstanden uns auch wortlos.

STICHWORTE

Völkerwanderung

Unser Jahrhundert, das alle Rekorde schlägt, schlägt auch diesen. Der Zweite Weltkrieg mischte die Völker wie Spielkarten durcheinander. Seitdem gibt es Völkerwanderungen allüberall, sie sind keiner Rede mehr wert. Was sich an Friedensgrenzen, Demarkationslinien und in Pufferzonen aller Kontinente abspielt, ist permanente Flucht oder Vertreibung, ganz gleich, was die Menschen treibt oder vertreibt; die Gier nach mehr oder die Angst vor zu wenig, das gute Gewissen oder das schlechte Gesetz. Immer weniger Menschen haben das, was man eine Bleibe, ein Zuhause einmal zu nennen gewohnt gewesen war.
Im literarischen Gespräch heute von Heimat zu reden kommt einer öffentlichen Selbstverstümmelung gleich. Dabei gibt es sie, stets gegenwärtig, offensichtlich, diese Heimat, auch bei Amalrik, Bobrowski, Grass, Lenz, Miłosz, Solschenizyn. Auch professionelle Heimatlose kommen ohne ›Heimat‹ (Begriff, Gefühl, Geschichte) nicht aus. Am allerwenigsten die Schreiber, weil es Sprache ohne Heimat nicht gibt.
Und dennoch sind die Heimatländer entweder Folklore oder verklärende Erinnerung, irreal oder surreal geworden. Wir leben zwar nicht mehr in Zelten, aber wir nomadisieren. Wir müssen hinaus, oder wir dürfen nicht mehr zurück, wir bauen auf und wir brechen ab, in stets schnellerem Wechsel, wir werden auf der Flucht erschossen oder kommen mit lebenslänglicher Verwundung davon; wir erreichen unerwünschte Ziele, oder Ziele, an denen wir unerwünscht sind. So oder anders, ambulant oder stationär: wir irren umher. Der eine, um auf fremden Schlachtfeldern zu fallen, der andere, um aus dem Fenster eines unbezahlten Hotelzimmers auf das Straßenpflaster zu stürzen. Der dritte, um aus Ver-

zweiflung, vielleicht Resignation, aber vielleicht auch wegen tatsächlicher Schlaflosigkeit zu viele Schlaftabletten zu schlucken. Nur wenige entschließen sich dazu, nur wenigen gelingt es (aber von denen wird am meisten gesprochen), in der Livree eines fremden Potentaten Fett anzusetzen. Nur wenige gelangen auf diesem fremden Weg zu befremdenden Würden, die meisten zerschellen namenlos und ohne jede Spur.

Die Völkerwanderung hat sich fortentwickelt, ›stabilisiert‹.

Grenzen

Wir stürmen die Grenzen. Wir erheben den grenzenlosen Superlativ zum Fetisch und sehnen uns nach den Ländern unbegrenzter Möglichkeiten. Wir lassen uns unterhalten von Grenzfällen, von Grenzzwischenfällen, ohne an die Folgen zu denken, ohne an der Verantwortung zu leiden. Und schließlich bewundern wir und feiern sogar Grenzüberschreitungen, weil wir zweifelhafte Wagnisse für Heldentaten halten.

Dabei ist es mitnichten so. Das Ohne-Grenze ist mehr paraphrasierende Übertreibung als Erfolg, als Fortschritt, als Freiheit.

Alles, was ist und wächst, ist und wächst innerhalb von Grenzen. Ganz gleich, ob es die Haut ist oder das Herz. Sprengt die Haut ihre Grenzen, gibt es Wunden, Narben; sprengt das Herz seine Grenzen, folgt der unvermeidliche Tod. Es ist gut, daß es Grenzen gibt. Dadurch werden uns andere Breiten und Tiefen bewußt, in denen uns noch reichlich Spiel- und Lebensraum gelassen wird, den zu beleben unser Leben schwerlich ausreicht. Denn Grenzen sind nicht dazu da, um zu trennen, sondern um die Vielfalt zu ordnen. Um Äußerliches einzudämmen, zugleich aufs Innere

fördernd hinzuweisen. Ohne Grenzen schwebten wir dauernd in der Gefahr des Sich-Verlierens. An einem Kreis prallt unsere Verlorenheit und Eitelkeit ab, zurück zur Mitte, zum Wesen, zum Kern. Die Bändigung und Beschränkung macht die Vollendung möglich. Sowohl was den Inhalt als auch was die Form betrifft, in denen wir uns schließlich niederlassen. Das ist der Grund für unsere notwendige Standhaftigkeit.
Gab es je einen Standort, der nicht von festen, realen Grenzen zeitlich, räumlich und begrifflich umrissen war? Es sei denn, er bestünde aus Flugsand, ungeeignet, ein Wurzelwerk oder Fundament aufzunehmen. Selbst Vögel nisten nicht in ihrem Element, in der Luft, im Schweben. An der Luft kann man sich nicht festhalten. In Lüften kann man sich nicht niederlassen. Und was ist Heimatlosigkeit, diese Hinterlassenschaft der Kriege, anderes als Verlust oder Aufgabe des Standorts, als Überschreitung der Grenzen, eine Überschreitung, die immer und überall die Flucht als äußeren Zwang und dann – was noch schlimmer ist – als inneren Zustand begründet?
Sein Haus an der Grenze behalten und beides reinhalten, das Haus wie auch die Grenze, ist eine Aufgabe fürs Leben.

Literatur

Die Literatur eines Volkes ist ein Fenster, aus dem dieses Volk den Fremden ansieht, durch das der Fremde in den Lebensbereich dieses Volkes Einblick gewinnen kann.
Unser Blick durch das offene Fenster des Buches in die geistige Wirklichkeit des Nachbarn ist notwendig und nützlich. Es geht nicht an, heute, im Zeitalter der kosmischen Kommunikation, isoliert hinter verschlossenen Fenstern und Türen zu leben. Es geht nicht an, diese Fenster und Türen nur nach einer Seite zu öffnen. Unsere Erde rotiert. Was heute unten ist und dunkel, wird morgen oben und hell sein. Die Vielfalt der literarischen Gattungen, Talente, Ansichten ist

dem adäquat und entspricht der Summe der Wahrheit über den Menschen und seine Welt: Sie, diese Welt, ist nirgendwo einstimmig oder uniform vernehmbar oder sichtbar; sie verlangt den offenen Austausch verschiedener Strömungen und Tendenzen. Den Austausch – das heißt: das Gespräch. Das Buch ist die vornehmste Form des Gesprächs.

Das Buch meldet sich nur, wenn wir es vernehmen wollen, es trägt seine Ansichten unaufdringlich vor – wenn wir möchten, sogar zweimal und mehr, bis wir begriffen haben; es verstummt, wenn wir es wünschen, es sagt uns alles, auch die bitterste Wahrheit, unter vier Augen, leise. Das Buch unterbricht uns nicht, hört uns aufmerksam zu, wenn wir Einwände vorbringen, es hat Geduld und Verständnis für unsere Pausen und Nachdenklichkeiten. Es läßt uns Zeit. Es regt zur Besinnung an. Es erschüttert. Es beglückt. Aber es respektiert auch unsere eigene Meinung, ja, es wird erst in Verbindung mit dieser Meinung wirksam. Es führt in jedem Fall ein Zwiegespräch, ein freiwilliges und ein äußerst vertrauliches und vertrautes.

Der Sinn eines Zwiegespräches ist das Verständnis. Verständnis ist eine Funktion des Verstandes. Ohne ihn gibt es keine Verständigung, auf die wir heute mehr denn je angewiesen sind, wenn wir vor uns, vor den anderen und überhaupt bestehen wollen. Bestehen nicht nur im Sinne, *eine Prüfung zu bestehen,* sondern auch im Sinne von *fortbestehen,* also einfach existieren.

Libri

Im Lateinischen bezeichnet *liber* mit kurzem *i* das Buch, mit langem *i* den Freien.

So nehmen sich die Bücher die Freiheit, so greifen Freie zu den Büchern.

Der Stamm *liber* zeugt dementsprechend eine ganze Familie

von ehrwürdigen Begriffen, wie *libertas* – Unabhängigkeit, Freimut, Offenheit; *liberalitas* – edle Gesinnung; *liberatio* – Freisprechung.

Zu den schönsten Eigenschaften des Buches gehört, daß seine Form, sein Sinn und seine Wirkung übertragbar sind.

Das Wort *übertragen, übersetzen* hält in den osteuropäischen Sprachen beziehungsreiche etymologische Winke bereit. Das tschechische *překladat* (übersetzen) ist in direkter Abkunft gleichbedeutend mit dem deutschen *über-legen.* Im Polnischen heißt *tłumaczyć* (übersetzen) wörtlich *er-klären.* Das russische *pjerevodit'* (übersetzen) bedeutet *über-führen.* Alle diese Deutungsmöglichkeiten – *überlegen, erklären, überführen* – bilden den großen Auftrag und den ungewöhnlichen Reiz des Übersetzens.

Das Deutsche ist gut geeignet, Fremdes aufzunehmen, zu assimilieren, ihm auch über seine Grenzen hinaus Gehör zu verschaffen. Davon zeugen die Fülle und die Vielfalt deutscher Übersetzungen, nicht zuletzt aus den slawischen Sprachen, für die das Deutsche immer schon eine Zugbrücke in die übrige Welt gewesen ist.

So der Westen wie der Osten
Gaben Reines dir zu kosten.
Laß die Grillen, laß die Schale,
Setze dich zum großen Mahle:
Mögst auch im Vorübergehn
Diese Schüssel nicht verschmähn.

(Goethe, Westöstlicher Diwan, Nachlaß)

Goethe hatte sein west-östliches Buch (serbokroatisch ist das Buch – *knjiga* – gleichlautend mit dem *Band,* als Bindemittel) in den Jahren 1814 bis 1819 geschrieben, in der Zeit nach einem großen Krieg; in einer Zeit, die Geistern wie ihm und Humboldt das Bedürfnis nach einem Gedankenaustausch der Völker, nach Überwindung nationaler Beschränktheit bewußt machen mußte.

Goethes Anrufung von Ost und West war nicht ohne Echo geblieben. 1821 veröffentlichte Platen seine »Ghaselen«, ein Jahr später trat Rückert mit den »Östlichen Rosen« hervor. Die Wirkung des Diwans hielt bis in die zweite Hälfte des Jahrhunderts an, immer wieder neue Übersetzer, Bearbeiter, Deuter und Anthologisten östlicher Literatur herausfordernd und ermutigend, wie Leopold Schefer oder Freiherr von Bodenstedt, oder in den Werken der Dichter – Chamisso, Heine, Wilhelm Müller, Julius Mosen – nachwirkend.
Die Zeiten, in denen wir heute leben, sind ähnlich. Auch wir haben die schlimme Erfahrung eines verheerenden Krieges hinter uns, auch wir arbeiten, durch ähnliche Einsicht bewegt, an einem westöstlichen Diwan notwendiger gegenseitiger Kenntnis und Kommunikation.

Selbstbewusstsein

Ähnlich wie Goethe dem Diwan »Noten und Abhandlungen zum besseren Verständnis« angefügt hatte, aus denen seine Absichten erkennbar und durch die das Eindringen in die fremde Poesie möglich wurden, so wünschen wir uns auch heute von der Arbeit eines Übersetzers – neben Information und Genuß – auch Klärung im Sinne von Aufklärung. Einem Übersetzer, der so sein Feld erweitert und seinen Anspruch vertieft, stellt sich wie von selbst die Vorliebe für zusammenhängende Aufgaben, Zyklen, Monographien, Anthologien ein. Ein schönes Gedicht, einen klugen Essay, ein nützliches Buch zu übersetzen ist verdienstvoll. Von einem Originalwerk eines Übersetzers kann jedoch erst dann gesprochen werden, wenn seine Arbeit auf einem Selbstbewußtsein mit Konsequenzen basiert, wenn er sich *selbst* abgerungenen Ideen vertraut, wenn er *selbst* sich *selbst* in einen exakt gezirkelten Kreis von Absichten und Zuversichten stellt und

peinlich darauf bedacht bleibt, den Grenzraum seines Talents und seines Wollens nicht zu überschreiten.
Im letzten Satz habe ich – bewußt, wegen des oft unterentwickelten Selbstbewußtseins der Übersetzer – dreimal das Wort *selbst* gebraucht, um auf die vielen Möglichkeiten schöpferischer Eigenleistung auch der Übersetzer hinzuweisen. Die Freiheiten, die ihnen zur Wahl stehen, sind mannigfaltig. Sie, die Übersetzer, wählen die Sprache, das Thema, die Ideen, die Zeit, den Autor, das Werk, den Raum, die Form, die Deutung und Bedeutung. Sie haben so viel zur Verfügung, wenn sie wollen.

Sprachverkehr

Die Brückenfunktion des Übersetzens ist offensichtlich. Brücken dienen der Verbindung und dem Austausch.

Wer sich selbst und andre kennt,
Wird auch hier erkennen:
Orient und Okzident
Sind nicht mehr zu trennen.

Sinnig zwischen beiden Welten
Sich zu wiegen, laß ich gelten;
Also zwischen Ost und Westen
Sich bewegen, sei's zum Besten!
(Goethe, Westöstlicher Diwan)

Diese Einsicht hatte Goethe nicht allein. Deutsche Dichter und Philosophen haben in ihrer Mehrzahl das Geschäft des Übersetzens in seiner universalen Bedeutung gesehen und die Übersetzer ermuntert, in ihren Bemühungen nicht nachzulassen. Wilhelm von Humboldt, der die Schwierigkeiten und Unvollkommenheiten seines *Agamemnon*[12] genau kannte, befand, dies dürfe »indes vom Übersetzen nicht abschrecken.

Das Übersetzen und gerade der Dichter ist vielmehr eine der notwendigsten Arbeiten der Literatur, theils um den nicht Sprachkundigen ihnen sonst ganz unbekannt bleibende Formen der Kunst und der Menschheit, wodurch jede Nation immer bedeutend gewinnt, zuzuführen, theils aber und vorzüglich, zur Erweiterung der Bedeutsamkeit und der Ausdrucksfähigkeit der eigenen Sprache.«

Der Einfluß der übersetzten Literatur auf nationale Literaturen läßt sich mit zahlreichen Beispielen belegen. Valery Larbaud ist in seinem Essay über Hieronymus davon überzeugt, daß die französische Kultur ihre wesentlichen Inspirationen aus Übertragungen bezogen habe. »Jedenfalls sind es die tiefen, belebenden Gewässer der Vulgata des Hieronymus, aus welchen unsere Literaturen sich tränken.«[13] Als Beispiel führt Larbaud unter anderen Racine und Claudel an, die »ganz« vom »Glanze« der Vulgata in ihren eigenen Dichtungen umstrahlt seien.

Die polnische Lyrikerin und Kritikerin Urszula Kozioł schrieb zur polnischen Ausgabe des Buches »Sonne und Mond« von A. P. Gütersloh: »Ich habe schon immer behauptet, daß die polnische Gegenwartsprosa von den Übersetzern geschaffen wird. Jawohl geschaffen. Güterslohs Übersetzerin hatte in unserer Tradition keine fix und fertigen Entsprechungen vorgefunden, sie hatte die komplizierte Bildhaftigkeit [Güterslohs] erst kreieren müssen, ähnlich wie die Übersetzer von Faulkner, Kafka, Thomas Mann ... Unsere heimischen Nachahmer der westlichen Prosa ahmen demnach nicht so sehr die Sprache von Faulkner, Hemingway usw. nach wie die ihrer Übersetzer. Auf diese Weise ist die bewundernswert redliche und kreative Mühe der Übersetzer nicht vergeblich; jeder von ihnen bahnt der polnischen Sprache neue Wege, abgesehen davon, daß wir dadurch Informationen über die Leistungen fremder Autoren gewinnen.«

Namengebung

Es gibt bei Karel Čapek eine Geschichte, von der ich nur vage aus der Erinnerung an meine frühe Schulzeit weiß, deren Moral mir aber unvergessen bleibt. Die Handlung dieser Erzählung ist etwa folgende: Ein Eisenbahner bekommt von einem Verwandten zum Fest ein kleines Ferkel geschenkt. Zum Zwecke des Mästens und des späteren Schlachtens. Die Familie mästet also die künftigen Schinken und Würste und freut sich am Erfolg ihrer häuslichen Viehzucht. Eines Tages stellt das Ehepaar allerdings fest, daß man nicht gut mit einem Wesen unter einem Dach zusammen leben kann, das keinen Namen hat. Also bekommt das Ferkel einen Namen – Anton. Anton wächst, wird von allen Anton gerufen, man gewöhnt sich an Anton, und als es eines Tages soweit ist, daß man das Tier schlachten sollte, stellen Mann und Frau fest, daß sie beide nicht mehr dazu in der Lage sind. Ein gewöhnliches namenloses Ferkel zu schlachten, wäre früher einfach gewesen. Aber nun einen Hausgenossen mit Namen Anton zu töten, das brächte keiner von den beiden fertig. Damit endet, glaube ich, die Geschichte. Was unvollendet, aber mir unvergessen bleibt, ist die Moral. Wir sollten alle danach trachten, unsere Vornamen kennenzulernen, mit ihnen vertraut zu werden. Wenn eines schlimmen Tages dann die Zeit des Schlachtens wiederkehrt, dann werden wir uns nicht mehr abschlachten können. Wir werden nicht mehr verächtliche Pauschalbezeichnungen einer zum Schlachten geeigneten Gattung tragen, wie Ferkel, sondern uns aneinander gewöhnt haben und uns menschlich-familiär mit Anton titulieren. Und dann und nur so wird das Schlachten einfach undurchführbar.

Übersetzungen sind nichts anderes als Namengebung an fremde, bislang namenlose Wesen. Übersetzer schaffen diese Urbedingung des Zusammenlebens. Sie machen Fremdes beiderseits kenntlich und verständlich. Das ist der Sinn, den auch das Gedicht des tschechischen Lyrikers Miroslav Florian (1931) hat, das ich mir als ethischen Leitsatz vor Jahren (1960) übertragen habe.

Wir kennen kaum unsere Nächstennamen,
Und sind doch mit ihnen in Eins zusammengezogen,
Zusammengewachsen wie Kohle und Flamme
Und wie die Dämmerung mit dem Vogel.

Der Tod macht blässer – die Namen und die Gesichter,
Verdunkelt sie in den Spiegeln erloschener Jahre.
Das Lächeln von leblosen Lippen verblüht, vernichtet
Vom Rhythmus des täglichen Widerfahrens.

Und dennoch sind sie, die anderen, für uns
Schicksalsgesellen,
Die uns von ewigen Bindungen tuscheln,
Wie eine sich bäumende Meereswelle
In ausgespülten trockenen Muscheln.

Hoffen wir, daß die übersetzte Literatur den schreibenden und lesenden Völkern hilft, Einsichten und Nachsichten zu gewinnen, von der partiellen Zustimmung zur potentiellen Übereinstimmung zu finden.

Synthese

Ein weit verbreitetes Vorurteil besagt, Deutsche und Polen könnten sich niemals verstehen, geschweige denn einigen. Die Gegensätze seien zu groß und unumstößlich.
Das Naturgesetz besagt es anders. Gegensätze dienen auf höheren Entwicklungsstufen nicht dazu, sich zu bekämpfen, sondern sich gegenseitig zu potenzieren, zu verbinden, schließlich neue, höhere Synthesen einzugehen.
Uns verbindet die Anziehungskraft der Gegensätze. Wären wir uns näher, artverwandter, gleicher, wären wir uns auch

langweiliger und gleichgültiger. So aber sieht jeder bei dem anderen Qualitäten, die er selbst nicht besitzt, aber heimlich besitzen möchte. Es gilt, dem Konflikt eine vernünftige Wende zu geben: die zur Synthese.

Synthesen kommen zustande durch Verzicht auf hinderlichen, im Grunde auch überflüssigen Abfall und durch Destillation der widerspruchsreichen, aber im Grunde verbindungsbereiten Essenzen. Die Literatur könnte uns hier ein Vorbild liefern. Wo immer sie sich auf der Höhe ihrer Aufgabe befindet, kreiert sie verbindende und verbindliche Formen der Überwindung von Kontrasten. Im Gegenteil: Je größer die Kontraste, die sie einbezieht, je kleiner der Spielraum, der ihr zur Verfügung steht, desto stärker, wirkungsvoller das Ergebnis, die Verbindung.

Zwei unterschiedliche Phänomene streben mit unterschiedlichen Mitteln und Methoden zu den gleichen Zielen. Haben wir das Ziel im Auge, dann sind die Unterschiede für uns nebensächlich, zumindest weniger hinderlich als anregend. Haben wir aber die Methode im Auge, dann verlieren wir uns bald in ihren Diskrepanzen und werden kaum des gemeinsamen Ziels gewahr.

Es ist erwiesen, daß Spannungen zwischen Menschen oder Völkern nicht dadurch beseitigt werden, daß man sich gegenseitig seine Missetaten und Mißgeburten vorhält. Die deutsche Öffentlichkeit reagiert heute im allgemeinen richtig, wenn sie durch »Polnische Wochen«, Buchausgaben, Theateraufführungen, Konzerte, Funk- und Fernsehsendungen dem Nachbarn ihre Anteilnahme an den beachtenswerten Leistungen und an den Vorzügen seines Wesens bekundet. Das löst die Komplexe und schafft Bereitschaften und Annäherungen.

Übersetzte Bücher geben Proben davon und dafür.

Konkret

Am 13. August 1963 telegraphierte Konkret an 30 Schriftsteller der Bundesrepublik: Was kann die Bundesrepublik tun, um zur weltpolitischen Entspannung beizutragen? Soll sie einem Nichtangriffspakt beitreten? – Die Antworten veröffentlichte die Hamburger Zeitschrift im September- und Oktober-Heft desselben Jahres.

Was die Bundesrepublik tun kann? – Die Bundesrepublik ist ein zu kompliziertes, zu unüberschaubares Gebilde, als daß ein Laie dahinterkommen könnte, wessen sie fähig ist. Und dann – was nützte es uns zu wissen, was sie tun könnte, wenn sie es nicht tun will oder es nicht tun darf, aus welchen Gründen auch immer? Daß sie zur Entspannung mit allen sinnvollen Mitteln und Kräften beitragen müßte, ist ein Gemeinplatz. Natürlich – nie wieder angreifen, und alles tun, um den Nichtangriff zu garantieren. Aber – ich sehe dunkel. Politik, und manches andere dazu, wird bevorzugt und in der Mehrheit von Männern gemacht. Männer sind (ich weiß, es ist eine Verallgemeinerung) an sich militant. Sie wollen überall, wo sie stehen, im Pantheon oder unter dem Pantoffel, siegen, recht haben, recht bekommen, recht behalten, koste es, was es wolle. Auch wenn sie für den Frieden sind, sind sie es bis zur letzten Konsequenz; bis zur letzten Leiche, Lunte, Lüge. Symptomatisch für den Pazifismus unserer Zeit ist der Slogan vom Kampf für den Frieden, hier oder da, so oder so ähnlich formuliert. Er ist symptomatisch als makabrer Wortwitz, der den absoluten Widerspruch bloßlegt, dem wir ausgeliefert sind. Ohne daß wir darum kämpfen, gibt es keinen Frieden, heißt es (und so hieß es immer schon: si vis pacem ...), aber solange wir, in welcher Form auch immer, kämpfen, schließt der Kampf den Frieden aus, weil Kampf und Frieden sich gegenseitig aufheben; und so laufen sich die Ideologien und Programme wie weiße Mäuse in der rotierenden Propagandatrommel tot. Was nützen Einzeleinsichten, wenn die Gesamtnatur es anders will? Tell war zum Beispiel eine idealisierte Gestalt. Die meisten Schützen schießen und treffen den Adamsapfel, das heißt die Stimmbänder dahinter. So wendet sich schließlich die Sprache selbst gegen ihre Meister und kehrt sich ins Gegenteil dessen um, wozu die Meister ihre Sprache ›zum besten halten‹ (wiederum ein Widerspruch im Ausdruck). Sie kann zum Hindernis auf dem Wege zur Verständigung werden. Je mehr wir reden, desto weniger – unter Umständen – verstehen wir uns.

Ich sehe ein, daß ich wenig einsehe und daß meine Einsicht deshalb wenig vermag. Aber ich sehe auch ein, daß sich die ›weltpolitische Entspannung‹ aus zahllosen kleinen Entspannungen zusammensetzen muß und daß für eine davon ich höchst persönlich zuständig und verantwortlich bin. Hier ist eine Chance.

Die Bundesrepublik – ihr ist wahrscheinlich mit meiner Meinung nicht geholfen. Aber vielleicht mit meinem Handeln. Ich versuche ›entspannt‹ zu leben und baue auf die Ansteckungsgefahr, mit der meine Bazillen behaftet sind. Vielleicht bricht einmal die Entspannungsepidemie aus? Auf beiden Seiten!

II

Halte die Einfachheit heilig,
meide die wortreiche Unart.

Hieronymus, Briefe

ÜBERSETZUNG UND GESELLSCHAFT

Übersetzung und Gesellschaft. Dieses Thema gibt sich einfach: Es wird die Frage gestellt nach dem, was Übersetzer treiben, also nach der artikulierenden Mittlerschaft zwischen Sprache und Sprache, hier vereinfachend Übersetzung genannt, und nach dem Verhältnis dieser Übersetzung zur artikulierenden und Artikuliertes konsumierenden Umwelt, hier vereinfachend Gesellschaft genannt.

Allein schon das Bindewort *und* (Übersetzung *und* Gesellschaft) erweist sich beim genaueren Hinsehen als mißverständlich. Denn so eindeutig ist die Sprache nicht, daß wir einer Themenstellung wie der unseren, aus drei einfachen Wörtern bestehend, sofort entnehmen könnten, worum es geht.

Will diese Konjunktion die Übersetzung und die Gesellschaft zu einer Formel verbinden? Bezweckt sie eine Gegenüberstellung? Beides wäre möglich, beides ist üblich, beides denkbar. Sollen wir also, überlegen wir weiter, die Übersetzung als eine für die Gesellschaft oder als eine gegen die Gesellschaft gerichtete Übung betrachten? Geht es um ihre Wirkung in der Gesellschaft oder außerhalb derselben? Haben wir deduktiv oder induktiv, analytisch oder synthetisch, ideologisch oder pragmatisch vorzugehen? Ein harmloses Bindewort, ein kleines »und«, und mindestens ein Dutzend Fragen, Zweifel, Ungenauigkeiten stecken darin.

Denn unsere Sprache – ich vermute, die anderen auch – ist ein System von Kürzungen, ja Kürzeln, eine Zeichensprache, in der Gesamtheit ungenau, dazu durch den Gebrauch in Jahrhunderten verschlissen, verdreht, schematisch, schemenhaft geworden, nicht allgemeinverständlich und schon gar nicht allgemeinverbindlich, weil nicht präzise genug.

Die Kürzel laufen neben der Sache her, ihr auf der Spur, vielleicht sogar zuweilen ihr voraus, doch decken sie die Sache selten.

Wenn schon die Konjunktion im Thema derart irritiert, um wieviel mehr tun es die Substantiva. Denn beide geben sich, als wären sie so eindeutig und sonnenklar wie das Einmaleins: dabei sind sie prall von Zwistigkeiten.

Was ist schon Übersetzung? Doch nur ein vager Sammelbegriff für viele und sehr unterschiedliche Möglichkeiten eines literarischen Geschäfts. Viele Möglichkeiten, viele Auffassungen, viele Konsequenzen. Der Begriff ist schwammig, seine Konturen sind verschwommen.

Und was ist schon Gesellschaft? Eine Gruppe von Menschen, durch gleiche Lebensbedingungen und Bräuche mehr oder weniger lose miteinander verbunden? Oder? Wie viele Gesellschaften gibt es, sagen wir, in einem Volk? Wie setzen sie sich zusammen? Wie klein oder wie groß können sie sein? Woran erkennt man sie?

Drei deutsche Wörter, und wir müssen sie uns aus dem Deutschen ins Deutsche übersetzen, interpretieren, kommentieren, um sie einigermaßen deutsch zu verstehen.

Damit hätten wir bereits das Schwierige im Verhältnis dessen angedeutet, der etwas sagt und etwas schreibt, zu denen, die ihn hören oder die ihn lesen.

An dieser Stelle wäre es angebracht, um einen Ansatzpunkt zu finden, eine Autorität zu bemühen, vielleicht – da wir in Berlin sind – einen Genius loci anzurufen: Mao Tse-tung vielleicht oder Marcuse. Bei beiden fänden sich genügend Trefflichkeiten, die man als Motto für unser Thema nutzen könnte. Mir aber fällt just an dieser Stelle ein anderer Chinese ein, der früher schon Gescheites zu sagen wußte, nämlich Konfutse. Von ihm stammt der Satz:

»Am Anfang aller Ordnung der Gesellschaft hat die Ordnung des Denkens und der Begriffe zu stehen.«

Es gilt also über das Denken nachzudenken und die Begriffe

zu begreifen. Beides ist das Fundament, sowohl der Übersetzung als auch der Gesellschaft.

Der Übersetzungen gibt es viele Arten: gute, miserable, treue, freie, interlineare, parodierende, interpretierende, adäquate, sogar kongeniale. Man nennt sie alle einfach Übersetzung, und alle sind doch etwas völlig anderes. Als ich zu übersetzen anfing, hatte mich dieser Zustand der terminologischen Sprachlosigkeit mächtig gestört. Ich schlug damals vor, vor etwa zehn Jahren, doch zumindest die Unterschiede zwischen Übersetzung, Übertragung und Nachdichtung zu präzisieren, denn es wollte mir nicht in den Kopf, warum man diesen Wörtern nicht mehr ablesen können sollte als nur das, daß sie ein Text sind, der aus einer anderen Sprache in die eigene abgeschrieben wurde. Eine wenn auch sehr grobe, doch helfende Unterscheidung müßte möglich sein, wenn man sich darauf einigen wollte, zum Beispiel, daß hier die Übersetzung das Original *genau*, aber ohne künstlerisches Obligo wiedergibt, daß dort die Übertragung künstlerisch und *fast genau* ist und daß an dritter Stelle die Nachdichtung eine spielerisch künstlerische, dafür *ungenaue* Art der Übersetzung zuläßt. Man könnte sich dabei vielleicht sogar auf bestimmte Prozentsätze einigen – bis zu wieviel Prozent zum Beispiel eine künstlerische Übertragung frei sein darf (10, 15 oder 20 Prozent), um noch als solche vor dem Originalwerk bestehen zu können, und ob die Grenze der Freiheit einer Nachdichtung über der Mittellinie der 50 Prozent liegen muß oder auch darunter liegen darf? Es wäre mir als Leser um vieles wohler, wenn ich eine Übersetzung lesend wüßte, was darin – natürlich nur, wenn es objektiv feststellbar ist – stimmt (die Wortfolge, der Sinn, die Reime) und was nicht. Womit hat es der Autor in dieser Fassung genau genommen, womit weniger genau, was war ihm wichtig, was weniger wichtig? Die Sprache ist so wortreich, daß man sicherlich für jede Nuance die passende Bezeichnung fände – wenn man sich dazu bekennen und dafür verantworten wollte.

Im Augenblick ist der Gemeinplatz Übersetzung ein Gelände ohne Deutlichkeit und ohne Klarheit. Aber – um eine exaktere, spezifizierende Sprachregelung zu versuchen, bedarf es eben mehr als nur eines Übersetzers, es bedarf einer Übereinkunft, einer Sprachregelung, einer Gesellschaft.
Und damit wären wir wieder bei der Gesellschaft. Bei welcher Gesellschaft? Wer sollte sich damit angesprochen fühlen? Die Grammophon-Gesellschaft oder die Gesellschaft mit beschränkter Haftung, die offene oder die geschlossene Gesellschaft, die ›feine‹ oder die Massengesellschaft, die ›klassenlose‹ oder die Klassengesellschaft, die formierte, reformierte, uniformierte oder gar deformierte Gesellschaft? Und wie setzen sich diese Gesellschaften eigentlich und in Wahrheit zusammen? Wo steht das? Wer hat das zu bestimmen? Darüber würden sich – befürchte ich – sogar die Soziologen nicht ganz einig.
Das ist die Sprache, die uns zur Verfügung steht. Das ist der Stoff, aus dem die Übersetzungen gemacht sind.
Hier wird es Zeit, unsere sprachliche Ohnmacht einzugestehen, den Gordischen Knoten der Vieldeutigkeit zu zerschneiden und wissentlich eine eigene Deutung zu versuchen. Eine eigene – denn nur solche Deutungen sind im Bereich der Übersetzung möglich.
Ich darf also das Thema so verstehen, daß es uns um den *Zusammenhang* zwischen Übersetzung und Gesellschaft geht und daß wir unter Übersetzung die sprachliche Mittlerschaft von Volk zu Volk *allgemein* verstehen wollen und unter Gesellschaft die Vielfalt von den möglichen Gesellschaften *insgesamt*. Denn unser Rahmen ließe es kaum zu, alle Arten der Übersetzung einzeln zu behandeln oder auf die unterschiedlichen Gesellschaftsformen differenziert einzugehen.
Dem Einladungsschreiben zu dieser Tagung ist ein Zitat von Benjamin vorangestellt – es ist wohlformuliert und überzeugend. Vielleicht wollte man damit diesem Essayisten ein

gewisses Primat unter den Theoretikern der Übersetzung einräumen? Ich dachte darüber nach und fragte mich – warum. Womöglich deshalb, weil Benjamin in einem anderen Zitat die Aufgabe des Übersetzers mit einem theologischen und einem politischen Wort qualifiziert hat, indem er sagte, das Übersetzen sei ein Akt der Erlösung und der Befreiung?

Ein weiteres Zitat von Benjamin beleuchtet die gesellschaftliche Funktion der Übersetzung, und darin heißt es, daß die Arbeit des Übersetzers das »große Motiv einer Integration der vielen Sprachen zu einer wahren« erfülle. Und gleich im Anschluß daran finden sich zwei Vokabeln, die ich nützlich finde, nämlich die Wörter »versöhnt« und »übereinkommen«.

In dem Wort »versöhnt« liegt das ganze Ausmaß der Kraftanstrengung einer Übersetzung, die es auf gesellschaftliches Echo absieht: die Koordination von Disziplin und Freiheit, von Artverwandtschaft und Fremdheit, von Sinn und Form. Und in dem anderen Wort »übereinkommen« drückt sich die überlegene Bewegung zueinander aus, die Einkehr über Grenzen.

Trotzdem – abgesehen von diesen einzelnen, treffend formulierten Beobachtungen – würde mir Walter Benjamin als Apologet der Übersetzerkunst nicht behagen. Was er über diese Zitate hinaus geglaubt und gelehrt hat, erregt Widerspruch. So meinte er zum Beispiel, daß nicht der Satz, sondern das Wort das Urelement des Übersetzers sei, die Wörtlichkeit sei die Arkade, der Satz eine Mauer. Nicht der Sinn, sondern die Form habe das oberste Gesetz des Übersetzers zu sein, hatte Benjamin gelehrt. Er berief sich dabei auf das biblische »Im Anfang war das Wort« und vergaß, daß dieser Anfang doch kein Ende war, daß ihm noch der Sinn, die Kraft und die Tat zu folgen hatten. Benjamin lehrte, die Sprache müsse – ich zitiere wörtlich: »von der Absicht, etwas mitzuteilen, vom Sinn in sehr hohem Maße absehen, und das

Original ist ihr in diesem nur insofern wesentlich, als es der Mühe und Ordnung des Mitzuteilenden den Übersetzer und sein Werk schon enthoben hat. (...) Dagegen kann, ja muß dem Sinn gegenüber ihre [der Übersetzung] Sprache sich gehen lassen, um nicht dessen intentio als Wiedergabe, sondern als Harmonie, als Ergänzung zur Sprache, in der diese sich mitteilt, ihre eigene Art der intentio ertönen zu lassen.«

So schöngeistig das auch formuliert sein mag, verstehen kann ich das nicht. Das Vorrecht der einzelnen Wörter beobachten wir dort, wo man der Sprache noch nicht mächtig ist, beim Kinde zum Beispiel. Einem Kinde genügt es, übergangslos »Mama«, »lieb« und »ata ata« zu sagen – von einem Erwachsenen erwarten wir über eine Wortgewandtheit hinaus auch noch die Satzgewandtheit, den Stil. Wie Harmonie aussehen soll, von der Benjamin spricht, wenn man auf den Sinn und auf den Satzbau keine Rücksicht nimmt, sondern sich nur der Folge der fremden Wörter einfach hingibt, das vermag ich mir nicht vorzustellen.

Benjamin verspricht sich von derlei Verfahren die Bereicherung der eigenen Sprache durch die Techniken der fremden. Diese Absicht verfolgt natürlich jeder Übersetzer, aber die Möglichkeiten sind beschränkt. Wie wenig wörtliche Folgsamkeit die eigene Sprache bereichert, zeigt uns der deutsch-polnische Sprachverkehr im oberschlesischen Grenzgebiet. Dort wird das von Benjamin empfohlene Wörtlichkeits- und Sinnfreiheitsprinzip praktiziert, und zwar mit einer in den vielen oberschlesischen Witzen bespöttelten Konsequenz: Man wiederholt den polnischen Satz ohne Rücksicht auf die deutsche Syntax und den Sinn wörtlich. So kommt das wohlbekannte Wasserpolnisch zustande. Die in Oberschlesien aus dem Polnischen ins Deutsche wörtlich übersetzten Sätze stimmen mit der Formel Benjamins überein und hören sich dann folgendermaßen an:

»Hat genommen sich Antek Axt um bauen Haus.«

Wo hier die höhere Harmonie und die Bereicherung der deutschen Sprache durch Elemente der fremden zu finden sind, ist unerfindlich.

Aber Benjamin stand mit dieser seiner Theorie keinesfalls allein. Ähnlich wie er propagierten den Wörtlichkeitsformalismus Rudolf Pannwitz, der das Deutsche »verindischen, vergriechischen, verenglischen« wollte, Klopstock, der in seiner Übersetzung Miltons die Wörtlichkeit so wörtlich nahm, daß er alle Wörter des nichtgermanischen Stammes als Fremdwörter stehen ließ – und einige andere mehr. Klopstocks Methode ergab folgende »Bereicherung« der deutschen Sprache – ich zitiere wörtlich eine Probe seiner Übersetzung:

»sey gegrüßet, heiliges Licht, erstgeborener Sohn des Himmels oder des Eternellen coeterneller Strahl! Aber darf ich dich unblamirt exprimiren? ... Dich revisitire ich jetzo mit kühnerem Schwunge, echapirt dem stygischen Pfuhle, wie lange mich auch der obscure Sejur detinirte.«

Diesen Theorien, die übrigens (abgesehen von ein paar Zitaten) insgesamt ziemlich wirr und widerspruchsvoll sind, entsprechen die Ergebnisse, die dem formalistischen Prinzip folgen. Sie muten bestenfalls sonderbar an und bleiben als Literatur und Kunst unbefriedigend und wirkungslos. Das formalistische Konzept ist eine isolierte Provinz, und seine Experimente kommen über die Schwelle der philologischen Archive nicht hinaus.

Pragmatiker wie Luther, Hölderlin, die Schlegel-Tieck, Voß und George haben anderes gelehrt und andere Exempla statuiert. Ihnen ging es bei ihrer Arbeit um das Leben der Sprache, und das heißt in jedem Falle beides: das Was und das Wie als psychosomatische Einheit. Diese Einheit haben sie in der deutschen Übertragung wiederzugeben versucht. Und wenn wir einen Zusammenhang zwischen Übersetzung und Gesellschaft suchen, dann gibt es ihn nur dann, wenn die Übersetzung den Geist der Gesellschaft und die Gesellschaft den Geist der Übersetzung reflektieren. Soviel zum Benjamin des Prospekts: zu Walter Benjamin.

Die Probleme des Übersetzens aus dem Slawischen sind wahrscheinlich kaum anders als die Probleme des Übersetzens aus den anderen Sprachen. Es ist die Problematik der Sprache überhaupt, und zwar nicht so sehr die ihrer Form wie die ihres Geistes.

Wir kennen alle den Aphorismus von Karl Kraus, der da besagt, die Zensur verfeinere die Literatur. Ich würde es anders sagen: Erst die Schwierigkeit zu leben macht dieses Leben philosophisch und künstlerisch transparent, erst die Unfreiheit macht den Begriff der Freiheit bewußt, erst die Lieblosigkeit bringt uns bei, was Liebe ist, erst unsere Einsamkeit macht uns den Sinn einer Gemeinschaft deutlich.

Es ist die verzweifelte Intensität, der innere Zwang und Drang zur verhinderten Wahrheitsfindung, die mich in der Literatur am stärksten anspricht. Es sind die besonderen Umstände, unter denen sich dieser vitale Drang den Weg zum Logos und zur Würde in der Sprache bahnt. Diese besonderen Schwierigkeiten geben den mich fesselnden Literaturen das Gepräge, das Gewicht und das Geschmeide.

Wörter sind unzuverlässig. Aber sie sind das Material, mit dem wir fertig werden müssen.

Das Allerweltswort Friede zum Beispiel sieht von allen Seiten anders aus. Der Friede eines Militärs gleicht nicht dem Frieden eines Priesters, der Friede eines Schwachen nicht dem Frieden eines Starken. Das »laß mich in Frieden« hat nichts mit dem »ewigen Frieden« gemeinsam, und so weiter. Und wenn wir an unserer Sprache völlig irr werden wollen, dann denken wir nur an das dialektische Ungeheuer eines sogenannten »Kampfes für den Frieden«, als ob der Kampf nicht eo ipso Unfriede wäre und also die eine Hälfte der anderen Hälfte der Aussage nicht schier widerspräche! Selbst Erich Fried, mein Verlagskollege, auf den ich mich seines schönen

Namens wegen berufen darf, ist alles andere als friedvoll. Sein Werk ist zwar friedfertig, doch ohne Frieden, voll Unruhe und Unfrieden der Zeit, die uns nicht friedlich läßt. Nomen ist heute kein Omen mehr. Die Metzger heißen Schuster, die Fabrikanten heißen Pfaff, die Pfaffen heißen Krämer und Krieger, korrupte Senatoren, betrügerische Präsidentenberater, in Skandale verwickelt und wegen Meineids vors Gericht gestellt, heißen – Ehrlichman. Es ist ein Durcheinander sondergleichen, eine Irreführung, die sich als Sitte breitmacht, was Wunder also, daß die Sprache schließlich sittenwidrig wurde.

Es besteht kein Zweifel, daß die russische »prawda« (Wahrheit) nicht der lateinischen »veritas« entspricht, nicht einmal der ebenfalls slawischen, der tschechischen oder der polnischen, sogar gleichlautenden »prawda«. Es gibt im Slawischen viele andere völlig gleichlautende Wörter, die in Rußland, in Bulgarien, Polen, Tschechoslowakei und Jugoslawien einer unterschiedlichen Semantik folgen. Ähnliche Feststellungen könnte man in den Familien der germanischen und romanischen Sprachen treffen.

Der eingangs bereits zitierte Konfuzius hatte recht: Stimmen die Worte nicht, so gedeihen Moral und Kunst nicht. Gedeihen Moral und Kunst nicht, so trifft die Justiz nicht. Trifft die Justiz nicht, so weiß das Volk nicht, wohin Hand und Fuß setzen. Der alte Chinese empfahl den Wortgewaltigen und Wortgewandten, ihre Worte mit Glassplittern zu spicken, damit sie sich ihnen nicht so leicht auf der Zunge wenden ließen. Dem Staate, in dem das Runde nicht mehr rund und das Eckige nicht eckig genannt werde, prophezeite er den Untergang.

Im Deutschen hat das Wort ›richtig‹ vielleicht etwas mit dem wackeligen ›Recht‹ zu tun, vielleicht mit der bedenklichen ›Richtung‹, auf alle Fälle steht es der ›Hinrichtung‹ gefährlich nahe. Im Russischen ist das, was ›richtig‹ ist – ›verno‹ – artverwandt mit dem Glauben – ›vera‹. Halten nicht alle Orthodoxen, ob so oder anders gläubig, das für Recht, woran sie glauben? Hier ist die Übersetzung ein Organ der gesellschaftlichen Wahrheitsfindung. Wenn Websters Definition der Kultur stimmt, die da besagt, daß Kultur solche Traditionen und Glaubensvorstellungen beinhalte, die den Hintergrund einer Gesellschaft bilden, dann könnte man sagen, daß literarische Übersetzungen, als zum Kulturbereich gehörig, der Sprach-Gesellschaft, an die sie sich wenden, die Hintergründe der anderen Sprach-Gesellschaft, von der sie zeugen, erkennbar machen. Landläufige Information behandelt das Fremde klinisch, vordergründig, als ein Drittes. Die literarische Übersetzung bezweckt das, was Sigmund Freud im Gegensatz zur Schulmedizin schaffte, nämlich das Zwiegespräch des Arztes mit dem Patienten, sie beruht auf Partnerschaft. Ihr gilt das Fremde als ein Zweites. Die Übersetzung führt durch Zwiesprache zu Hintergründen, die die Drittinformation verborgen läßt.

Das Verhältnis von Dichten und Nachdichten ist ein ähnliches wie das von Denken und Nachdenken. Das erste kann sich auf die Eingebung, auf den Gedankenblitz, auf das Momentane einlassen und verlassen – das zweite nicht. Das zweite ist unter Umständen langwieriger, schwieriger, es schließt bereits das Überlegen ein, die Rede und die Gegenrede, Dialog, Kritik und Interpretation. Die Integration. Das Denken wird durch das Nachdenken gesellschaftsfähig und ebenso das Dichten durch das Übersetzen, wenn wir dieses in einem allgemeineren Sinn (auch als Bewältigung) und im größeren Radius (über das Nationale hinaus) verstehen. Die Übertragung ist ein Weg, auf dem fremder Logos zur Gesellschaft findet und die Gesellschaft zu diesem Logos. Natürlich ist das nicht immer so: Aber so kann es sein, und so sollte es sein. Wenn der Logos als Tat des einzelnen nur eine zweite, eine Schattentat wiederum eines einzelnen erzeugt, dann ist seine Wirkung gering und seine Existenz vertan. Eine Über-

setzung rechtfertigt den Logos (und umgekehrt) nur dann, wenn sie zum gesellschaftlichen Ereignis, zumindest Faktum wird, wobei es natürlich Qualitäts- und Quantitätsunterschiede geben darf, denn die Gesellschaft, die ich meine, kann variieren und das Ereignis unterschiedlich werten.
Zufällig bekam ich in diesen Tagen einen Vortrag zu lesen, den der katholische Theologe und Dozent an der Pädagogischen Hochschule in Worms, Christian Hübener, im vergangenen Jahr an seiner Schule gehalten hatte. Der Vortrag trug den Titel »Der Mensch und die Sprache«. Eine Formulierung daraus gefiel mir besonders; ich habe sie mir notiert:
»Sprache lebt davon, daß ich das Wort des anderen zu hören bereit bin, um dann das eigene Wort auszusprechen.«
Wenn man Übersetzung mit Sprache gleichsetzt, gewinnen wir eine klassische Formel für die Funktion der Übersetzung:
»Übersetzung lebt davon, daß ich das Wort des anderen zu hören bereit bin, um dann das eigene Wort auszusprechen.«
Ich hänge an diesem Satz, weil er auf schlichte Weise das hier zur Sprache gestellte Verhältnis »Übersetzung und Gesellschaft« trifft. Zerlegen wir diesen Satz in seine Bestandteile:
1. Die Sprach-Übersetzung lebt.
2. Sie setzt die Bereitschaft voraus, das Wort des anderen zu hören.
3. Sie setzt die Zuhörerschaft voraus, das heißt eine Gesellschaft.
4. Die Gesellschaft hört dem Wort des anderen zu, um das eigene auszusprechen.
5. Fremden zuhören und Eigenes aussprechen ist notwendig, um zu leben.
Der Circulus vitiosus »Übersetzung und Gesellschaft« wäre damit geschlossen.
Je größer die Not ist, in der eine Sprache steht, desto mehr tut

es not zu übersetzen. Übersetzen ist Wahrmachen der Sprache, die Sprache hat sich in der Übersetzung zu bewahrheiten. Probleme der Übersetzung sind vor allem Probleme der Sprachhygiene.

Logos heißt Wort und Ereignis, und wenn die Leges, wie Lec in einem seiner »unfrisierten Gedanken« meint, den Logos verändern, zusammen mit der Sprache auch die Erfahrung verändern, dann gibt es nur ein Kriterium, die Zweckmäßigkeit dieser Veränderung festzustellen, nämlich die Frage, ob diese Veränderung der Wörter mit der Veränderung der Erfahrung das Maß von Freiheit und Glück der Gesellschaft gemehrt oder gemindert habe. So wahrscheinlich müßte die Gemeinwohlklausel Marcuses auf die Sprache bezogen gedeutet werden.

Die Sprache ist der Friedens- oder Unruhestifter der Gesellschaft. Sie bringt ihr Glück oder Angst. Die Gesellschaft aber ist der Resonanzboden der Sprache. Sie entscheidet darüber, was mit dieser Sprache geschieht: ob sie blüht oder verkümmert, ob sie Wahres oder Falsches zeugt oder bezeugt.

Im allgemeinen haben wir zwei Chancen: die Klarheit und die Deutlichkeit oder die Wortgeräusche, wie Max Picard die Zerstörung der Sprache nannte, die Trümmerfelder der Sprache und der Gedanken. Und im allgemeinen haben wir nur eine Wahl: uns für die Verständigung oder für die Mißverständigung zu entscheiden.

In einer Zeit der sprachlichen Trümmerfelder, der Wortgeräusche, des Geschreis und des Gestammels und der Verdrehungen wird die Wahrheit in den Hintergrund gedrängt: in die Verschwiegenheit. Vor allem das Leise, das Wortkarge und das Dichte erweisen sich unter den vielen Artikulationen als besonders vertrauenerweckend, wahrheitsintensiv, nonkonformistisch.

Die Wahrheit scheint sich in Anbetracht dessen am überzeugendsten durch Diskretion und in der Stille kundzutun. Es war kein Zufall, daß meine erste Sammlung polnischer

Gedichte vor zehn Jahren den Titel »Lektion der Stille« bekam und daß ich für den Anfang und für das Ende dieses Bandes folgende Gedichte ausgewählt hatte:

»Die Mauer« von Tadeusz Różewicz

Diese mauer
die wir gemeinsam bauten
tag für tag
wort für wort
bis zum schweigen
diese mauer
schlagen wir nicht durch

eingemauert
mit eigenen händen
verdursten wir
wir hören wie nebenan
das andere sich bewegt
hören seufzer
rufen um hilfe

sogar unsre tränen
fliehen nach innen

»Auf unsere Dinge« von Stanisław Grochowiak

Auf unsere Dinge fiel einst sacht
Der feine Sand von der See –
Vielleicht hatte ihn ein Wind entfacht,
Vielleicht der erste Regen gebracht,
Im Rauch der Milchchaussee?

Wir blasen heute den Sandflug fort,
Beugen die Köpfe und sinnen,
Damit unsre Dinge, gereinigt im Wort,
An Glanz gewinnen.

Beide Gedichte haben den polnischen ›Oktober‹ vorbereiten

helfen. Beide drücken unspezifisch genau das aus, was die spezifische Ungenauigkeit verschwiegen hat.
Den künstlerischen Reiz der Sprache macht seit jeher – und diesen Reiz sollte man in der Übersetzung zusammen mit dem Sinn zu erhalten trachten – der fremde Duktus, das fremde Sprachbild, die fremde Wortmetapher, die fremde Satzparabel aus. Natürlich kann diese Phantasieleistung zweierlei ergeben. Sie kann zur Manie werden und in der Bilderflut – in Bildern nur um der Bilder willen – untergehen. Und sie kann, wo sie der Notwendigkeit folgt, weil sie sich unter bestimmten Umständen nur so verständlich machen kann, zu einer indirekten Kundgebung der Wahrheit werden.

> Muß zwischen Tag und Nacht
> Einstmals ein Wahres erscheinen,
> Dreifach umschreibe du es …

lesen wir in Hölderlins Gedicht »Germanien«.
Die »dreifache Umschreibung« bewirkt, daß Dichtung dem Eiligen dunkel scheint und Rätsel aufgibt. Dem Geduldigen lohnt sie seine Geduld mit seltenen und zuverlässigen Informationen.
Mich hat Dichtung, die heimische wie die fremde, stets nur als Erkenntnisprozeß, als Dokumentation interessiert. Und zwar vor allem dort, wo die berufsmäßige Berichterstattung oder Dokumentation versagt. Und Übersetzung in Verbindung mit Gesellschaft interessiert mich nur insofern, als es sich nicht um eine Gegenüberstellung des Definitiven handelt, sondern um eine Wechselwirkung. Um einen Vorgang, der Fremdes, Flüssiges denkend wirksam werden läßt.
Man muß nicht lange und weit suchen, um zu belegen, daß Sprache und Gesellschaft aufeinander angewiesen sind. Ein Ton ohne Echo oder ein Echo ohne den Ton sind einfach nicht vorhanden. Das Vorbild des Dichter-Helden, des in der Gesellschaft verwurzelten Barden ist uralt. Orpheus war es,

den Horaz übrigens den »heiligen Dolmetsch der Götter« nannte:

> silvestris homines sacer interpresque deorum
> caedibus et victu foedo deterruit Orpheus.
> (Epistula ad Pisones, De arte poetica, v. 391–392)
> Orpheus, der heilige Dolmetsch der Götter,
> entwöhnte die Menschen,
> Als sie in Wäldern noch hausten, von Mordlust
> und blutiger Speise ...

Aeschylos war ein Zoon politikon. Man rühmt seine Tapferkeit in der Schlacht bei Marathon. Auch Ossian war ein engagierter Tribun, Lord Byron, dessen Dramen Goethe »verhaltene Parlamentsreden« nannte, ließ sein Leben (1824) im Freiheitskampf der Griechen gegen die Türken, der polnische Dichterfürst Mickiewicz war in Zeiten der allergrößten Not seines Volkes nicht nur die Stimme, sondern auch die Regierung der Nation: Nach Hölderlin, dem Monisten, hat die Dichtung ein Spiegelbild des Zeitgeschehens und des Wesens der Dinge zu sein. Der Dichter, sofern er diese Bezeichnung verdient, verschweige die Wirren der Welt, die Schicksalstage, die reißenden, nicht. Daher auch die zentrale Rolle, die das Selbstopfer im Werk Hölderlins darstellt, eine Rolle, die in der polnischen Literaturgeschichte noch stärker, noch selbstbewußter, geschlossener und schicksalsträchtiger auf sich genommen wurde. Der ungarische Marxist Georg Lukács schließlich qualifiziert die gesellschaftliche Stellung des wahren Dichters als die eines Partisanen.

Ein Sprechen, ein Dichten, ein Übersetzen außerhalb der Gesellschaft, losgelöst von ihrem Zustand und von ihren Zielen, nicht durch sie legitimiert und nicht an sie gerichtet, ist denkbar, aber sinnlos.

Die Übersetzung will am Leben erhalten: vor allem die dem Tode besonders ausgesetzten Werte: Empfindungen und Wahrheiten. Solche, die uns unbekannt geblieben sind, die uns fremd geworden sind oder die uns unterschlagen werden. Wer Kunst überträgt, über die Grenzen trägt, wirkt gegen den Tod und für das Leben, also für die Gesellschaft, für ihren uralten Traum von Freiheit, Gleichheit und Brüderlichkeit in einer Sprache ohne Falsch und ohne Heuchelei.

Aus dieser gedachten Leistung folgt natürlich noch wenig. Wir wissen, daß die Realitätsgerechtigkeit – um mit dem Terminus der Soziologen zu sprechen – über die Traumgerechtigkeit zu siegen vermag. Aber es ist ein Sieg ohne Triumph und ohne Glück, ein Sieg, dessen man nicht froh wird, der uns auch deshalb nicht zum Vorbild dienen kann.

Der Sinn der Mühen aller Übersetzer ist mehr als genug und oft, gerade heute, in Frage gestellt. Darauf weiß ich nur eine Antwort. Sie stammt vom Verfasser des »Lehrbriefes vom Dolmetschen« und besagt:

»Und wenn ich wüßte, daß morgen die Welt unterginge, würde ich heute dennoch mein Apfelbäumchen pflanzen.«

SLAWISCHE LYRIK

Übersetzt – Übertragen – Nachgedichtet

Mich drängt's, den Grundtext aufzuschlagen,
Mit redlichem Gefühl einmal
Das heilige Original
In mein geliebtes Deutsch zu übertragen.

Geschrieben steht: »Im Anfang war das Wort!«
Hier stock ich schon! Wer hilft mir weiter fort?
Ich kann das Wort so hoch unmöglich schätzen,
Ich muß es anders übersetzen,
Wenn ich vom Geiste recht erleuchtet bin.
Geschrieben steht: »Im Anfang war der Sinn.«
Bedenke wohl die erste Zeile,
Daß deine Feder sich nicht übereile!
Ist es der Sinn, der alles wirkt und schafft?
Es sollte stehn: »Im Anfang war die Kraft!«
Doch, auch indem ich dieses niederschreibe,
Schon warnt mich was, daß ich dabei nicht bleibe.
Mir hilft der Geist! Auf einmal weiß ich Rat
Und schreib getrost: »Im Anfang war die Tat!«

Mit diesem Faust-Zitat[1] befinden wir uns mitten in der Problematik dichterischen Übertragens. Es zeigt uns, daß es nicht nur möglich ist, ein und dasselbe Wort mehrfach zu lesen, zu verstehen, zu empfinden, zu deuten, niederzuschreiben, sondern daß es sogar erforderlich ist, bei der Eindeutschung fremder Texte nach Entsprechungen zu suchen, die weniger der (unzuverlässigen) Hülle, diesem Chamäleon Wort, folgen, als nach seinem Innenleben, nach dem Sinn, der es erfüllt, und nach dem Geist, der es geprägt hat, trachten.
Goethe hielt für die Aufgabe des Übersetzens das Gewahr-

werdenlassen des anderen, er wollte in ihm »dieselbigen Gestalten, aber wie in einem anderen Gewande« sehen.
Wir wissen von den Qualen, die Schiller bei seiner Arbeit an der Übertragung der Äneis ausgestanden hat. Wie wägenden Sinnes und Geschmacks, wie teuer er sich seine Freiheiten hat als Übersetzer kosten lassen, dabei erkennend, daß der Dichter seinem Übersetzer nicht vorgearbeitet, sondern entgegengearbeitet habe. Er verbat sich auch jedes Vergleichen seiner Arbeit mit dem Original »aufs feierlichste«.
Auch Wieland war tief davon überzeugt, daß nicht das Wort, sondern der Sinn belebe, und er scheute sich nicht, Horazens »hinc illae lacrimae« mit »hier liegt der Hund begraben« zu übertragen.
A. W. Schlegel folgerte, daß es bei poetischen Nachbildungen unmöglich sei, alles auf einmal zu leisten, und daß dichterische Freiheit eine Hauptbedingung der Schönheit sei, die wiederum nicht im Buchstaben, vielmehr wie ein geistiger Hauch über diesem schwebe. (Dichtung in Prosa zu übersetzen hielt er für poetischen Totschlag.)
Es liege daran, begründete Friedrich Schlegel, weil zum Geist eines Werks niemals durch äußere Form zu gelangen sei, da man die Natur seiner Sprache weder aufzugeben noch ganz umzuschaffen vermöge.
Novalis – und heute ist es nicht anders – beklagte sich, man sei über nichts unbelehrter als über das Übertragen. Es könne bei uns zur Wissenschaft und zur Kunst werden, womit er die beiden Hauptrichtungen der übersetzerischen Arbeit bereits markiert hatte.
Wir wären geneigt, in Fortsetzung dieses Gedankens das Ideal, wie manches im Leben, am ehesten in der Mitte zu vermuten. Doch Schleiermacher spricht von diesen Möglichkeiten alternativ: entweder der Übersetzer läßt den Autor möglichst in Ruhe und bewegt den Leser auf ihn zu, oder er läßt den Leser möglichst in Ruhe und bewegt in seine Richtung den Autor.

Die zitierten Ansichten, ob älteren oder neueren Datums, werden heute wie früher verfochten und praktiziert, von der puritanischen Forderung nach Treue in Wortschatz, Stil und Versmaß bis zur Empfehlung freischöpferischer Nachgestaltung wie z.B. bei Walter Widmer, der in der Nachdichtung den einzigen Weg sieht, lyrische Gedichte zu übertragen. Man sollte, seines Erachtens, unbekümmert um das Originalversmaß, um den Originalwortlaut – vielleicht mit andern Bildern, andern Worten, andern Rhythmen und andern Klangfarben – den ganzen Stimmungsgehalt der Vorlage einzufangen versuchen.

Während die meisten Gebiete des Geistesschaffens ihre Gesetze, ihre logische Hierarchie, Ordnung, Disziplin, Systematik, Methodik, schließlich ihren Fortschritt kennen – herrscht auf dem Gebiet des Übersetzens Zufälligkeit und Wirrwar, ausgesprochene Autodidaktik. Der Erfahrene scheut sich, Prinzipien aufzustellen, weil er weiß, daß seine Arbeit sie Lügen strafen würde; und die Prinzipien der Unerfahrenen sind ohne praktischen Nutzen, weil sie wohl das Sollen wissen, aber von dem Können keine Ahnung haben.

Diese und andere Mängel kommen daher, weil dem Geschäft des Übertragens nicht von einer Seite beizukommen ist. Es findet statt gewissermaßen unterwegs, in einem rotierenden Spannungsfeld, wo niemand seinen Standpunkt – mit absoluter Sicherheit – selbst erwählen kann. Die Inspiration des Autors ist das Naturerlebnis, die Inspiration des Übersetzers das Kunsterlebnis. Beide müssen für beides überzeugende Mittel finden. Der Autor tut es kraft seiner poetischen Begabung; sein Übersetzer braucht sie bei der Niederschrift genauso. Soweit wäre alles gut. Aber dann kommen Klippen, die das Menschenmögliche fast übersteigen. Kunst setzt Freiheit voraus. Das Übersetzen bietet keine Freiheit (obwohl man auch das – dialektisch, sophistisch – widerlegen könnte), verlangt aber Kunst. Der Autor kann. Der Übersetzer muß. Dem Autor hilft die Phantasie. Der Übersetzer braucht sie auch – und muß dabei ihr Gegenteil befolgen, eine erbarmungslose Disziplin wahren, und also seine Phantasie im Zaume halten. Die Kunst des Autors entspannt sich und beflügelt gleichermaßen damit, daß sie Launen nachgeht – die Kunst des Übersetzers kennt nur Pflichterfüllung. Die Kunst des Autors ist, wie alle Kunst, selbstbezogen. Die eines Übersetzers auch – nur muß sie darüber hinaus: ganz auf ihr Selbst verzichten, sich anderm unterordnen, im Fremden aufgehen.

Wer also von dem Wahn des Übertragens gepackt wird, dem helfen keine Regeln. Das Chaos beginnt bereits mit den Begriffen. Was heißt heute nicht alles Übersetzung. Wir lesen eine Travestie – darunter: Übersetzung. Wir lesen eine Paraphrase, Variation, ein parodistisches Erzeugnis, in dem von einem fremden Kunstwerk kaum die Spur, vielleicht zwei Bilder oder eine Andeutung des Themas zu finden sind – man tituliert es: Übersetzung. Natürlich haben alle Spielarten eigene Reize (mitunter) und ihre Daseinsberechtigung. Aber der Mangel einer einheitlichen, sachgerechten Terminologie schafft Mißverständnisse und stiftet Unheil.

Wenn man mich fragte, würde ich folgende Unterscheidungen (auf einen einfachen Nenner gebracht) vorschlagen:

Übersetzung – zuverlässig, aber unkünstlerisch
Übertragung – künstlerisch *und* zuverlässig
Nachdichtung – künstlerisch, aber unzuverlässig

(Unzuverlässig oder zuverlässig bezöge sich auf die fremde Vorlage.) Die Übersetzung wäre somit etwas, was sich auf die (natürlich relative) Synonymik der Wörter stützte.

Die Übertragung müßte außerdem den Takt und die Tonart des Stückes festhalten, das Tempo und die Spielweise angeben, die Farbe und die Form der einzelnen Klangelemente wahren.

Der Nachdichtung stünde das weite Feld poetischen Spiels – bis zur Verfremdung – offen.

Wahrscheinlich werden wir in der Praxis selten eine der drei Arten literarischer Verdeutschung in reiner Form finden. Es geht ihnen wie den Temperamenten: sie tummeln sich im Zwischenfeld auf ihre Formel zu, doch meist von Schwankungen und Mischungen bestimmt. Denn Übertragen ist (trotz allen Ernstes, trotz der Quälerei) ein Spiel – und Spiele sind Bewegung, niemals statisch. Das heißt, daß wir den Erfolg nie ganz in den eigenen Händen haben.
Das werden uns in der Folge die Beispiele beweisen.
Aus welchen Sprachen zu übersetzen ist nun leicht, schwer, oder gar unmöglich? Das könnte nur jemand sagen, der alle Sprachen kennt und aus allen übersetzt – also niemand. Soweit ich übersehen kann, haben die meisten Übersetzer seit je geschworen, es sei am schwersten, aus der ihnen geläufigen Sprache zu übertragen. Es ist also ›in der Regel‹, wenn Slawisten das Verdeutschen slawischer Texte für besonders schwierig halten. Was mich persönlich angeht, so bin ich, in des Wortes ganzem Sinne, sprachlos und voll Bewunderung für Leistungen, welche Sprachen betreffen, die mir verschlossen sind. Das Übertragen aus einem Teil des Slawischen dagegen – es foltert mich zwar oft, aber es scheint mir leicht und dankbar. Vielleicht gerade deshalb, weil diese beiden Medien – Germanisch : Slawisch – grundverschieden sind, korrespondieren sie so gern (in meinem Sprachgefühl) miteinander. (Vom rein philologischen Aspekt des Übersetzens soll hier abgesehen werden.) Es gibt hier und da Unüberwindlichkeiten, schon wenn man über das simple *Nitschewo* stolpert, dafür statt eines Wortes gleich zwei, vier oder fünf benötigt – z. B. *macht nichts, nicht der Rede wert, es hat nichts zu bedeuten* – aber allmählich lernt man es, Entsprechendes auch mit einem Wort zu schaffen. Natürlich nicht losgelöst, ohne Beziehung, sondern im Satzzusammenhang. So kann es also einmal »Unsinn!« heißen, anderswo »Kleinigkeit« oder aber sogar »Quatsch«. Ich lese *Kolokol*, und schon klingt in meinen Ohren zweimal rund und voll das betonte o der

Glocke (nicht bim-bam), und der *Glockenton* ist da. Dieselbe rhythmische Bewegung, dieselbe Silbenzahl, derselbe reine, volle Klang. Ich lese *Schum* und höre *Rauschen*: an meine Schläfen brandet – dumpf und zischend – mit u und esch, wenn auch in umgekehrter Reihenfolge: das Meer. Natürlich geht es nicht in allen Fällen so wortwörtlich, glatt und schnell. Doch wozu gibt es Möglichkeiten, beinah unerschöpfliche Möglichkeiten – wir sehen es, wenn ein Gedicht verschieden übertragen vor uns liegt.

Michail Jurjewitsch Lermontow
Gebet (Молитва)

Не обвиняй меня, всесильный,	Beschuldige mich nicht, Allmächtiger,
И не карай меня, молю,	Und strafe mich nicht, ich fleh dich an,
За то, что мрак земли могильный	Dafür, daß ich das Grabesdunkel der Erde
С ее страстями я люблю;	Mit ihren Leidenschaften liebe;
За то, что редко в душу входит	Dafür, daß selten in die Seele eingeht
Живых речей твоих струя,	Der Strom deiner lebendigen Reden,
За то, что в заблужденье бродит	Dafür, daß in Verirrung streunt
Мой ум далеко от тебя;	Mein Verstand weit von dir;
За то, что лава вдохновенья	Dafür, daß die Lava der Begeisterung
Клокочет на груди моей;	Kocht auf meiner Brust;
За то, что дикие волненья	Dafür, daß wilde Erregungen
Мрачат стекло моих очей;	Verdunkeln das Glas meiner Augen;
За то, что мир земной мне тесен,	Dafür, daß mir die irdische Welt zu eng,
К тебе ж проникнуть я боюсь,	Zu dir zu dringen ich mich fürchte
И часто звуком грешных песен	Und oft mit dem Klang sündiger Lieder
Я, боже, не тебе молюсь.	Ich, Gott, nicht dich anbete.
Но угаси сей чудный пламень,	Doch lösche mir diese Wunderflamme,
Всесожигающий костер,	Den allesverzehrenden Scheiterhauf,
Преобрати мне сердце в камень,	Verwandle mein Herz in einen Stein,
Останови голодный взор;	Halte den hungrigen Blick auf;
От страшной жажды песнопенья	Vom schrecklichen Durst, zu singen,

Пускай, творец, освобожусь,
Тогда на тесный путь спасенья

К тебе я снова обращусь.

(Aus: M. Ju. Lermontow. Sobranije sotschinenii. Bd. 1, Moskau-Leningrad 1958)

Laß mich, Schöpfer, befreien,
Dann werde ich auf den schmalen Pfad des Heils
Zu dir wieder zurückkehren.

(Interlineare, wörtliche Übersetzung, K. D., 1961.)

Nicht straf mit rächender Gebärde,
Allmächtiger, des Herzens Trieb,

Weil ich die Grabesnacht der Erde
Mit ihren Leidenschaften lieb;
Daß selten in die Seele flutet,
Sie läuternd, dein lebend'ges Wort;
Daß dieser Geist in Schmerz verblutet,
Entfernt von dir, an üblem Ort;
Daß der Begeisterung Lavamassen
Durchströmen brodelnd meine Brust,
Und wildes Lieben, wildes Hassen
Des Auges Glas umflorend rußt;
Daß mir zu eng ist diese Erde;
Daß ich mich fürcht', zu dir zu gehn;

Daß oft aus meines Lieds Beschwerde,
Gott, nicht zu dir sich hebt mein Flehn.
Lösch diese wunderbare Flamme,

Die mir erzeuget Lust und Schmerz,
Des Blickes Gier dein Schlag verdamme,
In Stein verwandele mein Herz,
Vom schauerlichen Durst zum Liede
Erlöse mich, als letzter Pein:
Dann wird aufs neue mir dein Friede,
Dein enger Pfad geöffnet sein.

Deutsch von W. Groeger
(Aus: Lermontow. Ausgewählte Werke, Moskau 1948)

Beschuldige, o Herr allmächtig,
Und straf mich nicht, mein Gott, vergib,
Weil ich das Dunkel mitternächtig
Der Erdenleidenschaften lieb;
Weil allzuselten in die Seele
Einflutet dein lebendig Wort;
Und weil mein Geist voll vieler Fehle

Schon weit gewandert von dir fort;
Weil Lava der Begeisterungen
Noch in mir kocht mit Feuerfall;
Weil Tollheit vieler Aufregungen
Verdunkelt meines Augs Kristall;
Weil mir die Erdenwelt zu enge,
Weil ich mich fürcht, vor Dir zu stehn,
Und weil die sündigen Gesänge
Zu häufig, Herr, nicht zu Dir flehn.

Doch lösch es aus, dies Flammen-Wunder,
Des Scheiterhaufens Glut erstick,
Mein Herz erhärt zu Stein jetzunder,

Halt ein des geistigen Hungers Blick.
Die schreckliche Begier der Dichtung,
Mein Schöpfer, rotte aus in mir –
Damit des Gnadenpfades Richtung
Heimführe wieder mich zu Dir.

Deutsch von J. v. Guenther
(Aus: Lermontow. Gedichte. Rütten & Loening, Berlin 1950)

Allmächtiger, wolle mir vergeben
Und üb nicht deines Zornes Kraft,
Weil ich dies dunkle Erdenleben
Geliebt mit Gier und Leidenschaft;
Weil selten nur dem Wort des Lebens
Die Seele oberflächlich lauscht;
Weil im Gedränge eitlen Strebens
Mein Geist verbrandet und verrauscht;
Weil der Begeisterung starke Welle
Dem Herzen keine Ruhe läßt;
Weil mir der Triebe wilde Quelle
Des Auges Klarheit trübt und näßt;
Weil mir zu eng der Erde Grenzen,
Und doch zu dir mein Weg nicht weist,
Und du nicht bist, den oft das Glänzen
In frevlen Versen üppig preist.

So lösch denn aus dies Wunderfeuer,
Den Holzstoß, der mich ganz verzehrt,
Mein Herz sei Stein, mein Blick in neuer
Entsagung dir nur zugekehrt.
Erlösung sei durch deine Gnade
Von Dichterqual und Durst geschenkt:
Dann wend ich mich zum schmalen Pfade
Des Heiles, der zu dir mich lenkt.

Deutsch von H. Stammler
(Aus: Lyrik des Abendlandes. Carl Hanser Verlag, München 1953)

Verzeih mir, Herr der Menschenherde,
Und strafe nicht, ich fleh dich an,
Dafür, daß ich der dunklen Erde
Mit ihren Stürmen untertan;
Dafür, daß meine Seele selten
Von deinem Wort erhoben wird,
Daß mein Verstand in weiten Welten
Und fern von dir alleine irrt;

Daß die Erleuchtung Lavagüsse
In meinem Busen kochen macht,
Daß wilde Leiden und Genüsse
Verhängen meinen Blick mit Nacht;
Dafür, daß mir die Erde enge
Und deine Nähe fürchterlich,
Daß meine sündigen Gesänge
Anbeten oft, mein Gott, nicht dich.

Doch lösche mir die Wunderflamme,
Den nimmersatten Scheiterhauf,
Zu einem Stein mein Herz verdamme
Und halt den Hungerblick mir auf;
Befreie mich vorm Zwang, zu singen,
Mein Schöpfer, diesem bittren Glück,
Dann komme ich zu deinen Dingen
Den schmalen Pfad des Heils zurück.

Deutsch von K. Dedecius
(geschrieben 1949 in russischer Gefangenschaft, unveröffentlicht)

Das sind nur vier Versionen von neun, meines Wissens, vorhandenen. Ich nahm die bekanntesten, wesentlichsten von ihnen: aus einer Moskauer, aus einer ost- und aus einer westdeutschen Ausgabe, alle neueren Datums, daneben eine unveröffentlichte Fassung. Die Jahrgänge der Publikationen stimmen fast genau überein – die Jahrgänge der Übersetzer gehen weit auseinander. Und hier fällt uns ein wichtiger, erster Unterschied in den Übertragungen auf – der Generationsunterschied. Der Moskauer Herausgeber – W. Neustadt – hielt die Groegersche Fassung für die beste, die Fassung eines alten, verdienstvollen Übersetzers und guten Kenners russischer Sprache und Dichtung. Wir lesen sie und sehen sofort, daß nicht jede Formulierung geeignet ist, Lermontow *bei uns* und *heute* als Dichter auszuweisen. Der Geist, der »in Schmerz verblutet«, der »üble Ort«, das »umflorend rußige Glas des Auges« – aber außer diesen ungeschickten Bildmontagen auch unterstellte Bedeutungen, wie »rächende Gebärde«, »des Lieds Beschwerde«, die falsche Färbungen in den Sinngehalt des Gebets hineinschmuggeln und an der Sprache des Dichters vorbeigehen – sie sagen uns heute wenig Überzeugendes.

Es ginge zu weit, alle diese Übertragungsversuche, Wort für Wort, Zeile für Zeile, abzuklopfen, die möglichen Absichten des Autors und die der Übersetzer gegenüberzustellen, sich um Verständnis und Rechtfertigung, um Begründung zu bemühen – es würde wahrscheinlich eine umfangreiche Broschüre werden.

Ich habe in allen Fassungen gelungene Teile gefunden, hinübergerettete Schönheiten. Ich habe in allen Schwächen gefunden, nicht ausgenommen meinen eigenen Versuch, den ich durchaus nicht für beendet halte. Zu manchen Mängeln haben mich Not und Unzulänglichkeit gezwungen, andere Freiheiten gehen wiederum zu Lasten meines, wie ich denke, Generationsgeschmacks. Es widerstrebte mir, »ich liebe« zu schreiben, obwohl es Lermontow so schrieb. Zu seiner Zeit, und vor allem in seinem Klima, mochte es sinnvoll sein – heute klingt »ich liebe« anders, ein Gedicht, in dem es steht, verliert. Aber ich glaube zu wissen, aus dem Studium seiner

Biographie und seines Werks, was Lermontow mit diesem heute abgegriffenen »ich liebe« sagen wollte. Es ging ihm doch wohl um sein dämonisches Ausgeliefertsein an alles Irdische. Da schien mir »untertan« am Platz. Auch das »Grabesdunkel der Erde« war mir zuviel: »dunkle Erde« ist schlichter und vielleicht gerade deshalb dem heutigen Ohr einer illusionslosen und allem Pathos abholden Generation näher, für sie wirkungsvoller. Denn wozu sollten wir Lermontow heute noch so übersetzen, daß er den Leser von heute nicht erreicht? (Das leise, leichte Angleichen an den Sprachgebrauch der Gegenwart darf selbstverständlich nicht zur Fälschung führen). So wollte mir auch »die Erde mit ihren Leidenschaften « nicht gefallen. Ich glaubte zu begreifen, daß es dem Autor darum ging, was er auch schon in anderen Gedichten als sein Lieblingsgleichnis variiert hat (Das Segel: »Doch er rebellisch, fleht um Stürme, / Als ob in Stürmen Ruhe wär«): um seine Vorliebe für das Bild des Sturms, der gewaltigen Unruhe, des rasenden Elements – und so entstand, »daß ich der Erde mit ihren Stürmen untertan« anstelle »daß ich die Erde mit ihren Leidenschaften liebe«. Auch *wdochnowenije* einfach nach dem ersten Wort im Lexikon zu übersetzen – als *Begeisterung* – schien mir zu wenig. Wer ist denn heute nicht alles, und worüber nicht, begeistert (»Sie werden begeistert sein über den neuen Staubsauger!«). Nein, hier mußte eine andere Lösung her. So suchte ich, bis ich der Inspiration, der Eingebung, der Erleuchtung auf die Spur kam. Auch auf das »Glas des Auges« mußte ich, nach gründlicher Überlegung, verzichten. Im Zeitalter der Glaskonstruktionen wirkt das Gleichnis deplaciert. Außerdem bringt das Glas etwas Ausdrucksloses, Farbloses, Totes, bestenfalls Okulistisches in die Nähe des Auges. Die Übertragung, die hier wörtlich wäre, wäre nicht sinnvoll. Ein Kommilitone Lermontows, Wistenhoff, berichtet, daß Lerma »große, dunkel-braune (eher graue) durchdringende Augen« hatte, die »wie ein Blitzschlag zündeten« und deren Blicke

»schwer auszuhalten« waren. Und diese Augen sollte ich mit totem Glas vergleichen?
Das Übertragen eines Gedichts, das Treffen der Teilentscheidungen kostet Tage, Wochen, mitunter Monate. Es würde Wochen und Wälzer kosten, alle Überlegungen, Skrupel, Gewissensbisse und schließlich – schweren Herzens – Entscheidungen aufzuschreiben.

Genauso beschwerlich – und das mag seltsam klingen – ist das Übertragen moderner Texte, auch wenn sie nicht oder nur assonantisch gereimt sind. Wir glauben uns dem Gegenstand näher und entfernen uns um so leichter von ihm.
Als zweites Beispiel diene uns ein moderneres Gedicht in dreifacher Übertragung: einmal aus einer ostdeutschen Ausgabe, dann in einer westdeutschen Version und schließlich in einem dritten Versuch, der sich zwischen beide stellt. Vielleicht ist diese Gegenüberstellung noch interessanter, denn die Übersetzer scheinen fast demselben Jahrgang und derselben Generation anzugehören.

Sergej Jessenin
HERBST (ОСЕНЬ)

Тихо в чаще можжевеля по обрыву.
Осень – рыжая кобыла – чешет гриву.

Над речным покровом берегов
Слышен синий лязг ее подков.

Схимник-ветер шагом осторожным
Мнет листву по выступам дорожным

И целует на рябиновом кусту
Язвы красные незримому Христу.

(Aus: Sergej Jessenin, Sotschinenija. Bd. 1, Moskau 1956)

Stille im Wacholderdickicht am Hang.
Herbst – die rote Mähre – kämmt die Mähne.

Über der Flußdecke der Ufer
Hört man blaues Klirren ihrer Hufe.

Wandermönch – der Wind mit sachtem Schritt
Tritt das Laub auf dem holprigen Weg

Und küßt am Ebereschenstrauch
Die roten Martermale dem unsichtbaren Christus.

(Interlineare, wörtliche Übersetzung,
K. D., 1961.)

Über stillem Ufer hängt tief herab die Kluft,
von Wacholderbäumen schwarz; Herbst im Waldesduft

kämmt sich, einer Stute gleich, rot sein Mähnenhaar,
trabt mit klirrend blauem Huf durch das späte Jahr.

Wind geht als ein strenger Mönch, setzend Schritt vor Schritt;
auf gewundnen Pfaden leis er das Laub zertritt,

küßt am Ebereschenstrauch rotes Wundenmal
seinem Heiland unsichtbar nun zum letzten Mal.

Deutsch von A. Christoph
(Aus: Jessenin. Gedichte. Verlag Kultur und Fortschritt, Berlin 1958)

Im Wacholderdickicht, das vom Ufer schaut,
Herbst, der stille Rotfuchs, seine Mähne kraut.

Wasserschleier stehen, Wasserschleier flirren,
Herbst, dein Huf ist hörbar, dunkles, blaues Klirren.

Wind, der Mönch und Klausner, geht behutsam um:
Laub, hier flieg mir langsam, dieser Weg ist krumm.

Wind, er weht zur Staude mit den Vogelbeeren –
Christus, deine roten küßt er, deine Schwären.

Deutsch von Paul Celan
(Aus: Russische Lyrik des 20. Jahrhunderts.
Insel-Bücherei, 1959)

Stille im Wacholderdickicht an der Lehne.
Herbst – die rote Mähre – kämmt die lange Mähne.

Ihre Hufe klirren blau und leis
Längs der Ufer über dünnes Eis.

Wind, der Wandermönch, mit sachten Schritten
Tritt das Laub, das Zweige vor ihn schütten,

Und in Ebereschen ahnt er Jesu Christ,
Dem er hier die roten Martermale küßt.

Deutsch von K. Dedecius (im Herbst 1958)

Ein einigermaßen musikalisches Gehör wird gleich heraushören, daß diese Zeilen Jessenins von der Melodie und von dem Rhythmus, in dem uns der Poet das ungewöhnliche Herbstbild vor das Gemüt führt, leben. Der Trochäus wechselt, die Reime sind paarweise männlich und weiblich, der Atem geht unregelmäßig, wie ein Wellengang, einmal lang, einmal kürzer, trotzdem ruhig, gravitätisch; Versunkenheit, Anschauung prägen die Stimmung. Das alles wird von den klaren Sätzen unterstrichen, die Zäsuren sind volksliedhaft, ohne Extravaganzen – das Einmalige, Neue, Ungewöhnliche beschränkt sich nur auf das Imago. Kein Wort scheint überflüssig. Die Syntax ist schlicht und dicht. Fugenlos. Was aber ist daraus in der Übertragung geworden? Jede Variante ist eine Welt für sich, jede vermittelt etwas anderes, etwas als Kunsterlebnis völlig Gegensätzliches.

Meine eigene Version gefällt mir selbst noch gar nicht. Vor allem die letzten beiden Zeilen, die im Original klar, präzis sind und die ich wegen des einzuhaltenden Rhythmus und des nicht einfachen (weil hier entscheidenden) Reims in zwei Sätze zerschlagen mußte. Ich brachte auch den »unsichtbaren« Christus nicht mehr unter und mußte ihn durch den »geahnten Christus« umschreiben. Der »unsichtbare« ist natürlich stärker, treffender – und würdiger eines Imaginisten. Aber was tun? Das Wort ist lang und paßt um keinen Preis in das rhythmische Gefüge. In der sechsten Zeile mußte ich – des einigermaßen hübschen Reimes Willen – auf den »holprigen Weg« verzichten und »schüttende Zweige« dafür setzen. Das wäre nicht so schlimm, denn auch bei Jessenin ist diese Bildergänzung nicht wesentlich. Aber die dritte Zeile zwingt mich wieder, die licentia poetica in Anspruch zu nehmen, denn ohne Deutung war hier das schöne Bild der klirrenden Hufe auf dem ersten Herbsteis (=Flußdecke) nicht ins Deutsche zu retten.

Wird uns bei den Lermontow-Übertragungen vor allem das *Generationsproblem* bewußt, so sind die Jessenin-Texte geeignet, uns ein zweites, das *Gesinnungsproblem* generationsgleicher Übersetzer zu zeigen. Hier gilt die Frage, in wessen Sinn die Arbeit unternommen wird, nach welchem Sinn sie trachtet. Faktoren dieses Problems sind die Intuition oder der Intellekt, die Subjektivierung oder Objektivierung, die Wissenschaft oder die Kunst, die Verantwortung oder das Spiel, das Unterordnen seiner selbst dem Original, oder das Unterordnen des Originals unter die eigene Individualität. Wir sehen eine Ostberliner Fassung, die das Gedicht verfehlt, weil sie die Bildmagie banalisiert und die Wortkraft verwässert, wir sehen das andere Extrem, eine westdeutsche dichterische Variante, die den volkstümlichen, ganz und gar unintellektuellen Jessenin verkennt, ihn wesentlich – vor allem syntaktisch – verändert, entfremdet (in diesem Fall celanisiert), und eine dritte Form, die zwischen Kompromissen den

Weg der Anpassung sucht, um dem Dichter und dem deutschen Gedicht zu gleichen Teilen gerecht zu werden.
Am Beispiel des folgenden polnischen Gedichts wird uns schließlich ein Drittes deutlich, nämlich das *Geschmacksproblem*. Es liegt an der unterschiedlichen ästhetischen Anschauung eines Kunstwerks. Was empfindet der Übersetzer als primär wichtig und übersetzungswürdig in einem Gedicht? Die Worte und ihren konventionellen Inhalt? Das ist der Anfang, damit geben sich die Anfänger zufrieden. Den formalen Mechanismus des Gedichts – die Reime, die Struktur der Strophe? Das ist die artistische Teilaufgabe, doch wer hier stehenbleibt, bleibt Dilettant. Erst in der Meisterung der dritten Dimension, so will mir scheinen, zeigt sich das Aufspüren der Seele des Gedichts, dessen, was unter seiner Oberfläche pulst und schwingt: des Tons, des Tempos, des Temperaments *des Ganzen*.

Julian Tuwim JAMBY POLITYCZNE	*Julian Tuwim* POLITISCHE JAMBEN
Więc pan szanowny mówi, że mi Z politycznością nie do twarzy? Żem raczej magik i alchemik,	Sie sagen – sehr geehrter Herr –, daß mich die Politik nicht ziert. Denn Magier, Alchimist sei ich vielmehr,
Co słów esencje w tyglu warzy, Fabrykant czarnoksięskich tynktur,	der Wortessenz im Tiegel destilliert: ein Fabrikant von zaub'rischer Tinktur
Przysięgły spec od mistyczności,	und ein Expert für Mystik im Gesange,
Od intuicji, od instynktu I innych apolityczności.	für den Instinkt, für Intuitionen nur und andre apolitische Belange.
Przyznaję – dużom się naguślił I nie żałuję dawnych praktyk.	Ich habe viel gezaubert – zugegeben! – und schäm' mich nicht der einstigen Praktiken.
Mękę mą nieraz trunek uśpił,	Mein Schmerz war durch Extrakte zu beheben,
Rozpacz leczyły me ekstrakty,	der Qual half oft ein Vers-Trank einzunicken.

Albo – po prostu – dla romansu,	Mir ging's um die Romantik im Gedichte
Dla muzy, aptekarki ślicznej,	– o Muse, holde Apothekerin! –,
Dla apollińskich wizji, transów –	um Trance und apollinische Gesichte.
Samotny i apolityczny.	So sang ich unpolitisch vor mich hin.
Aż w pewną noc, gdym znowu guślił	Doch da ich einst der Hexerei oblag
W prowincjonalnej swej aptece,	in meinem provinziellen Kräuterladen,
Ujrzałem przez firanek muślin,	sah ich durch der Verzückung Nebelschwaden
Prezez mgłę zachwyceń i rozkwiecień,	und Mullgardinen schon den Tag
Że wstaje zorza ... (»Morza« ... »boża« ...)	im Morgenrote ... (»Note?« ... Götterbote?« ...)
– już chciałem kropnąć wiersz liryczny ...	Schon trieb's mich, einen Hymnus hinzuhaun.
A to był Pożar Świata. Pożar	Allein es war der Weltbrand, der da lohte,
Z całą pewnością polityczny.	und fraglos als politisch anzuschaun.
Rozwarły się płomienne piekła,	Die off'ne Hölle überflammte mich.
Zwyraźniał świat – i wróg zwyraźniał.	Der Feind ward deutlich und die Umwelt klar.
Do czartów na wakacje zbiegła	Zum Teufel auf Vakanz entwich
Zbankrutowana wyobraźnia.	die Phantasie, die pleite war.
Trzasnsęły dzieje – i wyskoczył	Und die Geschichte barst. Ein Träumer fuhr
Ze swej retorty alchemicznej,	aus seiner alchimistischen Retorte,
Zdumione przecierając oczy,	der sich die Augen rieb. Mit einem Worte:
Poeta – bardzo polityczny.	ein Dichter höchst politischer Natur.
Bo stąd najbliżej do człowieka,	Denn Politik führt rasch zum Menschenhirn.
Bo ona – celna i ruchliwa –	Geschmeidig weiß sie nach dem Ziel zu streben.
Jak nić przez igłę mnie przewleka	Sie fädelt mich durchs Nadelöhr als Zwirn
I mocnym ścięgiem z życiem zszywa.	und heftet mich mit fester Naht ans Leben.

Bo krąży krwią w przemianach świata,
Bo – częstotliwa, elektryczna –

Ciarkami po sumieniu lata

Ta poetyka – poetyczna.

Bom przez nią, przez tworzącą, pojął
I wieków sens, i zwykłych godzin:

Nieustającą matkę moją –
Epokę, co mnie co dzień rodzi.

(Aus:
J. Tuwim, Dzieła, t. I/2, Czytelnik, Warszawa, 1955)

Sie kreist – vom Strom des Blutes mitgerissen
im Zeitgeschehen. Elektrisch hochfrequent
läuft sie als Schauer über das Gewissen –
die Politik, die dichterisch bekennt.

Denn sie, die Schöpferische, lehrt den Sinn
der großen Zeiten und der schlichten Woche
und meiner ewigen Gebärerin,
die täglich mich zur Welt bringt: der Epoche.

Deutsch von Helene Lahr
(Aus: Polnische Lyrik.
Schönbrunn-Verlag, Wien, 1953)

Julian Tuwim
POLITISCHE STROPHEN

Verehrter Herr, Sie sagen also, daß
mir Politik nicht zu Gesichte steht?

Ein Magier sei ich und ein Alchimist,
der Worte mengt in Tiegel und Gerät,
der Sprachtinktur obskurer Fabrikant,
in vielen Dunkelheiten Spezialist.

Sie meinen, daß Instinkt, Intuition
und weiter nichts meine Domäne ist.

Gewiß – ich war im Zaubern gar nicht schlecht,
auch tuts mir ums Gewesene nicht leid.
Mein Elixier half mir aus mancher Qual,

Julian Tuwim
POLITISCHE JAMBEN

Sie meinen, daß Politisieren
Mir schlecht zu meinem Antlitz stünde?
Ich sei mehr Magier, der mit Schwüren
Die Wortessenz im Tiegel finde,

Erzeuger dunkler Traumtinkturen,

Verschworen allem, was nur mythisch,
Eine der lyrischen Naturen
Und auch noch anders unpolitisch?

Ich gebe zu – genug zuweilen

Ich trillerte, so wie Sie sagten,

Doch konnt mein Leid mit Wein ich heilen,

half aus Verzweiflung mir und Bitterkeit.
Wie schön und stark die Lust am Fabulieren!
So diente ich der Dichtung im Labor.
Ich schuf mir apollinische Visionen
und kam mir gänzlich unpolitisch vor.

Doch eines Nachts, als ich beim Zaubern saß,
die erste Dämmrung kam durch die Gardinen,
sah ich im Nebel der Entzückung fern,
wie hold des Morgens frühe Brände schienen,
schon stand ein neuer Vers auf dem Papier,
da stutzte ich, als drohte mir Gefahr:
Das war kein Frühlicht. Nein – die Welten brannten!
Kein Zweifel, daß der Brand politisch war.

Vor meinen Blicken öffneten sich Höllen.
Die Welt ward deutbar, und ich sah den Feind.
Ich gab bankrotter Phantasie den Laufpaß.
Sie ging zum Teufel. Ich hab nicht geweint.
Geschicke brüllten auf wie Donnerschläge,
wobei von den Retorten fast nichts blieb.
Auf einmal stand da ein politischer Dichter,

Meine Verzweiflung mit Extrakten,
Oder ich sang – einfach – Romancen,
Besang die Muse aphroditisch,
Genoß Apollos Traum und Trancen –
Sehr einsam und sehr unpolitisch.

Bis eines Nachts, als ich schon wieder
In meiner Kleinstadtapotheke
Getrillert, sah ich durchs Gefieder
Des süßen Scheins auf meinem Wege
Das Morgenröten ... (»beten«, »Nöten«)
– Und beinah wurd ich wieder lyrisch ...
Dabei war es der WELTBRAND. Töten.
Mit ganzer Sicherheit politisch.

Es öffneten sich Flammenhöllen,
Die Welt ward deutlich – auch die Feinde.
Zum Teufel ging mit ihren Schellen
Die Phantasie, die bitter weinte.
Und dem Zerfall und Feuertreiben
Entsprang, geboren analytisch,
Erstaunt sich seine Augen reibend,

der sich verwundert seine Augen rieb.

Sie zeigte mir den nächsten Weg zum Menschen,
Die Politik, die unsre Welt versteht,
in ihrer Nadel lag ich wie ein Faden,
den kräftig mit dem Leben sie vernäht.
Ein hochfrequenter Strom von hoher Spannung,

wie Blut die Welt umkreisend, die sich wandelt,
wie Schauer, das Gewissen überlaufend,
ist Poesie, wenn sie politisch handelt.

Nur durch die schöpferische Poesie
begreif ich des Geschehens Sinn und Wert:
Wie eine große Mutter kenn ich sie,
die Ära, die mich täglich neu gebärt.

Deutsch von Hans Ewald
(Aus: Polnische Lyrik.
Verlag Volk und Welt,
Berlin, 1953)

Der Dichter – diesmal sehr politisch.

Und so kam mir der Mensch erst näher,
Denn Politik ist Ziel und Streben,
Sie zeigt mir Freund und Pharisäer
Und sie verbündet mich dem Leben.

Sie kreist als Blut durchs Weltgeschehen,
Sie ist elektrisch, sie ist ethisch,
Läßt Schauer durchs Gewissen gehen,
Ihre Poetik – ist poetisch.

Den Sinn der Zeiten, auch der Stunden,
Hat mir die Schöpferin verraten,
Und nun gebiert mich mein Jahrhundert
Alltäglich neu zu neuen Taten.

Deutsch von Karl Dedecius
(Aus: Lektion der Stille.
Neue polnische Lyrik,
Carl Hanser Verlag,
München, 1959)

Das präsentierte Tuwim-Gedicht ist nicht sein bestes. Es stammt aus der letzten, sozrealistischen, altersschwachen Periode des Dichters, aber es ist hinsichtlich der übersetzerischen Aufgabe interessant, weil schwierig. Außerdem ist es das einzige der neueren polnischen Gedichte, das mehrfach übersetzt vorliegt.

Die erste der Übersetzungen hält sich relativ gewissenhaft an den Wortlaut, findet auch die Reime, scheitert aber an den Jamben. Die zweite verzichtet auf die Hälfte der Reime, um

Freiheit zu gewinnen, weiß aber diese Freiheit noch nicht recht zu nutzen. Sie verfehlt den – in diesem Gedicht entscheidenden – Rhythmus, verfehlt die Dichte und den Charakter der Tuwimschen Formulierungen, obwohl sie als wörtliche Übertragung nach bestem Wissen und Gewissen treu ist. Die dritte Übertragung sieht das Wesentliche dieses Gedichts erstens in den Jamben, deren Namen es trägt, zweitens in dem agitatorischen Duktus, drittens in den Schlußzeilen der Strophen, die knapp variierte Pointen bedeuten: *I innych apolityczności – Samotny i apolityczny – Z całą pewnością polityczny – Poeta bardzo polityczny – Ta poetyka – poetyczna.*

Von diesen strophenkrönenden Zeilen (also gewissermaßen von hinten) entwickelt die dritte Fassung ihre Entsprechungen: *Und auch noch anders unpolitisch – Sehr einsam und sehr unpolitisch – Mit ganzer Sicherheit politisch – Der Dichter – diesmal sehr politisch – Ihre Poetik – ist poetisch.*

Es ist klar, daß der Übersetzer, der diese Kulminationsstellen übersieht, die eigentliche Wirkung unerschlossen läßt. So Helene Lahr durch Hinzufügungen: *und andre apolitische Belange – So sang ich unpolitisch vor mich hin – und fraglos als politisch anzuschaun – ein Dichter höchst politischer Natur – die Politik, die dichterisch bekennt*; und so Hans Ewald in völliger Verkennung der beabsichtigten Akzente: *und weiter nichts meine Domäne ist – und kam mir gänzlich unpolitisch vor – Kein Zweifel, daß der Brand politisch war – der sich verwundert seine Augen rieb – ist Poesie, wenn sie politisch handelt.*

Mir selbst schien es wichtiger, auf zwei, drei wortwörtliche Einzelheiten zu verzichten und dafür die Natürlichkeit und die Verve und die Pointen des Ganzen herauszuarbeiten.

Wer in einem Gedicht Worte übersetzt, muß scheitern. Ein klassisches Beispiel dafür lieferte mir wieder einmal meine jüngste Arbeit, die Übertragung der Gedichte von Vasko Popa aus dem Serbokroatischen. Da beginnt z. B. die Strophe

12 des Poems »Vrati mi moje krpice« mit den Worten: »Dosta rečitoga smilja.« Ganz einfach, sollte man meinen: »Genug des wortreichen Bockshornklees.« Aber damit ist im Zusammenhang wenig anzufangen. Popa ist ein, für Übersetzer, heimtückischer Autor. Seine Sprache, aus dem Volksmund, aus Gassenhauern, aus alten Rätseln und Sprüchen geschöpft, ist voller Fußangeln. Im Wörterbuch steht unter *smilj* ganz einfach: trauriger Bockshornklee, Trigonella corniculata. Aber was wichtiger ist, steht nicht im Wörterbuch. Nämlich daß dieses Kraut, hier als poetische Parabel angewandt, im serbischen Volksmund »sprichwörtlich gut riecht« – wie mir der Autor berichtet. Nun sehe ich nach in einem deutschen Lexikon und finde – unter Bockshornklee – das absolute Gegenteil: »schmecken bitter und riechen eigenartig unangenehm« (Meyers Lexikon, Band 12, Spalte 42: Trigonella). Man muß also im Deutschen eine andere Pflanze anführen, die bei uns im Volksmund als Wohlgeruch selbstverständlich wäre, um die Absicht des Dichters zu erfüllen. So kam es zu der (autorisierten) Übertragung: »Genug der wortreichen Veilchen.« Nun war aber noch ein anderes Problem zu lösen. »Wortreich« und »Veilchen« ist im Deutschen nicht gerade sehr poetisch und beziehungsreich. So führte diese Gedankenkette schließlich zu der (nach dem Willen des Autors auch im Original ironisch-scherzhaft-scheltenden) Lösung: *Genug der schönrednerischen Veilchen.* Solchen und ähnlichen Gefahren begegnet der Übersetzer bei Popa auf Schritt und Tritt.

Am Beispiel eines Liebesgedichts von Popa sehen wir sehr einleuchtend, daß nicht einmal ein schlichtes, modernes Gedicht – ohne Reime und in freien Rhythmen, in sparsamster Syntax – interlinear übersetzbar ist. Weil sich die Wortstellungen im Deutschen und im Slawischen selten decken.

Dan ti bogat u naručju	Ich trage
Nosim	Im Arm einen reichen Tag zu dir
Mlade jele duž pogleda	Setze

Sadim	Junge Tannen den Blick entlang
Gradovima tvog ćutanja	Irre
Lutam	Durch Städte deines Schweigens
Rosu ti sa trepavica	Sammle
Berem	Tau von deinen Wimpern
Noć vitku ti preko pasa	Breche
Lomim	Schlanke Nacht in deiner Hüfte
Brižne zore sa krovova	Rufe
Zovem.	Besorgte Morgen von den Dächern.

(Daleko u nama. Aus: Vasko Popa – Gedichte, Verlag Langewiesche-Brandt, Ebenhausen bei München, 1961)

Man kann, wenn man Übersetzungen vergleicht, schlecht davon reden, die eine sei schön und die andere häßlich. Sie sind mehr oder weniger gelungen und – jede auf ihre Art, sagen wir, Persönlichkeit. Und solange sich eine Gruppe von Lesern, Freunden findet, die daran Freude hat, solange Verleger dafür einstehen, soll man sie leben lassen.

Nur sei der Arbeit Ehrlichkeit und Bemühen anzusehen. Es sieht, hört, spricht, denkt, fühlt nicht jeder so, wie wir selber. Und wer sagt wem, was falsch ist und was richtig? Objektive Übersetzungen eines Gedichts sind Utopie, weil Kunst ein subjektives Unterfangen ist. Und dann: Übersetzen sei so gut dichten, wie eigene Werke zustande bringen, sagte Novalis, nur schwerer, seltener.

Es gehöre poetische Moralität, Aufopferung und Neigung dazu. Am Ende sei ja alle Poesie – Übersetzung, sagte derselbe Novalis. Und deshalb diene der anfangs zitierte Goethe noch zu guter Letzt als Schlußakkord und Zuspruch: »Was man auch von der Unzulänglichkeit des Übersetzens sagen mag, so ist und bleibt es doch eines der wichtigsten und würdigsten Geschäfte in dem allgemeinen Weltverkehr.«

THEORIE UND PRAXIS

Anfang

Ich hatte jahrelang übersetzt, ohne eigentlich über das Wie und Warum gründlicher nachzudenken, ohne einen einzigen theoretischen Satz über das Übersetzen gelesen zu haben. Erst dann, von den Erfahrungen gefoppt, fing ich an, meine Einsichten zu bedenken und zu ordnen. Ich fand keine zuverlässige, sicher funktionierende Methode, die auf alles anwendbar wäre. Und heute, also in einem dritten Schritt, sehe ich mich in der Literatur um und erfahre, daß das Unbehagen untilgbar ist. Die alten Zweifel und Unsicherheiten sind auch die neuen. Das Mißtrauen gegen die Heilsamkeit der Theorie bleibt unbeseitigt. Die Praxis profitiert davon wenig.

Und es wäre gut, wenn die Poesie die Zuverlässigkeit der Wissenschaft und die Wissenschaft die Wirkung des Poetischen bekämen. Wenn die Wissenschaft die Faszination des Poetischen und die Poesie die Nachweisbarkeit des Wissenschaftlichen besäßen. Wenn ihre Nützlichkeit dadurch gewinnen würde. Aber wie?

Ich lese also einiges, aber nicht zuviel, um nicht ganz irre zu werden und nicht den Mut zu verlieren, und finde, daß wir uns im Kreis drehen, wie der Kosmos.

Das Abwägen der Widersprüche kostet Zeit. Wenn es uns aber nicht hilft, sondern nur unsicher macht, sollten wir's trotzdem treiben? Die Neugier treibt uns dazu.

Wir sehen uns um, schlagen nach, schlagen Purzelbaum, üben den Hand-, den Kopfstand und landen schließlich wieder bei Hieronymus: Nihil est dictum, quod non sit dictum prius. (Nichts ist gesagt, was nicht schon früher gesagt worden wäre.) Wenn das so ist, müssen wir in uns selbst das Ziel suchen; bei den anderen den Halt.

Kunst kann man sich nicht anlesen. Das Bild (Ästhetik) kommt mit uns auf die Welt. Die Zielsetzung (Ethik) bedarf des erfahrenen Vorbilds.
Der kreative Teil unserer Polemik mit den Für- und Widersachern betrifft vornehmlich das Ethos und den Eros der Arbeit, den Sinn und den Unsinn des Geschäfts. Danach suchen wir, weil wir des Motivs bedürfen, das uns bestärkt.

Die Alten

Überlegungen zum Thema der Übersetzung sind ebenso alt wie die bewußte Abeit mit und an der Sprache. Im Urteil der Alten erfüllt die Sprache drei Funktionen: die Darstellungsfunktion, die Ausdrucksfunktion und die Appellfunktion[2], und innerhalb dieser Funktionen wiederum mehrere Teilfunktionen. Der Symbolcharakter des Worts fügt diesem ständig neue, mutierende Vieldeutigkeiten zu. Die geschichtliche Perspektive bringt ihre Probleme mit sich: es ist schon ein Unterschied, ob wir das Wort *Idee* so verstehen, wie es die Griechen verstanden hatten, oder so, wie es Kant verstanden haben wollte, oder so, wie es die amerikanischen Werbefachleute des 20. Jahrhunderts der Öffentlichkeit zu verstehen geben.
Jedes Wort hat zumindest zwei ganz offensichtliche Grundqualitäten: den Klang und die Bedeutung. Das Verhältnis dieser beiden Qualitäten zueinander kann unterschiedlich sein, wirken und empfunden werden. Jede dieser Möglichkeiten bestimmt den unterschiedlichen Ausgangspunkt der Übersetzer. Die erste Theorie stammt von Demokrit und lautet, zwischen dem Klang des Wortes und seiner Bedeutung gebe es keine – weder notwendige noch sachliche – Verbindung. Man könne demnach – theoretisch – jeden Klang mit jeder Bedeutung kombinieren. Demokrit, dem Begründer des Atomismus, war das Sein, auch die Sprache, eine bewegte

Vielheit und keine ruhende Einheit. Nach Plato dagegen bestehe zwischen dem Klang und der Bedeutung eine sachliche Verbindung, unabhängig von unserem Willen oder unserer Übereinkunft. Es liegt auf der Hand, daß beide Standorte entgegengesetzte Ausgangspunkte und Ziele anzeigen. Die Praxis mildert allerdings den Widerspruch, wenn sie ihn nicht gar aufhebt. Denn Sprachwerker haben zwar die Wahl, aber auch eine ihnen angeborene Sprachveranlagung, weshalb sie nicht immer über das Ergebnis ihrer Entscheidung im voraus genau im Bilde sein können. Entweder wir halten unseren Standpunkt rein und vermögen ihn zu realisieren, oder das Ergebnis findet seine Form unabhängig von unserem Standpunkt, vielleicht ohne einen solchen, vielleicht sogar gegen einen solchen.

Livius Andronicus († 204 v. u. Z.), ein Bilinguist, ein latinisierter Grieche, wurde durch seine Übersetzung der »Odyssee« zum Vater der römischen Literatur. Auf seine Sorgfalt in Freiheit beriefen sich Generationen von Übersetzern bis in unser Jahrhundert. Seine Übersetzung war eine vollendete Dichtung, genau und musikalisch, aber gar nicht wörtlich. Bereits die erste Zeile des lateinischen Textes der »Odyssee« entdeckt uns die Fülle der notwendigen Freiheiten, die der Übersetzer sich nehmen mußte, wollte er die Dichtung am Leben erhalten. Der Name der angerufenen Muse stimmt nicht mit dem des Urtextes überein, sie entspricht dem römischen Glauben; die Worte stimmen nicht wörtlich, sie tragen dem Geist des Lateinischen Rechnung; den griechischen Hexameter ersetzt das saturnische Metrum.

Was wir heute über das Übersetzen lesen und schreiben, konnte man schon (und zwar klarer und kürzer) bei Sankt Hieronymus nachschlagen. Er wußte genau, daß »non verbum e verbo, sed sensum exprimere sensu« (nicht Wort für Wort, sondern Sinn für Sinn ...) zu beachten sei. In seinem Brief an Pammachius *Über die beste Art des Übertragens*[3] schrieb er definitiv: »Wörtliche Übertragung führt zu

Unsinn« (Si ad verbum interpretor, absurdum resonat). Aber auch er, der erste große Bibelübersetzer, hatte diese Einsicht nicht selbst erfunden. Er sagte nur, was lange vor ihm Quintus Horatius Flaccus in seinen Briefen an die Pisonen[4] adressiert hatte: »Du wirst als treuer Übersetzer nicht versuchen, das Wort durch das Wort wiederzugeben« (nec verbo verbum curabis reddere fidus interpres). Doch auch Horaz war keinesfalls originell, er wiederholte einen älteren, Marcus Tullius Cicero, der früher als er bekannt hatte: »In quibus non verbum pro verbo necesse habui reddere, sed omnium verborum vimque servavi«[5] (»Nicht Wort für Wort, sondern den eigentlichen Sinn aller Wörter und Kraft«). Man dürfe, seiner Meinung nach, nicht wörtlich übersetzen, »wie es gewöhnlich die an Ausdruck armen Übersetzer tun« (»indiserti«: *De finibus bonorum, III 4,15*).
Wir sehen, im Grunde ist jeder Autor Übersetzer (Wiederholer). Nur wissen die meisten nicht, daß sie wiederholen, wann und was und inwiefern sie übersetzen. Im Grunde ist genauso wie der Autor, der Erfahrenes in Sprache übersetzt, auch sein Leser Übersetzer, der ein fremdes Sprachwerk sich geistig anverwandelt, assimiliert, also in eigenes Selbstverständnis übersetzt. Et manifesta est exercitationis huiusque ratio ...
So wie Hieronymus Horaz, Horaz Cicero, Cicero seine älteren Kollegen fast wörtlich wiederholt haben, so sind auch die späteren Auslassungen über das Übersetzen nicht viel mehr als Variationen, Modifikationen einer ersten antiken Wahrheit (weshalb man sich die Mühe ersparen sollte, neue Worte für alte Tatsachen zu suchen, wo die alten Worte für die aktuellen Tatsachen noch gelten).

Die Romanen

Den Romanen verdanken wir Geistreiches über das Übersetzen, vornehmlich Skeptisches, weniger Ermunterndes.

Dante widersprach der Möglichkeit, Dichtung zu übersetzen, kategorisch: »Nichts, was zum Zwecke der Harmonie poetisch gefügt ist, läßt sich aus einer Sprache in eine andere übertragen, ohne seine ganze Anmut und Harmonie einzubüßen« (sanza rompere tutta sua dolcezza e armonia). Die Schmähung »traduttore-traditore« hat uns die zupackende Flinkheit des italienischen Volksmunds beschert. Diese Ansicht lebt bis zu Croce fort, der in seiner Ästhetik die Unmöglichkeit des Übersetzens, Dantes harten Standpunkt, wiederholt. Allerdings: Croces Theorie von der Einmaligkeit und Unwiederholbarkeit eines Kunstwerks übersieht ganz und gar den Leser, der ebenfalls einmalig, in seinem Sinne, und unwiederholbar ist. Seiner Logik folgend wären Kunstwerke von vornherein dazu verurteilt, keinerlei öffentliche Funktion zu erfüllen, in ihrer Absicht niemals begriffen zu werden. Das Gegenteil kommt aber vor, ist also möglich.

Auch Cervantes hatte ähnliche Ansichten, wahrscheinlich auch Erfahrungen mit Übersetzern und Übersetzungen. Er verglich diese mit flamländischen Tapeten, von hinten betrachtet: »voller Fäden, die sie entstellen«. Er ging noch weiter in seiner Schmähung: das Übersetzen aus leichten Sprachen beweise »ebensowenig Talent wie Beredsamkeit, sowenig wie der beides zeigen kann, der ein Papier vom andern abschreibt«. Dieser persönliche Pessimismus pflanzte sich fort – in der ›spanischen Linie‹ – bis zu Ortega y Gasset, der allerdings bedeutend vorsichtiger, philosophischer seine Skepsis formuliert: die Übersetzung sei nicht das Werk, sondern ein Weg zu dem Werk.

Diese These ist, bedenkt man sie recht, keine nur auf die Übersetzung zutreffende Besonderheit. Wenn man so will, dann ist auch das Werk selbst nicht das Werk, sondern nur ein Weg zu ihm. Denn erstens: Welcher Autor wollte behaupten, daß das, was er zu Papier gebracht hat, ganz genau dem entspricht, was er hat entwerfen wollen oder in seiner Vorstellung entworfen zu haben glaubt? Und zweitens:

Welcher Leser könnte behaupten, daß er alle Wörter und Sätze des Autors, alle seine Bilder, Andeutungen und Anspielungen so verstanden hat, wie sie in der Niederschrift enthalten waren, geschweige denn beabsichtigt waren?
Wir wissen, daß die meisten Autoren darüber klagen, ihre Absicht, schwarz auf weiß zu lesen, sei mißverstanden worden. Und wir wissen, daß Leser und Kritiker – die Öffentlichkeit also – mehr aus einem Kunstwerk herauszulesen imstande sind, als vom Autor je beabsichtigt werden konnte.
Wer die Übersetzbarkeit eines Werks negiert, negiert eo ipso auch dessen Lesbarkeit. Lesen ist Übersetzen.
Der Sinn einer jeden Philosophie ist, das Undenkbare denkbar zu machen, das Unmögliche – Ortega hat es selbst so definiert –, das Utopische zu wagen. Darin waren sich die Denker, von den Vorsokratikern bis zu den Existentialisten und Marxisten, alle einig. Und darin – das Unmögliche zu wagen – stecken der Sinn und die Faszination des Übersetzens.
Das Wesentliche, die Ratio und die Emotio jeder Kunst, die Information und das Erlebnis, die sie auslösen, sind kommunikativ und wiederholbar – also übersetzbar. Der Wiederherstellungsprozeß ist natürlich schwierig und langwierig, aber durchaus nicht vergeblich. Nur, da undankbar, selten versucht und noch seltener geglückt.

Den Franzosen haben wir die Befreiung von Hemmungen zu verdanken. Bevor in Paris die Freiheit des Bürgers ausgerufen wurde, riefen die Franzosen in belletristischen Traktaten die Freiheit der Kunst, auch die des Übersetzers, aus. Du Bellay (1522–1560) war einer der ersten, Malherbe (1555–1628), der berühmte Reformator der französischen Literatur, der gründlichere, Perrot d'Ablancourt (17. Jh.) der von breitester Wirkung. Das 17. Jahrhundert zweifelte nicht mehr daran, daß der Übersetzer den Originalautor verändern, kürzen,

ergänzen, Wörter, Bilder, sogar Gedanken austauschen dürfe. Die welsche Freiheit breitete sich aus und wurde europäischer Brauch.
»Die Französischen Übersetzungen insgesamt« gehören zu der verändernden Art des Übersetzens, die leicht ins »Travestiren« fällt (Novalis). Da wo Goethe über die »parodistische« Art der Übersetzung spricht, zu der sich meistenteils »geistreiche Menschen ... berufen fühlen«, weist er auf die Franzosen hin. »Die Franzosen bedienen sich dieser Art bei Übersetzungen aller poetischen Werke.« (*Noten und Abhandlungen zu bessern Verständnis des Westöstlichen Divans*). Natürlich hat diese Freiheit, wie jede, ihre Probleme, ihre Grenzen, auch ihren Strafraum. Goethe ließ es, trotz seiner Verehrung für französische Mentalität, anklingen. »Die Mathematiker sind eine Art Franzosen: Redet man zu ihnen, so übersetzen sie es in ihre Sprache, und dann ist es alsbald ganz etwas anderes.« (*Farbenlehre*)
Den Franzosen haben wir aber auch neue, andere Hemmungen zu verdanken.
Aus dem Französischen stammen die elegantesten, deshalb wirkungsvollsten, d. h. entmutigendsten Boshaftigkeiten gegen die Übersetzer und ihre Produkte. Sattsam abgegriffen ist Voltaires Redewendung, Übersetzungen seien wie Frauen, entweder schön, dann nicht treu, oder treu, dann eben nicht schön; oder der Aphorismus, den Jean Paul einem Franzosen zuschreibt: Ein Wunderwerk, das einer Übersetzung fähig sei, sei keiner wert; oder das blitzflinke Bild von Montesquieu, welcher schrieb, der Übersetzer reproduziere nur den Körper einer Leiche, führe diese aber nicht zum Leben zurück. Man hat das alles im Verdacht, es sei – wie bei Literaten gar nicht selten – des Wortspiels, des Bonmots und nicht der Wahrheit wegen, ziemlich leichten Sinnes gesagt oder geschrieben worden. Wenn man bedenkt, wie beschämend die bunten Läppchen sind, mit denen man den Übersetzern allezeit am Zeug flickte, fragt man sich, woher sie

überhaupt noch den Mut und die Kraft nehmen, ein so gering geschätztes Geschäft zu besorgen.

Es rächt sich, wenn ein Volk seine Übersetzer geringschätzt. Die französische Kultur hat auf dem Gebiet der Übersetzung insgesamt weniger geleistet, als es ihrer Bedeutung in Europa zugekommen wäre.

Es ist schwer verständlich, warum sich die Sprache der Franzosen gegen solche Gegenwartsautoren sperrt wie Lec oder Herbert, die inzwischen Weltgeltung – und in der Bundesrepublik auch beachtliche Verkaufserfolge – erzielt haben. Die »Unfrisierten Gedanken« von Lec liegen, wie mir François Bondy sagte, seit Jahren ungenutzt in der Schublade eines Pariser Verlegers, der diese Aphorismen gar nicht witzig findet. In der Bundesrepublik wurde Lec zum Bestseller der Intellektuellen (300000 Auflage in 20 Jahren). Zbigniew Herbert dagegen, den viel an Frankreich bindet, der sich in Frankreich jahrelang aufgehalten und diesem Lande Gedichte und Essays gewidmet hat, der in Paris viele einflußreiche Freunde besitzt, konnte bis heute kein Buch in französischer Sprache herausgeben. In deutscher Sprache ist Herbert mit acht Büchern präsent, darüber hinaus in mehreren Dutzend Anthologien vertreten. Das sind nur zwei Beispiele von vielen.

Etwas Gutes aus Frankreich sollte man sich merken. D'Alemberts (1717–1783) Bemerkungen zur Kunst des Übersetzens warnen den Übersetzer vor zwei Dingen: vor allzugroßer Demut und vor allzugroßem Stolz. Meine Erfahrungen laufen auf dasselbe hinaus. Ein feiger Übersetzer ist ebenso fehl am Werk wie ein überheblicher. Demut dem Original gegenüber verspüren nur diejenigen, die es gläubig, aber nicht wissend, geschweige kritisch betrachten. Hinter der devoten Haltung des Übersetzers verbirgt sich meist seine Unsicherheit, andere als nur Rohübersetzungen, Interlinearversionen, wörtliche Fassungen und wie wir es sonst nennen mögen zu wagen. Eine schöpferische Übersetzung kann sich nur leisten, wer die fremde Sprache so gut beherrscht, daß er bereits von ihr unabhängig ist. Wer sich aber der Sprache nicht ganz sicher ist, bleibt (aus Vorsicht, mit Recht) am Wort kleben und wird wahrscheinlich behaupten, er tue es aus Prinzip, nicht aus Ohnmacht.

Gut finde ich auch d'Alemberts Forderung an die Kritik: es genüge nicht, einen Übersetzungsfehler nachzuweisen, man müsse auch nachweisen, daß er vermeidbar gewesen sei.

Den Franzosen des 19. Jahrhunderts haben wir die Tradition dichterischer Übersetzung in Prosa zu verdanken. Da bei ihnen immer schon die Ansicht dominierte, das Wichtigste einer Übersetzung sei die Beibehaltung der Gedanken, kamen sie wie von selbst auf diesem Wege zu den prosaischen Exerzitien mit dichterischen Texten. (»C'est beau comme de la prose«.) Auch diese Übung hat ihre Daseinsberechtigung, ihre Kunst.

Sehr viel Schmeichelhaftes über französische Übersetzungen weiß Walter Widmer[6] zu berichten. Allerdings konzentriert sich sein Lob auf die Sicherheit und Überlegenheit der Franzosen im Umgang mit ihrer Muttersprache. Man hat es damit leichter, wenn man das Original nicht gar so schwer und ernst nimmt, wie wir Deutsche es meist tun.

Die Angelsachsen

Ein didaktisches Gedicht von John Denham »To Sir Richard Fanshaw, upon his Translation of ›Pastor Fido‹« (1647) kam zu spät, um eine Entdeckung zu sein, aber es band der alten Binse eine neue Schleife um, die ich reizvoll finde: True to his sense, but truer to his fame, forderte der Dichter den Übersetzer auf (treu dem Gedanken des Autors, aber treuer seinem Ruhm zu sein). Das trifft die empfindliche Stelle sogar eines Pedanten. Was hilft dem Originalautor alle Wörtlich- und Genauigkeit, wenn diese sang- und klanglos bleiben, wenn sie Vergessenheit oder (bestenfalls) üble Nachrede bewirken, statt den Erzeuger mit wohlverdientem Ruhm nachleben zu lassen.

So richtig diese Einsicht ist, so leicht führt auch sie in die Zügellosigkeit, die dann wiederum Revisionisten auf den Plan ruft, die das ganze Spiel mit der Unmöglichkeit des Übersetzens noch einmal von vorn beginnen. Das 18. Jahrhundert stellte sich ihnen in England entgegen. Thomas Franklin dichtete 1753 ein neues didaktisches Poem »The Translation«, und der famose Schotte Alexander F. Tytler, selbst erfahrener Übersetzer (Petrarkas und Schillers), Professor an der Universität Edinburg, legte der Edinburger Königlichen Gesellschaft 1790 einen »Essay on the Principles of Translation« vor, den ich an die Spitze all dessen setzen möchte, was ich an Grundsätzen über das Übersetzen zu lesen Gelegenheit hatte. Ich bevorzuge Tytler seiner Kürze, Klarheit und Klugheit wegen. Es gelang ihm meiner Ansicht nach mustergültig, sachlich und ökonomisch das zu präzisieren, was man den vielen sehr tiefschürfenden Abhandlungen sonst auf den ersten Blick nicht entnehmen kann: es gelang ihm, die Kunst der Übersetzung auf einen einfachen, definitiven und fast umfassenden Nenner zu bringen.

Er kam dabei mit drei Sätzen aus: 1. Die Übersetzung sollte den ganzen Inhalt des Originals wiedergeben. 2. Form und Art sollten denselben Charakter haben wie im Original. 3. Die Übersetzung sollte die Freiheit einer originellen Komposition besitzen.

Wer Gescheites über Vieldeutigkeit, Synonyma, Idiome, Ton und ähnliche Schwierigkeiten des Übersetzens erfahren möchte, der lese Tytlers Essay. Er fordert, daß man bei poetischen Texten nicht »Sprache in Sprache, sondern Poesie in Poesie« übersetze, daß man – selbst bei berühmten Werken – nicht das Recht habe, offensichtliche Fehler stehenzulassen, sondern vielmehr die Pflicht zu korrigieren, daß man Verse in Versen übersetzen solle, daß man weder modernisieren noch lokalisieren dürfe, daß es am schwierigsten sei, »richtige, einfache, natürlich fließende Gedanken mit einfachen, vollendet entsprechenden Worten unprätentiös« wiederzugeben.

Ich gestehe, das meiste von Tytler ist an Klarheit unübertroffen, überzeugt heute noch und kann als Kompaß gelten.

Sonst beruft sich Tytler mehrmals auf den »guten Geschmack« (a just taste requisite), ohne freilich erläutert zu haben, was überall und zu allen Zeiten denn mit Sicherheit als guter Geschmack zu werten sei. Guter Geschmack – der labile, umstrittene Faktor des Übersetzens bis auf den heutigen Tag – ist ein Risiko. Er wird es wohl immer bleiben.

Kunst unterscheidet sich dadurch von Wissenschaft, daß sie sich nicht gültig objektivieren, nicht endgültig normalisieren läßt. Cecil Day Levis, vor Auden Inhaber des Oxforder Lehrstuhls für Poetik, nannte das Übersetzen eine Sache von Kunstfertigkeit, Liebe und Glück. Darüber hinaus aber ist das Übersetzen ohne philologische Erkenntnis, ohne ein exaktes Instrumentarium, was schon Schlegel deutlich machte, undenkbar. Somit ist das Übersetzen also etwas, was zwischen Kunst und Wissenschaft wirkt, oder gar beides zugleich einbezieht bzw. voraussetzt.

Eine andere sehr wesentliche angelsächsische Einsicht rührt aus Blakes Definition der intellektuellen Redlichkeit her. Man könne seine Ansichten wechseln, sagte Blake, ohne seine Grundsätze zu wechseln. Man kann also unterschiedliche Autoren unterschiedlich, nach unterschiedlichen Methoden übersetzen, ohne den Grundsatz der Treue, der Natürlichkeit und der Nützlichkeit aufzugeben, ohne Verrat an der intellektuellen Redlichkeit zu üben. Und bei Pound – in seinem »gradus ad Parnassum« – findet sich noch eine weitere bedeutende Erkenntnis, die vielleicht bei allen Überlegungen zu kurz kommt, deshalb getrost noch einmal wiederholt werden sollte: »Viel mehr Dichter versagen aus Mangel an Charakterfestigkeit denn aus Mangel an Intelligenz«.

Das Übersetzen ist in besonderem Maße eine Sache des Charakters, nämlich des altruistischen Charakters.

Die Deutschen

Der Deutschen neuere Literatur beginnt mit Luthers Bibel-Übersetzung. Luthers Sprachgenie wandte sich von »meister Klüglin« ab und schaute dem Volk »aufs Maul«: so lernte er predigen, schreiben und dolmetschen. Das war eine Revolution, ausgetragen in einer berühmten Polemik, verursacht durch eine berühmte Übersetzung.
Seitdem zeichnet die Geschichte der deutschen Übersetzer zwar ein diskursives Hin und Her, doch im Ergebnis eine große Aufgeschlossenheit für Fremdes, auch Ernst und Verantwortungsbewußtsein im Handwerk aus. Die Blüte der klassischen Philologie im 19. Jahrhundert bescherte der deutschen Sprache viele hervorragende Übersetzungen und glänzende theoretische Abhandlungen zu diesem Thema.
Die deutsche ›Schule‹ richtete sich im allgemeinen gegen die welsche Übung, das Original bedenkenlos frei umzugestalten. Dessen ungeachtet irrten und fehlten deutsche Übersetzer genauso wie die anderen. Sie waren allerdings hartnäckig und ausdauernd in ihren ständigen Versuchen, weshalb diese schließlich viele und gute Früchte trugen. Das sollte man nicht zuletzt jenen zugute halten, die das Selbstbewußtsein der Übersetzer stärkten, statt sie mit den bekannten Witzeleien zu entmutigen.
Herder hielt den berufenen Übersetzer für ein schöpferisches Genie, sein Werk für ein Originalwerk, sofern er »seinem Original und seiner Sprache Genüge« tue, nicht aber, wenn seine Arbeit nur ein »Schwanken zwischen zwo Sprachen und Singarten« ist – dann allerdings sei es »unausstehlich«.
Humboldt sah den Sinn des Übersetzens in der »Umwandlung des Fremden in die eigene Natur«.

Obwohl gerade von Humboldt Einsichten stammen, die einem Übersetzer sehr viel Sicherheit geben, möchte ich – als Praktiker – gegen eine seiner Formulierungen polemisieren. Humboldt empfahl, nach »Klarheit«, nach »Leichtigkeit und Geschmeidigkeit« zu streben, und er meinte im Zusammenhang damit, es seien »Vorzüge, die ein Übersetzer am schwersten, und nie durch die Mühe und Umarbeiten erringt; er dankt sie meistenteils einer ersten glücklichen Eingebung«. Nun, glückliche Eingebungen sind sehr wohl erwünscht und möglich, sie fallen einem zu wie Träume oder Geschenke, d.h. mühelos, sie können also niemals »am schwersten« sein, nur selten. Klarheit und Leichtigkeit werden dagegen schon – und meistenteils (bei Übersetzungen allemal) – »durch Mühe und Umarbeiten« erreicht. Einiges gelingt auf Anhieb, das meiste aber will hart erkämpft sein, wie Pasternaks Faust-Übersetzung, an der er sein Leben lang gearbeitet hatte, immer wieder neue Redigierungen versuchend, um die erwünschte Klarheit und Leichtigkeit, die seine Übersetzung schließlich bekommen hat, zu erreichen. Schon Pasternaks Jugendgedichte – »Margarethe« oder »Mephisto« – sind eigentlich Vorstudien für die später wohlgeratene deutsche Tragödie auf russisch.

Novalis unterschied drei Arten von Übersetzungen: grammatische, verändernde und mythische.[7] Für mythische Übersetzungen hielt er – dem Geschmack seiner romantischen Zeit gemäß – solche »im höchsten Styl«, weil sie uns zwar nicht das wirkliche Kunstwerk, dafür aber das Ideal desselben vermitteln. Dagegen seien die grammatischen Übersetzungen solche »im gewöhnlichen Sinn«. Dazwischen liegt das Mittelmaß, das verändert, ohne umzudichten. Novalis forderte, der wahre Übersetzer müsse »der Dichter des Dichters seyn«.

Die Zentralfragen des Übersetzens hatte poetisch am wirkungsvollsten Goethe im Faust formuliert (siehe S. 69).

Darin gibt Goethe Ciceros Forderung in den Hauptwörtern *Sinn* und *Kraft* wieder und setzt diesen noch ein drittes hinzu:

die *Tat*. Das deutsche Trostwort Tat. Das will heißen: Mut zur Tat. Wagnis.

Goethe hielt für die Aufgabe des Übersetzens das Gewahrwerdenlassen des anderen, er wollte in ihm »dieselbigen Gestalten, aber wie in einem anderen Gewande« erblicken.

Wie schwierig es ist, hohen eigenen Anspruch mit gelungenen Beispielen zu belegen, beweisen die Übersetzungen von Goethe, auch von Schiller. Goethe schätzte bei Übersetzungen bekanntlich die peinliche Genauigkeit, vorzüglich die interlineare Version am höchsten. Er selber aber war nie danach verfahren. Horst Rüdiger weist in seinen Erläuterungen zu Goethes Übersetzungen nach, daß er sogar einen so einfachen, zu keinen poetischen Freiheiten zwingenden Text, nämlich die Definition der Tragödie bei Aristoteles (in der »Nachlese zu Aristoteles' Poetik«) völlig umgestaltete, und zwar »bis in die Einzelheiten ... in den allerpersönlichsten Stil, wie es Goethe für den größten Teil seiner Übertragungen aus Fremdsprachen gehalten hat«.[8] Was Goethe also als Übersetzer machte – »nach dem Griechischen und nicht nach dem Griechischen« – steht ganz im Widerspruch zu seinen Übersetzungs-Theorien.

»Ohn alles Griechisch hab ich ja / Verdeutscht die Iphigenia« meinte Wilhelm Schlegel auch über Schiller boshaft, wenngleich nicht unzutreffend. Schiller hatte es übrigens niemals verschwiegen: »Ich konte nicht wie sie mit den Feinheiten des Griechischen mir helfen – ich mußte mein Original erraten oder vielmehr, ich mußte mir eins erschaffen« (9. März 1789 an Körner). Schiller verfolgte mit seinen Übersetzungen eine eigene, durchaus legitime Absicht. Er übersetzte, »um meinen eigenen Geschmack zu reinigen, der sich durch Spitzfündigkeit, Künstlichkeit und Witzelei sehr von der wahren Simplizität zu entfernen anfing« (20. August 1788 an Körner). Bei der Übersetzung des Euripides suchte er »Reinigung« seines Stils, den Schliff seiner »dramatischen Feder«, »Klassizität«. Außerdem empfand der Dichter bei der Übersetzung auch Vergnügen: »Ich habe jetzt eine gar angenehme Beschäftigung bei meinem Euripides, der mir lieber ist als alle Geisterseher!« (3. Sept. 1788 an Lotte v. Lengefeld, als er an den »Phönizierinnen« des Euripides und an seinem »Geisterseher« zugleich arbeitete.) »... die Arbeit gibt mir Vergnügen und kann am Ende doch keine andere als vorteilhafte Wirkungen auf meinen eigenen Geist haben.« Die Nachwirkungen der Euripides-Übertragungen sind solchen Werken wie »Die Braut von Messina« und »Wallenstein« ablesbar.

Deutsche Philosophen haben das Heil und Unheil des Handwerks ausführlich behandelt[9], aber sie haben wohl weniger als ihre westlichen Kollegen das Übersetzen als solches in Frage gestellt, seltener über den Übersetzer gespottet und gelästert.

Daraus erwuchs den Übersetzern die Kraft, das »Unmögliche« immer wieder zu wagen. Auch August Wilhelm von Schlegel mußte viel kränkende Kritik erfahren, aber er ließ sich »nicht abschrecken«. Er strebte die »ächte Übersetzung« an. Denn der »ächte Übersetzer ... der nicht nur den Gehalt eines Meisterwerkes zu übertragen, sondern auch die edle Form, das eigenthümliche Gepräge zu bewahren weiß, ist ein Herold des Genius ... Er ist ein Bote von Nation zu Nation, ein Vermittler gegenseitiger Achtung und Bewunderung, wo sonst Gleichgültigkeit oder gar Abneigung Statt fand«.[10]

Für Nietzsche waren Übersetzungen außerdem Gradmesser des historischen Sinns, »welchen eine Zeit besitzt«. Diesen Sinn schätzte er danach ab, »wie diese Zeit Übersetzungen macht und vergangene Zeiten und Bücher sich einzuverleiben sucht«.

Die Geschichte der Übersetzungskunst ist reich an markanten Verfechtern mehrerer sich ungeniert widersprechenden Ansichten. Und was versöhnend und tröstlich ist: sowohl die einen als auch die anderen haben gelungene wie mißlungene Übersetzungen aufzuweisen. Auch wenn R. A. Schröder zum Beispiel sich – als Übersetzer – als den

»musicus«, als einen »Hörer für Hörende« empfindet, so gibt er damit nur seinen persönlichen Ausgangspunkt bekannt, nicht seine Ankunft. Am Ziel sind seine Übersetzungen im starken Maße an die ihm eigenen Bauelemente und Bedeutungen gebunden. Wenn Rilke aber – als Übersetzer – sich nach den sinngebenden Bedeutungen verzehrt, sind doch die Ergebnisse, die er erreicht, vor allem Muster einer absoluten Musikalität.

Ähnliches empfand W. E. Süskind: Worte seien »unvereinbar. Am unverbrüchlichsten sollte man die Kadenz der Sätze und ihrer Gliederungen wahren, weil sich darin der Gedankengang des Originals ausdrückt ... das ist wichtiger als Worttreue.«

Das Charakterbild eines Poeten zu entdecken und wiederzugeben, wie z. B. Rilkes Vorliebe für den Komparativ und den Superlativ als Steigerung des Partizipiums, führt – wie im Falle der Übersetzung des polnischen Dichters Mieczysław Jastrun – zu höchst glücklichen Belebungen der poetischen Mittel der eigenen Sprache. Dasselbe gilt auch für Celans Sucht nach zusammengesetzten Hauptwörtern (die das Polnisch seit Bolesław Leśmian herzugeben durchaus in der Lage ist). In all dem stecken sprachschöpferische Chancen für den entdeckungsfreudigen Dichter: um so mehr dort, wo die eigene Sprache teilweise Verschleißerscheinungen, gewisse ›Müdigkeiten des Materials‹ zeigt.

Der Nutzen reicht weit über den formal bildenden Vorteil hinaus. Karl Krolow[11] hält die Neugier des Poeten auf fremde Poesie für »naturgegeben«: »Sie ermöglicht ihm ... der eigenen Sensibilität zu entkommen«, weil man sich »beim Übersetzen im Vergessen der eigenen Person übt«. Heinrich Böll[12], angeregt durch die Lektüre der Erzählung von H. G. Adler »Eine Reise«, ist sich dessen bewußt geworden, »daß die deutsche Nachkriegsliteratur als ganzes eine Literatur der Sprachfindung gewesen ist«: »Ich wußte auch, warum ich oft lieber übersetzte als selbst schrieb: etwas aus einer fremden ins Gelände der eigenen Sprache hinüberzubringen, ist eine Möglichkeit, Grund unter den Füßen zu finden.«

Auf der Übersetzertagung des Deutschen Schriftstellerverbandes der DDR am 12./13. Oktober 1954 behandelte Alfred Kurella seinen und wohl auch seines Verbandes offiziellen Standpunkt zu den Grundsatzfragen der Theorie und Praxis der Übersetzer.[13] Die Übersetzung sei ein Teil der Nationalliteratur. Wer ins Deutsche übersetzt, leistet vor allem etwas für die deutsche Literatur. Das Gerücht von der Unmöglichkeit der Übersetzung basiere auf einer Mystifizierung, auf Überschätzung des Intuitiven und des formalen Details. Übersetzung sei prinzipiell immer möglich, da Literatur eine Widerspiegelung der Wirklichkeit ist und da alle Formen dieser Widerspiegelung prinzipiell erkennbar seien. Voraussetzung: man bekenne sich zum Primat des Inhalts vor der Form. Kurella stellte auch nachdrücklich die drei an den Übersetzer üblicherweise gestellten Forderungen auf den Kopf: er habe zuallererst seine eigene Sprache frei und schöpferisch zu beherrschen, dann habe er die Realia des von ihm behandelten Stoffes umfassend zu kennen. Die Kenntnis der fremden Sprache ist für Kurella »erst die dritte Bedingung für den Übersetzer«, eine wünschenswerte, keine unbedingte. So dichten zwei der prominenten Übersetzer der DDR, Heinz Kahlau und Franz Fühmann, Gedichte aus mehreren Sprachen nach, ohne diese Sprachen (z.B. Tschechisch, Ungarisch, Lettisch) zu kennen. »Ich bin auf Interlinearübersetzungen von wörtlicher Genauigkeit angewiesen. Dennoch halte ich es für notwendig, meine Bemühungen auch unter solch ungünstigen Umständen fortzusetzen: Wir dürfen uns von der Kenntnis der Weltdichtung nicht ausschließen.«[14]

Allerdings setzt sich Fühmann eine Grenze: »Ich beschränke mich strikt auf Gedichte von einem gewissen Balladencharakter und einer greifbaren Bildhaftigkeit dessen, was gesagt wird.« Gedichte zu übersetzen, die völlig oder überwiegend aus Geist und Laut ihrer Sprache gewachsen seien, findet er »mißlich« und »unnötig«. In der Regel bearbeite er die Rohübersetzung eines Dritten, aber der persönliche Einblick in das Original »mit seinem Klang und graphischem Bild« sei ihm dabei »unentbehrlich«.

Ähnliches hatte auch Jordan in einem Vortrag über das Problem des Übersetzens, der im Jahrbuch 1929 der Sektion für Dichtkunst der Preußischen Akademie der Künste erschienen ist, behauptet. Die Kenntnis der fremden Sprache sei nicht unbedingt notwendig, unter Umständen sogar völlig entbehrlich.

Die Sache mit der Sprachkenntnis ist sowieso eine Sache mit hundert Fangeisen. Eine Sprache ganz verstehen, meinte Lichtenberg, hieße das Volk ganz und gründlich kennen, das sie spricht. Und wer könnte das von sich behaupten?

Andersherum: Sprachkenntnis allein erlöst uns nicht. Man kann eine Sprache beherrschen, ohne Zugang zu einem bestimmten Werk zu finden. Und was das Beurteilen einer Übersetzung betrifft, so hielt es Friedrich Schlegel (an A. W. Schlegel) für »durchaus notwendig, daß man das Original nicht kenne: denn sonst ist der Eindruck nicht rein«.

Bedenken über Bedenken: Kann ein Blinder die Schönheit einer Landschaft, die er nicht sieht, beschreiben? Wäre der Kölner Dom in Marmor noch eine deutsche Kathedrale?

Alles hängt davon ab, wie schwer oder wie leicht der Übersetzer sein Amt nimmt, wie hoch oder wie niedrig der Anspruch ist, den seine Gesellschaft an ihn stellt. Wenn wir Humboldt folgen, müssen wir die Fremdheit überwinden und das Fremde belassen, um den höchsten Zweck zu erreichen. »Die Fremdheit des Fremden ist das kostbarste dem Übersetzer anvertraute Gut«, modifiziert Schadewaldt seinen älteren Kollegen Humboldt. Wenn wir Nietzsche glauben, ist das Tempo des Stils dasjenige, was sich »am schlechtesten« aus einer Sprache übersetzen läßt.[15] Walter Widmer setzt dagegen

»Inspiration und Transposition« voraus und macht dem Übersetzer keine große Hoffnung, mehr als einen »Ersatz« zu erreichen.
Zwei Sprachen bilden – nach August Bürger – zwei verschiedene Schönheiten, die verschiedene natürliche Vollkommenheiten und Reize besitzen. Man habe – in ungleicher Form – Reiz gegen Reiz, Vollkommenheit gegen Vollkommenheit aufgehen zu lassen. Ludwig Reiners hatte es noch schärfer, härter formuliert: Zwei verschiedene Sprachen seien zwei verschiedene Weltansichten. Jede echte Übersetzung müsse gleichsam den Gedanken erst von den fremden Worten entblößen und dann mit den Worten der eigenen Sprache neu bekleiden. So kommen wir in der Tat bei einigen dieser Ansprüche mit der rohübersetzten Vorlage und ohne Kenntnis der fremden Sprache aus, bei anderen dagegen auf keinen Fall. Und so stehen wir heute immer noch ratlos mit Schadewaldt vor der uralten Frage, ob wir denn Sophokles ins Deutsche oder das Deutsche in den Sophokles übertragen sollen.
Die Sprache lebt; das heißt sie altert, sie verjüngt sich, sie wechselt ihre Arten, ihre Unarten, ihre Kleider – das tut die Übersetzung auch, auch wenn der Übersetzer es nicht wahrnimmt. Noch weniger sein Besserwisser.

Die Russen

In der Frage des ewigen Konflikts, ob eine Übertragung getreu oder schön sein solle, entschied sich anläßlich des Übersetzerkongresses vom Ende Juni 1969 in Moskau der russische Lyriker Kirsanow nachdrücklich für das letzte. Seine Meinung illustrierte er mit der Wiedergabe der Legende vom Ring, den Puschkin angeblich stets getragen habe und den er durch Vermittlung von Shukowskij von Goethe geschenkt bekommen haben will, weil diesem die Puschkinschen »Szenen aus Faust« – die mit seinem eigenen Faust kaum noch etwas gemein hatten – gefielen, was er anhand der Shukowskij-Übersetzung, wiederum angeblich, beurteilen konnte.

Dank den beiden obengenannten, Puschkin und Shukowskij, wurde das Russisch zu einer großen Übersetzersprache. Puschkin hatte die Möglichkeiten, Shukowskij die Maßstäbe geschaffen. Wassilij Shukowskij (1783–1852), der Erzieher des russischen Kronprinzen, war von außerordentlichem Einfluß auf das literarische Deutschland-Bild der Russen zur Zeit der Romantik. Diesen Einfluß verdankte er »nicht so sehr seinen selbständigen Dichtungen, als vielmehr seinen überaus zahlreichen Versübersetzungen«. Als Übersetzer war er »kaum zu überbieten. Goethe, Schiller, Bürger, Uhland, Chamisso ... sind durch ihn in Rußland bekannt und beliebt geworden, und vielfach sind seine Übersetzungen bis heute die einzig gültigen«.[16] Ein feinsinniger Nachempfinder deutscher Poesie war Michail Lermontow (im letzten Abschnitt seines Lebens, 1840–1841), von dem es klanglich kongeniale Übertragungen aus Werken von Goethe (»Über allen Gipfeln ist Ruh«), Heine und Zeidlitz gibt.

Pasternak schrieb in den Bemerkungen zu seinen Shakespeare-Übersetzungen, er meine nicht, daß wörtliche Genauigkeit und formale Übereinstimmung die Glaubwürdigkeit der Übersetzung sicherten. Seine Überzeugung war, daß »die Ähnlichkeit zwischen der Übersetzung und dem Original nur durch die Lebendigkeit und die Natürlichkeit der Sprache erreicht werden« könne.

Selbstverständlich ist, daß die erwünschte »Lebendigkeit und Natürlichkeit« der Sprache das Original keinesfalls verstellen darf, sondern ihm entsprechen muß. Mit den Worten des russischen Kritikers Bjelinskij: »Wollte Puschkin Goethe übersetzen, würden wir erwarten, daß in der Übersetzung nicht er selbst erscheine, sondern Goethe.«[17]

Gerade das wird Pasternak von mehreren kritischen Lesern

seiner Übertragungen bescheinigt, auch von E. Etkind[18], der Pasternaks »Faust«-Version, die nicht wörtlich, aber adäquat ist, anhand einiger Beispiele vergleicht und mit höchstem Lob bedenkt. Pasternak erreicht die Übereinstimmung mit anderen Worten, anderen Reimen und anderen Metren. Die mit seiner Version verglichene, äußerlich viel genauere Übertragung von N. Cholodkowskij[19] bleibt weit zurück, weil sie trotz ihrer wohlgemeinten und gewissenhaften Genauigkeit den Geist des Gedichts verfehlt und kaum mehr als einen banalen Rohtext bietet.

Anläßlich eines der letzten Übersetzerkongresse meinte der Leningrader Professor Etkind, eine artistische Übersetzung lasse sich genauso analysieren und bestimmen wie ein Gedicht. Allerdings bleibe da wie dort ein »nicht zu erklärender Rest« übrig, weil jede »récréation« ein Stück »Wunder«, der literarische Übersetzer ein partieller »Zauberer« sei.

Die Sowjetunion mit ihren 100 Völkern und Sprachen muß – allein schon, um dem internen Informationsbedürfnis nachzukommen – ein ungewöhnliches übersetzerisches Pensum bewältigen. Das sichert ihr ein Maß von Testfeldern und Erfahrungen, wie sie in dieser Vielfalt und Fülle anderswo gar nicht möglich wären. Sie hat aus dem Russischen in die Nationalsprachen (ins Abchasische, Armenische, Lettische, Mordwinische etc.), andererseits aber auch aus den Nationalsprachen ins Russische zu übersetzen. Nebenher übersetzen sich die Nationalsprachen gegenseitig. Darüber hinaus wird in der Sowjetunion aus ziemlich allen Sprachen der Welt übersetzt, sowohl ins Russische als auch in die einzelnen Nationalsprachen. Die Vielsprachigkeit des Landes begünstigt die Heranbildung von Übersetzern, die aus den seltensten Sprachen übersetzen. Die Sowjetunion übersetzt außerdem ihre eigenen Literaturen selbst in fremde Sprachen (Englisch, Französisch, Deutsch, Spanisch, Chinesisch), um sich auf diesem schnelleren Wege nach außen mitzuteilen, zu exportieren.

Dieses Übersetzer-Eldorado schafft natürlich Bedingungen, die uns fremd sind. Es macht auch Spezial-Institute, systematische Forschung, eine Fülle von Fachliteratur möglich und rentabel.[20] Die Jahrbücher »Meisterschaft der Übersetzung« (Masterstwo perewoda), versammeln Jahr für Jahr die theoretischen und kritischen Untersuchungen, Artikel, Essays über Teilprobleme des Übersetzens und bibliographieren im Anhang die Fachpublikationen des In- und Auslands umfangreich. Unlängst ist in Moskau sogar eine fix und fertige Theorie der Simultanübersetzung mit den dazugehörigen Lehrmethoden veröffentlicht worden, die für ihre ›Schritt-für-Schritt-Übersetzung‹ (posledowatelnyj perewod) eine Lehr- und Arbeitssystematik erarbeitet und als Hilfsmittel eine Symboltabelle anbietet, die anstelle der Wortkurzschrift eine Gedankenstenographie (Übersetzerkurzschrift) einführt.[21] Etwa

→ für geben, übertragen, transportieren, hinwenden
← für nehmen, empfangen, beziehen, heranholen
↗ für aufwerten, verbessern, verstärken, vergrößern, hinzufügen
↘ für abwerten, herabsetzen, verringern, verschlechtern, kürzen
× für liquidieren, vernichten, verneinen
< für Handlungsbeginn, Eröffnung
> für Handlungsende, Abschluß

Diese gewagte Methode der Zurückführung (Vereinfachung) vieler differenzierter und verästelter Begriffe, Handlungen und Wahrnehmungen auf ein simples Zeichen, das wie die Rückkehr zu einer Art von Keilschrift anmutet, macht den Unterschied zwischen diesem Direkt-Dolmetschen und der literarischen Übersetzung deutlich, bei der es genau umgekehrt auf die treffende Wahl der einen ›richtigen‹ Entsprechung aus der Fülle der möglichen Bedeutungen und Deutungen ankommt. Wird im ersten Fall ein ›synthetisches‹ Talent vorausgesetzt, gebraucht, gefördert, ist im zweiten Fall ein ›analytisches‹ Talent von Nutzen. Die erste Praxis, der keine Zeit zu weitläufigen Analysen gegeben ist, muß blitzschnell zupacken, während die zweite für vielfache Meditationen, Kreuz- und Quervergleiche, Auswahlprozesse Zeit und Muße braucht: Dolmetschen ist blitzschnelle Aktion, Übertragen ein kontemplativer Prozeß.

Der quantitative Vorteil hat freilich seinen qualitativen Nachteil. Da den Massenbedarf nur Massenproduktion befriedigen kann, ist es unumgänglich, sich der Vereinfachung und der Vereinheitlichung zu bedienen. Von der Ideologisierung der Kritik ganz zu schweigen. Sie verpflichtet die Wissenschaft wie die Kunst zur staatspolitischen Unmißverständlichkeit. In seinem Beitrag »Im Anfang war das Wort« im Sammelband »Meisterschaft der Übersetzung«, Jahrgang 1955[22], führt Lew Ginsburg uns die Schwierigkeiten vor, die er zu bewältigen hatte, um das scheinbar leichte Schillersche »Nehmt hin die Welt« ebenbürtig ins Russische zu übertragen. Interessante Beispiele aus dem Russisch-Deutschen führt Etkind in seinen Bemerkungen »Über poetische Treue«[23] an, am Beispiel von Bürgers »Lenore«, russisch von W. Lewik, und Heines Gedichten in der Übertragung von M.L. Losinskij. Auch solche Beiträge, wie der von A. Winokurow[24] über die deutschen Übersetzungen des Majakowskij, bieten aufschlußreichen Diskussionsstoff.

Neidisch macht einen Übersetzer unserer Grade das, was Otto Braun[25] über sowjetische Verlagspraxis berichtet. In der ersten Phase lasse der Verlag in der Sowjetunion *durch Hilfskräfte* alle Originalzitate, schwierige technische und idiomatische Ausdrücke usw. eines zur Übersetzung angenommenen Werkes registrieren und klären. In der zweiten Phase wandere das Buch mit den zusätzlichen Unterlagen und Kommentaren zur Sprachredaktion, die den Übersetzer wählt und beauftragt. In der dritten Phase werde die abgelieferte Übersetzung im Verlag von einem oder zwei Kontrollredakteuren bearbeitet, die die Übersetzung mit dem Original zu vergleichen und stilistische Vorschläge zu unterbreiten haben. In der vierten Phase stelle der Übersetzer, solchermaßen beraten, die Endredaktion her. In der fünften Phase werde das Satzmanuskript durch den Verlagsredakteur, eigentlich Korrektor, geprüft, eventuell – nach Rücksprache mit den beteiligten Kontrollredakteuren und dem Übersetzer – korrigiert und zum Satz gegeben. Ist der Übersetzer auch sein eigener Redakteur, dann steht ihm zusätzlich das Honorar, das nicht klein ist (es beträgt 20–30 % des Honorars für hochqualifizierte Übersetzer), für die redaktionelle Arbeit zu. Also erstens größere Hilfe, Unterstützung seitens des Verlages bei philologischen und technischen Nebenarbeiten, und zweitens größere Differenzierung des Übersetzerhonorars, je nach Satzreife des abgelieferten Manuskripts. Wladimir Ognjew bemißt in seinem »Buch über Gedichte und Poesie und Gegenwart« den Wert einer Übersetzung vor allem danach, ob sie Bestandteil der heimischen Literatur geworden ist oder nicht. Da das russische Gedicht ein kompliziertes Gebilde von Eigenwilligkeiten ist, spiele in der Übersetzung der Faktor der Kompensation eine entscheidende Rolle. Nicht russifizieren also, nicht germanisieren, weil beides sich poetisch gegenseitig aufheben würde, sondern ein Drittes schaffen, das beides einbezieht und bei einem Maximum an Fremdheit (des Originals) ein Maximum (in seiner Kompensation) an Poesie (der Übersetzung) schafft. So wie es die Blokschen Übersetzungen Heines tun, oder der große Teil der Übersetzungen von Pasternak, Marschak, Sabolozkij, Tichonow u. a. Diese Optimalleistungen waren auf keinen Fall durch den Nachvollzug des Metrums erreichbar, sondern durch Assimilierung des Fremden im Eigenen, ohne die Grenzen der Lebensfähigkeit des einen wie des anderen zu verletzen.

Deshalb ist die Meinung K. Tschukowskijs – jede Epoche schaffe sich einen besonderen Übersetzungsstil – als Feststellung zwar durchaus richtig, aber als Devise bedenklich. So manches, was die Epoche schafft, vor allem im Bereich des Artifiziellen, schafft sie im Sog der Mode, der eigenen Pubertät oder des fremden Zwangs. Es bleibt häufig Attitüde und ephemer. Außerdem sind fast zu allen Zeiten alle Stile angewandt worden, mehr oder weniger auffällig, mehr oder weniger ideologisch oder terminologisch begründet. Was wirklich unveränderlich als sicherstes Kriterium für den Übersetzer bleibt, das ist immer nur das Original: sein philosophischer Sinn und seine philologische Form.

Schluss

Zwei fundamentale Prozesse, auf einfachste Formel gebracht, deuten und bedeuten den Sinn der menschlichen Kultur: das Leben zeugen und das Leben bewahren. In diesen Grenzen hat alles Platz: Idee und Arbeit, Werk und Wartung, Kunst und Kommentar, Evolution und Revolution. Auch das Dichten und das Nachdichten.

Materielles Erzeugnis fordert immaterielle Bezeugung heraus. Dichtung als Zeugnis bedarf der bewahrenden Deutung. Für diese sorgt die Wissenschaft; aber auch der, der zwischen Kunst und Wissenschaft vermittelt, der als Grenzgänger zum Mittler Berufene: der Übersetzer.

Vom Übersetzer, der ein primär praktisches (persönliches) Verhältnis zum – und auch Interesse am – Übersetzen hat, kann keine objektivierte Systematisierung erwartet werden. Auch keine chronologische Ordnung oder Wertung, eine Art Geschichte oder Theorie. Ein Übersetzer steckt zu sehr in der Sache selbst, als daß er sie in ihrem ganzen Umfang von außen und per Distanz erfassen könnte. Seine Passion hindert ihn daran.

Beim Übersetzen sind Einsichten nützlich, hilfreich, aber, leider, nicht entscheidend. Allein das Produkt, die Übersetzung, die Goethesche ›Tat‹ ist letzte Instanz und schlagender Beweis. Und diese Tat gelingt manchmal einem Naiven (Uneinsichtigen) sogar eher als einem Einsichtsvollen. Der Übersetzer sollte bei den Physikern lernen; nur solche Schlüsse sind richtig, die zu praktischen Erfolgen führen. Da man gerade dies nicht immer in Einklang bringen kann, steht das Metier der Übersetzer im Ruf des Dilettantismus. Dabei ist es nur das seiner Natur entsprechende notwendige Mobile zwischen Erkenntnis und Naivität.

Dichtung ist eine Kunst der einsamen Entschlüsse. Die Übersetzung deckt sich darin mit ihr vollkommen. Jede Zeile, jedes Wort stellt uns vor neue Probleme, deren Lösungen wir nirgendwo fix und fertig nachschlagen können. Die Philosophen nehmen ihre Hypothesen zum Ausgangspunkt und ihre Formel zum Kriterium: ohne am Phänomen selbst gelitten zu haben. Ihre Methode, Übersetzungen zu bedenken, ist eine a priori. Die Übersetzer beginnen meist umgekehrt, mit der Praxis. Diese führt sie später zu Überlegungen, mit denen sie in der Regel die Richtigkeit oder Notwendigkeit eigener Erfolge (oder Mißerfolge) zu begründen suchen. Sie bedienen sich der Methode a posteriori.

Ich habe mich, den Übersetzer, im selben Verdacht. Kaum ist mir etwas mißlungen, schon suche ich nach einer logischen Motivation, um die Unumgänglichkeit meines Scheiterns zu begründen. Doch das Haupt-Anliegen bleibt: Wer die Verständnislosigkeit nicht mehren, sondern das Befremden reduzieren möchte, der hat eine Chance: als Dolmetsch. Und wer glaubt, daß ein Wort besser ist als zwei, der schließt sich denjenigen an, die das Auseinandergeratene wieder zu sammeln, zu verdichten trachten. Und wer die Vielfalt liebt, aber die Sprachverwirrung scheut, der übt eine strenge Auswahl.

Dichtung erfüllt diese Zwecke alle. Und noch einen mehr.

Seit je sucht Orpheus verzweifelt, den Abgrund zwischen Vergangenheit und Zukunft, zwischen Anfang und Ende, zwischen Leben und Tod unwirksam zu machen. Wir wissen, daß diese seine menschliche Mühe, Tag und Nacht miteinander zu versöhnen, wenig Aussicht auf Erfolg hat. Und dennoch ist diese Mühe sein Schicksal. Sie ist Anlaß und Aufgabe der Dichtung – und der Übersetzer.

Das Übersetzen ist ein bewegtes, unsicheres Dasein zwischen beweglichen Alternativen. Aber das Übersetzen hat unverzichtbare pädagogische Qualitäten. Es bändigt Gegensätze. Es übt die Bescheidenheit, die Selbstlosigkeit, die Anpassungsfähigkeit, die Toleranz – alles Eigenschaften, die wir heute dringend nötig haben. Es ist eine der seltenen Botschaften, weil sie zwei sich fremden Völkern, oft sich verständnislos gegenüberstehenden Kulturen zugleich einen guten Dienst erweist. Das Übersetzen ist auch eine soziale Arbeit, die die Volksbildung fördert, und es ist eine politische Arbeit, die Ressentiments, Dünkel, geistige Barrieren abbaut, also an den Grundlagen der Friedenspolitik mitwirkt. Hier blicken wir gottlob auf eine großartige alte deutsche literarische Tradition zurück. Denken wir nur an den uns von Herder und Schleiermacher hinterlassenen – von Übersetzern praktizierten – Ruf nach Gedankenübertragung, die uns, wie es Schopenhauer nannte, von der »Nationalbeschränktheit«, die sonst jedem anhaftet, befreit. Dieses soll natürlich nicht heißen, daß, so Goethe: »die Nationen [sollen] überein denken, sondern [sie sollen] nur einander gewahr werden, sich begreifen, und wenn sie sich nicht wechselseitig lieben mögen, sich einander wenigstens dulden lernen«. Um durch den Zustand der Weltliteratur für den Zustand der Weltsolidarität zu reifen.

Solange diese Aussicht besteht, wird sie dem Übersetzer helfen, seine Zweifel zu meistern und sie nicht zur puren Verzweiflung degenerieren zu lassen.

RÜCKMELDUNG

Es ist ein Irrtum anzunehmen, irgendein Gut, sei es materieller, sei es geistiger Art, überhaupt die geringste Tat, komme zustande ohne die, wenn auch noch so leise, direkte oder indirekte Hoffnung auf Lohn, sozusagen ›lohnunabhängig‹. In dieser Hinsicht sind die Kulturschaffenden – konkret, hic et nunc, die Übersetzer – ebenso wie Konrad Lorenzens Graugänse erpicht auf die ›Rückmeldung des Erfolges‹ – so, glaube ich, heißt es korrekt im Technolekt der Verhaltensforscher, die die ›Dressur durch Belohnung‹ entdeckt und begründet haben.
In dieser Hinsicht verbindet Gans und Mensch Gemeinsames, das schon die Spracherfahrung der Lateiner auf einen Nenner brachte, indem sie den Instinkt der Graugans und den Intellekt des Menschen – die *anima* und das *animal* – lexikalisch in unmittelbare Nähe rückte. Animatorisches und Animalisches, machen wir uns nichts vor, bilden eine natürliche Einheit.
Jede Leistung ist keine aus sich heraus, sondern eine umweltbedingte. Auch die Spitzenleistung. Auch die Fehlleistung. Im Frost der Arktis ist die Form des Wassers das Eis. In der Hitze der Tropen vermag es sich in Luftfeuchtigkeit aufzulösen. Der Grundstoff ist der gleiche, das Endergebnis grundverschieden.
Übersetzer leben, das ist klar, nur verschafft sich selten jemand darüber Klarheit, wie, wovon und womit sie leben. Sie leben mit, zumindest, zwei Sprachen. Das wäre schlimm genug. Darüber hinaus aber leben sie – schwierig, ja scheinbar unmöglich – vom Umschmelzen zweier Fremdheiten in eine Vertrautheit. Ihre Existenz vollzieht sich in der Koexistenz, die niemals ein Ergebnis und immer ein Prozeß, das heißt

auch immer ein nur jeweiliger Zustand ist. Oder, wie Humboldt in etwa auch die Sprache definiert hat: sie produzieren keine Produkte, sondern Prozesse.

Und die Übersetzer leben, um die letzte Frage nach dem *wie* zu beantworten, kompliziert, gefährlich und schlecht. Dabei bewirken sie – was heute ganz besonders im Vordergrund stehen sollte – nicht mehr und nicht weniger als die permanente Verwirklichung einer grundsätzlichen Verständigungsbasis durch sprachliche Rücksichtnahme. Sie sind die Karyatiden, die stumm und demütig das Gebälk des Portals und das der Beletage auf ihren gequälten Rücken tragen. Ihre Steinmetzarbeit im Granit der semiotischen Strukturen macht die Kausalzusammenhänge von Mitteilung und Mentalität sichtbar, macht uns Ideogramme und Ideologien begreifbar. Ohne dieses Begreifen würde unser Zusammenleben verkümmern, wenn nicht scheitern.

Um die Theorie der Übersetzung als Kunst ist es schlecht bestellt. Das heißt, es gibt diese Theorie praktisch noch nicht. Es gibt vereinzelte Versuche, aber es gibt kein endgültiges Raster, schon gar nicht einen zuverlässigen Halt für den Übersetzer und seinen Kritiker. Ein großer Schritt nach vorn ist in dieser Richtung den Strukturalisten der Prager Schule, allen voran Jiří Levý, gelungen.

Hoffen wir, daß die systematische und rationale Ästhetik eines Tages die Fragen, die das Übersetzen als Kunst auslöst, aus dem Bereich der Empirie und der subjektiven Vermutung in die sachlichen Schranken von Theorie und Wissenschaft verweisen wird. Freilich wird sich in dieser Hege der mathematischen Linguistik nicht das ganze Wachstum der Gattung einordnen, d. h. einsperren lassen, aber einiges an objektiver Meßbarkeit wird sicherlich hinzugewonnen, und das wäre gut so.

Die Materie – wir sehen es allenthalben – ist so diffus, daß sie nach einer Maßgabe offenbar nie ganz zu fassen sein wird: sie setzt ein ganzes Dutzend von Maßstäben voraus, und diese setzen sich zuweilen gegenseitig außer Kraft. Kołakowski hat diesen Zweig der Wissenschaft, falls es ihn gäbe, an der Grenze der allgemeinen Sprachwissenschaft, der Semiotik, der Literaturtheorie und sogar der allgemeinen Theorie der Kultur angesiedelt. Da man sich aber darüber nicht im klaren ist, *was* und *wozu* etwas im einzelnen wie im ganzen und für alle wirklich gilt, tut man sich schwer, erschöpfende und praktikable Bewertungsmethoden herauszufinden.

Unsere Kritik kommt deshalb meist mit der offensichtlichen Oberfläche aus. Wer hätte Zeit und Lust, mehr als nur ein paar Wörter, ein paar Sätze auf ihre Wörtlichkeit und syntaktische Äquivalenz zu vergleichen? Wer fände sich bereit, z. B. allein die Mehrsprachigkeit in jeder der zu vergleichenden Sprachen zu untersuchen, die Soziolekte, Regiolekte, Technolekte in ihrer Teilfunktion und ihrem ganzheitlichen Zusammenhang? Und das nicht nur am Beispiel einer einzelnen herausgegriffenen Unvergleichbarkeit oder auch – wenn schon – Fehlleistung?

Diese Forderung ist gar nicht so neu; sie entspricht dem Vergilschen Kreis, der den bestimmten sozialen Gruppen in bestimmter Rangordnung bestimmte Ebenen von Redensarten – genera dicendi – zuweist, oder, wie es Bachtin in unserem Jahrhundert formuliert hat, die das ›Differenzieren der Vielstimmigkeit‹ gebietet. Es gibt leider nicht viele, die Partituren lesen können.

Das Ganze ist mehr als die Summe seiner Teile, schon ganz und gar mehr als ein solches Teilchen für sich allein. Hier zeigt sich auch die Unzulänglichkeit dessen, der mit passiver Kompetenz des Kritikers die aktive Kompetenz des Übersetzers sich zu messen anschickt; weil beide Kompetenzen in jedem Fall nicht deckungsgleich sind, nur relativ sein können, geht die Gleichung nicht auf.

Es gibt niemanden, der seine Muttersprache vollkommen kennt – mit all ihren phonetischen, lexikalischen, syntaktischen, idiomatischen und anderen Mehrsprachigkeiten – um so weniger gibt es jemanden, der sich anmaßen könnte, in dieser Vollkommenheit zwei oder noch mehr Sprachen synchron zu beherrschen. Gerade aber dies ist es, was man naiverweise stillschweigend bei Übersetzern voraussetzt.

Die Bloomenfieldsche Definition, die besagt, Bilinguismus bestehe dann, wenn man sich zweier Sprachen gleichermaßen wie oder als einer Heimatsprache bedient, offenbart die Zielrichtung der übersetzerischen Unternehmung: sie vermittelt Kontakte inter nationes, inter mentos, intercordial. Sie bezweckt den Ausbruch aus der engen Provinz (und dem Provinzialismus) der einen Sprache in die Offenheit der anderen. Übersetzer üben sich und andere, das Eigene nicht über das Andere, das man sonst Fremdes nennt, zu stellen, sondern Begrenzungen zu entwirren und zu entkrampfen, wo es geht aufzuheben, Verschiedenheiten eben durch Zusammenführung zu internationalisieren. Linguistisch gesprochen: die Interlingua zu suchen, die anstelle von Heimat und Fremde und anstelle des Konflikts, der sie spaltet, die Begriffe das »Eine« und das »Andere« und den Kontakt, der sie überbrückt, setzt.

Der Weg von sprachlichen Differenzen durch Differenzierung zu den sprachlichen Interferenzen ist eine Hauptstrecke, eine steinige, steile, die der Übersetzer zu gehen hat. Auf dieser Hauptstrecke erwarten ihn Hürden und Anforderungen, wie die Segmente des Textes, also Phoneme, Morpheme, Wörter, Sätze, aber auch die am häufigsten verkannte oder übersehene Anforderung, die unabdingbare intellektuelle Eigenleistung zu erbringen – die Leistung der Interpretation. Roman Jakobson war es, der die Interpretation erst eigentlich in den Gesichtskreis der Übersetzungstheorie gebracht hat, und Jiří Levý von der zweiten Generation der tschechoslowakischen Strukturalisten, sein Schüler, hat dem Übersetzer ein »Höchstmaß an schöpferischer Initiative« bescheinigt und den Übersetzungen ein für alle Male die »Eigengesetzlichkeit« als Kunstgattung zugebilligt.

Sowohl der Autor als Person wie auch sein Werk als Kunst sind auf Deutung angewiesen, und beides stellt erst in der Verflechtung – im Idealfall – die absolute Integration her, samt ihrer Unversehrtheit und Unbescholtenheit: die Integrität des Resultats.

Natürlich gibt es qualitative und quantitative Unterschiede zwischen Original und Übersetzung, zwischen Übersetzung und Übersetzung. Warum sollte es sie nicht geben – es gibt sie ja auch von Leser zu Leser, wenn zwei oder mehrere von ihnen dasselbe Werk lesen und es immer wieder anders verstehen, wiedergeben, weitergeben.

Die Kunst bildet die Wirklichkeit nach, nein, mehr, sie sublimiert diese, mit den ihr eigenen Mitteln: sie interpretiert und verändert sie. Die Übertragung tut im Verhältnis zum Kunstwerk dasselbe, inbegriffen die Veränderung, was legitim ist. Der Vorgang ist also ähnlich, die Verpflichtung allerdings anders, komplizierter. Der Künstler ist hauptsächlich auf die Wirklichkeit fixiert, mit der er häufig macht, was er will. Der Übersetzer ist auf ähnliche Weise auf den Künstler und sein Werk fixiert, mit dem er jedoch nicht machen darf, was er will.

Was schon Plotin sagen durfte – und was heute eigentlich ein Gemeinplatz sein sollte, es aber nicht ist: die Künste ahmen nicht einfach die gesehenen Dinge nach, sondern sie dringen zu den Grundsätzen vor, zu den Quellen der Natur, und das sollten die Übersetzer – sofern man von ihnen Kunst verlangt – für sich ebenso in Anspruch nehmen dürfen. Übersetzungen, Übersetzungen von Kunst ahmen nicht einfach das Kunstwerk nach, sondern sie suchen in der Übertragung die Grundsätze, die das Kunstwerk gebildet haben, zu erfassen.

Ein Künstler darf sich darauf beschränken, ein Ding, einen Zustand, eine Wirklichkeit zu kopieren – er muß es aber nicht. Ein Übersetzer muß das Kunstwerk kopieren, darf sich aber keinesfalls darauf beschränken, sonst schafft er nur eine leblose Kopie, aber kein Kunstwerk. Und der Sinn einer Kopie eines Kunstwerks liegt in der Kunst des Kopiewerks. Somit, dadurch und deswegen ist eine gelungene Kunstkopie genauso ein Originalwerk, wie es eine Naturkopie ist. Beide Urheber arbeiten nach unterschiedlichen Vorlagen, aber mit den gleichen Mitteln. Und da sie nach gleichen Kriterien beurteilt werden, sollte man ihnen fairerweise die gleichen Freiheiten und Rechte lassen.

Quadratur des Kreises

Sprachsysteme verhalten sich zueinander wie unterschiedliche Figuren, zum Beispiel Kreise und Quadrate. Da ist ein Stückchen zu viel (a), dort ein Stückchen zu wenig (b). Oder die Werte Plus und Minus pendeln sich gleichmäßig ein (c).

○ – Original □ – Übersetzung

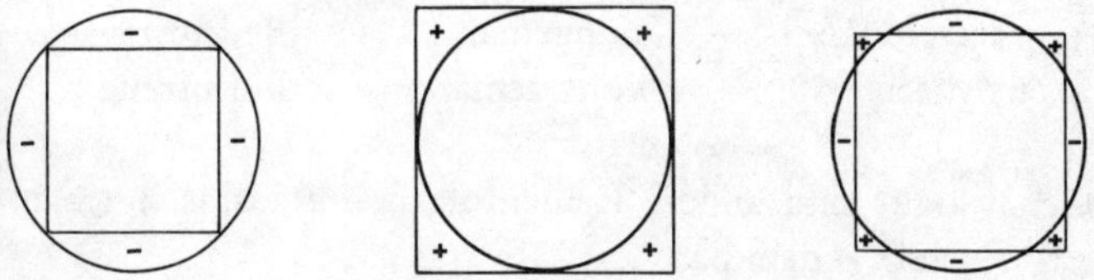

a b c

Wer von dieser Vorstellung ausgeht, gewinnt ein realistisches, flexibles Verhältnis zum Geschäft des Übersetzens. Wirkende (also Autor wie Übersetzer) unterliegen, außer der objektiven Wirklichkeit, auch noch dem Sog einer subjektiven Schwerkraft. Deren Bestandteile – Wille (W), Verstand (V), Gefühl (G) – ergeben eine Figur, ein Faktum, ein Fatum. Und diese Figur, dieses widerborstige Dreieck, hängt nicht bewegungslos ›in der Luft‹, sondern sie ›lebt‹ in einer konkreten ›Atmosphäre‹, die mit mehr oder minder anonymen Aktivitäten geladen ist.

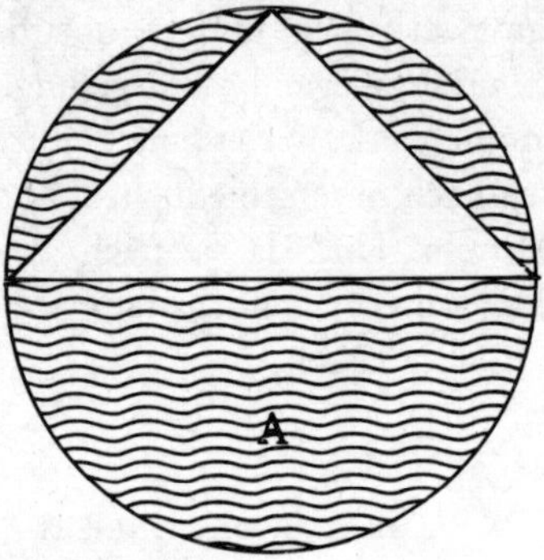

Bei Kunstwerken ist es vor allem die Art der Darstellung, die, durch den Charakter der Vorstellung bedingt, Stellungen bezieht und Stellwerte (Prioritäten) setzt.

1. lexikalisch	–	wortgemäß	–	Worttreue
2. syntaktisch	–	satzgemäß	–	Stiltreue
3. phraseologisch	–	sinngemäß	–	Bedeutungstreue
4. artistisch	–	kunstgemäß	–	Formtreue

Genausogut sind andere Reihenfolgen – 2, 3, 4, 1; 4, 3, 2, 1; 2, 4, 1, 3 u. a. – denkbar.
Man ist versucht, von einer Sprachlabor-Linse zu träumen, die – wie ein wort- und sinnempfindlicher Entfernungsmesser – die Entfernung der Interpretation vom Werk ermessen könnte. (Die Deckungsgleichheit wäre das Ideal.)
Da Ideale zwar gut denkbar, aber schlecht realisierbar sind, wird eine Deckungsgleichheit kaum erreicht. Deshalb ist es besser, wenn die Interpretation nicht über den Rahmen des Werks hinausgerät, sondern im Werk noch unterzubringen ist. Unter-Interpretationen sind sinnvoller als Über-Interpretationen.

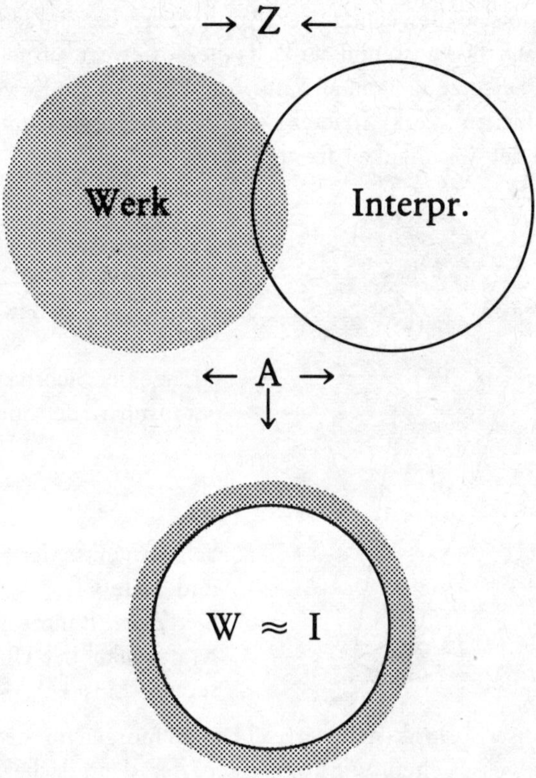

DAS GESETZ DER MITTELBARKEIT

Kunst teilt mittelbar mit. Zwischen ihren Mitteln steht das Medium. Die doppelte Unsicherheit steckt im Werk und darf, mit dem gleichen Recht, in seiner Interpretation stekken. Irdische Werke sind Himmelskörpern vergleichbar. Sie sind mobil. Sie kreisen um die eigene Achse und zusätzlich noch um andere Körper. Sie nutzen sich ab und erzeugen Abfall. Sie wachsen und sie haben Trabanten. Sie nehmen, möglicherweise, an Gewicht (an Gewichtigkeit) zu. Werke sind stets in Bewegung, der Atmosphäre der Sprache, die ebenfalls flüssig ist, und der Zeit, die sie bewegt, ausgeliefert. Die Übersetzung kann also nur eine Phase des in Bewegung befindlichen Werks fixieren, wie das Werk selbst nur eine Phase der Wirklichkeit fixieren kann.

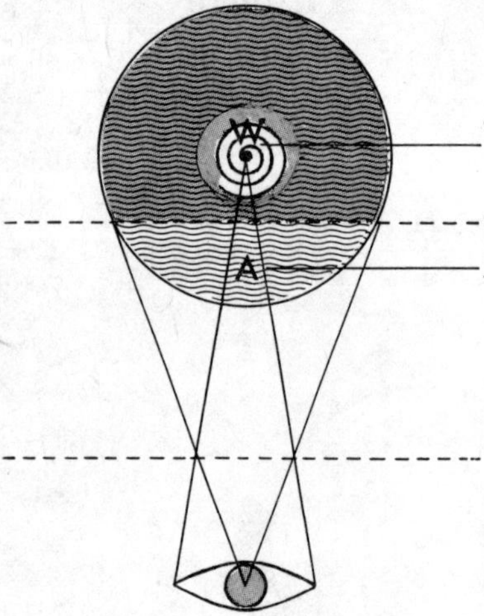

Was unsere ›Optik‹ heute erreicht, wird morgen nur bedingt, nur teilweise gelten. Wir können schärfer, dann flacher, oder tiefer, dann verschwommener sehen. Der Schnittpunkt ist ein Kompromiß mit zwei Möglichkeiten: entweder der der ›goldenen Mitte‹ oder der der Mittelmäßigkeit.

Der Übersetzer (mit all seinen Voraussetzungen – Ausgangsbasis) treibt den Keil seines Willens in das Werk des Autors, um ein Höchstmaß vom Ziel (Sinn plus Form) zu erreichen. Unterwegs vom minimum zum maximum liegt das medium der möglichen Variationen und Varianten.
Für einen Übersetzer mit selbstkritischem Bewußtsein ist er selbst die Ausgangsbasis seiner Arbeit, der Autor das Ziel (nicht umgekehrt).

Graphisch dargestellt:

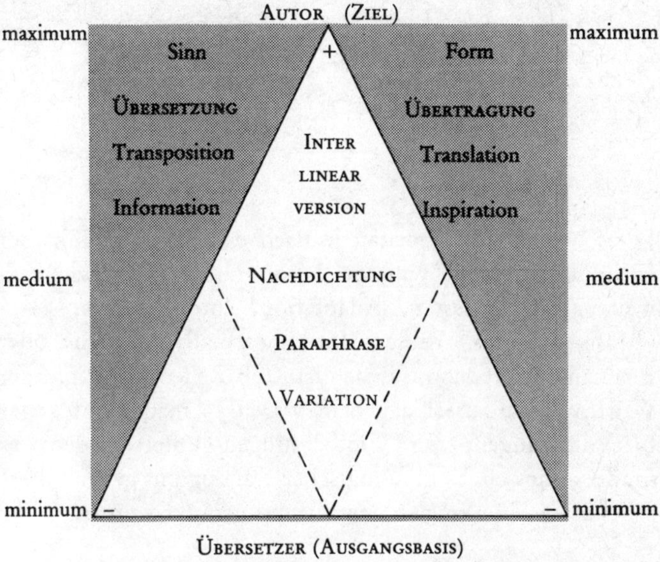

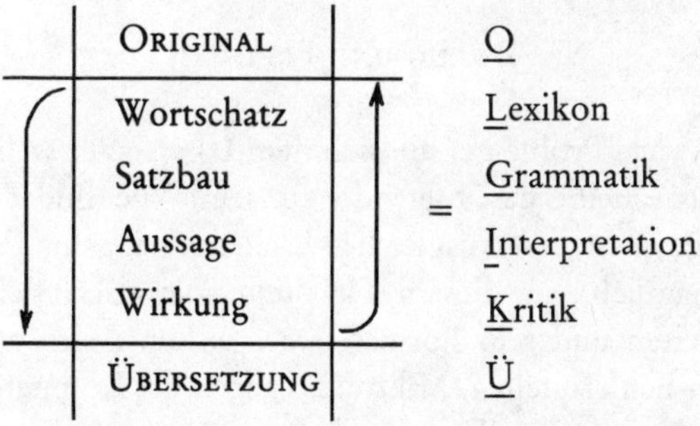

Der Übersetzungsprozeß durchläuft mehrere Etappen, während welcher er die hemmende Abhängigkeit von L, G, I und K nach und nach (wie ein Raumschiff seine Triebwerke) abwirft, um am Ende als fertiges Produkt (Ü – Übersetzung) erwünschterweise frei, selbständig, selbsttätig dem O (Original) ebenbürtig, wertgleich – als seine neue Form – das Ziel zu erreichen.

$$
\begin{array}{cccccccccccc}
\boxed{O} & - & L & - & G & - & I & - & K & - & \boxed{\ddot{U}} \\
 & & L_1 & - & G_1 & - & I_1 & - & K_1 & - & \ddot{U}_1 \\
 & & & & G_2 & - & I_2 & - & K_2 & - & \ddot{U}_2 \\
 & & & & & & I_3 & - & K_3 & - & \ddot{U}_3 \\
 & & & & & & & & K_4 & - & \ddot{U}_4 \\
 & & & & & & & & & & \boxed{\ddot{U}_5}
\end{array}
$$

Je nach gesetzter Priorität, je nach dem Schwerpunkt der Lesart könnte der Typus der Übersetzung, wenn wir noch weiter differenzierten, Adaptation, Interpretation, Paraphrase, Variation heißen, Interlineare, Syntaktische oder Lexikalische Version, je nachdem, ob Zeilen, Satzbau oder Wörter primär ausschlaggebend waren. Ja, man könnte sogar Nachdichtungen von Umdichtungen unterscheiden; es müßte »nur« ein terminologischer Katalog mit genau unterscheidbaren Merkmalen gewagt und genutzt werden.

Zwang und Freiheit

Es gibt viele Probleme, die sich dem Übersetzer stellen, das zentrale scheint das folgende zu sein: wie findet er das Gleichgewicht, den Ausgleich zwischen Zwang und Freiheit? Hier nämlich, an diesem Prüfstein, beweisen sich seine Fähigkeiten und sein Format. Dazwischen liegen auch die meisten Fehlerquellen. Mißtrauen gegen die Kompetenz des Originalautors, der Wunsch, ihn zu verbessern, kann selbst die besten Poeten auf Abwege führen (Beispiel George), hörige Worttreue erweist dem Autor sehr oft einen Bärendienst (Beispiel Gombrowicz), und die Versuchung, sich als Bearbeiter einer Übersetzung oder gar des Originals zu betätigen, ist immer groß: angebracht selten, eigentlich nur dann, wenn Idiomatisches (Sinngemäßes) gemeint ist (Beispiel Gombrowicz, Reymont), oder wenn dem Autor offensichtliche stilistische Nachlässigkeiten unterlaufen (Beispiel Rudnicki und Żeromski).

Stefan George war ein genialer Verdeutscher. Ihm stand der polnische Dichter Rolicz-Lieder, den er übersetzte, auch denkbar nahe. Sie waren sich beide durch innige Freundschaft verbunden. Und dennoch tragen Georges Übersetzungen der Rolicz-Lieder-Gedichte Spuren einer, wenn auch wohlgemeinten, Verfremdung. George hatte es nicht unterlassen, die polnische Landschaft von Rolicz-Lieder in seine eigene, deutsche zu verwandeln. Lesen wir das Gedicht »Modlitwa na organy« (Gebet für eine Orgel), das uns im Original die Morgenstimmung einer polnischen Dorflandschaft mit grünlichem Wasser und quakenden Fröschen vermittelt.

Modlitwa na organy[1]

Zbudź się, któraś mnie wiodła przez samotne lata,
Gwiazdo mego żywota szmaragdowa – zbudź się!
Zbudź się, blasku sfinksowy, już na Anioł Pański
Z parafialnej wieżyczki wydzwaniają – zbudź się!
Zbudź się, zioła z pól sennych pachną urodziwie,
Żaby skrzeczą nad wodą zielonawą – zbudź się!
Zbudź się, oko niebieskie zawarło powieki,
Pod nocy uroczystej pocałunkiem – zbudź się!
Zbudź się, wzniosły się rece moje do modlitwy,
Wzniosły się jako ptaki dwa dziwaczne – zbudź się!

Die Übersetzung von George[2] ist subtil und beeindruckt:

Wach auf die du mich geleitet durch einsame jahre
Smaragdener stern meines leben · wach auf!
Wach auf · du leuchtende sphinx · denn es läutet
Zum angelus droben vom turme der kirche – wach auf!
Die kräuter der schlummernden felder duften berückend
Und stimmen ertönen vom grünlichen wasser –
wach auf!
Wach auf! dem auge des himmels fallen zu die lider

Vorm kusse der feierlichen nacht – wach auf!
Wach auf! meine arme erhoben sich zum gebete·
Erhoben sich wie zwei gespenstische vögel – wach auf!

Untersuchen wir zwei Zeilen, die sechste und die letzte, genauer, dann wird uns eine Veränderung offensichtlich, zu der der Übersetzer nicht gezwungen war.

Rolicz:
6) *Żaby skrzeczą* nad wodą zielonawą – zbudź się!
10) Wzniosły się jako ptaki dwa *dziwaczne* – zbudź się!
George:
6) Und *stimmen ertönen* vom grünlichen wasser – wach auf!
10) Erhoben sich wie zwei *gespenstische* vögel – wach auf!

In der sechsten Zeile störten den Ästheten »*die quakenden Frösche* am grünen Wasser«. Er ersetzte sie durch feierliche »stimmen«, die »ertönen«. Dem Übersetzer war die polnische Dorflandschaft mit den vielen Teichen und Tümpeln, mit der obligaten Froschmusik, nach der so mancher polnische Dichter in der Fremde seine lyrischen Seufzer ausstieß, zu wenig Begriff, zu wenig Erlebnis. Er hatte die Frösche wohl als niedrig, als geschmacklos empfunden und sie deshalb durch die höheren »stimmen«, die »ertönen«, ersetzt. Die »seltsamen vögel« der zehnten Zeile wiederum waren ihm nicht seltsam genug, das ihm fremde Polen empfand er selbst viel seltsamer, also machte er aus ihnen »gespenstische vögel«, wie man sie in der deutschen Phantasie nach E. T. A. Hoffmann oder Böcklin nachempfindet. Gewiß, der deutsche Meister meinte es gut. Er folgte seinem bewährten kritischen Geschmack. Er verwandelte das polnische rustikal-romantische Landschaftsbild in einen deutschen klassizistischen Festgesang. Drei falsch gewählte Wörter hatten vollauf genügt, um ein Gedicht in seiner Stimmung gänzlich zu verändern. Ähnliche Fehlleistungen könnte man bei allen Übersetzern finden, in meinen eigenen Arbeiten mehr als genug. Ich wählte dieses George-Exempel jedoch bewußt, um das Argument mit der nötigen Autorität auszustatten.

Auch vor dem Gegenteil, dem falschen Kleben am Original, sind wir gewarnt. Wohin ein braves, doch gedankenloses Übersetzen führen kann, das zeigen die zahlreichen Kuriosa dieser Praxis.

Der Preisträger des Internationalen Verlegerpreises von 1967, der Pole Witold Gombrowicz, erfreut sich einer zunehmenden Publizität. Seine berühmteste, seinerzeit meistdiskutierte und für den Autor wohl auch wichtigste Erzählung heißt im Original »Filidor dzieckiem podszyty«. Die wörtliche Übersetzung lautet »Philidor mit Kind unternäht«. Unter diesem Titel steht die Erzählung auch zu lesen in der deutschen Originalausgabe, außerdem im Laufe der Jahre in mehreren Nachdrucken, zum Beispiel in einem rororo-Band mit Erzählungen von Gombrowicz und in dem Band »Polen erzählt« der Fischer-Bücherei. Es kann hier also nicht die Rede davon sein, daß jemand, zur raschen Arbeit gezwungen, einen irgendwo mitten im Buch versteckten Nebensatz mißverstanden oder übersehen hat. Mehrere Verleger, mehrere Herausgeber, mehrere Lektorate, mehrere Redaktionen hatten die Geschichte vorliegen, und niemand stellte fest, daß zumindest dieser Titel – so wie er dasteht – purer Unsinn ist. Was war passiert? Der Übersetzer hatte also »Philidor mit Kind unternäht« wörtlich aus dem Polnischen übertragen, obwohl er gerade in diesem Falle keinesfalls hätte wörtlich übertragen dürfen. Diese idiomatische Redewendung – *mit Kind unternäht* – bedeutet im Polnischen etwas anderes als im Deutschen. Wenn ein Pole sagen will, in jemandem stecke ein Kind, dann sagt er, dieser jemand sei ›mit einem Kind unternäht‹. Die Schlüsselgeschichte von Gombrowicz hätte also heißen müssen ›Das Kind im Manne Philidor‹ und nicht ›Philidor mit Kind unternäht‹. Aus einer polnischen idiomatischen Redewendung ist eine idiotische deutsche geworden,

die aus Gombrowicz einen schreibenden Schizophrenen machte.
Um die Übersetzung des Romans »Die Bauern« von Wł. St. Reymont, der für ihn 1924 den Nobelpreis bekam, hatte sich in Polen und in Deutschland ein Mythos gebildet. Sein Übersetzer war der polnische Diplomat J. P. d'Ardeschah (Jan Paweł Kaczkowski). Da die Fama raunte, dem Roman sei der Nobelpreis vor allem seiner großartigen deutschen Fassung wegen verliehen worden, hatte man hinter d'Ardeschah einen kundigen Bearbeiter, nämlich den deutschen Schriftsteller Carl Hauptmann vermutet. So steht es in vielen Aufsätzen zu lesen. Ich mutmaße, auch wenn Hauptmann d'Ardeschah geholfen haben sollte, so habe er es nicht ausgezeichnet, wie gerühmt wird[3], sondern nur flüchtig getan. Polonismen, z. B. Redewendungen wie »Gott bezahl's« (Bóg zapłać)[4], stehen in der deutschen Ausgabe öfter, was ein empfindlicher deutscher Schriftsteller sicherlich nicht hätte stehenlassen, weil sich sein Sprachgefühl dagegen gesträubt hätte, Gott als »Zahler« zu begreifen. Deshalb heißt es auch im Deutschen adäquat »Gott vergelt's«, und so hätte es auch in der Übersetzung heißen müssen. Auch in Reymonts Bauernnovellen[5], von d'Ardeschah übersetzt, wimmelt es von ähnlichen Polonismen, wie: »Ich habe Euch doch dabei *abgefaßt*, wie Ihr die Rehkuh auf den Wagen ludet!« (Abgefaßt statt *erwischt, ertappt, überrascht.* Außerdem sind mir in Polen so sprachvornehme Bauern, die »ludet« sagen, noch nicht begegnet.)
Es stellt sich eine wichtige Frage: Was tun, wenn der Übersetzer *im Original* auf Fehler stößt – stehenlassen oder korrigieren? Beabsichtigte ›Fehler‹ des Autors sind stilistisches Mittel und müssen unangetastet bleiben. Unbeabsichtigte Fehler (geübte Leser entdecken sie früher oder später) sollte man – im Interesse des Autors und der Sache – korrigieren. Tytler meinte, daß es sinnlos sei, aus Pietät offensichtliche Fehler des Originals zu wiederholen, und er hat recht. (Er ging sogar

noch weiter, der Auffassung des 18. Jahrhunderts folgend, und sprach sich für die »Veredlung«, »Verbesserung« – improvement – des Originals aus, was natürlich ein sehr fraglicher Anspruch ist.)

Für das dritte Kapitel meiner Anthologie »Polnische Prosa des 20. Jahrhunderts« fand ich eine ergreifende Erzählung von Adolf Rudnicki, »Die reine Strömung«, auf die ich auf keinen Fall verzichten wollte, so gut paßte sie in das Konzept meiner Auswahl. Nach mehrmaligem Lesen des Textes wurde mir jedoch klar, daß »Die reine Strömung« ein paar unreine Stellen hatte, über die ich nicht hinwegkam. Sie konnten vom Autor nicht beabsichtigt gewesen sein, denn sie störten in der fast lyrischen Erzählung ungemein. Es waren offensichtliche stilistische Mißgriffe, Entgleisungen, die der dramatisch-poetischen Sprache unfreiwillig komische Akzente aufsetzten. Ich habe sie nicht stehenlassen können. Es ging um folgende Sätze bzw. Satzglieder:

1. Chciał kochać, lecz wentyl w duszy długo się nie domykał
2. Była nieczytelna w swych uczuciach, była »nieprzemakalna« co stale podnosiło krzywą jego uczuć
3. Więc mówił wiele słów, które nie całkowicie znajdowały pokrycie
4. Pamiętał ją harmonijną i wątpił o takich zasobach uczuciowości, których wyraz odbierał
5. Wtedy cierpienie ścinało go całkowicie
6. Uważał, iż swój kapitał uczuciowy całkowicie wyczerpał
7. Uśmiech Amelii doznał zgaszenia
8. Talerzykowaty kapelusz spływał jej na oko jak żywe życie

Das ist, in diesem (lyrischen) Kontext ganz besonders, kein gutes Polnisch, und es wäre ebensowenig ein gutes Deutsch:

1. Er wollte lieben, aber das Ventil in der Seele war lange undicht
2. Sie war in ihren Gefühlen unleserlich, sie war ›wasserdicht‹, was ständig die Kurve seiner Gefühle anhob

3. Also sprach er viele Worte, die nicht gänzlich Deckung fanden
4. Er hatte sie harmonisch in Erinnerung und zweifelte am Gefühlsvorrat, dessen Ausdruck er empfing
5. Dann haute ihn das Leid gänzlich nieder
6. Er fand, daß er sein Gefühlskapital gänzlich verbraucht hatte
7. Amelias Lächeln erfuhr die Löschung
8. Der tellerförmige Hut floß ihr aufs Auge hinab wie das lebendige Leben

Soll man Skrupel empfinden, falsch wiedergegebene Zitate, zum Beispiel aus dem Lateinischen (bei Berent) oder Russischen (bei Żeromski) zu korrigieren, wenn man sich seiner Sache sicher ist? In Stefan Żeromskis »Waldecho«[6] ist die Redewendung eines Russen phonetisch polnisch zu lesen: usmierienie polskiego miatieża (ie wird polnisch je gelesen). Richtig wäre: usmirienie polskogo miatieża.
Auch die Vorliebe Żeromskis für Pleonasmen tritt durch die Übersetzung kraß zutage:
1. nie skąpił tedy zebranym *pogodnego wesela* ducha
2. Widać było, że *chętnym i ochotnym* sercem spełnia tę służbę państwową (beides auf derselben Seite 196).

Auf deutsch:
1. er geizte daher den Versammelten nicht die *heitere Freude* des Geistes
2. Man sah, daß er *willigen und bereiten* Herzens diesen Staatsdienst versah.

Oder stilistische Nachlässigkeiten wie:
1. Puszczał matematycznie dokładne kółka dymu (S. 198).
2. ot, jak kowal weźmie i *wykrzywi* w ogniu raz-na zawsze miękkie żelazo *w krzywy hak* (S. 203).

Das heißt:
1. Er ließ mathematisch genaue Rauchringe steigen (wohl eher geometrisch genaue),

2. so, wie ein Schmied das weiche Eisen nimmt und im Feuer ein für allemal zu einem *krummen Haken krümmt.*

Wer die feste Überzeugung gewinnt, daß die wörtliche Übersetzung dem Werk und dem Autor Schaden zufügt, mag sich zur Korrektur entschließen. Auch Autoritäten nutzen sich ab. Selbst Luthers ehemals unbedingt gültiger Rat, dem Volke auf das Maul zu schauen, ist heute nicht mehr einzusehen. Wir hören jemand aus dem Volke auf der Straße sagen: »Komisch, daß die Kleinen immer den kürzeren ziehen«, und wissen doch nach kurzer Bedenkzeit, daß hier der Volksmund irrt oder sich unwahr mitteilt. Der Mann von der Straße sagt »komisch« und meint »tragisch«, denn was er sagt und meint, reizt eher zum Weinen als zum Lachen.

Übersetzungen sind am besten dort, wo sie ein Werk der Zuneigung und des Mißtrauens zugleich sind.

Dichter und Nicht-Dichter

Es gibt ein Vorurteil, daß nur Poeten andere Poeten übertragen dürften. Große Dichter sollten ausschließlich von großen Dichtern übersetzt werden, sagte vor Jahren ein Vollblutgraphomane, dessen tote Oden niemand (außer ein gutmütiger Freund) drucken wollte. Dieser Graphomane hatte soeben begonnen, große, tote also wehrlose Dichter zu übersetzen, um auf diesem Umweg den Nachweis seiner Größe zu führen.

Ich meine, nicht jeder, der Gedichte schreibt, eigene Gedichte, ist ein Dichter, und nicht jeder, der keine eigenen Gedichte schreibt, ist kein Dichter. Das dichterische Talent schließt nicht das übersetzerische Talent ein oder aus. Was die Kraft und die Phantasie im Sprachschöpferischen betrifft, so brauchen Dichter wie Übersetzer die gleichen Voraussetzungen. Dann aber trennen sich ihre Wege und führen auf unterschiedlichen Pfaden zum gleichen Ziel. (Ob sie es erreichen, ist eine andere Frage, die allerdings beide gleichermaßen betrifft.)

Es gibt Dichter, die selbst Hervorragendes geschaffen haben, aber niemals imstande waren, nicht einmal für einen Augenblick, aus der eigenen Haut, aus dem eigenen Stil, aus der eigenen Vorstellung zu schlüpfen. Solchen Dichtern gelingen in der Regel Übersetzungen nicht. Ihre Übersetzungen sind Anleihen – sie benutzen fremde Vorlagen, Einfälle, Muster, um mit ihrer Hilfe ein eigenes Gedicht zu schaffen. Das Fremde ist ihnen Mittel zum Zweck.

Und es gibt Nicht-Dichter, die – aus welchen Gründen auch immer – keine Gedichte schreiben und doch potentielle Dichter sind.

Professor Helmut Erbe von der Rhodes University in Südafrika hatte eine Antrittsvorlesung über das Übersetzen zu halten und mich deshalb um eine persönliche Auskunft gebeten: ob ich selbst Gedichte schreibe oder *nur* übersetze. Ich hätte ihm antworten können, daß ich selbst übersetze und nicht nur Gedichte schreibe, aber ich weiß, worum es ihm ging; ich antwortete deshalb privatkasuistisch.

Ich habe in jungen Jahren Gedichte geschrieben. Der Krieg hat sie mir vernichtet: äußerlich wie innerlich. Dann kamen die Jahre der Gefangenschaft (Besinnung), wo ich es gelernt habe, mich selbst nicht so wichtig zu nehmen und hellhörig für das Fremde zu sein. Mehrsprachig aufgewachsen, beherrschten mich sowieso poetische Interessen, die sich zwischen den Sprachen und in der Zwischensprache am wohlsten fühlten. Heimgekehrt aus der Gefangenschaft, kam noch ein anderes Motiv hinzu, das moralische: Adorno hatte gerade verkündet, es ginge nicht gut, nach Auschwitz Gedichte zu schreiben. Ich bildete mir darüber hinaus ein, es sei in der gegebenen Situation nicht unerläßlich, die Schar der sowieso überaus zahlreichen Gedichteschreiber zu vermehren, dagegen wichtig, einer verkannten Literatur, einer kleinen Sprache durch Übertragung in eine größere Sprache Gehör zu verschaffen. Das führte mich dazu, die Gegenwartsliteratur Polens zu beobachten und darüber zu publizieren. Ab und zu breche ich aus diesem Zweisprachen-System aus, weil mich größere Sprachfamilien, Wechselbeziehungen, Nebenräume, Themenkreise locken. Die Folge davon ist meine Vorliebe für Anthologien, für Bildergalerien, für mehrstimmige Musik.

Ob die Übersetzung von Gedichten nur professionellen Dichtern vorbehalten bleiben dürfe, oder ob man sie auch Amateuren gestatten solle, dazu wäre viel oder wenig zu sagen. Beschränken wir uns auf Weniges, ja Kleinliches. Gefühle wie die des Konkurrenzneides gab es schon vor unserer Zeit. Die berühmte Übersetzerin serbischer Volkspoesie, Talvj, pflegte ihren Konkurrenten Gerhard mit Bosheiten zu bedenken, weil dieser »eigentlich Kaufmann« und kein gelehrter Mann war. Goethe hatte ihr widersprochen. Im Gespräch mit Eckermann, am 27. Januar 1827, äußerte er, es sei vorteilhaft, daß Gerhard »kein eigentlich gelehrtes Metier, sondern ein solches treibt, das ihn täglich aufs praktische Leben weist ... wodurch er denn bei seinem auf das Reale gehenden Sinn über unsere gelehrten jungen Dichter manche Avantagen hat«.

Übersetzer waren stets – ihrer Natur nach – nach mehreren Seiten neugierig, vielseitig tätig wie J. C. Bode zum Beispiel, der Hamburger Verleger und Buchdruckereibesitzer, Oboist, Musik- und Sprachlehrer, Zeitungsredakteur, Förderer des Hamburger Theaters (als Lessing die »Dramaturgie« schrieb), Autor humoristischer Werke und nebenbei ein vielgeplagter Mann mit traurigem Familienschicksal. Neben all diesen Pflichten und Sorgen wurde er als Übersetzer von Montaigne, Sterne, Marivaux, Fielding »einer der genialsten deutschen Übersetzer epischer und essayistischer Prosa«

(Hans Hennecke), der den »moralisch guten Geschmack der Deutschen« (Herder) sehr gefördert hatte. Seine Übersetzungen hatten seine Bedeutung derart gefestigt und popularisiert, daß man »Schiller, Lessing, Bode, Goethe« (Jean Paul) in einem Atemzug zu nennen gewohnt gewesen war.

III

Mögen sich andere
mit Buchstaben und Silben beschäftigen,
du suche die Meinung.

Hieronymus, Briefe

POLE, WER BIST DU?

Homo vagus oder über Witold Wirpsza

Wie verwertet man literarisch einen zerbrochenen
Lebenslauf, welche Kniffe wendet man an, damit er
Sich forme, welche Augenblicke muß der rhythmische
Schaber herunterkratzen, damit die Fragmente
Zusammenpassen und nutzbar
Werden für künftige Leser?
Einen Lebenslauf, wo sich der Abend
In den Morgen zwängt, wo die Himmelsrichtungen
Vermischt sind, wo die Jugend das reife Alter
Durchdringt und dessen moralischen Halt zersetzt?
Wo die Melodien matsch sind und die Tempi
Zerknittert, und die Rhythmen gebläht, und die
Pausen geplündert
Von ihrem Hohlraum? Wie, frage ich, verwertet man
Nutzbringend einen Lebenslauf, der reich ist
an Interpunktion,
Arm an grammatikalisch geschlossenen
Perioden?

Überhaupt nicht. Man wartet
Den Schwund ab, das ist die Chance, daß das alles
(Und mehr) einmal geordnet wird gemäß
Einer schrecklichen Ordnung
Und daß es dann jemand verwertet.[1]

Habent sua fata ... vor allem die störrischen Bücher der störrischen Autoren.
Für Witold Wirpsza stand dieses Schicksal fest seit spätestens seiner ersten Publikation, dem Gedicht *Mittelalter*, das 1935 in der Nr. 16 der Schmiede der Jungen (Kuźnia Młodych) erschienen war und durch unerhörte Unbotmäßigkeit auffiel.

Es brachte dem Unterprimaner sogleich Repressalien der Schulobrigkeit ein, und so sollte es bleiben, nicht ohne eigene Schuld, natürlich: Man ist nicht umsonst, nicht straflos, ›Autor‹, Ur-Heber, auch wenn die Inkassanten das Latein nicht mehr ganz fehlerfrei verstehen.

Nach dem Verteidigungskrieg 1939, an dem Wirpsza in Oksynie teilnahm, und nach dem Gefangenenlager in Neubrandenburg und in Großborn kehrte er in die polnische Nachkriegsliteratur zurück wie ein exotischer Fisch (halb Hai, halb Delphin) in einen heimischen Karpfenteich: ärgerniserregend.

Sein erster Lyrikband nach dem Kriege, 1949 verlegt, begann mit einer »Sonate«: [2]

Es fällt mir schwer, da mein Verstand ständig offen ist
Für die Sonate von Mozart, in mir das
Zwanzigste Jahrhundert zu verdichten, wie man eine
  Dose
Fischkonserven dicht macht. Die Welle der Klänge
Bringt die Jahrhunderte näher durch ihre Regelmäßigkeit
Und läßt uns von einem Zweig Jasmin gerührt sein,
So wie die Grafen vor der Französischen Revolution
Von ihm gerührt waren und selbst die Kaufmannssöhne
Vor dem Zeitalter des Modernen Mords. Das
  musikalische Thema
Verzaubert mich so, als wäre im Laufe der letzten
  zwanzig Jahre
In Europa niemand erschlagen ...

Und das Gedicht endet:

... es gibt für viele von uns keine Erklärung.
Dieses Bewußtsein erlaubt mir täglich Mozarts Musik
  zu hören.

Gibt es für Witold Wirpsza eine Erklärung? Eine Erklärung für seinen *zerbrochenen Lebenslauf*, dessen Fragmente durch

Kniffe passend und *nutzbar* gemacht werden wollen? Einen Lebenslauf, dessen Himmelsrichtungen verquer sind und der *moralische Halt zersetzt* ist, weil sich in ihm die Lebensalter gegenseitig aufheben, und weil er *reich an Interpunktionen*, aber *arm an Grammatik* ist?

Eins ist sicher: Dieser Autor trägt die Berufung zum Anstoß in seiner Natur.

In einer Zeit, 1948, da alle vorwiegend anderes zu tun und zu reden hatten, hörte er Mozarts Musik und schrieb darüber Gedichte. Ärgerlich. Ein paar Jahre später, als man sich in Polen wieder langsam anderen Dingen zuzuwenden begann, machte er kehrt und besang den Kran, den Vorarbeiter, verglich das Ablaufgleis mit der Milchstraße oder mit einer tönenden Saite aus Stahl, den Preßlufthammer mit dem Herzschlag. Ärgerlich. Als dann bald auch das vorüber war, als die große Abrechnung kam, legte er sein Agitproptalent – er hätte es jetzt gut brauchen können – in die unterste Schublade und baute sich, am Ort der gerade aufkommenden klaren Richtung, eine Sternwarte aus Ungereimtem, aus barocken Ziegeln, aus Bachschen Fugen, aus Faustschen Butzenscheiben und universellem Eros. Ärgerlich.

Er konnte tun, was er wollte, denken, was er sollte, schreiben, was er mußte, er kam immer zu früh, zu spät, zu ungelegen. Ärgerlich.

> Oben die aufsteigenden Dachgeschosse, wo,
> So heißt es (Niemand sah es) schleichende
> Gespenster hausen: je höher, desto
> Verschwommener; tags im Rauch,
> Nachts im Feuer, nie in Geräuschen.
>
> Unten die absteigenden Geschosse
> Der Keller, wo, so heißt es (Niemand
> Ist dort gewesen) Mengen von Masken
> Sich häufen: je tiefer, desto
> Launischer, Scheusale; fortwährend blind.

Zwischen den Dächern und Kellern
Nichts, es brennt sogar unter
Gewölben; keine Räume, keine
Dinge, kein Licht, kein Wind;
Kein Weinen, kein Lachen, kein Leid, keine Zeit.[3]

Wer so seine Behausung empfand, war schon auf dem Weg in die Fremde, in die Entfremdung, in sich selbst. Die Schar seiner Freunde war immer klein. Die Schar seiner Feinde wuchs. Und schließlich, als die große Abrechnung längst vorüber war, als sich im Lande ein neuer Versuch, eine Wende abzuzeichnen schien, als viele zu hoffen begannen und die meisten, zumindest durch Abwarten, das mildere Klima nicht gleich an der Wurzel erfrieren lassen wollten, platzte er, ungelegen wie eh, mit seiner Abrechnung heraus und veröffentlichte, 1971, diesmal in einem Schweizer Verlag in Luzern, ein mit Lust zum Anstoß geschriebenes, höchst persönliches, »schlimmes«, masochistisch-unpatriotisches Bekenntnis- und Schmähbuch »Pole, wer bist du?«[4]

In Wirpszas poetischem Irrgarten befand man sich eigentlich immer schon in der Rolle eines Minotauros, der im Labyrinth dem Theseus nachstellt. Nun hatte Theseus sein Opfer gestellt. Nun killte er den Menschstier und trug den gehörnten Kopf ohne Rumpf in den Palast, dem König vor die Füße.

Das Gedicht »Halbinsel«[5], eine bittere Ode an Europa, ist Jahre vor seinem Exodus, richtiger: vor seinem heraufbeschworenen Verstoß geschrieben.

Umsegelt: die Städte vieler
Häfen. Umblutet: die Städte
Häufigen Gemetzels. Umweht vom Abschied:
Die Stätte mehrfacher Abfahrt:
Halbinsel des größten Kontinents, mit gemäßigtem

Klima, brutalen Unternehmungen,
Fieberhaften Gedanken, tödlichen
Giften, Heimat, sprödes Land, einmal
Zurückgestoßen mit der Stoßstange, mit den
 Flugzeugrädern,
Mit dem Atem des Düsenflugzeugs: wenn schon, dann
Das letzte Mal. In diese Heimat
Gibts keine Rückkehr, weder zu Lande, noch
Zu Wasser. Aus der Luft sieht man sie; gespreizt
Liegt sie da, felsig, morsch, und die Winde
Pfeifen in Höhlen und Grotten, schrill
Wie auf einem Schlüssel, dumpf wie auf einer Flasche.
Die Orgelstimmen erreichen
Die Davonschwimmenden und die Vorüberfliegenden.
 Wann
Wird die Halbinsel sich in eine Insel verwandeln? Wann
Wird sie sich endgültig lösen von den Kontinenten?
Wann sich selbst entschwimmen
Inselhaft, sich fortstoßen von den heimischen Felsen
Und den hohlen Giften, zu den eigenen vulkanischen
Gründen, bis auf die Unmöglichkeit
Einer Rückkehr in die eigene Schrumpfung?

Wirpszas Kritiker verfallen zuweilen, wahrscheinlich zu oft, dem Irrtum, den Faun als Chronos zu interpretieren. So wird der Vagant aus Berufung zum unberufenen Historiker, zum inkompetentes Zeugnis ablegenden Chronisten bestellt. Niemals in der Geschichte waren Spielleute Siegelbewahrer der Throne. Sie haben Lieder gesungen, aber keine Gesetzestafeln entworfen oder vorangetragen. Sie haben *sich selbst* verwirklichend dargestellt und darstellend verwirklicht. Sie waren Schausteller, meist, Exhibitionisten dessen, was in ihnen vorging. Wer Wirpszas Gedichte und Prosa liest, sollte sich auch der von ihm selbst angebotenen Schlüssel bedienen, die Gebrauchsanweisung zu seinem »Spiel der Bedeutungen«[6] bedenken und nutzen. In den vorbereitenden Anmerkungen offenbart Wirpsza unmißverständlich, daß ihm der Spieltrieb die Einheitlichkeit, also auch die Konsequenz des Themas fortwährend durch verschiedene Digressionen trübe, daß er keinerlei Ehrgeiz hege, Definitionen zu präzisieren, im Gegenteil, daß das, was er sage, an sich den *Charakter von rein privaten Anschauungen* habe und etwas durchaus *Grillenhaftes* sei.

»Soll man fragmentarische Beschreibungen dieser Art ernst nehmen? Ich bitte den Leser, ein Auge zuzudrücken ... es wäre mir äußerst unangenehm, zu erfahren, daß jemand meine Notizen als Wahrheit oder als den Weg zur Wahrheit aufgefaßt hat.«[7]

Gibt es also für Witold Wirpsza und seinen Lebenslauf eine Erklärung?

Sein Polen-Buch, das in Polen und bei den Polen außerhalb von Polen so viel Ärger stiftete, ist zunächst vor allem autobiographisch. Die dort abgehandelten multiplexen Komplexe sind vor allem seine persönlichen Komplexe, ob er die anarchischen Elemente exponiert oder aber die These vom Nominalismus der polnischen Geisteshaltung kreiert. Man braucht anstelle »Pole« nur »Wirpsza« zu setzen, und der Bericht wird sofort in seinen meisten Partien plausibler.[8] Beispiel 1: *Die Benennung der Dinge ist für die Polen* (lies: für Wirpsza) *oft wichtiger als die Sache selbst.* Ist das ein Wunder? Der Autor ist Dichter, ein exzentrischer Phantast, kein Sachbuchschreiber. – Beispiel 2: *Wer die Sprache beherrscht, beherrscht die Seelen.* Diese Behauptung ist ein Wunschtraum – und zwar nicht des Volkes, sondern der Minorität der Dichter, also Wirpszas. – Beispiel 3: Der breit, aber nicht tief behandelte *Wallenrodismus* (nach der Dichtung von Adam Mickiewicz *Konrad Wallenrod*), die Idee der Kollaboration zur Rettung der Nation, ist unverkennbar ein Plädoyer in eigener, in des Autors Sache. Diese Reihe der Beispiele ließe sich fortsetzen. Wirpszas Inspirationen sind vorzüglich nominalistisch, seine Methode und Handschrift anarchisch. Die für Wirpszas Schreibweise großes Verständnis, ja Sympathie verratenden polnischen Rezensenten weisen auf das Phänomen seines Verhältnisses zur ›Wahrheit‹, seines Wahrheitsbegriffes hin: Bei Wirpsza werde »die Wirklichkeit vielseitig dargestellt, von unzähligen Gesichtspunkten zugleich, von denen keiner endgültig ist oder sein soll«. Die »Wahrhaftigkeit« oder »Unwahrhaftigkeit« spielen keine große Rolle; wahr ist alles, was flüssig, was in Bewegung ist, was man schließlich als ewige »Unersättlichkeit« des Inhalts und der Form bezeichnen könnte. ... Seine Poesie enthält beabsichtigte Widersprüche, und diese Widersprüche sind für ihn »wahr«.

»Natürlich«, beendet der polnische Rezensent seine Studie über Wirpsza, »kann ein solches Werk nicht einheitlich beurteilt werden. Es hat seine Gegner wie Anhänger, aber eins habe man ihm zu lassen: es ist immer, noch in seinen halsbrecherischen Experimenten, interessant.«[9]

Wirpszas Werk, ob Prosa oder Lyrik, ist also mit Wertmaßstäben üblicher Provenienz, gar mit nationalen, nicht zu messen. Es ist nicht festzuhalten, nicht einmal zu orten. Kaum daß wir meinen, ihn fassen zu können, ist der Autor bereits weiter, oder Meilen zurück, oder Lichtjahre daneben.

Wirpszas launigem Spieltrieb wohnt ein tragischer Verspielcharakter inne. Wenn er Kompositionstechniken – der Polyphonie und der Variation – in seine Satzform überträgt, tut er es ganz und bewußt als verhinderter Musiker, verhinderter Komponist. Fotos, zum Beispiel, regen ihn nicht zur Bildbeschreibung an, sondern zum Kontrapunkt »Family of Man«.[10] Romane schreibt er nicht, um Landschaften, Begebenheiten, Typologisches darzustellen, sondern um *skurrile Früchte* in einer *wunderlichen Orangerie* zu züchten, um *Orangen im Stacheldraht* wachsen zu lassen, die zu betrachten, zu pflücken, zu genießen unmöglich ist, wenn man nur die normale Kenntnis des Anbaus von exotischen Obstbäumen oder nur die Vorschriften der Lebensmittelhygiene zur Hand hat. In seinen literarischen Gewächshäusern, ausgemachten Treibhäusern, geht es fast »wie in der Logik zu: aus falschen Prämissen können richtige Schlüsse gezogen werden«. Absurd? Und wenn, dann mit Methode und mit Mitleid erregenden Motiven: »wie schwer es doch fällt, nach einigen Jahren Orangerie-Existenz fruchtbare Gewöhnlichkeit wiederzufinden, ehrliche und gewöhnliche Menschen, urwüchsiges, nach Bauernbrot duftendes Denken, das sich dem Weihrauch libertatis widersetzt und die Gefangenschaft Gefangenschaft nennt.«[11]

Nicht jeder hat das Glück, *ein* Land das seine zu nennen, *ein* Volk als das seine zu wissen, *eine* Geschichte als die seine hinzunehmen. Was tun mit den Entwurzelten, deren Völkerwanderung sich seit Urzeiten um uns und in uns, mit unserem Willen oder gegen denselben auf Millionen von Quadratkilometern und raumlos vollzieht? Helmut Heißenbüttel hatte am 4. 12. 1970 in seiner Einführung zur Lesung des Autors Wirpsza in der Berliner Akademie der Künste mit schlafwandlerischer Sicherheit, nach einem Zitat suchend, *das* Zitat herausgefunden, das bei Wirpsza für Wirpsza über allen anderen stehen kann. Das Zitat aus dem langen Gedicht »Entwurzelung«.[12] Es beginnt mit zwei Sätzen, mit denen man es bewenden lassen möchte:

1. *fortgehen sollte ich ohne Führer Maß Wegweiser Kenntnis der Richtungen;*
2. *ich bewege mich in dem unbestimmten Gebiet der Nichtlandschaft.*

Diese beiden Mitteilungen, Bekenntnis und Beweggrund, geben – auch aus dem Munde des »unreinen« Polen Wirpsza – rein polnischen Aufschluß. Die Hälfte der polnischen Wirklichkeit (für die andere Seite Unwirklichkeit), ob intern oder extern, war immer schon jenseits der Klammer, der Grenze, der unsicheren Legalität angesiedelt. *Pole, wer bist du?* ist eine Frage des Autors an sich selbst. Die gestellte Frage ist seine Pflicht und die gegebene Antwort, wrong or right, sein Recht.

Wirpsza ist einmal mehr in seinem Leben fortgegangen. *Ohne Führer Maß Wegweiser Kenntnis der Richtungen.* Ob er *aus falschen Prämissen die richtigen Schlüsse* gezogen hat? Es ist seine Sache.

> Ich schäme mich des Hauses, das ich niederschrieb.
> Die Wände
> Stürzen ein: ich kann das Lot nicht finden, jeder
> Strich hat ein anderes Lot; die Böden brechen ein,
> Jede Letter auf anderer Höhe, ich kann
> Das Lot nicht finden. Das mittlere o ist entsetzlich
> Leer, diese schiefe Leere der Angst: nie
> Werde ich das Haus mit seinem Atem beschreiben
> können.[13]
>
> (Das Kind)

Wirpszas Namen kannten außerhalb Polens bis vor ein paar Jahren nur wenige. Zwei von seinen Gedichten enthielt die Hanser-Anthologie »Polnische Poesie des 20. Jahrhunderts«[14], sonst war dieser Autor in keine fremde Sprache übersetzt. Mehr wußte man von ihm in Wien, wo er in den sechziger Jahren ein paarmal an Podium-Diskussionen und Autoren-Treffen teilgenommen hatte.

Das Jahr 1967 war in seiner literarischen Laufbahn eine Wende. Am 27. Februar erschien sein erstes Prosawerk in deutscher Sprache, »Orangen im Stacheldraht«, in München. Die ›Akzente‹ stellten Wirpsza in den Nummern 2, 3 und 4 des Jahrgangs als Essayisten, die Frankfurter Allgemeine Zeitung etwas früher als Erzähler vor. Zu gleicher Zeit waren Übersetzungen seiner Gedichte in der FAZ, der Welt, in anderen Blättern zu lesen und im Funk zu hören. Am 6. bis 9. März desselben Jahres fand in Paris ein Treffen polnischer Dichter mit ihren amerikanischen, deutschen, englischen, französischen und schwedischen Übersetzern und Verlegern statt, bei dem Wirpsza mit einem beachteten Beitrag in deutscher Sprache hervortrat.[15]

Am 4. und 5. April diskutierte Wirpsza bei dem 8. Konstanzer Literaturgespräch auf dem Podium mit und redete dem guten Buch im Osten und im Westen und dessen supranationalem und suprageographischem Auftrag ein aufschlußreiches Wort.

Am 6. Mai verlieh ihm die Deutsche Akademie für Sprache und Dichtung bei ihrer Frühjahrstagung in Köln den Übersetzerpreis für Übertragungen deutscher Literatur ins Polnische (der Preis galt auch seiner an den Übersetzungen mitbeteiligten Frau Maria Kurecka).

In den Sommermonaten wurde Wirpsza einem interessierten Publikum bekannt durch öffentliche Lesungen an Universitäten, in literarischen Gesellschaften, Buchhandlungen und durch Funk- und Fernsehinterviews.

Die Berliner Akademie sprach ihm alsdann ein Jahresstipendium zu, das ihm Gelegenheit gab, das literarische Leben in der Bundesrepublik kennenzulernen, auch von hier aus Reisen nach Paris, London und Zürich zu unternehmen und dort Kontakte anzuknüpfen.

Am 11. Oktober 1967 schließlich hielt er auf Einladung des Börsenvereins für den Deutschen Buchhandel die Festrede bei der Eröffnung der 19. Internationalen Frankfurter Buchmesse, die ihn einem internationalen Verleger- und Buchhändlerpublikum vorstellte. Zu gleicher Zeit erschien sein Gedichtband »bruchsünden und todstücke«[16], übersetzt von seiner Frau Kurecka und herausgegeben von Max Bense und Elisabeth Walther in Stuttgart. So wurde ein fremder Autor im Laufe eines Jahres einem größeren Kreise deutscher Literaturfreunde auf vielfache Art bekannt.

Seine Popularität wuchs über das Jahr 1967 und über die Bundesrepublik hinaus. Der Bucher-Verlag lud ihn nach Luzern ein und übertrug ihm die Aufgabe, Texte für ein

Polen-Bilderbuch zu schreiben. Wirpsza wandelte diesen Plan des Verlages in seinen eigenen um. Aus den Bildunterschriften wurde ein dickes eigenes Buch – *Pole, wer bist du?* – ein Buch, das Wirpsza auf der Zunge lag, das er unbedingt hat schreiben wollen, und zwar nicht in Warschau, sondern in der Schweiz. Dieser Wunsch wurde ihm erfüllt. Danach vagabundierte Wirpsza wieder eine Zeitlang durch Westeuropa, war zum wiederholten Mal Gast in Berlin, Gastdozent bei Walter Höllerer an der Technischen Universität, bis sein polnisches Visum Ende des Jahres 1972 die Gültigkeit verlor und von den polnischen Behörden nicht mehr verlängert wurde. Witold Wirpsza war entweder zur sofortigen Heimkehr nach Polen oder zur Emigration gezwungen. Er hatte sich – da er in Warschau Repressalien wegen seines Buches befürchtete – für das letzte entschieden. Mit dieser Nachricht sind seine Leser, Freunde und Feinde zu Beginn des Jahres 1973 überrascht worden.

Der literarische Betrieb wäre mit seinen eigenen Sorgen und Problemen wohl rasch über den *zerbrochenen Lebenslauf* des Vaganten Wirpsza hinweggegangen und zur Tagesordnung gekommen, steckte er nicht im Bewußtsein seiner Gastgeber in der romantischen Rüstung des Ritters von der traurigen Gestalt, der letzten Ritter Europas, wie man die Polen unter Deutschen gerne sich vorstellt. Der sendungsbewußte Ritter mit dem Ziegenbart, ein Besessener, rittlings auf dem weiblichen Pegasus, der mageren Rosinante, mit der spitzen Lanze eines Kugelschreibers sturmgewappnet, unentwegt im Harnisch gegen die Windmühlen seines hügeligen Landes – was wäre besserer Vorwurf für jede Art von Literatur: Tragödien, Komödien, Konkretes, Abstraktes, Kurzes und Langes, Tiefes oder Seichtes? »Windmühlen«:

Was ist, wenn Windmühlen miteinander
Kämpfen? In eiskalter Luft

Rühren die Flügel sich sauer
Und rauschen, als

Flöge ein Düsenflugzeug vorbei. Wie viele
Windmühlen; auf jedem Hügel
Eine; wie viele Hügel; in
Jeder Windmühle steckt ein eigener

Don Quichotte; Herden von Don Quichottes,
Herden von Windmühlen, Herden von Hügeln.
Düsenflugzeuge brauchen keine Propeller mehr,
Aber die kämpfenden Windmühlen

Lärmen wie Düsenflugzeuge.
In jeder Mühle dreht ein eigener Don
Quichotte die Riesenkurbel und
Die Mühlen fallen übereinander her,

Ohne sich von der Stelle zu rühren. Es erinnert
An manche Landschaft der kleinen
Holländischen Meister: Stille,
Auf der Stille Hügel, auf den Hügeln

Windmühlen, und niemand sieht,
Daß hinter jeder Verschalung
Ein großer Besessener sitzt
Und rasend die Kurbel dreht:

Noch schneller, dann steigt auch er auf
Als Erster in die geweißte Flüssigkeit
Des Himmels; Tränen tropfen ihm auf die Kurbel
Vor Rührung. Was ist, wenn

Windmühlen miteinander kämpfen? Ob
Windmühlen einen eigenen Himmel haben, und ob
Windmühlen in diesen Himmel steigen, und ob
Windmühlen die Besessenen in die Beschwichtigung
tragen?[17]

Der Don Quichotte von heute wechselt die Landschaft, läßt die Windmühlen miteinander kämpfen und kommt ohne den fetten Sancho Pansa niemals nach La Mancha.

Witold Wirpsza, 1918 in Odessa geboren, Sohn eines Polen und einer Griechin, bei denen zu Hause abwechselnd russisch, polnisch, deutsch und französisch gesprochen, römisch-katholisch, griechisch-orthodox und reformiert gebetet wurde, hatte Jura und Musik studiert, bevor er in Warschau Verlagslektor wurde. Danach lebte er als Staatenloser, inzwischen als Bundesbürger, in (eigentlich) der Fremde, die ihm sehr vertraut ist. Die deutsche Sprache ist ihm noch aus Danzig geläufig, wo sein Vater zwischen 1920 und 1927 als Unternehmer ansässig war, wenn bei seiner Familie überhaupt von Ansässigkeit jemals die Rede sein konnte.
Der Erzähler, Essayist und Lyriker Wirpsza betreibt mit Vorliebe Spiele mit Deutungen und Bedeutungen und balanciert Spannungen auf dem schmalen Grat zwischen dem Halt der Logik und dem Sog des Absurden. In den mathematischen Arbeiten Leonardos findet er die Definition des Punktes und empfindet sie als ein glänzendes Beispiel dafür, wie wissenschaftliche Exaktheit mit exzessiver Fabulierkunst zu vereinen seien, also auch dafür, was er für Poesie hält: »Der Punkt hat kein Zentrum und ist begrenzt vom Nichts.«
Seine Auffassung vom Schreiben ist: ständig unstet zu interpretieren, um aus dem fixen Zwang der Seßhaftigkeit in einen Kosmos der endlos vagen und vagabundierenden Möglichkeiten auszubrechen. Die Hauptwerkzeuge seines theoretischen Rüstzeugs sind die Mathematik und die Musikologie. Auch wenn ihm Treue fremd ist – nach seinem eigenen Zeugnis[18] –, der Grundidee seines ersten Gedichts ist er treu geblieben: *Im Anfang war die Musik.*[19]

Es folgt aus der Musik; im Anfang war die Musik.

Es folgt
Aus den Ergebnissen; die Erbebnisse sind innen vielfach und dauern, Aus den
Erlebnissen folgt es aber nicht: unwiderruflich, denn Erlebnisse
Gibt es zwar viele, aber die dauern nicht: ihr Aufzug ist ein Eitler Durchzug nur, ein Abzug, ein eitles
Narkotikum, Narkose und Nekrose, Ergebnisse aber sind kein Narkotikum …
(Erbebnisse)

Phonetik und Etymologie stehen im Mittelpunkt seines formal-poetischen Interesses. Seine Vorliebe gilt der konkreten Kunst und der Literatur des Barock. Als Diagnostiker bevorzugt er den Widerspruch, als Therapeut den Schock. »Ich konstruiere, also bin ich«[20] – diese Formel fand für ihn einer seiner Kritiker, der damit den spekulativen Charakter von Wirpszas ›poetischer Rhetorik‹ anzeigen wollte. »Stilistische Berechnung« bis zur »Selbstvergessenheit« nannte eine Kritikerin[21] die Triebkraft dieser lyrischen Strukturen und Kompositionen. Daraus folgen sowohl die Bewußtheit als auch die Richtungslosigkeit, an die sich der kühle Schwärmer hält, um seine Freiheit, in jede Richtung auszuschwärmen, keinen Augenblick einzubüßen. Um sich in seinem Stil zu bewahren.

Das, was den Menschen prägt, und das, was
Ihn sprengt, was ihn bedrängt und was ihn
Stützt. Der Stil der Schrift. Die Schrift ohne Bedeutung,
Grund und Absicht. Die Schrift des Geschmacks. Wann
Erfolgt ihr rechtmäßiges Verwischen? Im Schuldgefühl,
im Gefühl der Unschuld? Was zertrümmert den inneren
Bau des Buchstabens, seine Scham? Die äußere
Widerstandsfähigkeit, Schamlosigkeit des Worts? …[22]
(Das Verwischen der Schrift)

Wirpszas augenfälligste Begabung ist, überraschende Kettenreaktionen – semantische vor allem – auszulösen, seine hartnäckigste Tendenz: die Besessenheit, beliebig und ungehindert Orts- und Zeitwechsel vorzunehmen. Es scheint, als wäre er berauscht von der Idee, die Vereinigung der Mathematik mit der Poesie zu erreichen. »Vielleicht ist das eine persönliche Note meiner Phantasie: sooft ich polyphone Musik anhöre oder ihr Notenbild betrachte, legt sich mir die Konstruktion des Werkes zu einem Zahlenwerk zusammen, zu einem graphischen Bild, zu einem präzis gezeichneten Diagramm, in das mehrere Funktionen eingezeichnet sind«.[23]
Und so lesen sich auch viele seiner Gedichte wie Noten, wie Niederschriften einer langen Versuchsreihe von Perioden (nicht Sätzen), in denen sich die Phrasen zueinander antithetisch verhalten. Die rhythmische Struktur wird, das ist erstaunlich, durch die wechselnden Taktvorzeichen nicht verunklart wie bei Strawinsky im Orpheus, im Air de Dance zum Beispiel. Der Interpret hat bei Wirpsza unentwegt, von Zeile zu Zeile, die Phrasierung neu zu bedenken, den Zeitwert der Pausen unabhängig von ihrem Notenwert zu berechnen.

Der Einfall ist auf Rationalität angelegt, die hauptsächlich sprungweise Bewegung aber ordnet sich der Struktur unter; der Harmoniewechsel vollzieht sich unregelmäßig, die Ausführung mündet im Irrationalen. Wie bei den Komponisten von Musikwerken wird hier Konkretes dazu verwendet, um zu transzendieren, um sich mit Hilfe der klingenden Systeme und Symbole in eine mythische Person zu verwandeln. Die Fragen bleiben offen. Antworten sind nicht beabsichtigt.

> Welcher Liebe bin ich denn untreu, wenn es
> Viele gibt? Soll ich jede
> Mit anderer Type aufschreiben, mit anderem
> Schriftgrad? Wie soll ich sie fügen, um den
> Verrat zu vermeiden im Nebeneinander?

In welchem Detail offenbart sich der Peitschenpfiff
In der Denkmalsinschrift? Welchem
Stil soll ich meinen vielen Lieben die
Treue halten? Im Geschmack der
Unbeständigkeit, im absoluten Atem?[24]
(Theologie)

Diese Technik mag auf Befremden stoßen oder provozieren; sie ist »spezifisch und selten«.[25] Der Prozeß des Ausbruchs aus den gültigen Akkordverbindungen, Bewegungsmustern und aus dem dynamischen Ritual scheint Wirpsza wichtiger zu sein als das Ziel, das dieser Prozeß, da er ständig ist, gar nicht konkret anvisieren kann. Primär ist der Vorgang, das »Erbebnis«; das Erlebnis wird zurückgewiesen, das Ergebnis zum Ausgangspunkt degradiert

Wirpszas Gedichte erkennt man aus der Fülle anderer sofort. Das Verfahren seiner barocken coincidentiae oppositorum, seine etymo- und anders logischen (oder unlogischen) Exzesse, das Aufeinanderprallen lautähnlicher, aber sinnfremder Wörter: Paronomasien, Oxymora, Paradoxa, und die Cäsuren an ausgerechnet den Stellen, die dafür am ungeeignetsten scheinen, das Trennen zueinandergehörender Wörter, ja das Zerreißen der Wörter sind seine ›Art und Weise‹.

Das Benennen ist eine Stimulation der Bewegung. Das Erfinden ist eine Stimulation der Bewegung, heißt es in seinem »Land des Exzesses«.[26]

Nichts scheint hier wichtiger als die Bewegung – das vagare (so heißt auch einer seiner letzten Prosabände, polnisch »Wagary«, was den Ausbruch aus dem Schulreglement bedeutet, das Schwänzen). Das Bild ist zwar ausdrücklich kein Gegenstand seiner Poetik, doch ganz verzichtet er darauf nicht.

Das Bild ist Vorwand. Ein Bruchteil des Bildes ist weniger
Trügerisch. Die Spannung entkommt

Zwischen den Vorwänden. Die Bilder
Bevorwanden. Die Sichtbarmachung in sich
Bevorwanden. Das Wort zur Blindheit
Hinführen. Das Wort
Entkomme nicht zwischen
Vorwänden / Bildern /. Die Spannung werde anders
Unfaßbar.[27]

(ars poetica)

Man hatte einmal auf den karnevalistischen Charakter dieser Schreibweise hingewiesen, und zwar in einem seriösen Zusammenhang, in dem auch Michail Bachtin Literatur und Karneval[28] sieht. Literatur als Entspannung von der täglichen Verkrampfung zum dialektischen Denken, als Spiel, als Verkleidungsspiel des Geistes, als Bedeutungs- und Satyrspiel, als dionysische Handlung.

Das Komische und das Kosmische liegen bei Wirpsza dicht nebeneinander (er mag die Lautähnlichkeit eklatanter Sinnunterschiede, und es wimmelt in seinen Gedichten von ähnlichen Wortspielen), er vollführt Bocksprünge von Wort zu Wort, von Wert zu Wirkung und von Werk zur Wahrheit. Natürlich zu seiner Wahrheit, die sich partout nicht mit den amtlich eingetragenen Wahrheiten decken will. Jan Józef Lipski, ein Kenner der polnischen Lyrik, muß, um Wirpsza ›beizukommen‹, seinen eigenen Stil parodieren: »In Wirpszas Poesie ist eine bestimmte (gewisse) Präzision, nein Nebelhaftigkeit; und eine erfinderische Konstruktion, nein Wirrnis. Und wenn dieser Satz dem Leser der ›Vorurteile‹[29] parodistisch scheinen sollte durch die Wiederholung einer von ihren beliebten Konstruktionen – dann mit Recht: auf dieser poetischen Spur zeigt sich, wie ich meine, Wirpszas ziemlich wesentliche künstlerische Tendenz.«[30]

. . . Maske
Eines Gottes, nein, Dämons, aus Wüsten, nein, aus

Korallenmeeren, Gefäß für das Wasser, für den
Sand...

... Maske, komisch, nein
Tragisch, aus einem taghellen, nein mitter-
Nächtlichen Amphitheater; leer, man könnte auf ihr
Trommeln...

... Wolf, nein, Schaf...
... Adler, nein, Papagei...
... anziehende, nein, abstoßende
Wirkung der Stachel. Aus Holz gemacht, nein, aus
Blech, nein, aus Blättern, nein, aus Rinde...[31]

(Reisen)

Und Lipski stellt in diesen Gedichten eine »krankhafte Unsicherheit empirischer Erkenntniskriterien« fest. Die Worte werden im Munde umgedreht, die Dinge auf den Kopf gestellt, das Weiße schwarz, das Schwarze weiß, die Mitte zerfällt, die Pole rücken aufeinander, man weiß nicht mehr, ist es die Unsicherheit der Begriffe oder der von ihnen gestifteten Fakten. Wirpszas Wort-Welt ist ein Spiralnebel, oszillierend, unbestimmbar, oder wenn, dann als karnevalistisches Karussell. So steht es auch unter dem »Land des Exzesses«, dem letzten Gedicht des gleichnamigen Bandes, zu lesen »geschrieben im Karneval 1965«, was Wirpsza ohne Absicht nicht geschrieben hätte.
Andererseits erhebt diese Lyrik höchsten Anspruch, denn es geht ihr um *Letzte Dinge* (wie ein Zyklus heißt)[32], um Himmel, Hölle und Tod. Das wäre also die andere, die tragische Seite dieser homo-ludens-Medaille, die Fratze eines gefallenen Engels, den der Satyr auf die Hörner nimmt. Oder umgekehrt? Eine Poesie aus einer Urwelt, die sich noch im Urzustand eines Nebelwolkenbewußtseins befindet, eines höchst poetischen Bewußtseins, oder Mythologie der Abbaujahre, oder selbstreflektierte Therapie eines von nar-

zißtischer Libido besetzten Ego? Ist das bewußte Destruktion oder unbewußte Konstruktion, oder umgekehrt? Die Frage »oder« und »umgekehrt« stellt sich bei Wirpsza auf Schritt und Tritt. Vielleicht wäre hier das Instrumentarium eines Nelson Goodman vonnöten, seine sprachanalytische Lupe, um mit Hilfe der strukturalen Linguistik und der musikalischen Notation die Bezugnahmen und das Verstehen zu ermitteln, die sich hinter zeitweiligen Symptomen von Amentia, Agnosis und Agenesie verbergen? Jedenfalls kann dieses Schreiben nicht leichterhand als pure Mystifikation und Marotte abgetan werden, wenn ernst zu nehmende Kritiker und Leser es als »Drama des Gewissens, als Obsession und Einsamkeit des Menschen im Strom der Geschichte... gewachsen aus den Erfahrungen der Generation« erkennen und als »authentische, tiefe Poesie... mutig und originell ... begleitet vom galligen, bissigen Sarkasmus, von Selbstironie... kaum auf Vorbilder gestützt« (Jan Józef Lipski) anerkennen.

Das Verweisen an die Akribie eines symboltheoretisch sattelfesten Linguisten ist um so angebrachter, da ein großer Teil von Wirpszas Gedichten vom Schreiben, von Wörtern, von Zeichen, von Beugungen und Verbeugungen, vom Stil und vom Schweigen handelt.

Stille der Feder, des Rohrs, des Stichels, des Vervielfältigers, der Linotype.
Versuch einer inneren Schrift: einer Markierung des Gedächtnisses,
Einer Zwischenzellenverbindung; einer unsicheren Dauer,
Einer dauernden Unsicherheit; mit auseinanderkriechenden Zeichen von
Schmerzlichen Schärfen, arabesken Bedeutungen; ohne
Druck, instrumentenlos, im Zerfall.[33]

(Schweigen)

Einiges setzt uns auf die Spur der intimen Kenntnis der deutschen Dichtung, auch der älteren, die bei Wirpsza evident ist. So zum Beispiel die Vorliebe für Alliterationen, Schüttel- (nicht Reime, sondern) Deutungen. Wirpszas Verhältnis zur deutschen Sprache veranschaulichen am besten die von ihm übersetzten Autoren und Werke: Goethes dramatisches Fragment »Prometheus«, Rilkes »Rodin«, Brechts »Der unaufhaltsame Aufstieg des Arturo Ui« und einige Gedichte, Hochwälders »Der Himbeerpflücker«, Heinrich Heines Aufsätze, Gedichte von W. v. d. Vogelweide, Fleming, F. Rückert, G. Benn, J. Bobrowski, P. Celan, H. M. Enzensberger, E. Fried, H. Heißenbüttel, A. Okopenko, die in polnischen Zeitschriften und Anthologien veröffentlicht sind. Die Spannweite ist groß. Hinzu kommen noch die zusammen mit seiner Frau Maria Kurecka übersetzten Bücher; Thomas Manns »Doktor Faustus«, H. Brochs »Der Tod des Vergil«, J. Bobrowskis »Levins Mühle«, J. Huizingas »Homo ludens«, eine Auswahl der philosophischen Schriften von Moses Hess und »Die Geschichte der deutschen Sozialdemokratie« von Mehring (I. Band).

Zum Schluß für diejenigen, denen die Aussprache des Namens noch immer Schwierigkeiten bereitet, des Dichters nomen-omen, sei dieser phonetisch buchstabiert: Wi-tol-d Wir-p-sza.

Wi- wie das deutsche Interrogativadverb, mit kurzem zustechendem i, ohne das dehnbare e, dann – *tol,* wie das zweideutige Adjektiv toll, und zwar in der althochdeutschen Schreibweise mit einem l (damals zur Wortgruppe Dunst, Dunkel zugehörig, heute eher als Beifallskundgebung gebräuchlich), dazu als Abschluß der stimmhafte Mitlaut *d* – dental (die Zähne, das Zähneknirschen, Zahn um Zahn, das Zusammenbeißen der Zähne sind hier wichtig).

Wir – wie der mannhafte lateinische vir, oder wie das seit dem 18. Jahrhundert bezeugte deutsche Artwort wirr, nur mit einem vibranten r (das genügt im Polnischen, da dort sowieso genug gerollt wird), jenes wirr also, das eine Rückbildung aus dem Verb verwirren darstellt und in den Ableitungen Wirrnis (19. Jahrhundert), Wirrsal (18. Jahrhundert), Wirrkopf (17. Jahrhundert) fortlebt. Danach der klausile Verschlußlaut *p* – wie in Partei, Panoptikum und Paranoia – und schließlich noch der Zischlaut *sch* (sz=sch), labialisiert und aufgefangen in einem offenen *a*, damit es ausklingt wie die Besänftigung zum Schlaf; wie sie die Odessaer jüdischen Mameles über den Bettchen ihrer Kindeles zischen: scha.

DIE TOTALE PARODIE

Über Witold Gombrowicz

Gombrowicz' Leben und Werk entziehen sich den üblichen Kriterien. Sie führen seine Feinde an der Nase herum und stoßen seine Freunde vor den Kopf. Weil beides, Leben wie Werk, miteinander durch eine extravertierte Haßliebe unentwirrbar verquickt ist, muß man beidem auf seine, des Autors, besondere Weise gerecht zu werden versuchen.

Witold Gombrowicz ist am 4. August 1904 in Małoszyce, Kreis Opatów, als Sohn eines Landbesitzers geboren. Er hatte in Warschau Rechte studiert, wurde Magister juris, widmete sich danach von 1927 bis 1929 Studien der Philosophie und Ökonomie in Paris, um dann von 1929 bis 1930 an einem Warschauer Gericht zu arbeiten. In den dreißiger Jahren gab er den Beruf auf und wurde freier Mitarbeiter des Morgenkuriers (Kurier Poranny). Das Schreiben hatte ihn gepackt und besessen gemacht.

Im Jahre 1933 debütierte er mit einem Band Erzählungen, betitelt »Tagebuch aus der Zeit der Pubertät« (Pamiętnik z okresu dojrzewania), teilweise von seinem Bruder Jerzy finanziert, erschienen im Verlag Rój. Bei dieser Form sollte es bleiben: Tagebuch, als der seiner Neigung zum Exhibitionismus am meisten adäquaten Form, und dem Zentralthema dieser Form: der Pubertät. Pubertät im weitesten Sinne begriffen – als einem ununterbrochenen und niemals vollendeten vitalen, intellektuellen Prozeß. Bereits in diesem Erstlingswerk kündete Gombrowicz seine Methode an:

»Hier ist der Stil die Parodie des Stils. Hier wird Kunst durch Kunst vorgetäuscht und nachgeäfft. – Die Logik des Unsinns ist eine Parodie des Sinns und eine Parodie des Unsinns.«

Zwei Jahre später, 1935, erschien in der Zeitschrift Skamander sein zweiter, diesmal komödiantischer Versuch: das

Stück »Yvonne, Prinzessin von Burgund«. Darin zeigte Gombrowicz die Grimasse seines dramaturgischen Talents: den Galgenhumor. Das Spiel findet an einem Königshof statt und kulminiert in einem Mord; Yvonne wird bei einem eigens für sie arrangierten Festmahl mit Hilfe einer Fischgräte umgebracht. Yvonne, eine Parodie auf Shakespeares blutrünstige Königsdramen, ist ein Märchen für Erwachsene, ein Lehrstück, ein Spiel von der menschlichen Verlogenheit. Die Moral: wir seien zwar Erzeuger, aber auch Sklaven der von uns erzeugten Formen, Umstände, Konventionen.

1938 kam Gombrowicz' Pamphlet »Ferdydurke« heraus, das ihn berühmt machte und bis auf den heutigen Tag sein wichtigstes Buch geblieben ist. »Ferdydurke« war ein Versuch, die Form zu besiegen, sich aus der Form zu befreien. Das Buch ist der Entwurf von Gombrowicz' eigener Fratzensoziologie, in der die Aggressivität und Selbstverteidigung unseres Verhaltens als ein System von Verstellungen aufgedeckt werden.

Mit »Ferdydurke« statuierte Gombrowicz auch das Modell einer neuen Sprachbehandlung. Bruno Schulz hatte das Buch gleich 1938 mit Begeisterung in einem Vortrag im Warschauer Zirkel des Schriftstellerverbandes behandelt. Wie Schulz hielt auch Gombrowicz die Unschuld der Unreife für den einzig lebenswerten Zustand in der Entwicklung des Menschen. Alles, was darüber hinaus führe, führe zur Heuchelei, zur Selbstgefangenschaft, zur Absurdität. Gombrowicz hatte vor allem die Form der Kindheit, der Jugend, ihre Aufrichtigkeit und Natürlichkeit im Sinn, als er von der Faszination der Unreife sprach, was gelegentlich mißdeutet worden war. Wie einst Rousseau »zurück zur Natur«, so rief jetzt Gombrowicz »zurück zur Unreife«, um die Richtung seiner Heilshoffnung zu demonstrieren. Diese Richtung sah er im Rückzug aus den falschen Errungenschaften eines zweifelhaften Fortschritts.

»Rückzug. Ich ahne (aber weiß nicht, ob meine Lippen es

schon bekennen dürfen), daß die Zeit des General-Rückzugs sich nicht im Einklang mit seinem tiefsten Wesen mitteilt, sondern nur immer in einer künstlichen und schmerzlich von außen aufgezwungenen Form ... Wir werden also diese unsere Form zu fürchten und sich ihrer zu schämen beginnen ... Bald werden wir unsere Personen und Persönlichkeiten zu fürchten beginnen, da es klarwerden wird, daß sie keinesfalls ganz uns gehören. Und statt zu brüllen: Ich glaube daran – ich fühle es – ich bin so – ich stehe dafür ein – werden wir demütig sagen: Es glaubt sich mir – es fühlt sich mir – es hat sich mir gesagt, getan, gedacht.«

Grombrowicz hatte damals im Kaffeehaus »Zodiakus« an der Traugutt-Straße seinen Anti-Stammtisch, an dem er alles das durch den schwarzen Kaffee zog, was das literarische und unliterarische Warschau an Autorität zu bieten hatte. Er war Schwarz- und Hellseher zugleich. Der Kritiker Gustaw Herling-Grudziński[1] schildert einen Tag im Juni 1939, an dem ihm Gombrowicz nach dem üblichen Nachmittag im »Zodiakus« auf einer Bank in der Ujazdower Allee eine Lektion politischer Voraussicht, Klarheit und Logik gegeben hatte. Diese Lektion sei so ›starker Tobak‹ gewesen, daß Herling-Grudziński nach einem ganznächtigen Spaziergang erst gegen Morgen und halb bewußtlos in sein kleines Zimmer in der Eisenstraße (Żelazna) zurückgefunden hatte. Kurz danach verließ Gombrowicz Polen. Er fuhr, auf Einladung einer Reederei, mit dem Passagierschiff Batory von Gdynia nach Buenos Aires. Aus der Vergnügungsreise wurde Emigration.

Zuweilen schlug er sich, von seinen Landsleuten mitgerissen, auf südamerikanischen Partys durch. Eine Zeitlang arbeitete er in der Banco Polaco in Buenos Aires – für ein Monatsgehalt von 700 Pesos als Sekretär, was er mehr dem Wohlwollen des Direktors dieser Institution Nowicki als seinen Leistungen zu verdanken hatte. 1945 schrieb er sein zweites – und sicher besseres – Drama »Die Trauung«, eine Tragödie in närrischer

Verkleidung, eines der extremen Beispiele für die Möglichkeiten des modernen antirealistischen Theaters. 1947 nahm er Kontakt mit Warschau auf. Iwaszkiewicz druckte zwar in der Nummer 6 der Literarischen Neuigkeiten (Nowiny Literackie) seinen Brief an die ›Ferdydurkisten‹, aber mehr konnte er für ihn nicht erreichen. Auch ein Arbeitsplatz bei einer Warschauer Bank ließ sich nicht arrangieren. Eine Zeitlang träumte Gombrowicz davon, Kulturattaché in Südamerika zu werden, war bemüht, auf Umwegen die Gunst des Außenministers Grosz zu gewinnen – ohne Erfolg. Seine materielle Lage zwang ihn immer wieder, als Bittender, manchmal listig, manchmal kompromißbereit, anzutreten:[2]
»Bist Du vielleicht auf Deinen vielen Reisen nicht zufällig auf meine Cousine Elisabeth Romerowa gestoßen, die angeblich irgendwo in London oder Paris sein soll? Nirgendwo kann ich ihre Anschrift erfahren. Ich höre, sie hat von ihrer Mutter einen dicken Batzen Geld geerbt. Bin durch die finanziellen Sorgen s. geplagt. Ich grüße Dich vielmals und bitte um schnelle Antwort. Witoldo.« (25. 10. 1950 an J. I.)
Es mußte ihm wirklich übel zumute gewesen sein, als er 1950 schrieb, er hielte es »in der Rolle von Mohammeds Grab« nicht länger aus. Die argentinischen Gautschiaden und das treibhausartige Einerlei (»sin novedades«) setzten ihm empfindlich zu.
1951 kam sein Roman »Trans-Atlantik« heraus, eine passionierte Abrechnung mit dem nationalistischen Vorkriegspolen, dessen Chauvinismus, Provinzialismus und Pseudopatriotismus. So hatte es noch niemand gewagt, mit den Masken der vaterländischen Legende aufzuräumen. »Hört auf, euer Menschentum nach dem kollektiven Polentum auszurichten. Seid, jeder einzelne, zuerst Mensch, schafft euch euer Polen selbst, und laßt euch nicht von ihm schaffen. Erwacht von eurer Benommenheit an Polen, in der ihr steckt wie in einer Massenpsychose.«

»Trans-Atlantik« ist eine tragikomische, aber »fundamentale Auseinandersetzung mit dem Polen-Gespenst und mit dem polnischen Zeremoniell nationalistischer Verzwergung«. Czesław Miłosz hält dieses Buch für Gombrowicz' wichtigstes Werk.

1955 wagte Gombrowicz, gestützt auf kaum nennenswerte Ersparnisse und kleine Unterstützungen aus verschiedenen Quellen, den Sprung ins Ungewisse der freien Schriftstellerei. In Argentinien hatte er zwar enthusiastische Rezensionen und einigen Zuspruch seiner Landsleute, für Europa aber war er immer noch ein Fremder.

In Polen erinnerte erst der Polnische Oktober mit zwei Ausgaben an seine Existenz: in Warschau erschienen 1957 »Trans-Atlanik« und »Die Trauung« in einem Band, in Krakau im selben Jahr die Erzählungen aus dem »Tagebuch aus der Zeit der Pubertät« und Fragmente aus »Ferdydurke« unter dem gemeinsamen Titel »Bakakaj«. Nun konnten seine Landsleute ihn auch im Lande lesen. ». . . Es ist nicht wahr, was Gombrowicz selbst über sich in einem seiner Tagebücher schreibt . . . man habe sein Schreiben zu spät erkannt . . . ich weiß, daß er von jung und alt bewundert wurde. Ich selbst lieh mir ›Ferdydurke‹ aus – und mußte dafür meine Uhr verpfänden . . . das ›Ferdydurke‹-Exemplar, das ich 1953 las, war durch Hunderte von Händen gegangen, die Blätter waren zusammengeklebt, schmutzig. Ebenso das »Tagebuch aus der Zeit der Pubertät«. Diese Bücher gab es nicht zu kaufen; man lieh sie für Tage aus, manchmal für einen halben Tag. Das konnte Gombrowicz natürlich nicht wissen, aber ich . . .«[3]

Zur selben Zeit hatte Paris ihn entdeckt, vor allem dank der Bemühung seines einflußreichen Förderers K. A. Jeleński. 1957 erschien im Verlag der Pariser Kultura der erste Band des »Tagebuchs«, das er in den Jahren 1953 bis 1956 geführt hatte.

»Eine Idee wird immer ein Wandschirm sein, hinter dem

andere und wichtigere Dinge vorgehen. Eine Idee ist ein Vorwand.«
Gombrowicz' Tagebuch liest sich wie eine moderne Donquichotterie: Ein Ritter von komisch-trauriger Gestalt erzählt von seinen logistischen Wortfechtereien gegen die ideologischen und moralischen Vorwände. »Montag – ich. Dienstag – ich. Mittwoch – ich. Donnerstag – ich.«
Der egozentrische Anfang dieser Tagebücher befremdet natürlich. Gombrowicz aber ging es bei diesen stupiden Klopfzeichen an die eigene Stirn darum, niemals und nirgends zu vergessen, was des Menschen erste und wichtigste Aufgabe ist: sich selbst im Kampf gegen die Vorwände nicht zu verlieren, sich selbst treu zu bleiben, sich selbst zu entdecken und zu definieren.
»Pornographie« (»Verführung«) heißt Gombrowicz' nächstes Buch, 1960 erschienen. Aber den Titel des Buches hatte die List des Autors ersonnen, zur Irreführung des Lüstlings im Leser: denn das Buch bot nicht Amüsement, sondern Selbstkasteiung. (Also vielleicht doch Amüsement.) In der Verführung prallen zwei Wirklichkeiten aufeinander: die reale (Besatzungszeit) und die phantastische (erotomanische Vision). Ein eigenartiges Spiel wie Katz und Maus oder Blindekuh mit sich selbst und mit dem Leser, mit dem Stoff, mit der Sprache, mit der Welt des Autors und mit der Welt der anderen, mit den Ideologien, Glaubensbekenntnissen und Unglaubwürdigkeiten.
Nun begann Gombrowicz' großes Abenteuer in der Literatur und mit der Literatur kosmische Konturen anzunehmen: »Ferdydurke« – das Abenteuer mit der Form, »Trans-Atlantik« – das Abenteuer mit Polen, »Verführung« – das erotomanische Abenteuer (K. A. Jeleński), die »Tagebücher« – das Abenteuer mit der Identität und »Die Trauung« – das Abenteuer mit der Parodie auf dem Theater.
Der 1966 vollendete Roman »Kosmos« (»Indizien«) – Gombrowicz' eigene, in tödliche Langeweile getauchte Bruch-

Welt, sein chaotischer Ego-Kosmos – sollte den Kreis der masochistisch-sadistischen Indizien abrunden. Man sah gelegentlich in diesem Kosmos eine Apotheose der Onanie. Die Time entdeckte Parallelen zu Wildes »Bunbury« mit dessen höchst kultivierter Sexualmaskerade. Die magische Gruselgeschichte vom gehenkten Spatz, gehenkten Stock, gehenkten Kater und gehenkten Menschen sei zugleich ein Verkleidungsmodus für die Homosexualität in der Literatur. Das Thema wurde erstrangig. Gombrowicz glaubte an keine nichterotische Philosophie. Er traute keinem entsexualisierten Gedanken (1954). Seine Sexualität bestand im ständigen Unbehagen an der Einsamkeit wie auch der Zweisamkeit, vor der er stets zu flüchten schien. Wie ein Fanal klingt der Ruf, durch alle seine Werke, von »Ferdydurke« bis zu den letzten Notizen, nach dem Dritten: »O Dritter! Hilfe, zu Hilfe! Komm, dritter Mensch, zu uns beiden, komm, Erlösung, erscheine, damit ich mich an dich klammere, mich erlöse! Möge er doch gleich, sofort kommen, der dritte Mensch, fremd, unbekannt, kühl, rein, fern und neutral, möge er wie eine Meereswoge mit seiner Fremdheit hereinstürmen in diese dumpfe Intimität, mich von Irene losreißen ... O Dritter, komm, sei meines Widerstands Stütze ...«

In Argentinien hatte Gombrowicz 23 Jahre gelebt. Die Erfolge in Frankreich, Deutschland und Italien ließen ihn an die Rückkehr nach Europa denken.

Im Frühjahr 1963 folgte er einer Einladung der Ford Foundation nach Berlin. 1964 nahm er mit seiner jungen Frau Rita, einer Kanadierin, eine kleine Wohnung in Vence bei Nizza. Frankreich, vor allem Paris, betrat er, nach eigener Aussage, als »konservativer Bilderstürmer, ländlicher Avantgardist, linker Rechter, rechter Linker, argentinischer Sarmate, aristokratischer Plebejer, antikünstlerischer Künstler, unreifer Reifling, disziplinierter Anarchist, künstlich ehrlich, ehrlich künstlich«.

Das letzte Werk – »Operette« – war wieder eine theatralische

Provokation, eine Tragi-Farce als Parodie auf den monumentalen Operetten-Idiotismus, den Gombrowicz überall gegenständlich und gegenwärtig sah. Jean-Jacques Gautier, dem Pariser Kritiker-Papst, gefiel die französische Premiere nicht. Er fand die Sache »lang, schwerfällig, gespickt mit dunklen Symbolen«. Er hätte schlafen können, wenn nicht der höllische Lärm auf der Bühne ihn daran gehindert hätte.

Nun – die Aufführungen von Gombrowicz-Stücken werden immer Glücksache bleiben, eine der Hand des Regisseurs völlig ausgelieferte Sache. Entwürfe, den Theaterleuten zur Vollendung anheimgestellt. Außerdem lag Gombrowicz mit der Kritik stets komisch-grimmig im Krieg. Seine sportliche Erscheinung war sehr schwach im Nehmen und schlecht im Verlieren. Als er in Formentor 1965 vor dem Preis-Gericht gegen Saul Bellow (»Herzog«) unterlag, wetterte er gegen Gott und Teufel; auch bei der nächsten Runde, zwei Jahre später, immer noch: »Der Preis wird mir sicher auch jetzt wieder durch Niedertracht und Hinterhältigkeit gestohlen.«

1967 hatte er ihn sich schließlich herbeigeflucht. Mit 62 Jahren. Wie weit nicht nur die Meinungen seiner Feinde, sondern selbst die der Freunde auseinandergingen, bezeugt die Begründung der Lobenden: Ein Spanier feierte den »Meister in der Darstellung des Onanismus«, ein Schwede den »wahren Humanisten«. Fritz Raddatz sah nur einen »second-hand-Dali«. Aber Gombrowicz selbst sah sich anders. Sein Ehrgeiz verlangte nach dem Nobel-Preis. Auf diesem Weg ereilte ihn die endgültigste aller Kritiken: der Tod. Gombrowicz starb 1969 in Vence an Herzschlag.

Vor seinem Tode hatte Gombrowicz gerade noch Zeit, dem französischen Autor und Verleger Dominique de Roux ein paar Fragen zu beantworten. Die Antworten wuchsen in Gombrowicz' beredtem Mund zu einem monologischen Nachtrag zu Werk und Leben. »In meinem Leben und Werk sind Drama und Anti-Drama miteinander untrennbar verflochten: adlige Naivität und slawische Ergüßlichkeit, Spiel mit dem Snobismus, Zelebration des Nonsens. Ich war stets dazwischen, in nichts verankert. Ich war ein Schauspieler.«

Das also war es: ein leidenschaftliches, auf theatralische Effekte versessenes Spiel »im schmierigen Brei der Formlosigkeit, den ich in mir hatte«, in »Dummheiten, Dummheiten, Dummheiten«. Eine Gratwanderung auf dem schmalen Rücken des Eigensinns zwischen den Widersprüchen im Rechten wie im Unrechten.

»Zum Glück bin ich kein Theoretiker, sondern ein Künstler ... Der Widerspruch, des Philosophen Tod, ist des Künstlers Leben.«

Das Werk und das Leben von Gombrowicz muten an wie durcheinandergeratene Zirkusnummern, mit Raubtieren, melancholischen Clowns, stilbewußten Dressurakten, Feuerschluckern und Trapezsaltos unter einer imaginär-realen Kuppel. In jedem seiner Bücher ist immer derselbe Gombrowicz – semper fidelis – enthalten.

Sehen wir uns – stellvertretend für sein ganzes Werk – das Stück »Die Trauung« genauer an.

»Die Trauung«, noch in Argentinien während des Krieges begonnen, wurde 1943 vollendet. Gombrowicz, wie er selber sagt, schwebte damals ein großes, geniales Drama vor, was bei ihm keinesfalls gleichbedeutend mit ›gut‹ war – ein Drama als Parodie eines Dramas. Als Beispiel galten ihm »Hamlet« und »Faust«, diese beiden Werke hatten seine Vorstellung am stärksten beschäftigt. Was dabei zustande kam, war nach seinen eigenen Worten eine »Mischung aus Grand Guignol und Missa solemnis«. Jedenfalls war die Mischung schwierig genug, um dem Stück den Zugang zur Bühne zu versperren. Camus hatte sich für dessen Aufführung jahrelang in Paris vergeblich eingesetzt. Endlich – im Juni 1964 – wurde »Die

Trauung« ein Pariser Theatererfolg. Er machte Autor und Regisseur berühmt.
Was dieses polnische Possenspiel zum Passionsspiel macht, ist die Ausweglosigkeit seiner Helden. Die Zentralfigur Henryk schwankt zwischen zwei Polen: »zwischen Verantwortung und Nichtverantwortung, zwischen Wahrheit und Betrug«. Seine Intelligenz ist imstande, Phrasen von Wahrheit zu unterscheiden, zugleich auch eine gewisse Daseinsberechtigung der Phrasen einzusehen: andererseits aber ist sein Wille außerstande, sich selbst diesen Phrasen zu entziehen. Die Menschen heucheln nicht nur einer dem anderen etwas vor, der Mensch heuchelt sich selbst etwas vor, macht sich selbst zum Feind und verdammt sich zum vollkommenen Alleinsein. Insofern (nicht was die Form betrifft) ist »Die Trauung« eine konsequente Fortführung (Parodierung) der Romantik von Mickiewicz und der modernistischen Postromantik von Wyspiański.
In Wyspiańskis Monolog des polnischen Jugendstil-Theaters sind wesentliche Elemente des Gombrowicz-Dramas vorgefertigt: Einsamkeit, Verzweiflung, Trauer. Obsession der Kunst. Scham. Auch Henryk deklamiert »ich bin allein ... angesichts dieser schrecklichen, beschämenden, nichtswürdigen Welt« und nimmt somit Wyspiańskis Befreiungs-Motiv auf; er befreit es zugleich vom Pathos, um es in einer gnadenlosen Posse in sein Gegenteil umzukehren. Während Wyspiański die Befreiung der Nation zu einem neuen Mythos gestaltet, gestaltet Gombrowicz die Befreiung der Person zu einer Parodie. Beides wurzelt im Nationalen, rührt von einer gemeinsamen historischen Quelle her.

Gombrowicz' Spiel setzt ein in einer real geträumten bedrükkenden, hoffnungslosen Landschaft. Reste einer demolierten Kirche bilden den Schauplatz, dann wieder ein Raum, der halb Kneipe, halb Königsschloß ist – alles bleibt unklar, ungewiß, ungenau, unhold oder anders: doppelgesichtig,

zwieträchtig, zwielichtig, sehr polnisch. Etwas Unerträgliches hält an, Passivität schreit nach Veränderung.
Ein grellbunter Nebel scheint über der szenischen Doppeldeutigkeit zu liegen, die Requisiten sind abnorm und lassen eine makabre Maskerade ahnen. Die beiden Kriegsheimkehrer, die das Traumspiel eröffnen, Henryk und Władzio, suchen den psychologischen Ausgangspunkt der Handlung in einer Frage: »Henryk: Władzio, warum bist du so maßlos traurig? Władzio: Und du? warum bist du so traurig?«
Die Lethargie und ein spezifischer, wenn auch namenloser Mangel an Motivation dieser Traurigkeit bilden den tragenden Stimmungswert der nun einsetzenden Tragifarce.
Man muß die Wirklichkeit und die Literatur der Polen ein wenig kennen, um diese Situation als schicksalhaft und diesen Ausgangspunkt als dramatisch-kategorisch zu begreifen.
Stanisław Przybyszewski hatte die polnische Chandra, dieses Heimweh nach überall und nichts, dieses verschwommene ›ewig Polnische‹, dessen Inbegriff die Chopinsche Musik ist, zu Beginn des Jahrhunderts modernistisch erfaßt. Und die ganze jungpolnische Literatur der Jahrhundertwende, spät- oder neuromantisch, hatte diesem nationalen Traum vielfältigen künstlerischen Ausdruck verliehen. Henryks Invokation der Traurigkeit ist nur eine Wiederaufnahme des Kardinalmotivs, gegen das Gombrowicz sein Theater mobilisiert: »hundertfältige Traurigkeit, o maßlose, grenzenlose Schwermut, und diese Benommenheit, furchtbar, dumpf und dunkel, beherrschen meine Seele«.
Im Laufe des Spiels soll diese Trauer eine nähere Bestimmung erfahren: Es ist die Trauer um die »längst verlorene Würde«. Königin-Mutter und König-Vater empfangen – in Henryks Traum – ihren heimkehrenden Sohn und dessen Freund mit dem ganzen Zeremoniell der Hoftradition; doppelt komisch in dieser Kneipen-Atmosphäre und in der deplacierten Kostümierung. Sie empfangen sie mit königlichen Manieren, intakter Etikette, auch wenn sie nur eine Suppe aus Pferdedär-

men und Katzenurin aufzutischen haben. Noblesse oblige. Der Mechanismus der Farce beginnt zu funktionieren: Verwandlungen, Verstellungen, Verzerrungen. In erster Linie also die Farce der Feierlichkeit, ein Schmählied auf den Wahn überlebter Zeremonien. Komprimierte, also bereits traurige Komik. In zweiter Linie die Farce der Scheinheiligkeit, die niemals das zeigt, was ist, sondern das Gegenteil. Säufer, die die Lage nüchtern beurteilen, Würdenträger, die sich unwürdig verhalten, Verräter, die der Wahrheit treu bleiben. Das Haus ist kein Haus mehr, der Vater kein Vater, der Sohn kein Sohn, die Braut keine Braut. Henryk, der natürlich weder feierlich noch verlogen sein möchte, empfindet die vorgefundenen Verhältnisse affig, widerlich, unerträglich, alles in ihm bäumt sich auf, aber die Prozeduren der Verbindlichkeiten und der Kniefälle lassen auch ihn nicht los.

Schließlich die Farce der Autorität, der Macht. Der Hof ist schwarz-weiß in Speichellecker und Verräter geteilt. In der königlichen Institution mit Familienmitgliedern, Würdenträgern und Säufern haben nur die ›Verräterischen‹ eine eigene Meinung und den Mut, sie zu sagen. Als alle im Vorgefühl des bald stattfindenden Schauspiels der Trauung schwelgen und es als »weise, herrlich, gewaltig« lobpreisen, platzen die verräterischen Würdenträger in die mechanische Euphorie mit ihrer unverblümten Wahrheit hinein. »Komisch und idiotisch« bezeichnen sie das, was auf sie nach dem Willen des Allergnädigsten zukommt. Den großfürstlichen Bräutigam, der hier zurechtgeschmückt werden soll, empfangen sie mit Gelächter und Spott: »Hampelmann! Narr! Verrückter!«

Was Henryk gleich in der Wiedersehens- und Erkennensszene des 1. Bildes findet: »Diese Welt wimmelt von Verrückten«, trifft ihn selber. Überall liegt hier Verrücktes in der Luft, dem man sich, wie dem Sauerstoff, nicht entziehen kann. In Henryks Traum gewinnt dieses Irresein religiösen Charakter. Es sei »etwas Feierliches und Geheimnisvolles, als werde eine Messe zelebriert«.

Hier setzt Gombrowicz' totale Parodie an, um die Lächerlichkeit eines nationalen Urzustandes bis an seine Wurzel bloßzustellen. Es geht zwar sehr polnisch, aber auch allzu menschlich in diesem Trauma-Spiel zu: mit Traditionshudelei, mit Erinnerungsschwachsinn und mit Beschwörung der Sitte, die längst keine mehr ist. Der König betet, daß alles wie in früheren Zeiten, nach altem Familienbrauch sei, bietet Tee, Toiletten, Höflichkeiten, Protz und Prunk auf und bittet die heterogene Gesellschaft zum Tanz, um sie derart angepaßt zu vereinen. Doch es gelingt nur »ein possenhafter Marsch von Schatten im Dunst der Illusion«.

Es ist der Tanz einer Schattengesellschaft wie in Mickiewicz' »Totenfeier«, wie in Wyspiańskis »Hochzeit«, wie in Andrzejewskis »Asche und Diamant«, wie in Mrożeks »Tango«: Polonaise mortale.

Henryk drängt sich die Frage auf: »Ob jemand, der einige Jahre hindurch die Funktion eines Verrückten erfüllt, nicht ein Verrückter ist?« Er kehrt die überlieferte Lebensweisheit des Römers Juvenal – mens sana in corpore sano – um und sagt: »Was hilft's, daß ich gesund bin, wenn meine Handlungen krank sind ... Auch die, die mich zu dieser Verrücktheit gezwungen haben, sind gesund gewesen ... und vernünftig ... und ausgeglichen ... Freunde, Gefährten, Brüder – überall soviel Gesundheit und soviel krankes Getue? Soviel Vernunft und doch wieder soviel Wahnsinn? Soviel Menschlichkeit und dennoch soviel Unmenschliches?«

In diesem Possenspiel spielt jeder den Hanswurst konsequent, ohne das erlösende Schlußgelächter. Freiwillig und ohne Einsicht wie der Hof oder einsichtig und ohne Freiheit wie Henryk. »... alles ist Lüge! Keiner sagt, was er sagen will, sondern was sich schickt. Worte horten sich hinter dem Rücken zusammen, und nicht wir sagen die Worte, sondern die Worte sagen uns, verraten unsere Gedanken, die auch unsere verräterischen Gefühle verraten – ach, Verrat, Verrat ohne Ende!«

Die Sprache verrät sie alle, sie rutscht ihnen aus, sie überschlägt sich aus der Floskelsprache der Diplomatie, der Liebe in die Säufersprache der Gosse, endlich gewinnt die ungleiche Gesellschaft Einheit: Hof und Gosse finden in einer ordinären Nomenklatur – die alles demokratisiert – zusammen. Die Trauung kann stattfinden. Eine »niedere, entsetzliche Trauung«. Das Fest des Einverständnisses gegen die bessere Einsicht.

Der zweite Akt beginnt im Halbdämmer und spricht die Tendenz des Spektakels aus: »Den Sinn des Traums erraten ...« Im dritten Akt herrscht Friede. Der Kanzler berichtet Henryk vom erfreulichen Zustand im Schloßsaal: »Alle aufrührerischen Elemente sind verhaftet. Das Parlament ist ebenfalls verhaftet. Außerdem sind die Militär- und die Zivilkreise in strengsten Gewahrsam genommen, auch die breiten Kreise der Bevölkerung sitzen. Das oberste Gericht, der Generalstab, die privaten Behörden, die Presse, die Krankenhäuser, die Kinderheime, alles sitzt. Sämtliche Ministerien sind verhaftet, ebenso alles andere und überhaupt alles. Auch die Polizei ist verhaftet. Friede. Freude. Ruhe.«

Henryk, zwischen anerzogenen Gefühlen und Befreiungsinstinkt schwankend, wird schließlich zum Palastrevolutionär. Er stürzt den eigenen Vater und läßt ihn gefangenhalten. Ebenso läßt er seinen Revolutionsrat einsperren. Ein Ideal von Machtergreifung ist vollbracht: »Alles sitzt.«

In der Nacht nach der Machtübernahme hat Henryk seine sarkastische Philosophie formuliert. »Heiligkeit, Majestät, Macht, Recht, Moral, Liebe, Lächerlichkeit, Dummheit, Weisheit, das alles wird aus dem Menschen gewonnen wie der Alkohol aus den Kartoffeln, verstehst du?« teilt er seine Ansichten dem alten Kanzler mit. Die einen besaufen sich am gemeinen Schnaps, die anderen an der politischen Macht, die dritten an ihrer Vater- oder Mutterschaft, die vierten – wie Kardinal Pandulf – an der Kirche. Henryk findet in seinem Staat einen Zustand allgemeiner Trunkenheit vor, und späte-

stens hier wird uns klar, was dieses Traumspiel bezweckt – eine Ernüchterung der Zustände, der Sitten, der Gesetze.
Henryk, der wie alle Helden Gombrowicz' den Traum von der Unschuld der Unreife träumt, beendet seinen großen Monolog im dritten Akt mit dem Ruf nach dem anderen, der wie er unvollendet, dunkel, unklar wäre, aber deshalb auch ihm ebenbürtig, damit er mit ihm tanze, mit ihm spiele, mit ihm kämpfe, sich ihm zuliebe und durch ihn in aller Aufrichtigkeit immer wieder selbst aufs neue schaffe. Denn, »es könnte scheinen, daß ich es bin, der denkt, fühlt, entscheidet, dabei wird alles zwischen uns von Kräften, Zauber, Eingebungen und Gottheiten erledigt, die uns wie einen Strohhalm hin und her treiben. Und wir taumeln«.
Und bleiben einsam. Henryk lebt uns vor, daß der Freiheitsdrang des Menschen, sein Anthropozentrismus, zur Entmenschlichung führt. Henryks Träume, wie in allen Königsdramen von Macht und Liebe, realisieren sich durch Verbrechen. Und nicht einmal das, sie realisieren sich nicht, sie laufen sich irr.
Es steckt in dieser bitteren Clownerie in der Tat etwas – parodiert – Faustisches: die reale Niederlage durch einen illusorischen Sieg.

»Die Trauung« von Gombrowicz, die in einer Hofquadrille kulminiert, die sich dann in einen Trauermarsch verwandelt und in einem Leichenbegängnis auflöst, erinnert an »Die Hochzeit« von Stanisław Wyspiański, weil diese ebenso mit einem Gesellschaftstanz und in dessen Erstarrung endet. Wyspiański strebte als Neuerer nach einer grandiosen Synthese von Mythos, Vergangenheit und Gegenwart in der Theaterkunst und hatte damit einen entscheidenden Beitrag zum polnischen Modernismus geleistet. Engagiert gegen die Engstirnigkeit der Zeitgenossen und gegen den polnischen Messianismus, suchte er nach der Befreiung des einzelnen und der Befreiung des Volkes vom Zwang der Geschichte.

»Die Trauung« ist eine Farce der Beziehungen zwischen Menschen, Menschengruppen, Interessengemeinschaften; Zerrbild von jeder Art Pluralismus, in dem der Multiplikator Tradition wirkt und alles Persönliche, Eigene an seiner natürlichen Ausdruckskraft hindert. Formal ist dieses Stück ein Mobile, das seinen Zustand bereitwillig verändert – ein Stück aus vielen Stücken, die jede kleinste Berührung in eine neue, andere Bewegung setzt und anders mobilisiert. Deshalb kann man auch mit Recht die Bühnenkunst von Gombrowicz eine kinetische Kunst nennen. Es ist ein Stück, das sich ganz der Hand des Regisseurs anvertraut, der aus ihm alles machen kann, was er will.

Das Theater von Gombrowicz fesselt. Er war ein Vollblutkomödiant. Ein Künstler war für ihn eine »Form in Bewegung. Im Gegensatz zum Philosophen, Moralisten, Denker, Theologen ist der Künstler ein Spieler in Permanenz, es ist nicht so, daß der Künstler die Welt von einem Standpunkt erfaßt – in ihm selbst finden ununterbrochen Verschiebungen statt, und er kann der Welt nur die eigene Bewegung gegenüberstellen.«

Mit anderen Worten – gegen den Strom schwimmen. Das hat Gombrowicz mit allen Mitteln seines Wesens überall und (fast) kompromißlos getan.

Das größte Verdienst des Autors ist, daß er in die äußersten Winkel der Seele vordringt und daß er die schamhaft bemäntelten Symptome der menschlichen, auch polnischen, vor allem polnischen, aber darüber hinaus allgemeinmenschlichen Psychopathologie ans Tageslicht fördert, natürlich mit den Mitteln, die ihm für diese waghalsige Operation geeignet scheinen. Seine spontane Sprache dient ihm als Skalpell.

»Eine der hauptsächlichen Aufgaben meines Schreibens ist – mich durch die Unwirklichkeit zur Wirklichkeit durchzuschlagen.«

Eine solche Wirklichkeit, Faktum, obgleich Traum, ist die Welt der »Trauung«, eine unheimlich untrauliche Welt.

Wer und wie war also Gombrowicz? Gombrowicz war ein personifiziertes Paradox. Er gab sich gern wie ein Apologet der Antikultur, weil er die Kultur für eine Art Fossil hielt, in dem ehemals Lebendiges, zu toten Formen erstarrt, nutzlos fortbestand. Aber im Grunde litt er quälende Gier nach der Erneuerung der Kultur. Er war auch ein polnischer Patriot, obwohl er nicht müde wurde aufzurufen, die Nationalfahne gehöre auf den Müllhaufen. Erbarmungslos verspottete er das irregeleitete Sendungsbewußtsein seiner Landsleute: Ein leidvolles Schicksal befreie nicht von der Pflicht zum Denken und zum Handeln, nationale Katastrophen seien für ein Volk kein Grund zum gemütlichen Fatalismus.

Bezeichnend ist das Echo auf das Werk von Gombrowicz, das die Mitte nicht finden kann und zwischen Extremen hin und her pendelt.

Gombrowicz selbst mochte Beethoven, fühlte sich von Sartre bestätigt und hielt Genet für den größten französischen Schriftsteller. Seine geistigen Vorfahren sah er in Montaigne und Rabelais, dann in Shakespeare. Das griffen die englischen Übersetzer auf, indem sie in ihren Übersetzungen Shakespearische Redewendungen und Satzkadenzen nutzten. Ferdinando Virdia nannte ihn einen »existentialistischen Flüchtling« und »surrealistischen Analytiker«. Czesław Miłosz hielt bei ihm die Tapferkeit für die größte Tugend. Jan Kott führt seine »theatralische Sendung« auf Molière zurück (in dem Grimassenduell der Scheinheiligkeit zwischen Tartüff und Orgon sieht er Analogien zu ähnlichen Szenen zwischen Syphon und Mientus in »Ferdydurke« und Henryk und seinem Vater in der »Trauung«). Von La Rochefoucauld und dessen Maxime: »Die ganze Welt setzt sich ausschließlich aus Mienen zusammen« leitet er Gombrowicz' Mienenritual ab, das dieser als Regieanweisung seinem Stück »Die Trauung«

vorausschickt: »Alle diese Menschen drücken sich nicht unmittelbar aus; sie sind immer künstlich; sie spielen fortwährend. Deshalb ist das Stück ein Zug von Masken, Gesten, Schreien, Mienen.«
Józef Wittlin, einer von Gombrowicz' ersten Befürwortern, definierte seine Kunst als eine »Clownerie, die Weisheit ist, oder Weisheit, die Clownerie ist«, dabei eminent »gesellschaftspolitisch«. Martin Buber schließlich hielt ihn für ein »großes elementares Talent«, dem er allerdings mehr Geduld und bildnerische Disziplin wünschte. Er placierte ihn »irgendwo zwischen Miller und Beckett«.
Das Pathos des Polentums war seine Pathologie. »Am meisten schätze ich bei ihm, daß er sein Schreiben gereinigt hat von den Todsünden der polnischen Literatur: von der Phrasendrescherei, von den Spruchbändern, von der Rührseligkeit, von der Geschwätzigkeit, von den Verzierungen, von den Verlogenheiten: daß er also über den Volkscharakter ausgezeichnet im Bilde war und diese für Polen unangenehme Wahrheit mutig aussprach. Gleichzeitig aber war er – ein Beispiel der ständigen Gefechte mit sich selbst – Sklave dieses Polentums, von dem er sich nicht befreien konnte – wie Conrad es gekonnt hatte –, nicht absetzen konnte, damit für ihn der Mensch die wichtigste Sache werde.«[4]
Gombrowicz war sprachlich erfinderisch wie selten ein Autor unserer Zeit und ihrer Kinderstuben, virtuos im Ausbeuten stilistischer Vorhaben, brillanter Alleinunterhalter einer intellektuellen Nonstopshow, meisterhaft vor allem als grand provocateur, provozierend vor allem und verführerisch zugleich im Verwenden und Verschwenden von allerlei Exhibitionismus, Vulgarismen, Exzentrismen.
Die Vielfalt von Gombrowicz' Humor – der satirisch, grotesk, sarkastisch, ironisch, spöttisch, absurd, elegant, gemein ist und immer, in jeder Spielart, extrem, immer als Parodie seiner selbst: total – scheint stets ein Faß ohne Boden. Möglich, daß Gombrowicz' Galgenhumor Ausdruck polni-

schen Stolzes und polnischer Verzweiflung ist. Diese Andeutung steht in seinen »Gesprächen«.[5] In Frankreich nannte man ihn zuweilen den »metaphysischen Clown«, aber seine Clownerien hatten einen gewaltigen Anteil an der Reinigung des durchaus ›physischen‹ Ernstes. Auch wo er um sich schlug und zu zerstören schien – wirkte er läuternd. Er rüttelte auf. Er hielt Gericht.

Wahrscheinlich kannte niemand, bis auf ein paar wenige Freunde – hatte er solche überhaupt? – unter den vielen Masken sein eigentliches Gesicht. Der aristokratische Kopf, leicht zurückgeworfen, die distinguierte Verzerrung im Mundwinkel, eher Leidenszug als Lächeln, der gelangweilte oder witternde Gesichtsausdruck – was hatten sie eigentlich in dem ständigen Wechselspiel von Impertinenz, beleidigender Anteillosigkeit, lauernder Skandalsucht zu bedeuten? Was verbarg sich unter dieser komödiantischen Oberfläche? Wie war diese Anmaßung von Eitelkeit mit der brutalen Mitleidslosigkeit gegen sich selbst zu vereinbaren? Eitel – und doch ohne den leisesten Schatten einer Selbstgerechtigkeit? Gombrowicz scheint in jedem Satz zu sagen, der Gemeinste der Gemeinen sei er: damit wir eher darauf kommen, daß wir es selber sind.

Ab und zu entdeckte jemand, daß er auch kleinlaut, bescheiden sein konnte. »Seine Briefe, mit der Hand geschrieben, mit Tinte, waren ... für mich eine wahre Überraschung ... behutsam, bescheiden, hatten sie die anmutsvolle, etwas altmodische Galanterie ... die sich mir mit irgendeiner dahingedämmerten Epoche ergreifender Manieren verband ...«[6]

In einer Zeit, da alles Hals über Kopf und fast blindlings nach vorn rennt, trunken vom Fortschrittsglauben, ängstlich, sich auch nur einmal, nur für einen Augenblick umzuwenden – riet er, einen Schritt zurückzutreten, Distanz zu gewinnen. »... es ist ein irriges Postulat, daß der Mensch fest sei und bestimmt, also unerschütterlich in seinen Ideen, kategorisch in seinen Behauptungen, von Zweifeln frei in seiner Ideologie, entschieden in seinem Geschmack, verantwortlich für seine Worte und Taten, ein für allemal gefestigt in seiner ganzen Daseinsart. Schaut euch das Trugbild dieses Postulats nur genauer an. Unser Lebenselement ist die ewige Unreife. Was wir heute denken und fühlen, wird für unsere Urenkel Unsinn sein. Daher wäre es besser, wenn wir schon heute die Portion Unsinn darin erkennen würden ... und die Kraft, die euch zu einer vorzeitigen Definition zwingt, ist nicht, wie ihr meint, eine völlig menschliche Kraft. Bald werden wir uns darüber klar werden, daß nicht das am wichtigsten ist: für eine Idee zu sterben, für Stile, Thesen, Losungen, Glauben; und auch nicht das: sich in ihnen zu verschließen; sondern etwas anderes, nämlich: einen Schritt zurückzutreten und Distanz zu gewinnen zu allem, was mit uns unaufhörlich geschieht.«[7]

Gombrowicz' Werke sind nicht das, wofür sie sich ausgeben: Romane, Erzählungen, Stücke. Selbst »Das Tagebuch« ist kein Tagebuch, eher der riesige Zettelkasten eines besessenen Ehrlichen im Zustand der Agonie, also bereits ausgeschüttet, verfremdet. Dennoch genial, zum Überlaufen voll von brillanten Findungen und Er-Findungen. Ein Werk des Vorsatzes? Gombrowicz hatte ihn selbst eingestanden: »Ich möchte in diesem Tagebüchlein offen damit beginnen, mir ein Talent zu konstruieren.« Heuchelei? Nicht einmal das können wir ihm glauben, so listig formuliert, so unglaubwürdig ehrlich ist das und vieles andere mehr geschrieben. An einer anderen Stelle heißt es: »Ich habe immer geschrieben wie ein kleiner Schuljunge, einer Art innerem Appell gehorchend, ohne feste literarische Ambition.«

Obwohl er seine Sätze gern mit »Ich« begann, war dieses »Ich« in ihnen nur bedingt zuverlässig enthalten. »Erfahre, begreife, du bist nicht du selbst, nie und in keiner Gesellschaft, in keiner Situation.«

Was also denn? Hingerissen von seinem ausschweifenden,

zügellosen Talent lassen wir uns von ihm von einer Entdekkung (und Täuschung) in die andere locken. Das Vermummen, Verpuppen und Entpuppen, die Spiele, Mummenschanztänze und Fratzengefechte, diese seine ganze tolle Maskerade wirkt wie ein Rausch, in dem die Kontrollichter immer dunkler werden. Er sagte mehr als nur einmal, daß er in der Unwirklichkeit die Wirklichkeit suche. Aber suchte er sie wirklich? »Die Wirklichkeit zerstört sich in dem Maße, wie sie sich formt.«

Er setzte das Ordnungsprinzip mit dem Untergang (Faschismus) gleich, konnte es also weder wollen noch haben. Die Form, von der er so fasziniert war, kannte er selber nur im Detail, in der Miniatur, im Augenblick. Niemals in der Fertigkeit des Ganzen, niemals auf Dauer. »Der Mensch ist ein Tier, das Formen hervorbringt durch die Assoziationen seiner Gefühle. Aber seine Formen sind immer unfertig. Der Mensch scheitert immer. Er ist nie authentisch. In meinen Romanen gibt es keine Wirklichkeit an sich.«

Das sagte er nicht am Anfang seiner Laufbahn, sondern ziemlich an deren Ende (im Interview des Figaro Littéraire vom Juli 1966). Seine Pose war fast immer apodiktisch – aber er schrieb: »Sie wissen, wie ich jegliches Belehren fürchte, jegliche geistige Führerschaft ... Ich will nicht, daß man von mir lerne wie von einem Professor ... – an mir mögen sie lernen, aber nicht von mir.«[8]

Gombrowicz war, ähnlich wie Hölderlin, davon überzeugt, daß der Mensch Form sei, und sonst nichts. Er ließ diese Form Mensch in verschiedenen Formationen agieren, weshalb bei ihm die eigentlichen dramatis personae nicht die Menschen, sondern ihre Förmlichkeiten sind, durch die das Leben zur Farce oder zur Tragödie wird. Die eigentlichen Höhepunkte der Handlung aber lieferte ihm das Zeremoniell der Unsicherheit zwischen diesen beiden Möglichkeiten: der Entschlußlosigkeit oder der Hilflosigkeit der Personen, und der Zweideutigkeit oder der Absurdität ihres Verhaltens. Der Amateur-Philosoph W. G. hatte kein System. Aber er gab Hefe aus, die ganze Kulturfelder zum Gären brachte und sicher noch einige Zeit zum Gären bringen wird.

DIE REINE FORM UND DER UNREINE SINN

Über Stanisław Ignacy Witkiewicz (Witkacy)

Das polnische Theater irisiert und irritiert. Ob seine Andersartigkeit mehr Unverständnis oder mehr Beifall findet, sie macht von sich reden. Ihre Heftigkeit steckt an. Die Formationen der Unwirklichkeit, die dieses Theater zeigt, die Welt der Ungeheuer und Sonderlinge, die es reproduziert oder vorwegnimmt, befremden allemal, sind aber wohl in ihrer natürlichen Unnatürlichkeit (oder unnatürlichen Natürlichkeit) *die* Alternative zu allem, was dem sozusagen ›Repräsentativquerschnitt‹ als vertraut und teuer gilt. Sie sind – vor allem – Gegenstück zu jenem Realismus, dessen mutierende Adjektive das Bewußtsein der Zeitgenossen wie Fangarme einer Meduse paralysieren. Insofern kann ein neues Befremden, neues Nichtbejahen auch Aufklärung bedeuten.
Auf diese Weise lernten wir zunächst das Naheliegende kennen, die Stücke von Gombrowicz, von Mrożek, von Różewicz; Stücke von Autoren also, deren Aufenthalte in der Bundesrepublik den Aufführungen zusätzliche Anziehungskraft und Anschauung verliehen. Auf andere Weise und doch wieder auf ähnliche Art treibt uns die Neugier weiter zurück, zu den Quellen und Wurzeln dieses tragigrotesken Theaters, dessen Humor das Publikum schaudern macht und dessen Verzweiflung sich belustigend aufführt.
Die Beschäftigung mit Witkacy versetzt uns vordergründig in die Zeit nach dem Ersten Weltkrieg, in eine Zeit, die Oswald Spengler den »Untergang des Abendlandes« eingab, die Albert Schweitzer zu seiner »Kulturphilosophie« anregte und Sigmund Freud »Das Unbehagen in der Kultur« zu schreiben zwang. In Polen, wo die Zeitprobleme immer schon mehr erlebt und erlitten als erdacht und begründet wurden, fand die Untergangs-Stimmung und -Philosopie ihren Ausdruck

unter anderem in den Stücken von Stanisław Ignacy Witkiewicz (1885–1939), der sich einfachheitshalber Witkacy nannte – nicht zuletzt deshalb, um sich von seinem Vater Stanisław, der Maler, Prosaiker und Kunstkritiker war, zu unterscheiden.

Zwischen 1918 und 1926 hatte Witkacy – zählt man auch die Einakter mit – mehr als 30 Bühnenwerke geschrieben, mit ihnen aber weder in Polen noch anderswo Geltung erlangt. Sieben Stücke konnte er mit Not publizieren, die Hälfte der übrigen ging im Krieg verloren. Als man in den fünfziger Jahren schließlich – durch die Erlebnisse des Zweiten Weltkriegs, des Faschismus und des Stalinismus besser auf dieses Theater vorbereitet – Witkacy wiederentdeckte, war es für eine postume Karriere eigentlich zu spät. Die von ihm entworfene Psychose der Angst und der Vergeblichkeit war inzwischen an dramatischen Effekten von der Geschichte übertroffen. Den Witkacy gebührenden, aber ausgebliebenen Ruhm genossen bereits die in der Folge von Heidegger und Sartre rascher wahrgenommenen und leichter zu übersetzenden Camus, Kafka, Ionesco, Beckett. Das stellen die Polen, die Witkacy für den Vorläufer des modernen absurden Theaters halten, mit Wehmut fest.

Andererseits – und das macht Witkacys Situation absurd – hatte er dieser ›Nachkommen‹ tatsächlich erst bedurft, um als ›Vorfahr‹ deutlich und verständlich zu werden. Somit aber war er auch fast überflüssig geworden. Fast, denn beides ist er immer noch nicht ganz: weder verständlich noch überflüssig.

Bereits 1966 war auf Deutsch bei Piper in München Witkacys programmatischer Roman »Unersättlichkeit« erschienen, ohne je recht begriffen worden zu sein, auch nicht vom Übersetzer. Ein Jahr zuvor hatte Suhrkamp in Frankfurt zwei Stücke verlegt – »Das Wasserhuhn, eine sphärische Tragödie in drei Akten«, und »Narr und Nonne«, ein »allen Verrückten dieser Erde, die anderen Planeten inbegriffen«, gewidmetes Stück. Auch diese Spiele blieben ohne die erhoffte Resonanz. Mehrere Bühnen versuchten Witkacy in deutschen Zuschauerräumen heimisch zu machen, leider mit geringem Erfolg, selbst dann, als die Kammerspiele in München 1975 einen polnischen Witkacy-Spezialisten, den Regisseur Jerzy Jarocki, zu Hilfe riefen, damit er für sie »Die Mutter« inszeniere.

Es ist mitunter üblich, die Mißerfolge der experimentellen Bühne dem Publikum anzulasten. Oft tragen aber zum eigenen Mißverständnis die Künstler selber bei. Zum einen die Autoren, zum anderen die Interpreten. In München jedenfalls war man wohlwollend bereit und auf Entdeckung gestimmt. Danach fragte man sich, worin das Mißverständnis habe liegen können. Vielleicht in der Perfektion der Aufführung, die »selbst da gedankentief war, wo es vielleicht gar nichts zu denken gibt?«, mutmaßte die Bayerische Staatszeitung am 30. 5. 1975. »Vielleicht« weil alles »zu gut durchdacht« gewesen war, oder einzelnes »zu einfältig verniedlicht«? Der Regisseur hatte im Programmheft bekanntgegeben, mehr naiv als bescheiden, seine Bearbeitung ziele auf eine »Vereinheitlichung der etwas chaotischen und vielschichtigen Struktur« des Stückes ab, was natürlich befremden mußte. »Die szenische Phantasie ging dabei verloren und wurde durch Gags ersetzt«, urteilte die Süddeutsche Zeitung am 26. 5. 1975 und resümierte: »So ganz kann das wohl nicht mit Witkiewicz übereinstimmen.« Sicherlich nicht. Zu vereinheitlichen, wo eine Einheit nicht beabsichtigt war, und zu ordnen, wo das Chaos das eigentliche Bühnenbild und -geschehen bestimmt, verstieß ohne Zweifel gegen den Willen des Autors. Und so erlebte man Witkacy in München, wie er ausdrücklich niemals erlebt sein wollte, als »schillernde Theaterseifenblase« (der Rezensent Gert Gliewe), kokett und kraftlos: »Das schlürft sich szenenweise ungeheuer kulinarisch – aber das Gefühl bleibt flau am Ende.« Bleibt also für den Fachmann wie den Laien hartnäckig die gleiche Frage offen, wie dieses Stück denn eigentlich geschrieben und gemeint war, mit welchem Aufführungsstil ihm wohl am besten gedient wäre.

Unter den vielen Auffassungen polnischer Regisseure seien die zwei extremen genannt: die von Jarocki, Krakau, und die von Axer, Warschau. Beide Inszenierungen waren in Deutschland zu sehen: die von Axer in Düsseldorf und die von Jarocki in München. Beide Auffassungen markieren die Enden eines weiten Bogens: von der treuen, ›buchstabengerechten‹ Wiedergabe des Textes bis zur Methode: ›alles ist erlaubt‹. Die Pietät vor dem wehrlosen Autor zelebriert, nach Ansicht des Witkacy-Forschers und Herausgebers Konstanty Puzyna, die Inszenierung von Axer. Puzyna findet seine Aufführung »geradezu realistisch ... gottesfürchtig ... so gespielt, wie das Stück geschrieben worden ist ... So gelingen Stil und Probleme, die absurden Einfälle, die Deformationen und Zusammenstöße reiner und theatralisch besser ... Und dennoch kann ich mich des Gefühls der Enttäuschung nicht erwehren. Irgend etwas stimmt hier nicht.« (Teatr Nr. 19, Warschau 1970)
Genau umgekehrt verfuhr und verfährt immer noch Jarocki. Ohne viel buchstabengetreue Ehrfurcht versucht er das aus vielen widersprüchlichen Elementen gebaute, an Dissonanzen reiche Stück zu einer Einheit zu ordnen, zu harmonisieren. Damit ist zwar eine eigene Methode von großer Eindringlichkeit, ja ein Modell geschaffen, aber – wie die Kritikerin Marta Fik in Twórczość feststellt – wiederum eine Interpretation, in der »etwas nicht in Ordnung ist«. Wie immer unterbaut Jarocki die Dialoge und die vom Autor vorgegebenen Situationen mit einem ganzen System neuer Handlungen, die den Dialogen neuen Sinn verleihen. Demzufolge werden die Probleme »entrealisiert« und entbanalisiert, zugleich aber auch in eine andere Dimension übertragen, was zwar »intelligent«, aber »weder schön noch

bühnenmäßig interessant ist«. Jarockis Interpretation ist ein Versuch, Witkacy jenseits der Realien, auch jenseits seiner Biographie so zu finden, »wie wir ihn heute sehen möchten« (M. Fik). Axers Inszenierung sei demgegenüber eine szenische ›Lesung‹ des konkreten Werks. Witkacy selbst dagegen, folgert die Rezensentin weiter, vereitelt Modelle und Methoden dieser Art eindeutig. Gut könnte nur eine Inszenierung sein, die »den Mangel an Gedanken« nicht verberge und die nicht als Tummelplatz für den »strapazierten Snobismus der Regisseure« mißbraucht werde.

In der Zeitschrift Radar Nr. 4/1974 hatte der Direktor des Alten Theaters in Krakau, Jan Paweł Gawlik, »Die Kunst der Interpretation« als freie Kunst gerechtfertigt, aber die Redaktion setzte diesen Betrachtungen eine vielsagende Einleitung voran: »Am schwierigsten ist es, etwas darzustellen, wovon man nicht genau weiß, was es ist und was es sein soll. In dieser Situation befindet sich das Gegenwartstheater.« Dieselbe Zeitschrift mißbilligt die extremen Ersatzlösungen, die vom Happening über formale Abstraktionen bis zu groben Karikaturen reichen und die »ein vages Gefühl der Enttäuschung, eine Empfindung, dies sei trotz allem noch nicht der ganze Witkacy, der Text enthalte noch mehr und Tieferes«, hinterlasse.

Die Mißverständnisse um Witkacy in seinem eigenen Lande sind um so unverständlicher, als es seit Jahren über keinen modernen Dramatiker so viele Dispute, Symposien, sprachwissenschaftliche, philosophische, kunsttheoretische und dramaturgische Abhandlungen gibt (Bücher, Jahrbücher und Dissertationen) wie über Witkacy. »Es scheint, als wüßten wir über Witkacy schon alles. Über seine Philosophie, sein ästhetisches System, seine gesellschaftspolitischen Ansichten, seinen Katastrophismus, seine Unersättlichkeit ... Vielleicht ist das auch so. Aber eines ist sicher: wie seine Stücke gespielt werden müßten ... davon haben wir keine Ahnung.« (M. Fik)

Und wie sieht es mit Witkacys Furore im Ausland aus, wo er inzwischen in vierzehn Sprachen übersetzt und aufgeführt worden ist: in Amerika, Nord und Süd, in Australien, in Frankreich, auf Hawaii, in Japan, in Neuseeland, in der Schweiz?

Die Welttheaterstadt Paris bietet sich als Ansatz an. Die Franzosen hatten Witkacy 1969 entdeckt und ihm zugebilligt – sonst zu solchen Zugeständnissen nicht allzu rasch bereit –, er sei »un précurseur« (Le Monde, 26. 7. 1969). Danach wurde bekannt, daß »Die Mutter« mit Madeleine Renaud in der Titelrolle 1970 in Paris ein großer Erfolg gewesen sei. Man zitierte Jacques Lemarchand, der sich am 29. November im Figaro Littéraire darüber begeisterte, daß mit Witkacy nun ›endlich etwas im französischen Theater in Bewegung‹ komme. Seltener und nur halblaut zitierte man Jean-Jacques Gautier, der am 17. 11. 1970 im Figaro die Aufführung des renommierten Pariser Théâtre Recamier erbarmungslos, mit bissiger Ironie – als Stück und als Aufführung – verrissen hatte. Gautier bedauerte den falschen Einsatz der großen Schauspielerin Madeleine Renaud, die sich an ein »degeneriertes Bühnenwerk« verschwendete, nur um mit der modischen Novität, koste es, was es wolle, Schritt zu halten. An dem »gewissen Witkacy«, dem »vermeintlichen« Vorgänger der vermeintlichen Repräsentanten der Epoche – Schulz, Gombrowicz, Gałczyński, Pankowski –, die diese angeblich genauso repräsentieren wie Corneille, Racine, Molière und Marivaux die ihre repräsentiert haben, läßt er keinen guten Faden. »Leider, es bleiben noch gut 20 Stücke dieses Stanisław Witkiew ... Und diese werden wohl gespielt werden, aber nicht mehr in meinem Beisein.«

Jarosław Iwaszkiewicz, der kompetente grand old man der polnischen Gegenwartsliteratur, fand in seiner Zeitschrift Twórczość diese Pariser Aufführung »entschieden schlecht ... einfach ein Mißverständnis«. Das polnische Konzept der Gastregisseurin Kukulczanka (aus der die Pariser Schriftsetzer durch despektierliche Transkription – Koukou Chanska – eine wahre Witkacy-Figur machten) hielt er für unannehmbar. Er verwarf die ungeheuerliche Empfehlung der polnischen Regie, dem Text des Stückes »überhaupt keine Bedeutung« beizumessen, weil es »auf jede Weise, auch auf die ihm gänzlich widersprechende, interpretiert werden« könne. Dabei sei Witkacy, nach Iwaszkiewicz, vor allem ein »Leidtragender« und ein »Denker«, bei dem es sehr wohl darauf ankomme, was und wie er etwas zu sagen habe. Philosophie und Leid seien die tragenden Elemente seines Lebens und seines Werks, und diese allein machten ihn wichtig und unvergleichbar. Es sei an der Zeit, ihn vor dem Zugriff beliebiger Interpretationswillkür zu schützen.

Besondere Aufmerksamkeit verdienen die französischen Editionen der Stücke von und der Kommentare zu Witkacy, die der Verlag L'Age d'Homme in Lausanne 1969/1971 besorgt hat: Théâtre Complet in drei Bänden und eine Habilitationsarbeit des belgischen Übersetzers der Stücke und Romane, Alain van Crugten. Die Monographie – Aux sources d'un théâtre nouveau, Lausanne 1971 – weist Witkacy einen Platz neben Adamov, Artaud und Ionesco zu. Crugten deutet Witkacys kunstphilosophisches Programm in einer Beziehung zum nachwagnerianischen Erbe, zur Moderne und zum deutschen Expressionismus. Worin sich der belgische Slawist von den polnischen Witkacologen vor allem unterscheidet, ist seine Methode, mit der er alle Witkacy-Stücke auf ein Monothema zurückführt: »Die Allmacht des Weibes beherrscht die Männerwelt.« Diese obsessive Autothematik sieht er bei Witkacy von der »lähmenden Liebe zur Mutter« bestimmt. Der Wissenschaftler van Crugten stützt seine These mit Theorien von Freud und Kretschmer und belegt sie mit reichem diagnostischem Material aus der Praxis der modernen Psychiatrie (Ey, B. und C. Brisse). Seine

Schlußfolgerung lautet: Witkacy habe an einer »wahndepressiven Psychose« gelitten, und die Niederlagen seiner Figuren seien das Abbild seiner eigenen Niederlagen. Die Deckungsgleichheit von Biographie und Werk in dieser Form festzustellen hatte vor van Crugten noch niemand gewagt. Der polnische Witkacy-Experte Jan Błoński sah gerade in der Darstellung des Versagens auf der Bühne – eine Folge des Verlusts der »metaphysischen Gefühle« der Helden – einen Akt der Befreiung im Lebenslauf von Witkacy, der als Künstler das der »grauen Masse« unzugängliche »Geheimnis der Existenz« zu lüften vermochte hatte.
Ganz anders sieht die Witkacy-Renaissance in Amerika aus, wo es die meisten Aufführungen seiner Stücke geben soll. Seit der ersten Aufführung von »Narr und Nonne« am State College in San Francisco im Jahre 1967 in der Inszenierung von Jan Kott gilt dieses Stück als fester Bestandteil im Repertoire des jungen Underground-Theaters. Einen jungen amerikanischen Theaterwissenschaftler dieser Lehranstalt, Daniel C. Gerould, hat dieses Theater derart inspiriert, daß er ihm zuliebe mehrmals nach Polen reiste, in Warschau zuletzt zwei Jahre verbrachte und nun als Übersetzer und Propagandist Witkacys in den Staaten von sich reden macht. »Witkacy wurde zu einer Art Held auf dem Campus der amerikanischen Universitäten ...Warum ausgerechnet Witkacy? ... Vielleicht ist die Welt wirklich so irr, wie sie Witkacy darstellt? Warum führen die Studenten von St. Olaf's College in Northfield im Staate Minnesota (7487 Einwohner), Kinder eines soliden, in Gottesfurcht lebenden lutheranischen Bürgertums skandinavischer Herkunft, ›Narr und Nonne‹ auf und zeigen Abend für Abend die Szene von Annas Verführung durch den dekadenten, drogensüchtigen Dichter Walpurg? Spiegelt das auf irgendeine Weise die Wirklichkeit von Northfield wider?« (D. C. Gerould)
Von hier aus zogen Witkacys Stücke auf die studentischen Bühnen von Illinois, Baltimore, Los Angeles und New York.

Das State Towson College im vorstädtischen Baltimore hat sich inzwischen zu einer Witkacy-Studio-Bühne entwickelt. Diese Spezialisierung bekam eine professionelle Note, als Paul Berman, Berufsregisseur und Theaterpädagoge aus New York, die Leitung des Towson Theaters, das sich aus ehemaligen Baltimore-Studenten rekrutiert, übernahm. 1971 führte er gleich zwei Witkacy-Stücke auf: »Das Wasserhuhn« im März und »Mr. Price« im Sommer. Sie liefen in dem kleinen, 125 Zuschauer umfassenden Theater zwei Wochen lang und wurden von etwa tausend Interessenten gesehen. Die Reaktion des Publikums soll laut Gerould enthusiastisch gewesen sein. Und die Theaterleute bevorzugten Witkacy, so Gerould, vor allem wegen der überwältigenden optischen Effekte, die seine Stücke möglich machen. Amerika habe Witkacy als den idealen Autor für den Schauspieler, und zwar den ambitionierten Schauspieler, entdeckt. Indem man Witkacy kinetisch zu erschließen trachtet, verlagert man den Schwerpunkt seiner Stücke von der Regie auf den Akteur. Berman meint, Witkacys Stücke seien artistisch-pädagogisch wertvoll, sie förderten die Entwicklung des Schauspielers nicht zuletzt durch ihre hohen physischen Anforderungen sowie durch das Tempo und die Vielfalt der Wandlungen, die jeder Figur zugemutet werden. Witkacy habe, befindet Berman, für den Schauspieler geschrieben, nicht für den Regisseur. Der Schlüssel zur Erschließung dieses Dramatikers liege in der schauspielerischen Energie, in der ständigen Herausforderung zur Improvisation. Witkacy biete den unterschiedlichsten Schauspielertypen eine unvergleichbare Chance, sich individuell und frei zu verwirklichen. »Bei Witkacy, behauptet Dwight Schultz, einer der Schauspieler, kontrolliere nicht das Publikum den Schauspieler, sondern umgekehrt.« (Daniel C. Gerould)

Abschließend noch eine interessante Feststellung Geroulds. Die amerikanischen Studenten-Schauspieler seien, ebenso wie Berman, hingerissen von Witkacys exzentrischer Biographie. Sie bewunderten sein Leben wie seinen Tod, die Tatsache, daß er kein Pragmatiker war und gegen alle Einschränkungen der künstlerischen wie überhaupt der Freiheit gekämpft habe. Sein kompliziertes Verhältnis zum Vater, sein in allen Lagen intensiver Lebenswandel, seine Experimente mit Drogen, sein Versuch, alle Gattungen der Kunst auf einmal zu betreiben und lieber ein begabter Dilettant zu bleiben als ein auf nur ein Gebiet beschränkter Spezialist zu werden, nicht zuletzt sein exzessiver Individualismus machten ihn zum ›Helden‹ der amerikanischen Jugend.

Diese unterschiedlichen Auffassungen von Witkacy (Krakau – Warschau und Paris – Amerika) haben zwar in Fachkreisen die Diskussionen belebt, aber der deutschen Rezeption, wie es scheint, nicht viel geholfen. Schon gar nicht zu einer eigenen Konzeption, geschweige zum eigenen Verständnis ermutigt.

Die deutschen Bühnen, auf denen das Stück »Die Mutter« mehrmals aufgeführt wurde, haben sich mit Vorliebe, wohl sicherheitshalber, der fix und fertigen Modelle aus Polen bedient. Die deutsche Uraufführung des Stückes fand 1966 in Saarbrücken statt. Nach der Düsseldorfer Inszenierung von 1971 urteilte Die Welt etwas widerwillig, das Stück sei eine autobiographische Farce, die den Niedergang der Gesellschaft surreal überzeichnet zeige. Die Regie von Erwin Axer und das Bühnenbild von Ewa Starowieyska wurden als eine Mischung aus Expressionismus und grotesker Wunderlichkeit abgetan, das Ganze als eine Art von Marionettentheater, das stellenweise wie eine Parodie auf den Stummfilm anmute; um diese Karikatur zu erreichen, hätte das Schauspiel nicht so lange dauern müssen. Freundlicher urteilte der Kölner Anzeiger. Von Buh-Rufen wie von Bravos bestimmt, also gemischt und unsicher, verlief die Aufführung in den Kammerspielen München.

»Die Mutter«, ein Dickicht von komplizierten Situationen,

ist ein schwieriges Stück, das zu schlechter Letzt, wie Marta Fik versichert, niemals ernsthaft analysiert worden ist. Wahrscheinlich deshalb, weil man es für uneinheitlich, für ›astigmatisch‹, auch für eins der weniger interessanten Witkacy-Dramen hielt. Andererseits ist »Die Mutter« das wohl am meisten ›realistische‹ unter den Stücken Witkacys. Den Autor beschäftigt darin mehr die Zukunft der Zivilisation als, wie in den anderen Stücken meist, der Irrgarten der Metaphysik. Die abstrakte Glücklosigkeit und die konkrete Angst der Zeit werden drastisch als die allgemeine Agonie der auf der Flucht in den Selbstmord befindlichen Menschheit gedeutet. Der dargestellte Degenerationsprozeß ist kaum deprimierender, kaum »geschmackloser« (Witkacy selbst) vorstellbar. Eine tragisch hilflose Mutter, eine Alkoholikerin, abstoßend und rührend zugleich, und ein von ihr vergötterter und zugleich verachteter Sohn, eine heroische Kreatur, die von der Erlösung der Menschheit spinnt, diese Spinnerei für Theorie hält und sie zugleich auch ad absurdum führt. Mutter und Sohn ziehen sich gegenseitig an und stoßen sich gegenseitig ab. Alle ›ewigen‹ Bindungen und akuten ›Lösungen‹ reduzieren sich für die beiden Hauptfiguren zu einem entwürdigenden Dialog zweier Selbstsuchtkranker.

Leo ist vom Wahn besessen, er habe die historischen Prozesse durchschaut und könne die Menschheit kraft seiner Einmaligkeit (Einbildung) retten. Er leistet sich à conto dieser Mission Extravaganzen und Schurkereien, die sein Mysterium in eine Tragikomödie verwandeln. So gesehen wäre das Stück als bissige Satire auf den gestaltlosen, neurasthenischen Ideologen sinnvoll und darstellbar, als eine Satire auf einen, der auszieht, die Gesellschaft zu reformieren, der am Ende aber nur sich selbst – als Muttersöhnchen, Zuhälter, Ausgehaltener, Morphinist und Agent; einer wirklichen Tat unfähiger Schwächling – umbringt.

Alle Stücke Witkacys sind aggressiv und kontrovers konzipiert. »Die neue Befreiung« als Gegenargument zur »Befreiung« von Wyspiański, »Im kleinen Gutshof« als Gegenstück zu Rittners »Im kleinen Haus«, und »Die Mutter«, vermute ich, als Antwort auf Gorkis »Mutter« und ihren sozrealistischen Positivismus. Gorkis »Mensch, wie stolz das klingt!« setzt Witkacy die ganze Verachtung seiner Erfahrung entgegen: »Niederträchtiger Vampir!« Mit diesen Worten läßt er seine Parodie auf das ideologische Inferno beginnen. »In unseren schweren Zeiten kann sich einer so festlügen, so alles von innen herauslügen, so sich selbst und die eigene Mutter belügen, so in sich selbst und in die anderen hineinlügen, daß ihn niemand, keine Kraft mehr entlügen wird. Er muß sich restlos kaputtlügen.« Das sagt kein Held des Stückes, sondern eine Randfigur, Dorota, das Dienstmädchen. Der Autor beschränkt sich darauf, auf der Bühne den Unrat darzustellen; die Reinigung hat im Bewußtsein der Zuschauer stattzufinden. Der griechische Sprachgeist nannte in seiner Frühzeit noch die Wahrheit das Nicht-verborgene, a-letheia. Später, im Zeitalter des griechischen Sozrealismus, wurde daraus die homoiosis, die Übereinstimmung. Am Ende kamen die Scholastiker und formten beides zum Allerweltsbegriff adaequatio um.

Die Zielvorstellung von Witkacys ästhetischen Ansichten war *Die Reine Form* als Ausdruck der Ganzheit. Diese Form hoffte er aus der Deformation zu gewinnen, jenseits der gewohnten »Begriffe von Lachen und Weinen, von Komik und von Tragik des Lebens«. Erhabene oder ungeheuerliche, lächerliche oder widersinnige, »durch nichts gerechtfertigte« Ereignisse sollten in seinen Stücken »das milde, unwandelbare, aus der Endlosigkeit herbeistrahlende Licht des Ewigen Geheimnisses der Existenz durchscheinen« lassen. Die Metaphysik hielt er für die große Chance des Theaters.

So kam die ihm allein eigentümliche Ekelfarce als ästhetische Kategorie zustande, in der sich Sinn und Unsinn derart durchdringen, daß die Parodie am Ende sowohl purer nonsens als auch reine Erleuchtung sein kann. Den Widerspruch zwischen den vielen von ihm gegeneinander und durcheinander dargestellten Wirklichkeiten begründet Witkacy herausfordernd naiv: »Die künstlerische Perversion ist die einzige Form, in der die untergehende alte Menschheit gewissermaßen die Tragödie ihres Endes anzeigt.«

Witkacys Fiktionen dienen der Verzerrung und Nihilisierung der Gegenwart, der Voraussage des grauenvollen finis mundi. Den kassandrischen Blick in die Zukunft erträgt er nur, indem er seinen Pessimismus durch Spott und Gelächter relativiert und masochistisch gegen die Reste der Harmonie und Symmetrie handelt.

Witkacys Humor ist deshalb weder heiter noch leicht. Wahrscheinlich ist er ebensowenig konstruktiv. Möglicherweise werden uns aber die Witkacy-Forscher bald das Gegenteil beweisen. Die Spielleiter haben es nicht beweisen können.

Witkacys Groteske will nicht vordergründig belustigen: »auch über die quadratischen Waden auf den Bildern Picassos lacht kein Mensch mehr« ... »Die heutige Schönheit muß hinken«, meint der Autor selbst und fordert von seinen Stücken, daß der Zuschauer »beim Verlassen des Theaters glaube, er sei von einem sonderbaren Traum erwacht ...«.

Seine theoretischen Ansichten hatte Witkacy als Dramatiker nicht kompromißlos verwirklicht. Des Meisters selbstironische Haltung warnt uns ständig vor ihm selbst. Weil er so vieles in Frage stellt, stellt er auch sich in Frage. *Die Reine Form* war ihm eine Formel für etwas Gedachtes, niemals Sichtbares, bestenfalls Hörbares, wie Musik. Reine Form und Literatur hielt er für einen Widerspruch. Kompromißlos eindeutig war sein Kampf gegen die Tendenz im Kunstwerk.

Insofern haben vielleicht diejenigen Interpreten, die bei Witkacy nicht erst lange nach einer Tendenz suchen, doch recht. Und ganz bestimmt irren diejenigen, die bei ihm nach der reinen Form suchen, über die er philosophiert hat, die er aber selbst in der Literatur nicht für möglich hielt.

Zeitgenössische Kritiker hatten Witkacy mit Przybyszewski, dem Ideologen der polnischen Sezession, verglichen, der ausgezogen war, das Metawort zu suchen. Beide Schriftsteller, so meinen sie, hätten in ihrer Gestaltung des verlorenen Paradieses die Kunst für ein Mittel gehalten, mit dem – für Augenblicke freilich – die Zerrissenheit unserer Welt, die metaphysische und die konkrete, zu flicken sei. Witkacys schwarze Prophetien haben grauenvolle Entwicklungen vorausgesagt, dabei in der Vision des Endzeitalters und des homo automaticus oft übers Ziel hinausgeschossen. »Sein ›Weltmodell‹ ist im hohen Grade mehrdeutig«, aber »seine sozialen Landschaften ungenügend definiert« (Jan Błoński, Witkacy und die westliche Welt. In: Polnische Perspektiven Nr. 3, 1974). Trotzdem hält Professer Kotarbiński, eine Autorität der polnischen Geisteswissenschaft, Witkacys philosophische Überlegungen für den »Embryo einer gewaltigen Möglichkeit«.

Witkacys pessimistischer Entwurf der Zukunft der Menschheit beruht auf der Überzeugung, daß die kommende Zeit, die Zeit *wie* sie kommt, die Religion, die schönen Künste und die Philosophie überflüssig machen werde. Und ohne diese, ohne die metaphysische Kehrseite der menschlichen Existenz, war diese Existenz für ihn unannehmbar. Er fürchtete nichts mehr als die defekte Einseitigkeit des Seins, den »gemeinsamen Makel aller historisch gegebenen Systeme« (Kotarbiński), und suchte das verlorengehende Erlebnis des metaphysischen Gefühls, so wie es die früheren Mythen und Religionen vermittelt hatten.

Der sensible Sonderling Witkacy hatte schon mit 18 Jahren als Wunderknabe gegolten. Er verfaßte im Knabenalter unter dem Einfluß der Lektüre von Shakespeare, Molière und Gogol ein Dutzend höchst eigenwilliger Stücke. Am Ersten Weltkrieg nahm Witkacy als zaristischer Offizier teil, beendete diesen aber als Politruk der Roten Armee, zu dem ihn die

Soldaten seiner Einheit während der Revolution gewählt haben. Am 18. September 1939 schließlich, kurz vor dem Einmarsch der siegreichen Roten Armee in die polnischen Ostgebiete, in denen er sich aufhielt, nahm Witkacy Gift und öffnete sich die Pulsadern.

Witkacy wollte den Untergang des Einzelwesens in einer hypertroph durchorganisierten, mechanisierten Massengesellschaft nicht miterleben. Spätestens am Tage seines Freitodes erinnerte man sich an seinen Roman »Unersättlichkeit« (deutsch 1966), in dem er Polen als das Bollwerk gegen die Sintflut aus dem Osten, das die »bolschewisierten Staaten des Westens vor dessen Bolschewisierung in der chinesischen Soße« zu bewahren habe. Die Höhepunkte in seiner Biographie sind ebenso grausam wie die seiner Dramen. Insofern ist es nicht zu verstehen, wie man in Amerika von Witkacys Biographie »hingerissen« (Gerould) sein kann. Ich bin von ihr erschüttert. Und ich habe Angst, diesem Autor könnte jetzt, postum, das widerfahren, was ihn aus dem Leben zu flüchten gezwungen hatte.

Das Unbehagen, das fast alle Aufführungen zu hinterlassen scheinen, und wenn es nur dem geringen »metaphysischen Gefühl« entspringt, ist eine Reaktion der Unverführbarkeit. Das Sterben an sich, auch komödiantisch gesehen, ist kein belustigender Anblick.

EIN EISENBAHNUNGLÜCK UND SEINE FOLGEN

Über den Nobelpreisträger Władysław Stanisław Reymont

Eines Nachmittags um die Jahrhundertwende betrat ein junger Mann, von einem Pfleger gestützt, das Café Schmidt in Krakau, in dem sich Studenten und angehende Künstler der Stadt zu treffen pflegten, und erregte Aufmerksamkeit. Er war etwa 33 Jahre, »jung, bläßlich, hervorragend gekleidet ... bestellte mit der Miene eines Lords einen Eiskaffee, was in unseren Augen als der Gipfel der Verschwendungssucht galt, und ein Päckchen ›Ägyptische‹ ...«[1] Es war Władysław St. Reymont, der sich gerade von einem Nervenschock, erlitten bei einer Eisenbahnkatastrophe, im Privatsanatorium von Dr. Gwiazdomorski erholte.

Im Sanatorium, wo Reymont auf Kosten der Warschau-Wiener Eisenbahndirektion behandelt wurde, rauchte und trank er nicht; unter den Literaten bei Schmidt dafür aber häufig und tüchtig. Er war spendabel bereits auf Rechnung der künftigen Entschädigung, um die er gegen die Bahn prozessierte und die ihm auch kurz danach zugesprochen wurde. Die Klage war damit begründet, daß der Schriftsteller Reymont nie wieder so gut und ergiebig würde schreiben können wie vor dem Unfall. Der Kläger war klug genug, nicht auf einer Rente zu bestehen, sondern sich mit 40000 Rubeln abfinden zu lassen. (Es stellte sich bald heraus, daß er von nun an besser und ergiebiger schrieb.)

Inzwischen aber unterhielt der Privatpatient in Schmidts Café die Gäste. Reymonts Leben war wie ein Abenteuerroman. 1867 als Sohn des Dorforganisten in Kobiele Wielkie des Petrikauer Kreises geboren, hütete er als Kind barfuß die Kühe auf der Weide, wenn er nicht gerade die Gemeindeschule besuchte, was selten und kurz genug geschah. Danach arbeitete er, halbwüchsig noch, als Lehrling bei einem Schneider und im Einzelhandel, war vorübergehend Gehilfe eines Landvermessers, bildungswillig, aber immer ›extern‹ und meist ohne Glück. Mit 18 oder 19 Jahren floh er vor der Armut des Elternhauses in die Fremde und schloß sich einer Wanderbühne an. Ein Jahr lang arbeitete er als Eisenbahner, danach hielt er sich kurz in Deutschland – in spiritistischen Kreisen – auf, war abermals Schmierenkomödiant, dann Novize bei den Paulanern, schließlich zum zweiten Mal Eisenbahn-Praktikant im Dorf Krosnow bei Skierniewice. Heimlich, im Flackerschein einer Kerze, schrieb er (schlechte) Gedichte. 1893 debütierte er nach mehrmaligem Anlauf in der Warschauer und Krakauer Presse (Prawda und Głos) mit Novellen, zog noch im selben Jahr nach Warschau und ließ sich dort als »Litt« nieder. Nun trat er jährlich mit einem Buch hervor: 1895 erschienen die Reportagen »Die Pilgerfahrt nach Jasna Góra«, 1896 der Roman »Komödiantinnen«, 1897 der Roman »Fermente«. Den Romanwerken lagen persönliche Erlebnisse zugrunde. Nach dem Novellenband »Begegnungen« (1897) und dem Romanentwurf »Gerecht« (1899) gab Reymont – nach längerem Aufenthalt in der Fabrikstadt Lodz – den vielschichtig komponierten und scharf sozialkritisch angelegten Roman »Das gelobte Land« heraus.

Der 1899 erlittene Unfall und das hohe Schmerzensgeld befreiten Reymont aus materieller Not und ermöglichten ihm Auslandsreisen nach Italien, den USA und Frankreich. In Paris blieb er länger: hier schuf er auch in zäher Kleinarbeit von 1902 bis 1909 sein Opus magnum, das Monumentalepos »Die Bauern«.

Die Reymonts wohnten in Paris am Boulevard Montparnasse. Der Romancier schrieb täglich von neun bis eins, eisern, mit Blaustift in seinem Wachstuchheft, und wenn es nur ein paar Zeilen waren. Nach dem Mittagessen trank er in der »Rotonde«, an der Ecke von Boulevard Saint-Michel und Pantheon, einen Kaffee, kam mit Landsleuten zusammen und war im übrigen taub für die Stimmen der Weltstadt, deren Sprache er nie erlernen konnte. Zeitungen las er nicht, ins Theater ging er so gut wie nie. Aber seine Epopöe, sagte er, hätte er niemals in Polen schreiben können. Paris gab ihm Distanz und den nötigen Auftrieb. Er, der alle Stufen der Armut und des Elends erfahren hatte und nun in Paris wie ein ländlich spießiger, langsam Fett ansetzender Exote lebte, sah sich von der Fremde herausgefordert: zu Systematik, Pflichtbewußtsein, Ordnungsliebe. Seine Pedanterie, der kritische Blick, mit dem er die Kleinigkeiten maß, die Einzelheiten prüfte, das Gedeck auf dem Tisch zum Beispiel, das Weinglas gegen das Licht hielt oder die Anordnung der Blumen korrigierte, ließen seine Landsleute schmunzeln. Aber er ließ sich nicht beirren; er war äußerlich wie moralisch wohl organisiert.

Paris wurde ihm als Arbeitsplatz wichtig. »In Polen gibt es diese Arbeitsatmosphäre nicht, die hier herrscht. Hier tut jeder etwas. Das Leben ist eingeteilt in Stunden der Berufsarbeit und in die der Erholung. Es ist leichter, sich zu konzentrieren, und leichter, zu schreiben ... In Polen kommt gleich früh ›ein Freund‹ und bleibt stundenlang sitzen. Und der ganze Anlauf zum Schreiben geht zum Teufel in den endlosen Diskussionen, Streitgesprächen, Märchenerzählungen. Hier lebe ich, wie ich will, und niemand stört mich dabei ... Komisch, es zu gestehen, aber ich sehe auf den Pariser Boulevards mein trautes Dorf vor mir; wie sich Antek mit Hanka oder Jagusia unterhält, ich sehe, wie sie in den Wald fahren, Feldarbeit verrichten, ich betrachte die bernsteinfarbenen Kiefernstümpfe, das in der Stille schlummernde Waldinnere, das goldene Stoppelfeld oder die grüne Schonung, die der flinke Bach durchplätschert. Irgend jemand erzählt mir von Anatole France oder von den Neuigkeiten aus dem ›Journal‹, ein anderer rät, unbedingt diesen oder jenen Kritiker oder Maler kennenzulernen, während ich, mein Gott, dasitze wie bei einer türkischen Predigt und nur auf das lausche, was in mir flüstert, musiziert ...«

Reymont war von seinem Stoff besessen, das wußte jeder, aber niemand wußte, woher dieser Autodidakt das Wissen und die Kunst nahm, seinen minuziösen Beobachtungen den Rang eines gewaltigen authentischen Gesellschaftsgemäldes zu geben. Die Handlung, die Ausdrucksformen, die Bilder und Typen gerieten ihm durch und durch realistisch und auf eine eigene Art symbolisch zugleich. Selbst die Moden und Strömungen der Zeit, der polnischen Sezession, waren in dieses gigantische Fresko eingefärbt mit leuchtenden Farben. Das Werk verriet ein erstaunliches »Maß an Fülle und Harmonie« – so nannte es Per Hallström in der Nobelpreis-Verleihungsrede 1924.

Der Nobelpreis für Literatur wurde Reymont ausschließlich für das eine Werk, für »Die Bauern« zuerkannt; für die kundige Behandlung des Alltagslebens des polnischen Dorfes, den Reichtum der Details, die originelle Komposition, das tiefe Naturempfinden und die Majestät, die die Beschreibungen atmeten – wie der Slawist aus Uppsala, Professor Ekblom, in seinem Gutachten für die Akademie in Stockholm geschrieben hatte. Die meinungsbildende Presse verglich Reymont mit Homer, Hesiod, Hamsun, Tolstoi, hob auch den spezifischen Humor einzelner Darstellungen hervor, und Frederik Böök, Professor in Lund, Mitglied der Akademie, stellte in Svenska Dagbladet Reymonts Beschreibung des bäuerlichen Lebens ausdrücklich höher als die von Zola in »La terre«. Dem Vorsitzenden des Stockholmer Preiskomitees, dem Erzbischof von Uppsala, Nathan Söderblom, wird wohl – zusätzlich noch – die tiefe Gläubigkeit des dargestellten Volkes gefallen haben. Jedenfalls war man sich damals darüber einig, daß das Interesse, das Polen in Europa erregte, zum großen Teil seiner Literatur zu verdanken war (Nya Dagligt Allehanda).

Die deutsche Übersetzung dieses Werks kam sehr früh und war wohl gelungen, was nicht bedeutet, daß das Buch in Deutschland sofort ein Erfolg wurde. Sein Mißerfolg war sogar so groß, daß er den ebenso genialen wie engagierten Jenaer Verleger Eugen Diederichs im Jahre 1913 zu einem öffentlichen Beschwerdebrief an die »bücherkaufenden Damen und Herren«, das heißt an die von ihm vermißten Leser, an die Nichtkäufer des »Meisterwerks der Weltliteratur« hinriß. Den 300 verschenkten Rezensionsexemplaren und den Tausenden von Prospekten stand im ersten Jahr nach Erscheinen des Buches der Verkauf von sage und schreibe 93 Exemplaren gegenüber.

»... ich warte auf sämtliche Blätter in Breslau, Posen und Königsberg ... Wann werden die Herren Redakteure im Osten, die täglich den Mund über die ›Aufgaben des Deutschtums‹ vollnehmen, dahinterkommen, daß die erste Aufgabe des Deutschtums ist, den Polen zu verstehen und in seiner nationalen Art zu achten? ... Jede große Kunst ist bodenständig und geht uns darum etwas an. Ihr habt nur verlernt, ohne literarische Schlagworte euch zu interessieren. Wenn ein Buch heißt: ›Der perverse Maikäfer‹, flugs steckt ihr es euch in die Tasche zur Belehrung und Bildung, heißt es aber ›Die polnischen Bauern‹, sagt ihr, was ist uns Hekuba ... Welchem bücherkaufenden Deutschen kann man zumuten, vier Bände zu lesen? Wer hat Zeit dazu? Wir brauchen Kosthappen zu 50 Pf., drei bis vier Bogen stark, dann sind wir orientiert ... Flach werdet ihr dabei, aber nicht gebildet, ihr kommt zur *Kinokultur!* Ohne Konzentration auf das Wichtigste kann keine Bildung wachsen ... Wir sind so abgehetzt und oberflächlich geworden, daß wir uns vor einem vierbändigen Roman fürchten ... die Bücherkäufer sind literarisch ganz instinktlos ...«

Hat sich in den sechzig Jahren nach dieser Publikumsbeschimpfung viel geändert? Höhlt der stete Tropfen des verlegerischen Wagemuts den Stein des öffentlichen Gleichmuts? Jedenfalls war es Diederichs gelungen, die deutsche Presse zu provozieren. Der Hammer verglich das Werk mit der Edda und dem Nibelungenlied, das Berliner Tageblatt sah in Reymont einen polnischen Dostojewskij, der Buchwart nannte ihn einen »ganz Großen«. Hermann Hesse meinte, die Literatur biete »wohl Glänzenderes, aber nicht Innigeres und Reineres«, Richard Dehmel hob »die begeisterte und vergeistigte ... hinreißende Liebe zu Land und Volk« hervor, und Theodor Heuss die »Symbolkraft« durch die »Verknüpftheit mit Natur und Arbeit«, die »Bildhaftigkeit« der Darstellung von Mensch und Natur: »Das Dorf als soziale Einheit – die Großbauern und die Tagelöhner, der Pfarrer, Müller und Schmied; der Jude, der die Schenke unterhält. Der Kampf um die Macht in der Gemeinde, der Kampf mit dem benachbarten Gutsherrn um die Waldrechte, der Kampf mit den deutschen Ansiedlern. Dorfklatsch und Dorfintrige, Hochzeit, Taufe, Tod, große Kirchenfeste, Jahrmarkt, Gerichtstage, Rauferei und Sauferei, stille Abende, da der Legendenerzähler bei den schaffenden Frauen sitzt. Die Charakteristik der Bauern ist schlicht, groß, ganz unsentimental.«

Aber der Verkaufserfolg stellte sich immer noch sehr zähflüssig oder – mit strengerem Maßstab gemessen – überhaupt nicht ein. Vier Jahre hat es gedauert, bis der Verlag die ersten dreitausend Exemplare verkaufen konnte. 1916 wagte er dann die zweite Auflage, das 4. bis 5. Tausend, 1923 die nächste, das 7. bis 9. Tausend. Sogar die Verleihung des Nobelpreises im Jahre 1924 hat sich erst im Jahre 1926 und sehr bescheiden ausgewirkt, nämlich in einer gekürzten Dünndruckausgabe von immerhin schon fünftausend Exemplaren. Die vorletzte Ausgabe, die von 1958, erreichte das 41. Tausend, und die letzte, ebenfalls gekürzte, die soeben in den Buchhandel gelangt, erhofft sich von der Fernsehserie eine Belebung des öffentlichen Interesses für dieses Werk eines langen Atems für Leser von mehr als nur einem flüchtigen Blick.

Was geht uns ein Dorf in Polen, zumal eins um die Jahrhundertwende, an? Was sollen wir mit den vergangenen Zeiten, Menschen, Lebensformen und Problemen? Sterben die Dörfer, selbst die heutigen, viel moderneren, nicht aus? Trotz dieser berechtigten Fragen war und blieb das polnische Dorf etwas viel Symptomatischeres, Spezifischeres als beispielsweise ein deutsches Dorf. Der Gründer der ersten polnischen Dynastie war aus bäuerlichem Stande. Der Chronist Gallus überliefert, daß Piast ein *arator*, also Pflüger war. Erst die Einwanderer und das Christentum veränderten die politische Ordnung in Polen – durch Einführung des monarchisch-aristokratischen Prinzips. Die rein adelige polnische Geschichte beginnt mit dem Reichstag von 1520. Und trotzdem spielen noch im 19. Jahrhundert die polnischen Bauern – die Sensenmänner von Kosciuszko im Aufstand von 1830 zum Beispiel – eine entscheidende, das Nationalbewußtsein prägende Rolle.

Kein Wunder, wenn der polnische Bauer bis in die Mitte des 20. Jahrhunderts die polnische Literatur – als einer ihrer hervorragendsten Helden – mitgestaltet: bei J. J. Kraszewski, Maria Konopnicka, Elisa Orzeszkowa, Henryk Sienkiewicz, Stanisław Wyspiański, Maria Dąbrowska – um nur einige der wichtigsten Namen zu nennen. Zu ihnen gehört auch ohne Zweifel der Name des ehemaligen Präsidenten der polnischen Schriftsteller- und Journalisten-Gesellschaft Władysław Stanisław Reymont, des Schilderers des Dorfes Lipce.

Die deutsche Übersetzung dieses Werkes hat bis in unsere Zeit hinein eine Legende begleitet. Noch 1957 schrieb Immanuel Birnbaum, die deutsche Umdichtung sei das Werk von Carl Hauptmann, der die Rohübersetzung des Polen Kaczkowski (Pseudonym Jean Paul d'Ardeschah) überarbeitet habe, und diese Umdichtung habe dem Polen den Nobelpreis in Stockholm eingebracht. Die schöne, mit reizvollen Details ausgeschmückte Geschichte erweist sich immer mehr als haltlos. Wäre es so, gäbe es darüber Aufzeichnungen oder

Korrespondenzen bei dem sonst alles sorgfältig aufbewahrenden Verleger Diederichs. Wäre es so, wäre das Deutsch der Übersetzung deutscher und strotzte nicht vor Polonismen, die ein Carl Hauptmann wohl so nicht hätte stehenlassen. Und was die Verleihung des Nobelpreises betrifft, so gab es zu dieser Zeit bereits eine schwedische Übersetzung von Frau Wester, außerdem basierte das Stockholmer Urteil sehr stark auf den Gutachten der schwedischen Slawisten. Vor einem Jahr erschienen in Krakau die Memoiren des damaligen polnischen Botschafters in Stockholm, Alfred Wysocki, die den Fall ausführlich behandeln.

Die Hoffnung des Verlegers von 1975 hat sich nicht erfüllt. Den Film nach Reymonts Roman sahen in wenigen Wochen Millionen. Den Roman selbst lasen in Jahren, in sieben Jahrzehnten nun schon, nur wenige. Verglichen mit den *Kinokultur*-Konsumenten des Fernsehens – nur eine Handvoll.

EIN POLE IN EUROPA: JAROSŁAW IWASZKIEWICZ

Jarosław Iwaszkiewicz ist mehr als ein betagter Autor mit stattlichem Werkverzeichnis, Urheber eines etwa zwanzigbändigen Werks, von dem neun Buchtitel (Romane und Erzählungen) in der Bundesrepublik Deutschland, die meisten bei Langen-Müller in München, und etwa sechs in der DDR erschienen sind. Er ist mehr als nur vielfacher Staatspreisträger, Spitzenfunktionär und Repräsentant des polnischen Geisteslebens von gestern und heute: er ist ein Symbol.

Es war immer schon viel vom polnischen Patriotismus, ja Nationalismus zu lesen gewesen. Es ist immer noch sehr wenig von der leidenschaftlichen Selbstbindung der Polen an Europa die Rede. Auf diese Bindung machen vor allem Iwaszkiewicz' Werk und Leben aufmerksam.

Als ich vor Jahren den Nestor der polnischen Literatur fragte, welches seiner Gedichte des vergangenen halben Jahrhunderts ihm am nächsten stünde, welches seine Geisteshaltung als Künstler und Bürger am besten vertrete, antwortete er ohne zu zögern: »Europa«.[1] Das 1921 geschriebene und 1931 veröffentlichte Gedicht, das einem ganzen Zyklus, wie ein Programm, den Namen gab »Heimkehr nach Europa«, beziehe seine Erfahrungen mit Ost und mit West ein und führe eine Entscheidung zwischen der Tradition, seiner Herkunft, die romantisch-exotisch ist, und den realistisch gesehenen Perspektiven unseres alten Kontinents insgesamt herbei. Ein »Bürger des Nordens«, der sich leitmotivisch auf seine skythische Sippe, auf sein Asiatentum beruft[2], den es aber nach Freiheit und Ungebundenheit in wärmeren Zonen dürstet, bricht aus, wird zum ›verlorenen Sohn‹ und kehrt wie dieser reumütig, geläutert zurück. Nach Europa.

Das Gedicht ist nur scheinbar eindeutig. Es läßt Spielraum offen für Meditationen, die in mehrere Richtungen locken. Wo liegt das gemeinte Europa? Welches Europa ist es?

Von den ersten Gedichten, den »Oktoversen« (1919), bis zu seinen letzten, der »Wetterkarte« (1977), segelt der polnische Odysseus poetisch dem Europa-Mythos nach, ihn zu aktivieren, zu revidieren. Eine Wende in dieser sechzigjährigen Irrfahrt bedeutet »Die Heimkehr nach Europa«.

Der Kritiker Jerzy Kwiatkowski[3] nennt das Gedicht die Bundeslade für Polens Bindung an Europa. Er unterstreicht die dualistische Struktur von Iwaszkiewicz' Poesie, ihr Janusgesicht, das sich zwei Polen gleichzeitig zuwendet, der Vitalität und der Resignation, dem Privaten und dem Öffentlichen, schließlich dem Östlichen und dem Westlichen. Die Polarität ist scheinbar. Mit Distanz betrachtet, erweist sie sich als ein größerer Radius. Das Janusgesicht ist ein Gesicht der Mitte.

Wenn es so etwas gäbe wie einen polnischen Musterlebenslauf, der die Gegensätze der Vergangenheit, Gegenwart und womöglich auch die der Zukunft auf einen, wenn auch kontroversen, so doch wissentlich harmonisierenden gemeinsamen Nenner brächte, Iwaszkiewicz wäre dieser schwierigen Vita vitalstes Beispiel.

Einer seiner Monographen, der Polonist Janusz Rohoziński, bescheinigt ihm bleibenden Wert durch eben das Talent zur Synthese menschlichen Schicksals »von der realistischen Beobachtung bis zur Wiedergabe der Metaphysik des Seins«.[4]

So bekommt das Bild von der Bundeslade für den intellektuellen Handlungsreisenden zwischen zwei Kulturlandschaften zusätzlichen Sinn. Sie macht den Dichter von ständigen Übergangszeiten zur Klammer, die Auseinanderklaffendes zusammenhält; einen Dichter, der sich, oft genug resignierend, gegen den Untergang wehrt: »Wir müssen beständig die Glocke der polnischen Kultur freischaufeln, die Sand verschüttet hat, immer noch verschüttet, und verschütten wird.«[5] Es wurde häufig Resignation im Œuvre des Alten Meisters festgestellt, aber niemals Pessimismus. Vor allem kein Verzicht auf Tradition und auf Kontinuität. »Alles Neue, Großartige, Verblüffende läßt sich nur auf der Basis kultureller Kontinuität erreichen« (aus einem Appell an die jungen Künstler).[6]

Formal war Iwaszkiewicz in der »Heimkehr nach Europa« generationskonform, oder nichtkonform, mal modernistisch, der »Młoda Polska« (Junges Polen) zugeordnet worden, dann wieder der expressionistischen »Skamander«-Gruppe. Weder das eine noch das andere stimmte einwandfrei. Er folgte – in Stilisierungen – seiner europäischen Schicksalhaftigkeit: als fahrender Heimatsucher von Insel zu Insel poetischer Ausdrucksformen.

Exotische Abenteuer waren in der polnischen Poesie nach dem Ersten Weltkrieg keine Seltenheit. Die Flucht aus der Enge des Alltags, aus der Sterilität der Zivilisation einerseits und ihrer Umweltverschmutzung (schon damals) andererseits, waren zu Beginn des Jahrhunderts Thema der Lyrik. Die gedichteten Phantasieeskapaden eines Tadeusz Miciński (»Melancolia« 1902 und andere) und die gezeichneten schwülen australischen Insellandschaften des Witkacy (1918 und 1922) gaben tropische Topoi vor und gaben sich der Anziehungskraft des Geheinmisvollen hin.

Iwaszkiewicz bestieg sein ›Korsarenschiff‹, vielleicht nicht ganz ohne die Inspiration von Rimbauds »trunkenem Schiff«, um die »Konfrontation der Kulturen«, wie es die Essayistin Helena Zaworska[7] nannte, zu erleben und danach endgültig seine »Heimkehr nach Europa« zu beschließen.

Europa

»Uns ist es zu eng. Unsere Flüsse versiegen.
Sie werden immer seichter, verwandelt in muffige Pfützen;

Fabrikstädte wachsen wild, Torfstich vernichtet die Wiesen,
Anstelle der hohen Pappeln rauchen pechschwarze Schlote.
Man heißt uns die Straße preisen, Beton und Eisen verehren;
Man sagt uns: Etagenbrücken sind mehr als alle Ideen,
Die Dampffederbüsche ersetzen das weiße Blütengestöber.
Vom Hinterhof scheinen die Wolken wie Vögel, die endlos fern sind.
Die Wolken über den Städten fliegen, sie fliegen vorüber.
Man kann keinen Atem schöpfen, vergeudet die frischesten Züge,
Man kann sich nicht mehr besinnen, die Autos flitzen ins Dunkel,
Wie Nachtschwärmer schwirren im Licht die grauen Automobile.
Die Schwungräder dröhnen den Wirbel der Aber- und Abertausend.

Uns ist es zu eng. Ich öffne das Fenster, die nächtlichen Fluten –
Wie sie die Stadt überschwemmen, das Abendrot jäh verwischen,
Wie sie die Mauern, die Schornsteine, Türme in Nacht versenken,
Mit Schwarzglut den Traum bedecken, den meinen und den meiner Brüder.
Wir treffen uns im Café, manchmal, versammelt an Tischen,
Und niemand atmet mehr wahr, und keiner hört einen andern.
Wir blicken uns nur in die Augen, die blühenden Weihern gleichen.
Uns ist es zu eng. Daher die Pagoden in unsren Romanen,
Und deshalb lockt uns zum Fenster der ferne Piz: Gaurizankar,
Wo Neger uns scharenweise Sorbets zur Labe servieren.

Umsonst, umsonst deine Müh, bewußtlose Phantasie:
Das Schiff mit geblähten Segeln steht und harrt seines Weges.
Die Segel sind prall wie Busen, die Borde zärtlich gebogen,
Gedanken straffen die Taue, die Freiheit flattert als Fahne,
Es singt uns der schwarze Wimpel, die schwarze Korsarenflagge,
Wir halten uns an den Händen und singen das Lied unsrer Fahne;
›Uns war es zu eng in Europa, wir segeln hinaus in die Meere,
Wir suchen auf silbernem Schiff die weite Welt wie ein Vogel,
Wir wollen die blauen Kaskaden, die Brücken aus Saphir bewundern,
Wir möchten auch Kolibris sehn, exotische Nachtigallen,
Mitten im Dschungel ihr Locklied, versteckt wie Perlen, belauschen.
Wir möchten am weißen Gewölk wie am Ärmel des Frühlings hängen
Und fliegen, und überfliegen, alles bewundern und träumen,
Wir wollen gelöster atmen, nur einmal gelöster atmen,
Auf rosafarbenem Schiff ins kaltgrüne Morgenrot jagen.‹

Wir landen, von Ehrengefolgen empfangen, auf einer Insel,
Bengalische Feuer summen, die ganze Nacht läßt der Häuptling
Exotische Instrumente, zum Beispiel Seismonas, uns spielen,
Fremde Gerichte kredenzen, die wir nie genossen haben.
Das Meer wird zum Schaum des Madeira, er schlägt an die Seiten des Schiffes,
Der Kapitän tanzt im Taumel: die Welt ist ein Weingelächter,
Einer der unsren entfloh im Beiboot mit einem Mädchen,
Er schaukelt wie eine Schale mit seinem Mädchen von dannen.
Am goldenen Horizont ist er immer noch dunkel zu sehen.
Und schon trompeten am Ufer die hellgrünen Elefanten,
Zum Festmahl lädt uns die Königin ein im lila Kimono,

Wir leben dort vierzig Tage und Nächte von rostbratnen Bisons
Und großen gebackenen Schlangen, im kochenden Blute bereitet.
Dann ziehn wir das Antilopenfell wieder an und jagen
Auerochsen, verirren uns in dem endlosen Urwald,
Begegnen dort keinem Menschen, und gingen wir hundert Meilen.
Der Tempel, in Felsen gehauen, hat riesige Labyrinthe,
Dort haust am Ende ein Götze im Kleid aus lauter Saphiren.
Er schickt uns in goldene Wüsten auf Reise zu seiner Göttin,
Die Wüste ist glatt wie ein Tisch, nur Eidechsen gibts in der Wildnis,
Sie wandelt sich langsam zur Steppe, blaßgrün, erfüllt von Gerüchen,
Das hohe Gras, Araukarien wie Kandelaber, der Rasen,
Kurz geschoren wie Samt, wie Felle, machen uns müde,
Bäume, grünende Bäume eilen von allen Seiten.
Und wieder Dschungel. Und Tiere. Und musizierende Vögel.
Da neigt sich über dem Abbild des Himmels im Tümpel einer
Und sagt: Sieh da, dieser Himmel ähnelt dem in Europa,
Gewölk zieht vorüber wie dort, die Blumen blühn wie in Polen.
Und jenem, der nie in Spanien gewesen, schien unbegreiflich,
Daß diese Blumen genauso blühten wie die in Spanien.
Wir setzten uns um den Tümpel, verbargen die Augen in Händen,
Die Schwermut knickte uns alle, wie auf dem Bilde von Holders,
Die Erde schien uns so fern, so frei und schwer wie ein Felsblock,
Der Himmel dünkte uns schwarz, und selbst die Sonne wie Kohle,
Die rosigen Riesenwolken färbten sich, meinten wir, blutrot.

Sogleich war das Segel gewendet, das Steuer herumgerissen;
Das hohe Schiff nahm im Ozean Kurs auf das alte Europa.
Alle, versammelt am Vordeck, spähen nun, spähen und spähen,
Um in der Ferne das alte traute Europa zu finden,
Das Land, das im Leichtsinn verlassen, aus Wellen nun auftaucht wie eine
Dunkele Aphrodite – gealtert, ranzig, doch gütig.
Ein jeder streckt seine Hände und fällt auf die zitternden Knie.
›Erde, geliebte Erde, auf der einst Mickiewicz gewandelt.
Wir sind es, wir, deine Knechte, deine verlorenen Söhne,
Du darfst uns jetzt nicht verderben, wir bringen dir neue Opfer.‹

Die Mole öffnet die Arme, schon fährt das Schiff in den Hafen,
Am Ufer trippeln die Träger, es knirschen die Ankerketten,
Willkommen der Heimaterde, die schwarze milde Liebkosung
Ist groß wie das Mutterglück, wenn der Sohn aus der Fremde zurückkehrt.«

Noch bevor Iwaszkiewicz, die alte Tradition des polnischen Adels fortsetzend, kultivierend, unzählige Male nach Paris, nach Italien reiste, hatte er sich die Frage nach seinem angestammten Standort gestellt. Nachdrücklich in dem Zyklus »Heimkehr nach Europa«, in dem Widmungsgedicht *An Rußland*:

Was soll ich dir, Rußland, sagen,
daß Puschkin ein großer Dichter?
Daß Dostojewskijs Verachtung
mein Selbstvertrauen vernichtet?
Oder, daß mir das Klavierspiel

hinter der Wand jetzt geklungen
Wie deine Kuppeln und Steppen,
wie Skrjabins Erschütterungen?
Oder, daß deine Landschaft sehr schwer ist
vom süßen Getreide?
Und daß ein unüberwindlicher
Abgrund uns beide scheide?
Ein Abgrund, der schmerzt, als wär's
eine giftig heillose Wunde?
Soll ich dir Haß bekennen?
Soll ich dir Liebe bekunden?

Am 3. Mai 1957 beantwortete der Dichter die Frage in einem Gespräch mit Wilhelm Mach für Nowa Kultura in schlichter Prosa: »Ich mag den Orient nicht. Der Osten ist für mich wirr, unbegreifbar und fremd. Ich ziehe unser altes Europa vor, die gezähmten und vertrauten Pfade. Meine ›orientale‹ Jugend? Ukraine, Odessa, und die Wanderungen der Phantasie irgendwohin über Odessa hinaus, meine ›Flucht nach Bagdad‹? Das war vor langer Zeit, das war anders und nicht wörtlich. Und mein Orient, mein eigener Orient, hat auf keiner Landkarte Platz.«

Eine der letzten Arbeiten von Iwaszkiewicz heißt Sérénité (»Gärten«, 1977) und hat das Abenteuer der Kunst, das Sterben zu überlisten, zum Inhalt. Der Autor erinnert sich während eines Spaziergangs unter den Bäumen der Hauptallee des Stadtteils Passy zu Paris an eine ihm aus der Jugendzeit vertraute kitschige Postkarte von Henri Martin, die betitelt war »Sérénité«. Die Postkarte hatte ihn damals gefesselt, und sie fesselt ihn jetzt in der Erinnerung wieder, durch das intensive Grün ihrer Farbigkeit. »In diesem intensiven Grün des Waldes schwebten fliegende Gestalten. Sie flogen alle von links nach rechts, aufwärts. Einige waren nackt, andere in wallenden Gewändern, Wolken ähnlich.

Manche hielten eine Lyra im Arm, alle flogen mit ruhiger Gebärde von der grünen Erde empor in den leuchtenden Himmel.« Das nun folgende Zwiegespräch des Autors mit dem Leser und mit sich selbst gilt dem schillernden Sinngeheimnis des Wortes Sérénité, das inneres wie äußeres Aufklaren, Gemütsmilde, Heiterkeit, Beruhigung bedeuten kann, »... ja, vielleicht am treffendsten Beruhigung«.

Die grünende Frische der Jugend und die Gelassenheit des reifen Alters sind in Iwaszkiewicz' Werk Partner eines Dialogs, der objektiv vom Leben und fiktiv von Lebenskunst handelt. Vom Leben als dem immerwährenden Fluchtversuch, und der Kunst als der ständigen Heimkehr. Der Bannkreis eines zwischen Osteuropa und Westeuropa Ausgesetzten, eines unfreiwilligen Nomaden, für den die Achse Kiew–Florenz eine Schicksalslinie anzeigt.

Das Nord-Süd-Gefälle erzeugt Fluchtgedanken, das Ost-West-Gefälle vor allem Heimweh.

Das Stammwort des Namens Iwaszkiewicz, das Wort Iwa, bedeutet den Symbolbaum der slawischen Landschaft, in der der Dichter mit seinem komplizierten Wurzelwerk steckt. Iwa heißt polnisch wie ukrainisch die Palmweide, wie sie im Geburtsort von Iwaszkiewicz, dem Dorf Kalnik bei Kiew, früher am Palmsonntag als Kirchenschmuck gedient hatte. Und Iwa, die Ersatzpalme, erzeugt Heimweh nach der echten Palme im Mittelmeerraum, der geistigen Heimat von Iwaszkiewicz, dessen Kollege Jan Parandowski, Präsident des Polnischen PEN-Club, einmal das Bonmot, Polen liege an der Adria, geprägt hatte. Die Gesprächspartnerin des Erzählers der »Sérénité« empfindet beim Spaziergang entlang des Jardin de Luxembourg ähnlich: »Es duftet hier nach Tau wie bei uns in der Ukraine.«

Iwaszkiewicz ist personifizierte Kontinuität, seit Jahrzehnten unangefochten, seit Jahrzehnten Kapitän auf einem Schiff, das die ihm aufgezwungene Irrfahrt zwischen den Festländern der beiden Kulturkreise, dem byzantinischen und dem romanischen, auf seine eigene, polnische Weise meistert. Das Schiff ist aus Stämmen der Trauerweide gezimmert und mit Palmzweigen getakelt.

Die poetische Große Fahrt von Iwaszkiewicz begann 1919 mit dem Gedichtband »Oktoverse«. Poesie war ihm damals schon, wie heute in den Parks von Paris, »Sentimentaler Spaziergang«:

Auf unsere Schätze legen wir
die Hand des Schweigens
Und gehn versunken in des
Dämmers Wasserklang.
Wie Blumen unsre Schläfen
zueinander neigend,
Wie Bäume, die des Herbstes
Leidgeläut bezwang.
Des Herbstes Sonne welkt
im Gold der leeren Wiesen,
Il neige (wie bei Samain, du weißt?)
d'adorables pâleurs ...
Ein Seufzer, welcher leicht
das Wellenrund durchrieselt,
Zerschellt am Ufer in
Arpeggios sol-mineur.

Die Musik blieb dem Autor sein Leben lang zuverlässigste Begleiterin, ihr hat er die glücklichsten Stunden zu verdanken: mit Bach und Chopin, mit Beethoven und Strawinski. Zu seinen literarischen Vorbildern zählt er vor allem Goethe und Tolstoj, Turgenjew und George. Als seine philosophischen Mentoren nennt er Schopenhauer und Nietzsche, den letzten besonders durch »Die Geburt der Tragödie«.
Iwaszkiewicz' letzter Gedichtband »Wetterkarte« (1977) nimmt das Motiv der Sérénité wieder auf. Die Empfindsamkeit ist jugendlich frisch geblieben, die Form der Gedichte,

moderner geworden, erreicht klassische, der philosophischen Schwerkraft des Inhalts angemessene Prägnanz. Ein Zitat von Adam Mickiewicz, das die »Wetterkarte« einleitet, zeigt die Tendenz an: »... die Unwetterzonen meiden, nur Schatten und Heiterkeit suchen.«
Das Leitmotiv der Sérénité, freilich einer melancholiebeladenen, wie die Impromptus von Chopin, über den der Dichter ein umfangreiches Buch und ein Stück geschrieben hat, begleitet den Zyklus von seiner ersten bis zur letzten Strophe:

Mari mossi – bewegte Meere
Schau nicht die andre, die nördliche Sphäre ...
Zur linken Seite bei Westwind bleibt
zurück das Leben, wie nur zum Schein ...
Manchmal wie hündischer Maulkorb aus Blech ...
manchmal wie Stacheldraht oder Spieß

Aber die Welle verfließt
von links nach rechts –

»Von links nach rechts« – wie der Uhrzeiger, in der gleichen Richtung und Bewegung wie die fliegenden Gestalten im intensiven Grün der Kitschpostkarte von Henri Martin. Zufall oder Aufforderung zur interpretierenden Meditation? Der Dichter hat es, wie manches in seinem Werk der objektiven Fiktionen, offen gelassen.

Jarosław Iwaszkiewicz, Vorsitzender des polnischen Schriftstellerverbandes, Dichter, Erzähler, Dramatiker, Sejmabgeordneter und mehrfacher Staatspreisträger, ist als Figur repräsentativ für das Polnische in Europa. Als gebürtiger Ukrainer, als polnischer Patriot und als Wahlheimat-Romane par excellence. Mediterrane Motive und slawische Landschaft, beides ist bei Iwaszkiewicz eng miteinander verwoben. Die Sehnsucht nach Italien blieb sein Leben lang eine seiner stärksten Inspirationen und ein Zentralthema seines Werks obendrein. Auch seine späten Gedichte sind immer noch Tagebuchblätter eines mediterranen Zugehörigkeitsbewußtseins. Jene *Serenade*

> Buona sera, Gattopardo!
> Ich aber bin aus der Ukraine ...

hat den melancholischen Tonfall eines ausgeklammerten Zugehörigen, der ein paar Verse daneben allerdings – klärend – hinzufügt:

> ... Im Himmel schmilzt der Asphalt
> mit seinen Idolen;
> es zieht mich wahnsinnig halt
> nach Polen, immer nach Polen.

Dieselbe Sehnsucht nach dem Westen und dasselbe Heimweh nach Polen finden wir im opus vitae des Dichters, in der Trilogie »Ruhm und Ehre«.[8] Zwei Helden des Romans, Janusz und Henryk, machen einen Ausflug ins Tatragebirge. Am Ziel der Klettertour öffnet sich ihren Augen die gelbe, von der Sonne überflutete Ebene der Slowakei. »Es war Janusz, als erblicke er das gelobte Land ... Sieh, dort ist der Süden, der Wein, dort sind die schönen Städte, dort ist unsere Heimat: Prag, Wien, Rom ... Paris ... Warum dürfen wir nicht dorthin?« Und Henryk antwortet: »Weil wir Polen sind. Dieses Schicksal ist uns nun einmal beschieden ...« Und beide, Henryk und Janusz, kehren zurück »ins Land der Gräber und der Nebel, ins Land der Kreuze und der Wolken«.

Der Kritiker Jerzy Kwiatkowski schrieb zu dieser Stelle des Romans in der Krakauer Zeitschrift Życie literackie: »Hier ist das Symbol eines Volkes, dem die Geschichte, die ihm eine Stiefmutter war, immer sehr viel abverlangt hat, die Geschichte, die ihm nicht erlaubt hatte, aufzublühen, so wie der Süden und der Westen aufblühen, woher dieses Volk seinen Anfang genommen hatte. Es ist in ihm das polnische, höllisch polnische Paradoxon: das Übergewicht der Kultur über die Zivilisation. Ewige Sehnsucht und Neid gegen das Ausland, ein durch nichts zu erschütterndes Verantwortungsgefühl für die eigene graue Erde. Ein Schlüssel zum polnischen Problem und zur polnischen Psyche.«

Das Ausgesetztsein im Spannungsfeld der erlebten kulturgeographischen Polaritäten bildet den Hintergrund zahlreicher Erzählungen von Iwaszkiewicz, wie »Die Rückkehr der Proserpina«, »Venezianische Spitzen«, »Hotel Minerva«, »Anna Grazzi«, »Voci di Roma«. Aus der letzten Erzählung stammt ein Zitat, das für den Autor, sein Land und unser Thema – »Polen in Europa« – auf besondere Weise einsteht. Es rührt sonderbar aktuell an, was Iwaszkiewicz damals als junger Autor, nach dem Ersten Weltkrieg, geschrieben hatte: »Wie konnte man das tun: uns alle vertreiben. Ein ganzes Volk vertreiben! Wir waren doch alle Europäer!« So fragte in den dreißiger Jahren die ukrainische Dame in Rom den polnischen Erzähler dieser Geschichte. »Es müßte doch in Europa eine Einigkeit geben.«[9] Und der heute marxistisch dekorierte Autor bekreuzte sich damals, auf einem protestantischen Friedhof in Rom, vor dem Grab einer orthodoxen Ukrainerin mit dem katholischen Zeichen des Kreuzes, um seine Geschichte zu schließen – mit einem »Lächeln der Versöhnung und der Liebe«.

LEON KRUCZKOWSKI UND »DIE DEUTSCHEN«

Kruczkowski, der in Polen am häufigsten als »der Autor von ›Die Deutschen‹« apostrophiert wird, verdient im Kontext der deutsch-polnischen Nachkriegsgespräche und Bemühungen – als einer ihrer Verfechter – ein Sonderkapitel.
Kruczkowski, dies voraus, war nach 1945 erster Vizeminister für Kultur und Kunst der Volksrepublik Polen, außerdem Begründer und erster Chefredakteur der Zeitschrift Schaffen[1], der renommierten Monatszeitschrift für Literatur, Abgeordneter zur Nationalversammlung und zum Sejm, bis 1956 auch Präsident des Polnischen Schriftstellerverbandes – eine solche Kumulation von Ämtern und Würden begegnet begreiflicher Skepsis. Er ist außerdem zweifacher Staatspreisträger I. Klasse (1950 und 1955) und Lenin-Preisträger obendrein. Sind diese Daten kompromittierend? Ein marxistischer Minister, der belletristische Bücher verfaßt und in der Blütezeit des weiß-roten Stalinismus (1953) mit einem Lenin-Orden dekoriert wird, was hat das zu besagen? Oder sind Motiv und Wirkung dessen, was er schrieb, wichtiger, ja entscheidend, gerade in seiner Position und bei seinem Einfluß? Sollte man sich an dieser Stelle des französischen Kultusministers André Malraux vergleichsweise erinnern?
Ich schlug das Buch auf, Kruczkowskis Erstlingsroman »*Rebell und Bauer*«[2], ich schlug es vorn und dann in der Mitte auf und fand die Seiten, die ich überflog, nicht aufregend. Eine polnische Dorf- und Gutsgeschichte aus dem 19. Jahrhundert, wen interessiert das heute noch? Und der obligate Aufstand ist natürlich auch dabei. Soziales Elend, Säbelgerassel, Befreiungspathos – wir haben ähnliches zur Genüge aus den Werken von Sienkiewicz[3], Żeromski[4], aus Reymonts[5], des Nobelpreisträgers, »Bauern« kennengelernt und gewür-

digt. Das sollte genügen. Es genügt gleichwohl nicht: denn mit Kruczkowskis Darstellung des sozialen und politischen Mißverhältnisses Anno Domini 1830 wird die kranke Wurzel des Agrarstaates – dieses von allen Seiten immer wieder angesägten antiken Stammes, dem es so schwer gemacht wurde in Europa, normal weiterzuwachsen, zu grünen und Früchte zu tragen – offengelegt; wird das Schicksal der Nation in vielerlei Hinsicht ablesbar und erklärbar, bis in unsere Zeit. Überhaupt: Polen ist nur im historischen Zusammenhang, ganzheitlich begreifbar. Dieser Erkenntnis wegen sollte man schon authentische Geschichten lesen, auch wenn sie einem stellenweise gar nicht kurzweilig vorkommen. Das war immer so und wird so bleiben: Belehrung und Erkenntnis trüben den reinen Genuß – aber reiner Genuß ohne Belehrung und ohne Erkenntnis führt in den Trübsinn.

So las ich weiter und stieß immer öfter auf erkenntnispralle Fragmente. Sie überraschten mit einer derart radikalen Selbstbespiegelung, wie sie in der polnischen Geschichtsschreibung und Belletristik eher unüblich war, ja zeitweise einem Sakrileg gleichkam. In Kruczkowskis Darstellung verloren plötzlich die nationalistischen Antagonismen zwischen den Völkern ihre Priorität und Dominanz. Er zeigte, wo das wahre Elend vor allem zu suchen war. In dem Mißbrauch von Recht und Unrecht im eigenen Lande, in der Verblendung und Verhetzung, die sich den Antisemitismus oder den Chauvinismus zum Ventil machten. Warum holte Kruczkowski diese ›unpatriotische‹ Demystifikation ausgerechnet Ende der vierziger Jahre wieder hervor, als Polen mit großer Anstrengung dabei war, die Niederlage von 1939 zu verwinden, den Sieg von 1945 zu verkraften? In einer Zeit, als das gedemütigte Volk und der neue Staat ein stark positivistisches Selbstbewußtsein nötig gehabt hätten? Warum stand er plötzlich mit seiner unpopulären Selbstkritik großen Stils im Mittelpunkt der Diskussion? Und warum fand er Beifall? Kruczkowski traf einen empfindlichen Nerv im Zahnbein der

Polen. Er zog ihn, und er machte damit die Revision der Vorurteile wieder möglich. Der neue Blickwinkel, von dem aus die Betrachtung der Vaterlandsgeschichte vorurteilsfreier wurde, die Einstellung zum Problem nationaler Schuld und Sühne, mit allen sich daraus ergebenden logischen, moralischen, politischen Konsequenzen, sie leiteten eine notwendig gewordene, sozialkritische Bewältigung der Vergangenheit ein.

Ich las im Kapitel XIX von »Rebell und Bauer«:

»Als sie einmal durch die Senatoren-Straße gingen, erklärte er Kasimir die Namen der vielen Paläste, an denen sie vorbeikamen; sie zählten ungefähr elf in dieser Straße, die Kirchen ungerechnet. Dann bogen sie in die Honigstraße ein: und wieder gingen sie an imposanten Bauten vorbei, an den hochherrschaftlichen Residenzen der Radziwiłłs, Branickis und Mniszeks, Młodziejowskis und Pac'[6] – Bauten, deren sich so mancher regierende Fürst nicht hätte schämen müssen.

So eine Stadt ist unser Warschau, sagte Herr Wenzel. Man sieht, daß es in jenen Zeiten gebaut wurde, als es noch deutlicher als heute zu sein schien, daß es in Polen außer dem Edelmann keinen Menschen gebe! Der Hochwohlgeborene oder Erlauchte, der morgen König werden konnte, durfte sich auch in der Hauptstadt ohne weiteres ein Schloß bauen lassen, das dem königlichen gleichkam! Die Hauptstadt eines solchen Landes wie des alten Polen mußte viele Paläste haben! Aber – es waren auch Hände nötig, die sie bauten. Also wuchsen neben den hochherrschaftlichen Bauten auch flüchtig zusammengeflickte Behausungen für Handwerker und für alle Arten von Gesellen und Gesinde. Überall häufen sie sich hier zwischen diesen Palästen. Wo man auch hinsieht, steht ein prunkvoller und geschmackvoller Bau, und rings um ihn ohne Ordnung verstreute Buden und Katen, angefüllt mit jenen schmutzigen Wesen, die bestimmt waren, diverse herrschaftliche Bedürfnisse zu befriedigen, und denen man einen Stall und Futter geben mußte. So wuchs es eben auf, unser Warschau – die seltsamste Stadt in Europa! Es gab hier nichts, was in die Zukunft hineinwuchs, nichts, das den herrlichen Bau der Zivilisation, wie in französischen oder deutschen Städten, schaffen konnte! Diese Stadt war nur zum Vegetieren – und nur zum Genuß geboren – die Stadt der endlosen Sejms[7], der rauschenden Versammlungen, der Kirchweihfeste und der Feierlichkeiten: Warschau – die Hauptstadt eines Landes, das nur Getreide produzierte! Hier gab es keinen Platz für Kunst und edles Handwerk, für das Aufblühen der Wissenschaft! Wissen Sie, im deutschen Magdeburg hat der Bürgermeister von Guericke im 17. Jahrhundert auf dem Marktplatz den Massen sein berühmtes physikalisches Experiment mit den Halbkugeln vorgeführt! Im 17. Jahrhundert! Denken Sie mal! In Warschau speist man das Volk selbst heute noch bestenfalls mit Karussells und Gliederverrenkungen in den Schaubuden ab, aber auch das machen Entrepreneurs aus Italien oder aus Deutschland. Da zum Beispiel! Er brach in Gelächter aus und zeigte mit dem Stock auf ein Plakat an der Mauer. Die Menagerie in Nalewki zeigt Schlangen und Krokodile. Achtung: Die Riesenschlange Boa verschlang gestern in wenigen Minuten elf Hühnchen und Tauben. Nach diesem Mahl wird sie einige Tage lang zum Platzen satt und lustig sein. Die Tierliebhaber werden von den Veranstaltern eingeladen, die Schlange in diesem Zustande zu betrachten. Denken Sie nur! Boa constrictor in lustigem Zustand! Eine Attraktion für die Bewohner dieser Stadt. Aber Scherz beiseite! Das alles ist gar nicht zum Lachen! Es kann nicht gut sein in einem Lande, wo lange Jahre hindurch alle Rechte und Freiheiten nur von einem Teilchen der Gesellschaft beansprucht wurden – und gerade von dem Teilchen, das nur konsumieren und die Früchte ernten kann und das die schöpferische Arbeit verachtet – die Arbeit, durch die andere Völker groß und mächtig wurden! Nirgends war die Arbeit so mißachtet und erniedrigt wie in

Polen, aber auch nirgends standen Prunk und verschwenderische Genußsucht höher in Ehre und Ansehen als hier! Hier konnten sich keine Wissenschaften entfalten, die der Erforschung der Natur dienten, die das Fundament aller Industriezweige und Handwerkskünste darstellen und die auch für den Ackerbau unbedingt notwendig sind! Sondern nur die Rechte, die Auslegung der lateinischen Texte und Statuten und Verfassungen und Theologie und Rhetorik – fast alles Wissenschaften für Verbraucher, die nur an Herrschaft und Ämtern interessiert sind! Tja, selbst dazu suchte man Anregungen auf fremden Gefilden, übernahm fertige Systeme, fertige Gedanken und Ideen! Herr Wenzel kehrte oft zu diesen Betrachtungen zurück. Man sah, daß sie ihn zutiefst aufwühlten, seinen Verstand beschäftigten und ununterbrochen beunruhigten.

Hören Sie mal! sagte er eines Tages in seiner Wohnung in der Bielańska-Straße, während er aus dem Schreibtisch eine alte Zeitung nahm. Hier kann man lesen, wer in Kongreßpolen die nationale Industrie aufbaut und moderne Arbeitsweisen einführt! Da haben Sie den hiesigen tiers-état, den dritten Stand, die Koryphäen des polnischen Bürgertums!

Er legte die Zeitung auseinander und las:

›Auszeichnungen für Erzeugnisse der inländischen Industrie, anläßlich der Ausstellung im Monat Mai 1828 erhielten: Medaille in Gold – H. Krause, H. Gregoir, H. Hartmann, H. Collet; Medaille in Silber: H. Hoch, H. Geismar, H. Platte, H. Loth, H. H. Bormann und Krug, H. Ritterich, H. Kruszewski, H. Wolfring, H. Grohmann, H. Sauter, H. Wernitz, H. Heinrich, H. Knusmann, H. Schleydel, H. Weyß, H. Neumann, H. Kiedynger‹«[8] usw.

Die Aufzählung der für ihre Verdienste um das polnische Vaterland Ausgezeichneten enthielt 6 polnische, 7 französische, 1 russischen, 1 tschechischen, 1 englischen und 31 deutsche Namen.

»Er legte die Zeitung beiseite und starrte Kasimir an, während er seinen Gedanken nachhing; er lächelte dabei seltsam, ironisch oder traurig.«

Ich las weiter das Kapitel XXI, die Beschreibung des Hauptquartiers der Befreiungsbewegung, eigentlich eine einzige Hymne auf den Kopf und das Herz der Befreiungsbewegung – den Wilnaer Professor und Lehrer des Dichterpropheten Adam Mickiewicz[9] – Joachim Lelewel, den Professor deutscher Abstammung, der ostpreußisch eigentlich Loelhoeffel hieß und dem bereits mehrere polnische Monographien ein Nationaldenkmal gesetzt hatten.[10] Das von Kruczkowski gezeichnete Lelewel-Porträt, kurz nach dem Zweiten Weltkrieg gelesen, wirkt, derart pathetisch ins Kolossalische gehoben, seltsam:

»Lassen Sie uns Ihre Stimme hören, ehrwürdiger Professor! sagte Wysocki[11] schnell und mit Enthusiasmus. Lassen Sie uns Ihre in ganz Polen bekannte Stimme hören! Mag uns Ihr Licht in dieser Stunde voranleuchten!... in Ihren Händen, Professor, liegt es ... uns das zu gewähren, ohne das ich nicht wage, den Mitgliedern des Bundes das Signal zu geben! Ihr Name, Ihre große Autorität und Ihr im ganzen Volke geschätzter Verstand sind uns die Bürgschaft des Vertrauens ... Unterstützen Sie unseren bewaffneten Arm mit Ihrer gewichtigen Stimme, Ihrem Rat und Ihrem Verstand! ... Auf Sie setzen wir unsere ganze Hoffnung, Professor! Reden Sie zu uns im Namen des Volkes, dessen Glanz und Zierde Sie sind! Nach Ihren Worten werden wir handeln! In Ihren Händen liegt ... heute die Sache unserer Revolution, ehrwürdiger Lelewel!«

Und so zehn Seiten lang das Loblied auf den polnischen Patrioten deutscher Abstammung, den Kopf des Aufstandes von 1830/31, den berühmten Historiker, Forscher, Verfasser der Polnischen Nationalgeschichte, den Mann »mit den dunklen glühenden Augen, mit dem Blick, der voll Weisheit, voll Kraft und enormen Wissens war«.

Kruczkowski lag daran, die von der romantischen Dichtung erzeugten und seitdem das Nationalbewußtsein beherrschenden – und behindernden – Mythen zu korrigieren. Also unterwarf er in »Rebell und Bauer« die patriotischen Motive einer bis dahin unstatthaften Revision, um durch Aufklärung und Richtigstellung freieren Zugang zur polnischen Vergangenheit, damit auch zur polnischen Gegenwart und Zukunft, zu gewinnen. Indem Kruczkowski, durch Anwendung seiner »doppelten Perspektive«, wie einer seiner Rezensenten schrieb, die konkrete historische Situation sozialkritisch zeigte, machte er sie als Erkenntnis gegenwartsbezogen und nutzbar. Die unterschiedliche ›erbliche Belastung‹ des Rebellen und des Bauern führt die beiden zwangsläufig zu antagonistischen Vorstellungen und Zielen – so im sozialen wie im nationalen Geschehen. Der Rebell und der Bauer enden im Bruderkampf. Der ehemalige Dorflehrer Deczyński bricht unter dem Kolbenschlag des Fahnenjunkers Czartkowski, des Sohnes seines Gutsherrn, zusammen. Die gemeinsame Sache der Nation, die Insurrektion, vermag aus den beiden Widersachern keine Einheitsfront zu machen. Es ist der alte Kriminalfall von Kain und Abel, der sich als blutroter Faden durch die Menschheitsgeschichte, insbesondere aber durch die der Polen (bis zu den Bruderkämpfen nach 1945 in Andrzejewskis »Asche und Diamant« der allerjüngsten Zeit), vor unseren Augen fortsetzt. Wie lange noch? scheint der Autor seine Leser zu fragen. Und zu wessen Nutzen? Und wie ist dem selbstmörderischen Standes- und Sendungsdünkel Einhalt zu gebieten?

»Rebell und Bauer« – im Original »Kordian i Cham« – sind zwei Symbolfiguren, auch zwei Schlüsselworte, die im Nationalbewußtsein der Polen einen festen Stellenwert haben. Kordian (der Rebell) knüpft an das Verschwörungsdrama »Kordian« von Juliusz Słowacki[12] aus dem Jahre 1834 an und repräsentiert, halb Hamlet, halb Dandy, den romantischen Helden, dessen Exaltation das Reale und das Gebote-

ne verkennt und somit jede Befreiungsaktion zum Scheitern verurteilt. Cham (der Bauer), ein im städtischen Volksmund und in der Literatur geschmähter Dörfler, das Schimpfwort für den kultur- und bildungsarmen Rohling, wird bei Słowacki zur Quelle nationaler Gesundung. Der modernistische Visionär des polnischen Nationaltheaters an der Schwelle des 20. Jahrhunderts, Stanisław Wyspiański, hatte dieses Motiv der Erneuerung durch das Bauerntum in seinem Symboldrama »Die Hochzeit« (als Film von Andrzej Wajda in Deutschland bekannt geworden) aufgegriffen; dasselbe tut in »Rebell und Bauer« Kruczkowski, allerdings ohne die expressionistische Hinterglasmalerei Wypiańskis, sondern gerüstet bereits mit der nüchternen Kenntnis der Gesetzmäßigkeiten im Auf- und Ab-Spiel der Stände und ihrer Interessenkonflikte. Der Rebell Kordian repräsentiert die romantische Vorstellung der ›Elite‹, und Cham, der Bauer, ist Produkt der sozialen Unterdrückung der Landarmen in der verschwenderischen Adelsrepublik. Kruczkowski läßt Vision und Realität hart aufeinanderprallen. Seine ketzerische Interpretation erschüttert die verklärende Deutung der heiliggesprochenen Tradition. Sie stellt den Charakter der polnischen Geschichte, marxistisch interpretiert, in Frage.
In Frage gestellt, ja mehr: erschüttert werden in »Rebell und Bauer« die bis dahin allgemeinverbindlichen Axiome von der Einheit und Reinheit der Nation, von ihrer Solidarität und von der Gottgegebenheit der vererbten Verhältnisse in dem Staat der Armut und des Adels: von der übergeordneten und alles ordnenden Kraft des polnischen Patriotismus und von der Rolle des Schwärmer-Helden im realen Kampf des ganzen Volkes um seine Lebensfähigkeit und Freiheit.

In der Genealogie des polnischen Romans ist »Rebell und Bauer« ein neues, ein wichtiges Glied. Kazimierz Wyka[13] trat bereits 1935 für den Roman sehr engagiert ein, als er ihn eine »Revelation und Revolution« nannte. Er meinte damit nicht die formalen Vorzüge des Werks. Formal ist der Roman angesiedelt zwischen den großen Erzählungen des kritischen Realismus von Orzeszkowa[14] und Żeromski einerseits und den ideologiekritischen Werken der jüngsten Gegenwart, für die Kruczkowski die Schleuse geöffnet hatte. Wyka meinte den weltanschaulichen Umbruch, der in Kruczkowskis Roman stattfindet.

»Ich klage die polnischen Bauern nicht an, daß sie sich auf dem Schlachtfeld nicht zum Kampfe gegen die Feinde Polens drängten, denn diese Feinde hatten ihnen keinerlei Unrecht getan; die Bauern hätten richtiger gehandelt, wenn sie ihre Waffengewalt und das Blutvergießen gegen die Unterdrücker und Tyrannen im eigenen Hause gerichtet hätten.«

In dieser Erkenntnis sind sich der Tagebuchautor Deczyński, zugleich die Romanfigur, und der Romanautor Kruczkowski einig. Die stilistische Einfachheit dieser »dokumentarischen Erzählung«, ihre kompositorische Schemenhaftigkeit sind der Volksdichtung entnommen, an die der Roman anknüpft. Er läßt, wie ein Holzschnitt, ohne raffinierte Techniken, das naturgewachsene Material und die bescheidene Tiefenschärfe unmittelbar wirken.

Solange dieses – aus Dokumenten montierte – Material überzeugt (die Katen der Bauern sind finster, die Fenster des Gutshofs sind hell, die Hände des Gutsherrn sind weiß, die Hände des Bauern sind schwielig), haben wir keinen Grund, das Verfahren als unzulässig abzutun. Es deckt sich mit den polnischen Zeitdokumenten, so wie es mit den Berichten übereinstimmt, die Heinrich Heine von seiner Reise nach Polen zur selben Zeit geschrieben hatte. Das Verfahren ist gewollt ideogrammatisch, nicht ästhetisch, das Buch somit primär politisch, nicht belletristisch.

Kruczkowski übernahm die Vorkommnisse, die Typologie und die Sprachebenen seiner Nacherzählung fast wörtlich aus Dokumenten, wie er sich selber ausdrückt, radikal. Das reduziert natürlich die Chancen einer Übersetzung für Leser,

denen weder der historische Hintergrund vertraut noch die dialektische Authentizität vermittelbar sind. (Es fordert aber auch den Ehrgeiz der Übersetzer – gerade wegen dieser Schwierigkeiten, wegen der Modellhaftigkeit der Darbietung – zum Wagnis heraus).
Kruczkowski behandelt die Rolle der Deutschen in der Geschichte Polens in seinem Volksroman unorthodox, das heißt positiv, wenn auch nur am Rande. Sein Stück »Die Deutschen« widmet er bereits, ebenso unorthodox um Wahrhaftigkeit und Gerechtigkeit bemüht, den komplizierten Konflikten einer deutschen Familie im Dritten Reich.

Kruczkowskis Drama »Die Deutschen« gehörte in den ersten Jahrzehnten nach Kriegsende zu den meistgespielten und diskutierten Stücken der polnischen Bühnen. Wiederum nicht aus formalen oder dramaturgischen Gründen, sondern aus Gründen seiner moralischen Problematik. »Es liegt daran, daß manche Tagesprobleme unter bestimmten Umständen zu Jahrhundertproblemen werden. Und ein solches Problem ist für jeden Polen das deutsche Problem.«[15]
Kruczkowski war einer der ersten, der es auf dem Theater unternahm, aus der konkreten politischen Situation, die sich für Deutschland und Europa, ja für die ganze Welt, aber ganz besonders für Polen, nach 1933, nach 1945 ergab, ethische Thesen abzuleiten, die differenzierter waren als die übliche Frontberichterstattung des soeben beendeten heißen oder des soeben begonnenen kalten Krieges. Der Urfassung des Dramas gab er deshalb zunächst den als Herausforderung gedachten Titel »Deutsche sind Menschen«. Kruczkowski wollte damit unter seinen Landsleuten und anderswo eine Polemik provozieren, die Deutschland, die deutsche Geschichte und den deutschen Menschen anders behandelte als das allgegenwärtige schwarz-weiße Plakat, auf dem der pathologische ›Übermensch‹ durch einen selbstverschuldeten Umkehrtrick sich pauschal als Untermensch und Unmensch

wiederfindet. »In unserem Gegenwartsschrifttum setzen sich zwei gefährliche und an der Wahrheit vorbeigehende stereotype Deutschen-Bilder fest«, hatte 1948 der bereits zitierte Literaturforscher und Kritiker Kazimierz Wyka gewarnt. »Das eine, das ist die germanisch-nordische Statue, stattlich, grausam und stumm, ein automatisches Werkzeug des Bösen ... Das andere ... zeigt einen Deutschen, der selbst als SS-Mann letzten Endes menschlich wirkt, weil er sich kleine Schweinereien leistet, Bestechungen schätzt und nicht an die Front will.«[16]

Kruczkowskis Stück hat in aller Öffentlichkeit, sachlich distanziert, ohne Haß oder Bitternis, mit diesen Vereinfachungen aufzuräumen begonnen. Damit war in der polnischen Betrachtungsweise der Deutschen-Frage ein neues Fenster aufgestoßen.

»Die Deutschen«, im Winter 1948/49 geschrieben, wurde in Abständen von einer Woche nahezu gleichzeitig in Krakau, in Berlin (Ost) und in Warschau aufgeführt und von der Kritik als Ereignis zur Kenntnis genommen. Ein besonderes Echo fand die bald darauf folgende Fernsehinszenierung von Dejmek, der durch geniale Regieführung und Glanzleistungen seiner Schauspieler Kruczkowskis Fragen und Antworten nachhaltig deutlich machte. Nach dieser Fernsehübertragung wurde die Herausforderung, auf die es Kruczkowski ankam, auf neue und breite Weise offensichtlich: Inwiefern erzeugen bestimmte historisch-politische Situationen einen »Zwang«, der »anständige Menschen« zu Verbrechern macht? »Diese Menschen sind in unseren Augen einer Probe ausgesetzt, die – haben wir Mut, es zu sagen – auch wir, vielleicht, nicht siegreich bestanden hätten. Aber Kruczkowski/Dejmek lassen uns nicht ohne Hoffnung...«[17] Diese Stimme beweist, daß die Zuschauer, wahrscheinlich zum erstenmal in dieser Eindringlichkeit mit der deutschen Frage weniger agitatorisch als moralisch konfrontiert, eine human wertende Katharsis aufspürten, die da heißen könnte: Seid

wachsam, vor den anderen, vor allem aber auch gegen euch selbst. Es waren übrigens derselbe Mut und Geist, dieselbe Kraft und Größe, mit der Borowskis[18] »Steinerne Welt«, Nałkowskas[19] »Medaillons« und Różewicz'[20] »Masken«-Gedichte – jeder Selbstgerechtigkeit fern – geschrieben waren.
Nach 1956, durch eine Verfügung des Kultusministers vom 27. 12. 1957, wurden »Die Deutschen« zur Pflichtlektüre der Klassen X und XI an den polnischen Gymnasien. Die Ausgabe, die ich besitze, stammt aus dem Jahre 1969, und sie hatte damals schon eine Auflage von 100000 Exemplaren und war die 14. innerhalb von 12 Jahren.
Kruczkowskis Standpunkt, daß der Stacheldraht der wirklichen Front der gegenwärtigen Kämpfe um das Schicksal der Welt nicht zwischen den Völkern, sondern quer durch die Völker verläuft, stammt noch aus den 30er Jahren.[21] Um den Krieg und die persönlich erlebte deutsche Kriegsgefangenschaft erfahrener, unternahm Kruczkowski in seinem Nachkriegsstück den Versuch, diesen Standpunkt auch am Beispiel der Deutschen im Dritten Reich sichtbar zu machen.
Die deutsche Premiere fand am 29. Oktober 1949 im Deutschen Theater in Berlin (Ost) statt, unter dem veränderten Titel »Die Sonnenbrucks«, in der Übersetzung von Horst Holzschuher, mit Paul Bildt in der Hauptrolle und unter der Regie von Martin Helberg. Für das inhomogene Premierenpublikum – Vertreter der Besatzungsmächte, Beobachter aus vielen Ländern, deutsche Einheimische und Heimkehrer – war die Aufführung zunächst eine politische Sensation. Es überraschte nicht nur die Amerikaner, die Engländer, die Franzosen und die Russen, daß ausgerechnet ein alter Kämpfer der Arbeiterbewegung aus Polen, während des Krieges Insasse eines deutschen Lagers, einen neuen Ton und einen neuen Blickwinkel in die akute Diskussion der deutschen Frage einbrachte. Der Theaterkritiker Fritz Erpenbeck nannte im Neuen Deutschland vom 1. 11. 1949 das Stück »das

bisher stärkste Gegenwartsdrama, das über eine deutsche Bühne ging. Mehr noch: es ist das bisher wahrste deutsche Gegenwartsdrama, geschrieben von einem Polen«. Für Erpenbeck war Professor Sonnenbruck die Verkörperung der »verfluchten ›deutschen Innerlichkeit‹, der gesellschaftlichen Flucht-Vereinsamung« im Dritten Reich, welche trotz ›Anstand‹ und passiver Ablehnung den Nationalfanatismus begünstigt haben, das ›deutsche Schicksal‹ sich katastrophal vollstrecken ließen. Die abstrakt begriffene persönliche Redlichkeit des Sonnenbruck hielt ihn an, sich gesellschaftlich zu verweigern, »die kostbaren geistigen Güter der Menschheit zu wahren, sie unversehrt durch die Jahre des Chaos und des Kampfes, durch die Flut von Dreck und Blut, von Barbarei und Wahnsinn in sich zu tragen! Und sie unserem Volke wiederzugeben, wenn der fürchterliche Staat Hitlers zusammengebrochen sein wird«. »Ich bin ein ehrlicher Deutscher« – diese Selbstwertvorstellung eines intellektuellen Bürger-Patrioten hieß Sonnenbruck das Böse verachten, aber doch nicht bekämpfen. »Ich diene der Wissenschaft ... Das übrige geht mich nichts an.«[22]

Im Laufe der nächsten drei Jahre, bis September 1952 also, wurden »Die Deutschen« auf 42 Bühnen der DDR mit gleichem Erfolg aufgeführt und fanden von hier aus, etwas zögernder, auch den Weg in die Theater von Paris, London, Rom und Amsterdam, Helsinki und Sofia, Tokio und Osaka. Der Polonist Heinrich Olschowsky hat in den Weimarer Beiträgen über die Rezeption des Werkes in der DDR berichtet.[23]

Der Eindruck, den das Stück überall, wo es gespielt wird, hinterläßt, hält offenbar an. Als sich Renata Zwoźniakowa vor kurzem in der Kattowitzer Zweiwochenschrift Ansichten (Poglądy)[24] rückblickend um eine Formel für »Die Deutschen« bemühte, schrieb sie fast das gleiche wie seinerzeit die polnischen Premierenrezensenten: »Das Gewissen des Deutschen ist der andere, sagt der Soldat Hoppe im Stück. Ein

Durchschnittsdeutscher, ein ehrlicher Mensch tötet eines Tages ein jüdisches Kind und ist sich dessen bewußt, Unrecht getan zu haben. Unter anderen Umständen bliebe dieser Verbrecher wider Willen ein ehrlicher Mensch. Schuldig geworden, ist er zugleich das Opfer: der eigenen Angst und des eigenen Systems, das diese Angst erzeugt. Er bangt nicht nur um sich: auch um die Familie, die die Folgen zu tragen hätte, wenn er sich weigerte, das Kind zu töten (er wurde von einem Kollegen, der Zuträger war, beobachtet, und mußte mit einer Anklage wegen Verrats rechnen). In all den Jahren der Hitlerherrschaft hat die Angst auch die passive Haltung von Professor Sonnenbruck bestimmt ... auch die Psyche der haßkranken Liesel Sonnenbruck geformt.«

Ein Kuriosum, ein symptomatisches, das zu den einzigen kritischen Vorbehalten Anlaß gegeben hatte, war der sozrealistische Epilog, den der Autor nachträglich »auf Wunsch« dem Stück hat anhängen müssen. Daran erinnert sich Edmund Jan Osmańczyk, der Berichterstatter der Berliner Premiere, in derselben Nummer der Kattowitzer Ansichten[25]:

»Kruczkowski, der Deutschland gut aus den Kriegsjahren kannte ... war leider – sagen wir das heute offen – gezwungen worden, einen Epilog zu schreiben, der in einer Szene die Wandlung des deutschen Volkes – in kaum vier Nachkriegsjahren, nach dreizehn Jahren Dritten Reiches – zeigen sollte ... Der Epilog ist kurz: – im Jahre 1948 entschließt sich Professor Sonnenbruck, wider die Empfehlungen der westlichen Besatzungsmacht, für den Frieden zu kämpfen, und verläßt Göttingen, um die letzten Jahre seines Lebens (›diese paar Jahre noch‹) den Idealen zu widmen, die er sein Leben lang gehütet, für die er aber nichts riskiert hat ... Ich hatte damals – im Herbst 1949 – in der Zeitschrift Wiedergeburt (Odrodzenie)[26] geschrieben: Leider gibt der Epilog dem Sinn des Stückes eine hoffnungslose und historisch gesehen falsche Wende. (Der polnische Titel des Stückes heißt »Die Deutschen«, der deutsche »Die Sonnenbrucks«, beide immerhin nicht zufällig in der Mehrzahl.) Der Zuschauer verläßt das Theater niedergeschlagen: – von der ganzen Familie bleibt für den Kampf um die Ideale des Fortschritts nur ein einziger Mensch übrig – ein hinfälliger Greis, der noch ein paar Jahre Leben vor sich hat; ausgerechnet dieser ehrliche Deutsche, von dem wir sowieso schon am Ende des Stückes gewußt haben, daß er alles durchschaut, ist der einzige.

Von den drei jungen Menschen läßt der Autor die ausgesprochen sympathische Ruth im Konzentrationslager umkommen, Liesel einen Amerikaner heiraten und den Sohn Wilhelm den Kampf für die alten Naziparolen wieder aufnehmen. Auch die Studenten in Göttingen, Professor Sonnenbrucks Schüler, sind alle Gegner der Ideale, die der verwandelte Greis repräsentiert. Was noch schlimmer ist, der Autor läßt uns vermuten, daß Professor Sonnenbruck nicht in Göttingen bleibt, um zu kämpfen, sondern nach Ostdeutschland umzieht, wo er ohne Behinderung durch die Besatzungsmacht Manifeste, die andere zum Kampf für den Frieden aufrufen, unterschreiben wird. Folglich verläßt der Zuschauer das Theater überzeugt, daß eine Wandlung im deutschen Volk nur unter Menschen der älteren Generation möglich ist. Die junge Generation ist nicht zu ändern und steht in der gegenwärtigen internationalen Konstellation ganz im Dienste des amerikanischen Imperialismus. So ist es zumindest in Westdeutschland unter den 46 Millionen Deutschen, wo die Handlung des Stückes spielt. Von Ostdeutschland erfahren wir nur soviel, daß es dort in Leipzig eine Universität gibt, die den alten Antifaschisten Peters aufgenommen hat und den neuen Antifaschisten Sonnenbruck aufzunehmen bereit ist. Das alles – schrieb ich weiter im Herbst 1949 in der Wiedergeburt – ist offensichtlich falsch ... Im Epilog fielen zum ersten Mal Worte, die unwahr und überflüssig waren.«

Der Autor hatte kurz danach den mißglückten, auf besonderen Wunsch geschriebenen Epilog aus den Rollenbüchern, Buch- und Schulbuchausgaben entfernen lassen. Zu seinem Stück und dessen Absicht äußerte er sich noch einmal unzweideutig:

»Die politisch-moralische Frage nach Schuld und Verantwortung des deutschen Volkes für Hitler hat in diesen Jahren die Form einer düsteren These von der angeborenen Kriminalität der Deutschen – einer fatalistischen, das heißt ausweglosen These – angenommen ... Meine Formel *Deutsche sind Menschen* zeichnet einfach den Ausgangspunkt, den Standpunkt, von dem aus ich das Thema anging ... Das Bild des Deutschen in unseren Gegenwartsromanen, Novellen, Dramen und Filmen zum Thema der Besatzung war eher ein diabolisches denn ein realistisches Bild, ein Bild von sehr geringem oder überhaupt keinem Erkenntniswert; es zeigte Gesten und Mienen, Funktionen und Handlungen, aber keine oder nur wenige Handlungsmotive.«[27]

Leon Kruczkowski, am 28. 6. 1900 in Krakau geboren, bürgerlicher Herkunft, Chemiker der Ausbildung nach, hatte 1918 in der Zeitschrift Masken (Maski) mit Gedichten debütiert. 1928 erschien in Krakau sein erster Gedichtband »Hämmer über der Welt« (Młoty nad światem). In dieser Zeit hatte er sich der Arbeiterbewegung angeschlossen. Bis 1930 arbeitete Kruczkowski in der Erdöl- und Zementindustrie, war in der Kultur- und Bildungsarbeit linksgerichteter Organisationen engagiert und Mitarbeiter der Zeitschrift Europa, danach, von 1930 bis 1933, Lehrer an einer Berufsschule. Im Jahre 1938 bereiste er einige Monate lang Belgien, um die Lebensbedingungen der polnischen Gastarbeiter und Emigranten zu studieren. Als Teilnehmer am Septemberfeldzug 1939 geriet er in deutsche Gefangenschaft und nahm hier an der Kulturarbeit (Laienbühne) im Offizierslager bis zu dessen Auflösung 1945 teil.

Im befreiten Polen gründete Kruczkowski, wie erwähnt, in

Krakau 1945 die literarische Zeitschrift Schaffen (Twórczość) und wurde deren erster Chefredakteur. Im selben Jahr wählte man ihn als Abgeordneten zur Nationalversammlung, und von 1945 bis 1948 hatte er das Amt des Vizeministers für Kultur und Kunst inne. Von 1949 bis 1956 trat Kruczkowski als Präsident des Polnischen Schriftstellerverbandes für die Unabhängigkeit der Schriftsteller ein, deren Interessen er auch als Mitglied des Staatsrats und im Vorstand des Komitees zur Verteidigung des Friedens vertrat. Włodzimierz Sokorski unterstreicht in seiner Erinnerung an Kruczkowski[28] dessen waghalsigen Einsatz für die Freiheit und die Rechte der Autoren. Er »trat sogar für ihre völlige Autonomie ein, selbst für ihren Austritt aus den Gewerkschaften, da er befürchtete – und wie die Praxis zeigt, mit Recht –, Literatur und Kunst könnten als Medien der Massenpropaganda behandelt werden«. Er argumentierte: »Ich habe niemals die politische Rolle der Kunst in Frage gestellt, aber das ist nicht ein und dasselbe... In dem mächtigen Tiegel der Berufsverbände können sich die Schriftsteller nicht wohl fühlen.« Er kritisierte kraft seines Amtes offen die protektionistischen Methoden zugunsten der engagierten Thematik, ohne daß der literarische Wert des Werkes berücksichtigt werde. Während der XI. Tagung des Rats für Kultur und Kunst im April 1954 setzte er sich energisch für eine Korrektur der engstirnigen Auslegung der Methoden und Aufgaben des sozialistischen Realismus ein. »... schmerzlich ertrug er die ungerechten Attacken gegen ihn in den Jahren 1956/57. Übrigens dauerte diese Treibjagd nicht lange. Seine honorige und tief parteiische Haltung obsiegte auch jetzt und gebot Verständnis und Achtung. In dieser Zeit entstanden die ›Aufzeichnungen aus der Hölle der Aufrechten‹.«

Die »Aufzeichnungen« (Szkice z piekła uczciwych) enthalten vier Erzählungen, von denen zwei zu Lebzeiten des Autors publiziert waren, zwei aber nicht, aus verschiedenen Gründen. Das Buch erschien 1963 in Warschau, ein Jahr nach

Kruczkowskis Tod. Die Erzählungen, in denen er mit den ideologischen und ethischen Verirrungen der stalinistischen Periode unverblümt ins Gericht geht, gehören zu den meistdiskutierten Veröffentlichungen jener Zeit. »Der große Fehler im Leben«, »Der Angeklagte hat das Wort«, »Aufzeichnungen aus der Hölle der Aufrechten«, und »Judycki« sind als strenge Lektion der Ehrlichkeit und Würde im ganzen Lande verstanden worden, sie behandelten authentische (und meist verschwiegene) Konflikte der neuen Gesellschaft mit ihren skrupellosen Konjunkturproleten, zynischen Schlaubergern, Menschen, »die nur nach oben sehen und hören« – »wie viele dieser Haltungen haben wir damals beobachten müssen«, schrieb Zenona Macużanka in ihrer Rezension[29], die den intellektuellen und didaktischen Rang dieser Erzählungen hervorhebt, die alle »Kleinmut und Feigheit«, »ideologische Engstirnigkeit und Anpassung« entlarven und geißeln.

Die Aufsätze, Essays und polemischen Beiträge von Kruczkowski erschienen gesammelt unter dem Titel »Unter Verwandten und Fremden« (Wśród swoich i obcych) 1954, später in einer umfangreicheren zweibändigen Ausgabe im Jahre 1971[30]. Die Zeitschrift Oder (Odra)[31] beanstandete, in dieser postumen, gekürzten Ausgabe der publizistischen Prosa fehlten gewichtige Beiträge, Reden und Stellungnahmen des Autors, auf deren Publikation Kruczkowski, als er noch lebte, nicht verzichtet hatte.

Kruczkowskis Publizistik werten seine Kritiker ausnahmslos als Zeitdokumente, die eine konsequente Polemik gegen jede Diktatur und den mit ihr verbundenen Rigorismus in Literatur und Kulturpolitik darstellen und die das eindeutige Bekenntnis des Autors zur Freiheit der Kunst und zu den Grundwerten der Demokratie belegen. Seine Ansichten, heißt es allenthalben, stimmten nicht mit denen der kommunistischen Organe überein. Kruczkowski verstand die sozialistische Kultur – ohne theoretische, ›proletkultistische‹ oder

›vulgärmarxistische‹ Deuteleien – anders. Das Ideal der sozialistischen Kultur hielt er für undenkbar ohne den Einbezug früherer Erfahrungen und Werte und ohne gegenwärtige Toleranz. Daher auch sein Konflikt mit den Doktrinären, die die materialistische Weltanschauung ausschließlich ökonomisch deuteten und den Sozialismus nicht, wie er, letzten Endes als eine geistige Befreiung begriffen.

Das deutsche Thema beschäftigte Kruczkowski schon vor dem Kriege, in einigen Artikeln und im Schauspiel »Ein Held unserer Zeit«, (Bohater naszych czasów/Daubmann, 1938), einer Satire auf die Zustände im Dritten Reich. Nach dem Drama »Die Deutschen« kam Kruczkowski auf das Thema noch einmal zurück im Schauspiel »Der erste Tag der Freiheit«, in dem er den modernen ideologischen Machiavellismus aufzeigte und für die Gebote des Gewissens und der Menschlichkeit eintrat, auch wenn es darum ginge, einen Gegner oder einen Feind zu besiegen. Er maß Sieger wie Besiegte mit derselben Elle – was in den Jahren der Vergeltung keine Selbstverständlichkeit war.
Deutschland und den Deutschen widmete er auch einige seiner Gelegenheitsarbeiten, so das Vorwort zu den Briefen deutscher Antifaschisten »Die Unbeugsamen« (Nieugięci, 1952) oder das Vorwort zu einer polnischen Ausgabe der Prosa von Stefan Hermlin. Die Ausgabe von 1966 der »Aufzeichnungen aus der Hölle der Aufrechten« enthält auch ein bislang unveröffentlichtes Fragment des geplanten Romans »Geprüft. Oflag II D«, in dem der Autor mit Sicherheit Erlebnisse und Erfahrungen der deutschen Kriegsgefangenschaft zu behandeln vorgehabt hatte. Den Staatspreis I. Klasse bekam Kruczkowski für das Drama »Die Deutschen«, den internationalen Lenin-Preis »für die Festigung des Friedens zwischen den Völkern«.[32] In der vor seinem Tode erschienenen, vom Autor noch autorisierten, im Klima des Tauwetters bearbeiteten Bibliographie wird dieser

Preis in der Vita nur als »internationaler« ohne »Lenin« genannt.[33]

In den zwanziger Jahren schrieb Kruczkowski Gedichte, in den dreißiger Jahren publizistische Beiträge und Romane: »Rebell und Bauer« (Kordian i cham, 1932), »Die Pfauenfedern« (Pawie pióra, 1935), »Netze« (Sidła, 1937), von denen der erste der bedeutendste ist. Nach dem Krieg wurde Kruczkowski als Dramatiker populär: »Vergeltungen« (Odwety, 1948), »Die Sonnenbrucks« (Niemcy, 1949), »Julius und Ethel« (1954), »Der erste Tag der Freiheit« (Pierwszy dzień wolności, 1960), »Der Tod des Gouverneurs« (Śmierć gubernatora, 1962). Die Stücke packen moralisch-politische Probleme von großer aktueller Brisanz an und scheuen gewagte Folgerungen nicht. Zu seinem letzten Stück »Der Tod des Gouverneurs« vermerkte Kruczkowski (was für sein Gesamtwerk gelten kann): »Mein Stück ist Schauplatz des Streits zwischen zwei Geschichtsbetrachtungen: Geschichte als fatalistische Kette von Verbrechen und Unrecht und Geschichte als gesellschaftspolitische Auseinandersetzung, als Kampf um eine immer gerechtere Welt, ohne die die Existenz eines gerechten Menschen nicht gut möglich ist.«

»DER GEDANKE IST EINE SELTSAME WEITE«

LESEZEICHEN ZU DEN GEDICHTEN VON KAROL WOJTYŁA

Der Gedanke in statu nascendi, als Inhalt für die Form und als Form für den Inhalt, vernehmlich und sichtbar, ist Werkstoff dieser Dichtung. Auch der »Gedanke, der in der Menge unausgesprochen zerbrach«. Ein noch nicht zur Sprache und zur Welt gebrachter Gedanke.
Die Zeit der Handlung dieses Gedankendramas ist das Heute wie das Ewig, der Ort der Handlung ist der »seltsame Raum« – im Original *przestrzeń* –, aber dieser »Raum« ist vieldeutig. Er besagt auch das Gebiet, den Abstand, die Entfernung, die Strecke, den Umfang, die Länge – er entzieht sich als Wort und als Begriff der eindimensionalen Auffassung völlig. Raum? Entfernung? Strecke? Alle diese Möglichkeiten sehen die polnischen Wörterbücher vor – bis auf eine, die entfernteste und die »seltsamste«, bis auf die »Weite«. Und gerade sie ist es, die der Autor mehrmals in mehreren Gedichten einbringt, gerade sie ist der Begriff, der dem semantischen Umfeld *przestrzeń* in diesem Kontext am natürlichsten entwächst. Die »Weite« eröffnet die Vieldeutigkeit, die den Leser zur Deutung herausfordert, die diesem Worte, das zur Transzendenz hinführt, zugleich immanent ist. *Der Gedanke ist eine seltsame Weite.*

Der Mensch vollzieht den Gedankenakt, und er wird von ihm vollzogen. Die Zeitsymptome ergeben Krankheitsbilder: Melancholiker, Spaltungsirre (Schizophrene), Verwandlungskünstler (Schauspieler), Blinde, Mädchen ohne Liebe und gefährdete Kinder. Alle diese erlebten »Profile« führen zu »Menschengedanken«. Gedaken um den Menschen, für den Menschen, zu den Menschen. »Die Mühe mit dem anderen Menschen« ist das Vermächtnis. Die Position dieser

Gedanken ist wie die des »Simon aus Kyrene«: *Aug in Aug mit dem Menschen!* Gedanke und Mensch sind – nachzählbar – die häufigsten Vokabeln dieser Gedankenlyrik. Die Charakterbilder der »Personenbeschreibungen« – Arbeiter, Gefühlsmenschen, Verstandesmenschen, Willensmenschen – beinhalten eine Mahnung: den Kleinmut, die »Enge deines Formblatts, Urteils deiner Meinung« zu sprengen, den »Inhalt« nicht zu erpressen, nicht zu entleeren, nicht zu verraten.
Die Menschenwege führen auf den Gedanken zu.

Das Profil – unter der Mehrzahl der »Profile des Kyreners« – bleibt Merkwort, Sinnwort für menschliche Umrisse, die sich gegen den Himmel (oder gegen die Sonne, oder gegen den Abend) abheben. Profile des Humanen auf dem Hintergrund des Divinen. Theologische Differentialdiagnose hebt die Züge, die Geraden oder die Kurven, aus, oder sie hebt sie auf. Die Beobachtung und die Begegnung, der Vollzug der Kontemplation, richten sich vom Äußeren ins Innere. Hier finden sie, bei aller Differenzierung, den »gemeinsamen Nenner« der »Passanten«, der in die Ewigkeit »Vorübergehenden«. In dem Einen sind alle Individuen als Gleichnis gleich und eins, trotz Vielfalt. *Somit verwandelt zum Querschnitt sich das Profil.* Darin steckt der Sinn der Betrachtung der vielen Profile: durch ihre Anschauung im einzelnen zum Wesen des Allgemeinen vorzudringen.
Diese Form aphoristischer Lyrik knüpft bei Cyprian Kamil Norwid (1821–1883) an, einem Neuerer der polnischen Dichtung der Neuzeit.

Du – das Personalpronomen singular in zweiter Person, das persönliche Fürwort steht für persönliche Hingabe ein. Für den Nächsten, den anderen, der unmittelbar angesprochen wird. Aber es steht hier ebenso für die Gemeinsamkeit, wenn nicht gar Austauschbarkeit der Pronomina ein: »Du« ist im

»ich«, »ich« ist im »du«. Ganz gleich, ob es groß oder klein geschrieben wird. Hier sind alle Gedichte, auch die Selbstgespräche, Zwiegespräche, Fragen oder Antworten oder Appell an den Dialogpartner, auch an sich selbst: *Nimm den Gedanken – so du es kannst – nimm den Gedanken und schaffe ihm Bleibe.* Denke ihn heraus. Denke ihn weiter. Denke ihn voran.
Die poetologische Absicht artikuliert sich als Gebot: *Zerschlage und öffne! (Die Sätze seien bündig, sie müssen gleiten und reißen – keine runden Strophen.)* Die Gedanken-Sätze sind bildhafte Grund-Sätze, die einem inneren Rhythmus folgen, keinem poetischen Schema-Zwang unterliegen, wie es die Krakauer Avantgardisten, allen voran Julian Przyboś (1901–1970), in den zwanziger Jahren theoretisch vorgezeichnet hatten. Die lose, unkonventionelle Nutzung der Reime, oder Verzicht auf diese, war ein Postulat jener Schule. Dem dynamischen Fluß der Meditation, aller Meditation, können die mnemotechnischen Hilfsmittel sowieso nur nebensächlich sein, wenn nicht gar hinderlich.

Im *Steinbruch* begegnen wir dem Stein, einem Werkstoff der Welt, als Prüfstein, als tote Materie, die Lebendiges auslöst. Das Lied besingt die Arbeit, eine der schwersten, die Arbeit des Körpers als einen Weg nach innen, zur »Inspiration«, als einen Weg zu beseelenden Impulsen. Die »ganze Größe« dieser Arbeit vollzieht sich im »Innenleben«. Das Lied besingt auch die »Landschaft« der Arbeiterhände, die »Arme und Adern«, die sich in der Bewegung der Hammerschwünge zum »gotischen Spitzbogen« formen.
Der Autor hatte diese Arbeit in den Jahren 1940–1941 selbst in den Steinbrüchen von Zakrzówek bei Krakau, auch andere körperliche Arbeit, als Hilfsarbeiter im Chemiewerk »Solvay« erlebt. Er weiß, wovon er spricht und was er damit sagen will. Auch den Tod des Arbeitskameraden, der von einem Steinblock erschlagen wird, sieht er sowohl vordergründig,

im Leid der zurückgelassenen Frau und des Sohnes, als auch eschatologisch: im Übergang vom Tod ins Leben. Der Mensch, wie der Stein, ist nur Werkstoff im All, auch im Tode und darüber hinaus. Der Rhythmus der Hammerschläge, der diesem Gedicht innewohnt, hämmert erstaunliche »seltsam weite« Gedanken ein: Die Arbeit beseelt zu einem »schwierigen Gut«, sie erzeugt zwar Schweiß und Zorn, aber auch das »Gleichgewicht, das die Liebe durch Zorn erreicht«.

Das Lied vom Glanz des Wassers sucht das Bild des Menschen im Spiegel Christi und Christus im Spiegelbild des Menschen, »im Glanz des Wassers« am Brunnen von Sichar, der in seinem Schacht die innere Tiefe der gespiegelten Oberfläche schauen läßt. Solches Schauen-Lassen ist Offenbaren aus der »Trächtigkeit der Tiefe«. Das Wasser, das Jesus Johannes und den anderen verheißen hatte, ist der Lebensstrom, in dem sich Gott offenbart, wie Max Scheler (1874–1928), der Phänomenologe und des Autors Forschungsgegenstand, definiert hatte.[1] Das Lied ist also zugleich Bekenntnisgedicht und Nachtrag-Illustration zur »Erscheinungslehre«, die nach der Begriffsbestimmung der Vorläufer dieser Lehre »eine bis zu den letzten Elementen vordringende Analyse der Erscheinungen in sich selbst« darstellt. Dem Autor des Liedes ist die »Erscheinung« das »Erlebnis«, welches dem »Ding an sich« widerspricht und der katholischen Ethik den eigentlichen Halt gibt.

Die Berührung der »Pupille« (»Augen«, »Blicke«, »Augenblicke«) mit dem Wasser hat heilende Kraft. Das sinnbare Sehen an der »Quelle«, im Wellengang der Vergänglichkeit, läßt den ewigen »Grund« glanzvoll erleben – »durchstrahlt vom Glanz Deiner Worte«. Das eigentliche Sehen ist das mit geschlossenen Augen – wie im Gebet. »Man öffne anders die Augen«, nach innen, um der Vision teilhaftig zu werden. Die ganze Weite des Sehens – vom sinnlichen zum transzendenten

– wird in dem Bild des Wassers am Brunnen von Sichar sichtbar.
Das Gedicht ist eine Apotheose des »Lichts«, der »Helle«, des »Glanzes« im theologischen Sinne von Albertus Magnus und von Thomas von Aquin (›claritas‹) und im poetologischen Sinne von Julian Przyboś, dessen Gedichte mit dem »Werkzeug aus Licht« kreierte und vom Sichtbaren, vom Visionären her »erlebte« Naturwerke und Bauwerke sind.
In dieser Sicht bekommt auch die Charakterstudie von den »Blinden« in den »Profilen« ihren exzeptionellen Sinn.
»Die traurige Wand des Abends«, das Dunkel der modernen gesichtslosen Menschheit, wo das einzelne in der »Neonflut« nicht zu unterscheiden, nicht zu erkennen ist, ist die Projektion der Blindheit ins Soziologische, wiederum im Schelerschen, theologischen Sinne. »Eure Seelenwüste hat mein Gesicht versengt, verweht ...« Erst die Betrachtung nach innen macht den einzelnen wieder erkennbar, und der »Lichtbogen« dieses verinnerlichten Blicks hebt den »weiten Deckel der Nacht«, der vorübergehend alles zur Masse, zur »Mauer«, zur »Wand« nivelliert und egalisiert. Diese Begriffe und Bilder sind Übertragungen der phänomenologischen Terminologie und ihrer Grundlagen – der Spaltung des menschlichen Geistes in konkretes Sein und unkonkretes Wesen[2] – in eine Homilie.

Die Mutter, angeregt durch das am 1. November des Jahres 1950 durch Papst Pius XII. verkündete Dogma von der Himmelfahrt Mariae, ist eine lyrische Kontemplation zweier Mütter in einer. Das Erlebnis der irdischen, der menschlichen Mutterschaft korrespondiert mit der Verwunderung über das Erlebnis der göttlichen Mutterschaft in der Menschwerdung Gottes und der Himmelfahrt des Menschen, den man als Kind getragen hatte, zu Gott. Das doppelte Mysterium natale, das doppelte Geheimnis überträgt die Mutter Gottes mit ihrer Ergriffenheit – dem Mariengesang – auf alle Menschen, damit er viele Menschen erreiche und »dort seine Weite« finde.

Der Gedanke ist eine seltsame Weite ist ein religionsphilosophisches Traktat. Es geht um das Ringen Jakobs mit dem Engel. Das Leitmotiv, am Brunnen von Sichar geschöpft, wiederholt sich: »Mir scheint, daß der Mensch am meisten aus Mangel an ›Sehen‹ leidet.« Parabel von Jakob, dem Hirten, von seinem Seßhaftwerden in der »Weite des Gedankens« ist einfach und kompliziert. Ihre Conclusio aber richtet sich unmißverständlich an die »Weggefährten«: »Suchst du den Ort, an dem Jakob gerungen hatte, wandere nicht nach Arabien, suche den Fluß nicht auf einer Karte, du findest die Spur viel näher ... Laß die Gegenstände nur glanzvoll in deinem Gedankenweitblick erscheinen.«

Jakob, wie früher schon Simon von Kyrene und die anderen personifizierten Gedankenträger dieser Meditationen, sind Muster der von Scheler behandelten Spaltung von Phänomen und Wesen, Muster der »Gesamtperson«, in der viele Personen wohnen, sogar, wie »in Jakob«, Tiere und Gegenstände. Einer der ersten wenigen Kommentatoren der Gedichte von Karol Wojtyła, Janusz St. Pasierb, macht auf die Verwandtschaft zwischen dem gemeinsamen »Querschnitt« (dem Wesen) und dem »Profil« (als äußeren Umriß) einerseits und dem »Jedermann« Hofmannsthals, mit dem der Autor als Schüler des Theatermannes Mieczysław Kotlarczyk in Wadowice und als Mitglied von dessen »Rhapsodischem Theater« in Berührung gekommen war, aufmerksam. Karol Wojtyła hatte darüber als Kardinal in Krakau in einem Vorwort zu Kotlarczyks Buch »Die Kunst des lebendigen Worts. Diktion, Expression, Magie«[3], geschrieben.

Die Kirche, Ort der Zusammenkunft von »Hirten und Quellen« inspiriert den Bischof, Teilnehmer am 2. Vatikanischen Konzil im Herbst 1962, vom 11. 10. bis zum 8. 12., vor uns die Tore der Basilika des hl. Petrus zu öffnen und »die große

Bewegung, die in uns aus den offenen Büchern dringt« zu erleben. Geheimnisse und Symbole auf dem Boden Petri, der Erde, »auf der *Wände* und *Säulengänge* gegründet sind«, in denen jeder, »der sich hier nicht verliert«, »Ganzheit und Sinn« findet. Die »Synode der Gewissen« will die »zerschnittene Welt« wieder zusammenwachsen lassen. Schwarze und weiße Brüder, so anders sie denken mögen, sehen sich in der Gleichheit der Wahrheit, die sie teilen, im Kniefall zum »Tiefen Boden«, der nicht »Fassade« ist, vereint. Das Evangelium und die »unsichtbaren Hände« geben der Vielfalt der greisen Versammlung Kraft, »mit Mühe das Boot zu ziehen, dessen Lauf die Geschichte, trotz seichter Stellen, bestimmt«.
Die beiden Städte, auf die der Bezeuger von einem der sieben Hügel blickt, Städte, die das irdische und das himmlische Jerusalem verkörpern, »das Symbol der Arbeit und der Kunst die eine, das Symbol der Gnade und der letzten Erfüllung die andere« (Pasierb), sind jede für sich eine Ganzheit ... Jeder von uns muß so leben mit jeder von ihnen ... anders vermochte noch keiner von uns zu bestehen, zu dienen, als nur als Ganzheit mit einer der beiden Städte.« In der Mitte liegt die »Dritte Stadt«, Rom, deren Wesen erst eigentlich am Abend, wenn ihr Alltagsflitter fällt, anschaubar wird.

Die Geburt der Bekenner findet statt beim Erteilen des Sakraments der Firmung in einem Dorf im Vorgebirge. Die äußere Landschaft im Freien und die innere Landschaft, ablesbar an den Gesichtszügen der Gläubigen, bilden erlebte Einheit. Diese Einheit schafft Zugang zum Wesen, durch das Nebulöse des Zufalls hindurch. Die »Begegnung«, das feierliche Treffen mit Ihm, kann stattfinden. Ort dieses Treffens ist der »Mut«. Der Mut ist der Glaube. Der Gläubige, der das Sakrament der Firmung empfängt, denkt über seine Neugeburt nach: »Wie soll ich geboren werden?« Das Nachdenken erzeugt Bedenken: »Ist der Gedanke ein Steg?« Und der

Gläubige schwankt, stolpert über den Gedanken, weil er gefangen ist in der eigenen Befangenheit: »Die Wahrheit, die in mir ist, die zwangsweise aus mir bricht, die kann ich niemals verwerfen, es sei denn, ich verwürfe mich.« Also bittet er um Geduld: »Warte ... Ich sammle Dich in den Flußbetten ein, in Sturzbächen, Quellen des Lichts, in Wurzeln der Bäume und Sonnenflächen.« Die Firmung schafft den Zusammenklang von Gott-Natur und Mensch-Natur.

Die Betrachtungen über die Vaterschaft gehen auf den Urvater Adam zurück, auf den Jedermann aus dem Garten Gottes – »in diesem Namen kann man jedem begegnen, zugleich aber kann – in diesem Namen – alles, was Menschen erwirken, verflachen«. Er aber, der Betrachter, sucht den Ausweg aus der Oberfläche in die Tiefe des Wesens. Die Oberfläche, der Zustand der Verflachung, ist die Einsamkeit, die Entfremdung, infolge der Weigerung, die Vaterschaft Gottes anzuerkennen. Alleinsein ist Sünde und Schuld. Denn »das Alleinsein verselbständigt nicht, es führt zur Gegnerschaft«. Das Gedicht ist ein Deutungsversuch der Trinitätsanthropologie, des Geheimnisses der Dreieinigkeit, »die immer schon im Boden dessen steckte, was ist«. Alles ist unwesentlich, bis auf eins: »den Vater, das Kind und die Liebe«. Das Kind, der Sohn, ist lebendiger Gegensatz allen Alleinseins.

Die Wanderung zu den heiligen Stätten führt in die Wüste von Judäa, wo »jeder Blick seit tausendneunhundert Jahren in einen einzigen mündet, den wir unverändert bewahren«. Die unschöne Landschaft, die verkümmerten Olivenbäume können den Pilger nicht über die innere Schönheit – das Wesen – dieser Stätten täuschen. Selbst die Felskluft, das Bild der Zerrissenheit im Gestein, empfindet sein Auge wie einen Kelch, ein Gefäß zur Aufnahme der lacrimae Christi. Ziel der Reise ist die »Begegnung« mit dem Ort, der geworden ist, was er ist, »durch DEN, DER IST«. Dies ist eine Wallfahrt zur Identität. Zur »Identität des Sich-Wiederfindens«. Am Ende ist es für den Pilger die »Identität des Atems. Die gemeinsamen Stätten sind mehr in uns als in der Erde«. Die innere Stätte, »meine Stätte ist in Dir. Deine Stätte ist in mir«.

Ostervigil 1966 entstand anläßlich des Millenniums der polnischen Staatsgründung. Der Piastenfürst Mieszko I. brachte dem Lande zugleich die Christianisierung. Seitdem sind Staat und Christentum in Polen gemeinsame Geschichte. Der »Baum« als Symbol des Lebens und der Erkenntnis verbindet mit seiner Wiederkehr die unterschiedlichen Teile zu einem Ganzen, in dem der Mensch, die Dinge, das Volk, die Landschaft, die Sprache ihre Geschichte erleiden. Im Bild des Baumes, der verwundet werden muß, um veredelt werden zu können, und der, »körperlich« gestorben, in seinen Früchten weiterlebt, wird die Idee der Dauer, der Wiedergeburt, des Fortlebens, der Fruchtbarkeit anschaulich gemacht.
Der Traktat demonstriert die Verflechtung der konkreten Seinserscheinungen mit ihrem unsichtbaren Wesen, wie sie Pasierb auch in Rilkes Gottgesprächen und Elegien (IX. Elegie) ähnlich empfindet. Er kommentiert das Symbol des Baumes zusätzlich polnisch-patriotisch. »Ringsum war Garten« komme auch in der großen Nationaldichtung der Romantiker (Adam Mickiewicz, »Pan Tadeusz«) und in den Heimatliedern der Moderne (Julian Tuwim, »Polnische Blumen«) vor und stehe als Symbol für polnische Natur und Kultur ein. Es ist das Topos des polnischen Paradieses.
Aus diesem Sinnbild der bodenständigen Tradition wird die Kraft zum Überleben geschöpft. Denn »die Vergangenheit ist die Zeit der Geburt, nicht des Todes«. Die Wunde, die der Baumstamm empfing, war notwendig, damit sich »das Pfropfreis halte«, damit »der Lebensfluß« empfangen werde, damit die Veredlung stattfinde, damit das Fortbestehen gesichert bleibe.

Der »verwundete Baum« vereint »die Vergangenheit mit der Zukunft«. Ein solcher Baum schafft Bindungen. Eine davon ist die Sprache, »die Wesensgleichheit der Wörter«, »die gemeinsame Sprache«, die »Einheit der Vielfalt der Wörter«: »Ach, dieser Sog in die Vaterschaft, innerlicher als irgendeine sichtbare Welt – dieser Sog durch das Wort; mehr durch das Schweigen als durch die Sprache – dieser Sog durch die Liebe, der hemmt und bewegt zugleich.«
Der Traktat über die »Entwicklung der Sprache« rückt die Gedanken in eine schicksalhafte Nähe: »Die Nähe des Vaterlandes ist unausgesprochen« gegenwärtig, überall, aber besonders hier, wo die Sprache Bewegung und Bindung schafft, die Gemeinsamkeit bedingt und Begriffe wie Freiheit, Sieg und Niederlage mit historischem Sinn erfüllt. Diese »Geschichte ist nicht Auferstehung, sie ist das stete Einverständnis zum Tode – sie gibt dem Lauf der menschlichen Sterbefälle die Transparenz« – und schafft den Mythos. Die »Treue zur Erde« ist »Ritus«, so in der Stunde der Geburt wie der des Sterbens. Am Ende ist Ostervigil auch Ostervigilie, die Nachtwache vor Christi und vor des Vaterlandes Gräbern, in der »Nacht der Verzweiflung und der Hoffnung«, »Der Kampf schlägt sich nieder auf alle historischen Kämpfe, erfüllt sie alle innen«, und die tausend Jahre polnischer Geschichte, polnischen Christentums, sind »wie eine Nacht: die Nacht des Wachens an Deinem Grabe«.

Wenn ich Vaterland denke – dann dringt der Autor in das »Herz des Dramas« vor, ergründet dieses Herz seines Ursprungs und des Ursprungs der »Generationen«. Gedanken und Motive der »Ostervigil« werden aufgenommen, erweitert, vertieft. Die Heimatliebe wird zum Mysterium, ähnlich dem Mysterium paschale. Das Herz dieser Heimatliebe ist die Sprache. »So miteinander zusammengedrängt durch die Sprache, bestehen wir in der Tiefe der eigenen Wurzeln« und »fühlen keine Bitterkeit, daß auf den Märkten

der Welt unsere Gedanken, wegen des hohen Preises der Worte, nicht gefragt sind.« Es ist keine Bitterkeit, aber es ist Beklagen: »Die eigene Sprache versperrt uns in uns: Sie drängt uns zusammen, aber sie öffnet nicht.« Sie macht die »Sprachlosigkeit« der anderen zum eigenen Schicksal, in das man sich fügen muß. »Ein Volk, das im Herzen der eigenen Sprache lebt, wird generationenlang Geheimnis eines noch nicht bis zum Ende überschaubaren Gedankens bleiben.«
Die Ode an die Sprache wird zur »Liturgie der Geschichte«, gesungen, um die Widerstandskraft des Volkes wachzuhalten, »die Kirche der Gewissen im Wurzelwerk der Geschichte« zu stärken. »Schwach ist ein Volk, das seine Niederlagen hinnimmt, das vergißt, daß es gesandt worden ist, zu wachen, bis seine Stunde kommt. Die Stunden kommen immer wieder auf dem großen Zifferblatt der Geschichte.« Hier wird die Heimat zum »Ostergeheimnis«, der Begriff der »Wache« zu einem Wort des Herrn und des Volkes.

Die Betrachtung über den Tod ist eine Betrachtung über die Wiedergeburt, über den Glauben an den Fortbestand der Seelen, an ihren »Durchgang« vom unwesentlichen Leben diesseits in das wesentliche Leben im Jenseits. Sie gehört folgerichtig zum Dreiklang der drei letzten Gedichte: Christus, Vaterland, Mysterium paschale. Das »Sein zum Tode« der Phänomenologen wird gekrönt durch den »Tod zum Leben« aus christlicher Hoffnung, die die Angst überwindet. »Und so bin ich dir mit meiner Hoffnung verschrieben, jenseits von Dir kann ich nicht bestehen.«
Totus tuus.

Die Tradition des polnischen langen Gedichts in diesem Jahrhundert reicht von den Hymnen des Jan Kasprowicz (1860–1926: »Ginącemu światu« – »Der untergehenden Welt«) bis zu den sprachphilosophischen Traktaten des Zbigniew Bieńkowski (1913: »Trzy poematy« – »Drei Poeme«, 1959). Die lyrischen Traktate des Papstes unterscheiden sich grundsätzlich von den pessimistischen, apokalyptischen Visionen des ersten, des gläubigen Poeten, und sie unterscheiden sich von der verbalen Euphorie der optimistischen Gedankensicht des zweiten, des ungläubigen – im christlichen Sinne – Poeten. Die Sprache der Evangelisten, der Kirchenväter, vermengt mit den Ausdrucksmitteln eines, der das zwanzigste Jahrhundert bewußt und teilnahmsvoll »an den Wurzeln des Volkes« miterlebt hat, fügen dem Alten Neues hinzu und besinnen das Neue auf Altes. Die Tongebung ist eigen, eucharistisch, hochgestimmt in der Bejahung des Göttlichen im Irdischen.

Der innere Dialog dieser langen Gedichte führt in die immaterielle Tiefe der materiellen Anschaubarkeit und Angreifbarkeit. Der häufig angesprochene »Körper«, »Leib«, auch typographisch akzentuiert, meint die leibliche »Wohnung« (Schelers konkretes Sein) für das Phänomen, die Erscheinung, das Wesen. In diesem Mysterienspiel der Gedanken trifft Theologisches mit Poetologischem in dem Sinne zusammen, wie es Novalis in einem seiner Fragmente definiert hatte: »Jedes Äußere ist ein in *Geheimnis*zustand erhobenes Innere.« Nicht alle Thesen, die Walter Höllerer zum »langen Gedicht« aufgestellt hat, treffen auf diese Meditationen zu – sie sind zum Beispiel feierlich und ritual, was Höllerer in seinen theoretischen Überlegungen nicht vorsieht[4] – aber eine These trifft zu: »Wer ein langes Gedicht schreibt, schafft sich die Perspektive, die Welt freizügiger zu sehen, opponiert gegen vorhandene Festgelegtheit und Kurzatmigkeit. Die Republik wird erkennbar, die sich befreit.« Die Republik – hier – Christi. Auch die »Festgelegtheit« und die »Kurzatmigkeit« im religiösen Gedicht der Polen haben in diesem Jahrhundert eine reiche Tradition, von der die Gedichte des Papstes – in ihrer Sprachgesinnung – profitieren: Jerzy

Liebert (1904–1931), Leopold Staff (1878–1957), bis zu den Jüngeren, Krzysztof Kamil Baczyński (1921–1944) und Tadeusz Gajcy (1922–1944), die im Warschauer Aufstand gefallen sind. Die Gebete des »Herrn Cogito«, des Reisenden, an Gott, von Zbigniew Herbert (1924), sind späteren Datums, gehören aber genauso in den Bereich dieser national-polnischen, ethisch-christlichen Dichtung.

Karol Wojtyłas Traktate sind alle zugleich Traktate auf die polnische Sprache, die hermetische Sprache, die charismatische Sprache, die den Fremden dunkel und den Gemeindemitgliedern Verständigungsmittel und Labsal ist. Demnach kann die Poesie von Karol Wojtyła gar keine andere Form sich nehmen, sich geben, haben als eben diese des Mysteriums und der Homilie, nicht nur als Auslegung der »Schrift« und der »Geschichte«, sondern auch als die aus einfacher Anschauung gewonnene Einsicht in das Selbst. Sakrales schließt hier das Profane nicht aus, auch Persönliches nicht das Allgemeine: umgekehrt auch nicht. Einerseits Sohn dieser »Erde«, der »Scholle« (Gruda)[5], glebae adscriptus, andererseits dieser Erde in Erhabenheit entrückt, in Gottes Welt und Geist heimisch, handelt diese Dichtung dialogisch, um die Spaltung in Gegensätze, formal in Einfachheit und Pathos, zu überwinden. Phainomenon, die Erscheinung, kraft der Inspiration wahrgenommen, sonst Gegensatz des Neumenon, des »Gedankendings«, wird hier zum Durchgang zu eben seinem Gegensatz. ›Der Gedanke ist nicht eine Verneinung der Vision, der Erscheinung, sondern der Raum, in dem sie wohnt: in der ihr eigenen seltsamen, phänomenalen »Weite«.

Von Kardinal Newman stammt der Satz, die poetische Weltsicht sei eines Christen Pflicht. Die polnischen Christen sind in besonderem Maße ›poetisch‹. Es steht dem Papst, der aus diesem Volke stammt, zu und an, in der Tradition seines Glaubens und seines Volkes die Welt poetisch zu erleben und zu artikulieren.

IV

Ein guter Übersetzer
versucht, die Idiome einer fremden Sprache
durch die Eigenschaften der eigenen
zu vermitteln.

Hieronymus, Briefe

POLEN, LAND DER POINTEN

Pointe ist französischer Herkunft und als solche ein Punkt, ein Doppelpunkt, ein Gefrierpunkt, ein Höhepunkt, ein Mittelpunkt, ein Siedepunkt, ein Zielpunkt; vor allem, wahrscheinlich, ein Schlußpunkt. Als literarische Pointe – ein Kurzschlußpunkt. Dabei drängt sich die Lecsche Warnung auf: »Mißtraut den Analphabeten. Es könnte einer von ihnen den Punkt auf das i setzen.« Dieser Point ist männlichen Geschlechts und in seiner aggressiven Form ein ›Stich‹, ein Nadelstich zum Beispiel. (So heißt die führende polnische satirische Zeitschrift seit ihrer Gründung im Jahre 1935 durch den Publizisten Zbigniew Mitzner und den Grafiker Eryk Lipiński: »Szpilki«, also »Nadeln«, oder im weiteren Sinne »Nadelstiche«.)

Jedes Titelblatt dieser »Nadeln« ziert seit nunmehr über vierzig Jahren ein Bonmot des Fürstbischofs Ignacy Krasicki, des führenden und spitzesten Kopfes der polnischen Aufklärung, das da lautet: »Wahre Tugend fürchtet keine Kritik.« Die Spitzköpfe von heute stellen den Satz des geistlichen Herrn, ihres Vorfahren, auf den Kopf für den Eigengebrauch – offen, wenn auch nicht offiziell – säkularisiert: »Ein wahrer Kritiker fürchtet keine Tugend.«

Sooft man nach Polen fährt, erfährt man es schon am Flugplatz oder am Bahnhof aus dem Munde des erstbesten Taxifahrers: Dieses Volk lebt vor allem von und mit seinen Pointen.

Pointe bezeichnet auch Schärfe, Würze. Der femininen Spitze (pointe ist feminin) sind kaum Grenzen gesetzt; sie reichen von der Nähnadelspitze, die nur in den Finger pikt, bis zur Pica der Picadores, mit der man ausgewachsene Stiere, nicht nur Ochsen, zur Strecke bringen kann.

Als Adverb ist *point* eindeutige Verneinung: nein, keinesfalls, mitnichten, nie.
Das romanische Substantiv gewinnt neue Bewandtnisfelder durch Übertragung ins Angelsächsische. Ein *Pointer* ist in Großbritannien ein glatthaariger Vorstehhund von vorzüglichen Spüreigenschaften. Er läuft dem Jäger mit hoher Nase voraus und sucht das Gelände hechelnd ab, bis er das angeschossene, das wild gejagte Wild gestellt hat. Dabei kommt uns wieder der kapitale Lec in den Sinn, der meinte, er habe die größte und spürsinnigste Nase von ganz Warschau. Er trug sie hoch und witterte so ziemlich alles.
Polen ist das Land der Pointen in ihrer spitzfindigsten Ausführung. Es ist nicht einfach dahinterzukommen, da die Spitze oft einen Widerhaken hat, aber es ist gewinnreich, ihre Krümmung zu begreifen. »Sein Gewissen war rein. Er benutzte es nie.« – »Die Uhr schlägt. Alle.« – »Ex oriente lux. Ex occidente luxus.« – »Sumus, sed non possumus.« – »Es gibt Pointen, die nicht den Satz schließen, sondern den Mund.« (Lec)

Aphorismus

Der Aphorismus ist die Bergspitze, der Gipfel der pointierten Literatur. Höher, reduzierter, kürzer geht es wahrscheinlich nicht. Lec ist, wie Kraus und Lichtenberg vor ihm, der Jahrhundertaphorismus geglückt.
Nach Stanisław Jerzy Lec (1909–1966) lebt die Kunst des Aphorismus im Werk seines jüngeren Kollegen Wiesław Brudziński (1920), eines der beiden Chefredakteure der »Szpilki«, fort. Ist in den Lecschen »Unfrisierten Gedanken« auf Schritt und Tritt der Jurist, der Philosoph, der Lyriker auszumachen, so lernen wir bei Brudziński eine andere Art des Aphorismus kennen, in der die Tagespolemik und der soziopolitologische Befund unmittelbar, chirurgisch offengelegt werden, zur sofortigen Einsichtnahme. Ohne den

Umweg des doppelten Bodens (im Kleinhirn) und ohne den Schmerzgenuß des intellektuellen Widerhakens wie bei Lec.

Auch die polnische Literatur im Exil kennt die Kunst des Aphorismus; stellvertretend sei hier Aleksander Litwin genannt, von dem gerade zwei Aphorismenbücher – »Nicht offenbarte Gedanken«, 1978, und »Paradoxa«, 1979 (Myśli nieujawnione, Paradoksy) – in der Offizin der Eheleute Bednarczyk in London erschienen sind.

Der Aphorismus als Form ist inzwischen so sehr Mode geworden, daß er selbst die Lyrik als Form – seit Lec – immer stärker beeinträchtigt. Stand das folgende kleine Gedicht von Lec

> Wenn ein Dichter
> an Gittern rüttelt,
> sage nicht,
> wie anders
> klingen Harfen!

noch in einer Sammlung satirischer und epigrammatischer Gedichte (»An Abel und Kain«, 1961), finden wir heute ähnlich pointierte satirische Gedichte auch in lyrischen Sammlungen, unauffällig und gleichberechtigt neben ›seriöser‹ Poesie.

Als Beispiel für lyrische Kurzgedichte mit aphoristischer Inklination können die Kurzzeiler dienen, die der in Polen wohnhafte Ryszard Krynicki (geboren 1942) 1978 in Paris im Verlag der Kultura unter dem Titel »Unser Leben wächst« (Nasze życie rośnie) veröffentlichen ließ. Es ist eine Gattung an der Grenze, wo Lyrik und Satire in melancholischer Symbiose traurig zusammen schlecht oder recht leben.

Die Ahnenreihe der polnischen Picadores ist lang. Sie beginnt mit dem Ahnherrn der polnischen Dichtung und Literatur Jan Kochanowski (1530–1584) und seinen unzimperlichen »Foricoenia« und endet im zwanzigsten Jahrhundert mit dem

Alleskönner Julian Tuwim (1894–1953). Reinste Lyrik und derbste Satire stehen in ihrem Werk nebeneinander. Auch Tuwim war Meister nicht nur subtiler Lyrik, sondern auch der politischen Pointe und des auf Sprachwitz und Überraschungsmomenten basierenden aphoristischen Satzbaus.

Pasquill

Die Pointe eines Pasquills ist anders. Diese ursprünglich anonyme Schmähschrift, mit dem erklärten Ziel einer öffentlichen Beleidigung am Pasquino, der verstümmelten Bildsäule zu Rom angeklebt von jedermann, der es wollte, nahm überhaupt kein Blatt vor den Mund. Diese Spitze durfte und wollte verletzen; Kränkung war ihre erklärte Absicht. Solcher Pointe haftet natürlich etwas Dubioses an wie jeder Bösartigkeit, etwas Serviles obendrein. Nicht umsonst hieß der Lakai in den alten Komödien Pasquino.

Der rücksichtsloseste der polnischen Pasquillanten war der Autor des »Affenspiegels« (Małpie zwierciadło, 1902), der »Eulenspiegeleien« (Facecje i Skotopaski sowizdrzalskie, 1903–1904) und des »Liberum veto« (1904), Adolf Nowaczyński (1876–1944). Hemmungslos und ohne das Feigenblatt des Anonymus zu verwenden, verteilte er seine Hiebe, nicht ohne Gegenhiebe, ja massive Prügel (bis zum Verlust eines Auges) einstecken zu müssen. Nowaczyńskis Virtuosität und Qualität – im Bösen wie im Guten – bleibt in der Übersetzung nur halb oder gar nicht verständlich, da seine Spitzen uns nicht bekannte Personen und Tatsachen betreffen. Ohne die Kenntnis der lokalen (Vorder- oder Hinter-) Gründe ist ein Pasquill, weil es nicht abstrahiert, sondern konkretisiert, witzlos. Trotzdem sind auch von seinen Impertinenzen einige selbst in der deutschen Übersetzung ›nachvollziehbar‹: »O Kritiker, Kritikrittler, Kritikater, Kritikäuze, Kritikastraten, Kritikretins!«

Anekdote

Ein Gegenstück zum Pasquill, das Löwe und Aasgeier in einem, manchmal auch Kreuzung von Schlange und Stinktier ist, ist die humoristische Kurzplauderei, die kauzige Anekdote, die in Polen sehr beliebte milde Sorte satirischen Witzes. In Menschenfreundlichkeit verpackte Kritik, ein von der Trauer des Bedauerns umflortes Lächeln, ein schüchternes Belächeln der Schwächen und Mängel, ohne den inquisitorischen Schiedsspruch und ohne rhetorische Messerstecherei. Im Grunde ist es eine Variante, eine Vielzahl von Varianten des Straßenwitzes, Kaffeehauswitzes, Stammtischwitzes, literarisch veredelt und mit ausgefallener Pointe hochstilisiert. Ein Apropos zum Lachen, variabel, je nach Anlaß, Erzähltalent und Formgefühl; je nach Persönlichkeitsmerkmal des Erzählers.

Der erfolgreichste dieser Gawedy-Plauderer war in Polen in diesem Jahrhundert Jerzy Szaniawski (1886–1970) mit den im Lande weit und breit außerordentlich beliebten Geschichten von Professor Tutka, einer anekdotischen Kunstfigur, die die polnischen Leser und danach die Medien zur Volksfigur machten.

Zu den originellsten, stilistisch ganz anders gearteten Vertretern dieser Gattung der allerletzten Zeit gehört Henryk Bardijewski (1932), dessen milde Pointen durch eigenartigen Charme gewinnen. Sie treffen, ohne zu verletzen, sie machen schmunzeln und stimmen nachdenklich. Sie setzen nicht wie das Pasquill von Nowaczyński auf Provokation, sondern auf pädagogische Wirkung; auf dem Wege der umgeleiteten Anspielung und der dadurch selbstausgelösten kurzweiligen Einsicht.

Parodie

Die Pointen der Sondergattung Parodie leben von der treffsicheren Nachahmung, von der parodistischen Überführung eines Charakterzuges oder Gesellschaftszustandes. Dieser Treffsicherheit kommt es nicht auf die Wirklichkeitsnähe an, sondern auf die Berechnung, die Wirklichkeit, quasi fern von ihr, mit literarischen Mitteln des Hohl- und des Zerrspiegels in ihrer Angreifbarkeit bewußt zu machen. Zum Zweck der Verspottung und der Läuterung, wenn es gutgeht und wenn es hochkommt.

Ein Meister dieser Art von Pointen, ein Meister von höchster Originalität war Konstanty Ildefons Gałczyński (1905 bis 1953), dem die kürzeste Form der dramatischen Parodie, von ihm »das kleinste Theater der Welt, Die Grüne Gans« genannt, gelang. Seine Mini-Dialog-Szenen haben im Polen dieses Jahrhunderts ihre Tradition im Krakauer Künstlerkabarett »Der grüne Luftballon« (Zielony balonik) zu Beginn des Jahrhunderts und im Literatenbrettl der Skamandriten (Tuwim, Słonimski und andere) im Warschau der zwanziger Jahre, im »Barbier von Warschau« und im »Qui pro quo« (Cyrulik Warszawski, Qui pro quo).

Gałczyński hatte diese Erfahrungen um eigene absurde Einfälle und die Möglichkeiten der modernen Groteske bereichert, so wie sie uns auf dem normalen Theater durch die Aufführungen der Stücke von Witkiewicz, Gombrowicz und Mrożek bekannt sind. In Gałczyńskis Lese-Mini-Kabarett der »Grünen Gans« fand in den Jahren 1945 bis 1950 vor allem eine parodistische Hinrichtung der nationalpolnischen Sündenträger statt. Die groteske Abbreviatur des Lächerlichkeitsregisters erzeugt mit ihren Pointen eine sehr wirkungsstarke Katharsis. Gałczyński wurde nicht zuletzt dank dieser seiner Rolle einer der beliebtesten Autoren Volkspolens mit den höchsten Auflageziffern. Die wenigen, immer wiederkehrenden Hauptdarsteller seiner Ministücke waren im gan-

zen Lande populär wie ein lebensnotwendiger Markenartikel.
Zu den professionellen Pointisten der Hauptstadt von heute zählen Anatol Potemkowski (1920) und Antoni Marianowicz (1924), beide ständige und langjährige Mitarbeiter der »Nadeln«. Ihnen zur Seite stehen – obwohl jeder anders – Janusz Osęka (1925) und der vor kurzem verstorbene Stanisław Dygat (1914–1978). Der erste gehört zur Prominenz des Warschauer Kabaretts, der zweite, Romancier, Feuilletonist und Drehbuchautor, hatte als Humorist ein humoses Gütezeichen subkutaner Pointen geprägt.

Genealogie des polnischen Humors

»Worüber lachen die Polen heute?« fragt in Nr. 3/1976 der Zeitschrift Radar Eryk Lipiński, einer der Begründer der »Nadeln«. Er antwortet direkt: »Vor allem über sich selbst.« Lipiński konstatiert, die Vorliebe der Polen für Humor, Lachen und pointierte Literatur, auch für bittere Satire komme in den Werken der seriösesten polnischen Autoren vor, der Klassiker der Nationalliteratur: Mikołaj Rej und Jan Kochanowski (16. Jahrhundert), Wacław Potocki (17. Jahrhundert), Adam Mickiewicz (19. Jahrhundert), Henryk Sienkiewicz und Bolesław Prus (19./20. Jahrhundert). Der Humor sei Bestandteil polnischer Traurigkeit und polnischen Ernstes.
Eine der letzten theoretischen Arbeiten zur Genealogie des polnischen Humors, die Studie von Kazimierz Żygulski über die »Gemeinsamkeit des Lachens« (Wspólnota śmiechu, Warschau 1976), kommt zu folgender Schlußfolgerung: »Die ungewöhnliche Rolle des Humors in der polnischen Kultur hat viele Faktoren. Sie waren und sind auf ähnliche Weise wirksam. Dazu gehören vor allem: die von Komik pralle Volkskultur, eng verbunden mit der Religion; das Humorbe-

dürfnis und die Tradition des Komischen in der durch viele Jahrhunderte ausschlaggebenden Schicht des Landadels, der sich der goldenen Freiheit, des freien Witzes erfreute, das Lachen und das Scherzen über alles schätzte (aus jener Zeit stammt der von einem fremden Beobachter gemachte Ausspruch, der Pole verliere eher seinen Freund als seinen Witz).

Weil es in Polen keinen Absolutismus gab, weil keine strengen Repressalien für das ›Verbrechen‹ der Majestätsbeleidigung angewandt wurden, genoß Polen, zumindest in der privilegierten Schicht, die Freiheit, seinen Witz zu artikulieren, in unvergleichlich größerem Maße, als dies damals in anderen Ländern üblich war.

Der beständige Einfluß der Renaissance und des Barocks auf die polnische Kultur, die Stellung der Satire zur Zeit der Aufklärung, als diese den Bestrebungen der Erneuerung und der Rettung des Staates und des Volkes diente, sind folgerichtige Kettenglieder dieser geschichtlichen Rolle des Komischen in unserem Lande. Schließlich die Zeit der Besetzungen, da Komik zur Waffe wurde; als sie, in die Sache der nationalen und gesellschaftlichen Befreiung engagiert, gegen alles kämpfte, was den Interessen des Landes schadete, gedieh sie dort, wo die Verhältnisse es zuließen, und setzte ihre Aufgabe auch in der Emigration fort...

Schon eine flüchtige Analyse der Geschichte des Komischen in Polen lehrt, daß dieses besonders deutlich die wichtigen Prozesse und Ereignisse, Standpunkte und Meinungen, nationale Mängel und Tugenden wiedergab. Der spezifische Sinn für Humor verleiht der polnischen Kultur ein unwiederholbares Kolorit. In der humoristischen Literatur finden wir überzeugende Beweise für unsere historische Kontinuität – als Gesellschaft wie auch als Volk – und für unsere Identität. Kommt uns das Verständnis dafür abhanden, worüber die vergangenen Generationen gelacht haben, verlieren wir den Schlüssel zum Verständnis ihres Lebens, ihrer Bestrebungen,

Überzeugungen, Kämpfe, Konflikte und Probleme. Die Geschichte, von dieser Seite betrachtet, zeichnet sich uns oft viel unmittelbarer und überzeugender als die in trockener Faktographie und in monumentalen Biographien vermittelte. Sie überliefert ein sattes, reales, menschliches, tief ins Leben reichendes Bild, ohne eine seiner Seiten zu schonen oder im Dunkel zu verbergen.«

Zu Beginn dieses Jahrhunderts hatte sich eine in Posen neu ins Leben gerufene satirische Zeitschrift in ihrer Präambel – so wie später »Szpilki« auf Krasicki – auf ein Sprichwort berufen. Man komme »leichter durch die Welt mit einer Handvoll Lachen als mit einem ganzen Rucksack voll Verstand«.

STANISŁAW JERZY LEC

Unfrisierte Gedanken
(Myśli nieuczesane)

Über die Echtheit eines Zeitdokuments entscheidet – meist – das Amtssiegel der nachfolgenden Regierung.

Politische Hypnotiseure sind selten in der Lage, ihrem Medium ins Auge zu schauen.

Der naive Franz Kafka meinte, Fesseln seien aus Papier. Nein. Aus Blut und Knochen.

Auch Anspielungen kann man verstaatlichen.

Die meisten Menschen stolpern über die Schwelle des eigenen Bewußtseins.

Wer die Leiter des sozialen Aufstiegs erklettert hat, vergißt oft, wozu er geklettert war und wer ihn gesandt hatte.

Ich schlage vor, eine Auszeichnung für Passiven Dienst einzuführen.

Die einzige Möglichkeit zu atmen: fortwährend Hochrufe ausbringen.

Das menschliche Gesicht ist so gebaut, daß es, sobald es die Augen öffnet, den Mund nicht mehr hält.

In seinen Worten schloß er die ganze Epoche ein. Der Dichter? Nein, der Richter.

Jede Religion datiert die Weltschöpfung anders. Bei uns

herrschten bis vor kurzem die Bekenner einer Religion, nach der die Welt ihren Anfang 1944 genommen habe.

Für mich ist das größte Seinsgeheimnis die Frage, warum ich ausgerechnet für diese Jahre eingeplant worden bin, wo doch die ganze Ewigkeit zur Verfügung gestanden hatte.

Am schlimmsten ist es, in sich selbst vereinsamt zu sein.

»Monsieurs, faites votre jeux!« Der Erdball rollt.

Der Mensch ist wie eine Schnecke: ein Weg zu sich selbst.

Wahrer Exhibitionismus ist der, der zeigt, was man nicht hat.

Nicht alles, was schwankt, ist eine Wiege.

So mancher schaufelte – auf der Suche nach Gold – sein Grab.

Schwimme dem Haifisch hinterher, und du kommst bei den Menschen an.

Geniale Mondsüchtige brauchen keinen Mond.

Die Welt war wahrscheinlich aus Angst vor der Leere entstanden.

Und im Grunde geht es darum, ob das Weltall an einer Hecke oder an einem Stacheldrahtverhau endet.

Wie schwer es doch ist, sein Nichtvorhandensein zu verbergen.

Kleines Latinum

Sumus, sed non possumus.

Ein auferstandener Dante
fände nur statum quo ante.

Besteht Kultur
aus Kult und Ur?

Amen?
Sed tamen!

Eius ratio –
cuius reputatio.

Roma locuta, causa finita.
(So wachsen meine Inedita.)

Suum cuique
Jedem seine Lust,
daß er davon nasche.
(Er an ihrer Brust,
sie aus seiner Tasche.)

Jurisprudenz
Das Recht wird gesprochen. Und nicht
unbedingt vom Gericht.

Ultima ratio
Die Wahrheit siegt.
(Nicht ohne Krieg.)

Epigramme

Natur

Ja, so ist die Natur, seufzte der Oolog,
als der Singvogel stur in einen Käfig flog.

Gewöhnlich

Gewöhnlich plappern die Papageien
nicht ihrem Herrn nach, nur den Lakaien.

Zuweilen

Nicht selten ist das Gleichgewicht
auf fremde Ungleichheit erpicht.

Standpunkthalter

Fehlt seinem Sinn der Standpunkt, dann
holt er sich einen nebenan.

Porträt

Er trug im Hirn das Zeichen des Kain
und um die Stirn den Heiligenschein.

Relativitätstheorie

Große Menschen haben Platz
auch in einem kleinen Satz.

Relativitätspraxis

Eine winzige Glosse
bewegt Kolosse.

Literazzia

Sein Gedanke war flüchtig wie Annalin.
Die Beschlagnahme kam und verewigte ihn.

Er schnellte empor mit der Konjunktur.
Er fiel und verlor mit der Literatur.

Manche Hemden sind non-iron,
viele Dichter sind Non-Byron.

Sei auf der Hut vor einem Geist,
der nichts als nur sich selbst beweist.

Kommt der Ruhm ins Haus,
ist das Spiel meist aus.

Auch zu einer Totenbahre
gibt's vitale Kommentare.

Ungereimtes

Der Leithammel schellt
mit seinen Orden voran.

Die Seepferdchen wiehern,
das heißt,
es ist Zeit, die Sehnsucht
zu satteln.

Die einen reden schweigend,
die anderen schweigen redend.
Wer hat mehr zu sagen?

Xenien

Die nichts
zu sagen haben,
sollten doch lieber schweigen.
Wie musikalisch rein
wäre der Chor der Menschheit.

Blutiger Rassenkonflikt:
die einen werden gemordet,
die anderen morden andre –
am zahlreichsten sind die Bastarde:
mordend gemordet worden,
gemordet
morden sie weiter.

Menschen durchwandern sich selbst
und haben den Blick von Nomaden.
Auch wenn sie Wurzeln schlagen
in eigene Stühle und Wände.

Es gibt noch
Glückliche Inseln
in Ozeanen
der Gleichmut.

Im Museum
betrachte ich
eine Mumienmaske.
Wieviel lebenspendende Mühe
braucht der Tod,
um zu überdauern.

Marginalien

Immer will mir scheinen, ich sei ein Geistlicher eines extraordinären Ordens.
Ich erzähle den Delinquenten auf dem Weg zu ihrer Hinrichtung Witze, tief gläubig, ich würde dadurch selbst heil und erlöst heimkehren dürfen.

Ich blättere in zweihundert Jahre alten Schriften. Welch ein Zauber der Sprache! Und wer, zum Teufel, schert sich heute darum, ob jener Autor die damals verbindliche Syntax beachtet hatte?

Der Mensch ist gut, sagte ein Mensch.
Der Mensch ist dem Menschen ein Wolf, sagte ein Mensch.
Warten wir auf eine objektive Aussage eines dritten.

Am Pranger vor dem Rathaus in Posen wurde der strafenden Justitia der fehlende, weil im Kriege zerschmetterte Kopf ersetzt.
Interessant, ob und wodurch sich das Gesicht dieser neuen Gerechtigkeit von dem der alten unterscheidet?
Jedenfalls hat es Justitia einfach. Verliert sie ihr Gesicht, bekommt sie ein neues.

In einem Staat, in dem es an allem fehlte, sagte X zu Y: Angeblich gibt es bei uns auf hundertfünfzig Bürger einen Spitzel. Y wunderte sich sehr: Was, auch davon haben wir nicht genug?

Vorgegeben sind die Angaben zur Person: Name, Vorname, Geburtsjahr und Ort, Adresse, Beruf, Familienstand usw. Dazu das polizeiliche Führungszeugnis und die sonstigen öffentlich zugänglichen präzisen Daten.

Zu raten ist: Wer diese Person insgeheim wirklich ist.
Als Preis für die richtige Lösung sind ausgesetzt: soundso viele Jahre Gefängnis.

… gewöhnlich bleiben
Karyatiden übrig;
mit nichtgeheuchelter Mühe
stützen sie
das Nichts.

In der Lebensdummheit unübertroffen
klettere ich auf das Siegerpodest
lausche dem Lautsprecher der Schmeichelei
und stecke wie in einen Rettungsring
meinen Kopf in den Lorbeerkranz
der sich schließen könnte zur Schlinge
wenn mich der Boden unter den Füßen verließe
was mir schon manchmal passierte
in Augenblicken der Geistesblitze
die blenden.

Eine Stimme sagte:
»Geh in dich.«
Aber dort hat man mir
bereits aufgelauert.
Ich war der Feinde voll
bis an den Mund
mit dem ich alle
verschwieg.

Neologismen

Argumentalität. Alibido. Dematerialismus. Heros–trat–es? Hormonielehre. Konformalismus. Mitgiftschönheit. Nichts – mit Aussicht auf Leben. Ungeistesschaffende. Werktätige Unintelligenz. Wohltätigkeit – Wohlpassivität.

Unrecht
Jemand
aus dem Westen
erzählte mir
vom schreienden Unrecht
in seinem Lande.
Wir sprachen von diesem
bedrückenden Zustand
bis in die Nacht.
Als er gegangen war
raunte in mir ein Teufel:
»Wenn aber das Unrecht
noch schreien darf,
ist es doch gar nicht so schlimm,
oder?«

Position
Mit dem Ellenbogen schreiben
Den Menschen improvisieren

Die Welt
Betrachte sie genau –
zwei Minuszeichen
überkreuz
bilden
das Große Plus

Konstanty Ildefons Gałczyński

Das Theaterchen »Die grüne Gans«
gibt sich die Ehre

»Das Museum der nationalen Sprichwörter«
aufzuführen

(»ZASTAW SIĘ A POSTAW SIĘ«)
»Und wenn du dich verpfänden müßt' – zeig wer du bist.«

Es treten auf:

Herr Direktor Übertreibski – kurzsichtig mit Kunstgebiß
Frau Direktor Übertreibska – kurzsichtig mit Kunstgebiß
80 Namenstagsgäste
und das Eselchen Porfirion

Erster Akt

Frau Direktor Übertreibska:
Morgen ist dein Namenstag, Nikodemus. Es kommen wie üblich achtzig Personen. Wo, ach, wofür werden wir nur den Wodka kaufen und die Wurst?

Herr Direktor Übertreibski:
Mach dir keine Sorgen, Genchen. Es wird schon irgendwie werden. Die Ehre der Familie Übertreibski bleibt makellos, auch wenn wir...

Pause

Frau Direktor Übertreibska:

Wozu diese drei Punkte? Leg los, nur zu. Ich ertrage alles. Noch ist mein Busen nicht so alt und bietet jedem Donner Halt.

Herr Direktor Übertreibski:

... und wenn wir unsere Gebisse und Brillen versetzen müßten.

Frau Direktor Übertreibska

(fällt ihm um den Hals):

Mein Held, Du wußtest immer schon, dich für die Sache zu opfern.

Zweiter Akt

80 Namenstagsgäste

(im Zenit des bacchischen Wahns):

Hu-ha. Was für ein Darmgenuß! Vivant Übertreibski und Übertreibska! Wo aber bleibt denn unser verehrter Solennisant?

Herr Direktor Übertreibski:

(tritt majestätisch ein, gestützt auf den Arm seiner treuen Gattin. Vereint in lebenslänglicher Umarmung, demonstrieren beide das an beider Busen hängende Stück Pappe mit der folgenden Aufschrift: »Wir sehen nichts und können auch nichts sagen, weil wir unsere Gebisse und Brillen versetzt haben. Dagegen sind wir sehr glücklich. Eßt und trinkt, ihr Lieben. Die Ehre der Übertreibskis ist gerettet.
Hochachtungsvoll Die Übertreibskis.«)

Das Eselchen Porfirion

(erscheint):

Mit Sorge seh ich Übertreibskis Fiesta ohne Zaster.
Verpfände dir, doch imponier – ist leider unser Laster.

Vorhang

JERZY SZANIAWSKI

Professor Tutka hatte eine Vorahnung

Man unterhielt sich über allerlei Wunderdinge, die dem Menschen unklar blieben, die er nicht gut erklären könne: über prophetische Träume, geheimnisvolle Warnzeichen, Ahnungen und Vorgefühle. Man führte Beispiele an. Der Richter, ein nüchterner Kopf, wie er von sich selbst zu sagen pflegte, berichtete, daß er einmal die Vorahnung gehabt habe, nicht mit dem Nachtzug zu fahren. Er hatte daraufhin diesen Zug nicht benutzt und siehe da, der Zug entgleiste. Dem Rechtsanwalt träumte einmal, ein Klient wolle ihn ermorden; am nächsten Morgen verlor er den Prozeß. Der Arzt behauptete, daß er an Vorgefühle überhaupt nicht glaube; Beispiele führte er keine an. Der Notar erzählte daraufhin von seiner Großmutter, die, als sie siebenundneunzig Jahre alt geworden war und immer noch bei bester Gesundheit, ihrer Umgebung mitteilte, sie werde jetzt bald sterben. Sie lebte noch zwei Jahre, starb dann allerdings tatsächlich. Daraufhin begann sich die Familie zu erinnern, was die Großmutter damals vorausgesagt hatte...

Professor Tutka hörte zu; schließlich gab auch er eine Begebenheit aus seinem Leben zum besten.

»Ich sollte einmal – zum ersten Mal – mit dem Flugzeug fliegen, um in einer Hafenstadt an der Adria zu landen und von dort aus mit dem Schiff weiterzureisen. An dem Tag, an dem ich das Flugzeug buchen wollte, fühlte ich mich unwohl: ich kann es jetzt nicht mehr sagen wieso, aber ich fühlte, ich fühlte deutlich, daß mir ein Unglück bevorstand. Ich nahm mich trotzdem zusammen, beschloß die Nervenschwäche zu überwinden und meine Unentschlossenheit – fliegen oder nicht fliegen – aufzugeben.

Das Flugzeug startete mit mir an Bord. Als die Maschine

unterwegs an Höhe verlor und wie in einen Abgrund absackte, dachte ich: ›Nun ist es aus. Jetzt bin ich verloren.‹ Aber mein Nachbar, ein alter Wolkenhase, lachte mich, den Anfänger, aus und meinte, solche Turbulenzen seien die üblichen Freuden der Luftfahrt. Als ich, beruhigt, ihn fragte, ob er denn schon lange fliege, antwortete er, er tue es zum zweiten Mal in seinem Leben.

Wir landeten ohne Zwischenfall in der Hafenstadt. Ich war wirklich froh. Ich nahm im Hotel ein Bad und ging in die Stadt. Ich spottete der Vorgefühle, machte mich über mich selber lustig. Fröhlich, zufrieden schlenderte ich durch die Straßen, begeisterte mich an den von Glyzinien umrankten Häusern und fand alle jungen Mädchen reizend. Ich erinnere mich noch, eine Postkarte an meine Liebste in der Heimat eingeworfen zu haben, worauf geschrieben stand: ›Alle meine Gedanken sind bei Dir.‹ Und dann ging ich in einen Laden hinein, weil ich im Schaufenster etwas entdeckt hatte, was ich für die Reise brauchen konnte. Ich griff in die Tasche, um zu bezahlen – meine Brieftasche war weg... Ich suchte in den anderen Taschen – weg. Man hatte mich bestohlen!

Stellen Sie sich bitte vor«, erzählte Professor Tutka, »was das bedeutet, in einem fremden Lande, in einer fremden Stadt ohne Geld, ohne Papiere zu sein, ohne die Fahrkarte für das Schiff, mit dem ich weiterreisen sollte. So etwas kann man nur eine Katastrophe nennen. Ich war das, was unser Richter gewesen wäre, wenn er den Nachtzug genommen hätte, nämlich entgleist. Mehr: ich war zerschmettert!«

Professor Tutka hörte auf zu sprechen und saß nachdenklich da, als erlebe er das Unglück, das ihm damals an der Adria widerfahren war, noch einmal.

Schließlich fragte der Richter, wie sich denn Professor Tutka geholfen habe, in solcher Situation, im fremden Lande, in der fremden Stadt, ohne Brieftasche?

»Was sollte ich tun?« antwortete Professor Tutka. »Niedergeschlagen kehrte ich ins Hotel zurück.«

»Gab es in dieser Stadt ein polnisches Konsulat, das Ihnen half?« fragte der Anwalt.
»Das weiß ich nicht einmal. Als ich in mein Zimmer kam, lag die Brieftasche auf dem Tisch. Ich hatte sie vor dem Hinausgehen einfach liegengelassen und dann vergessen.«
»Halten Sie uns oder die Vorgefühle zum Narren?« entrüstete sich einer der Herren.
»Jedenfalls nicht die Vorgefühle. Mein Vorgefühl hatte mich nicht getäuscht: mir war zwar eine Katastrophe widerfahren, aber ich habe sie heil überstanden.«

ANATOL POTEMKOWSKI

Zwei Poeten

Poet I ist adrett gekleidet und gut genährt. Zu gut sogar. Er läßt bei dem besten Schneider der Stadt arbeiten, doch auch der beste Schneider kann nichts dafür. Des Poeten Bäuchlein wächst und wächst. Poet I ist sauber gewaschen und rasiert. Er duftet nach teurer Seife und nach gutem Kölnisch Wasser. Wäsche und Schuhwerk kauft er auf seinen Auslandsreisen. Jährlich verbringt er einige Monate im Ausland. Wenn er das Land verläßt oder wieder zurückkehrt, bringt die Presse Notizen darüber und Bilder von ihm. In Polen wohnt der Poet I in einer Vorstadtvilla, die mit Antiquitäten möbliert ist und wie ein Museum aussieht. Die Gäste bewegen sich im Hause des Poeten vorsichtig. Eine unbedachte Bewegung – und zigtausend Zloty flögen auf den Boden. In die Stadt fährt der Poet I mit seinem eigenen Wagen. Den Wagen wechselt er jährlich.
Er hat ein dreifaches Kinn und weiche Hände.

Poet II ist zerlumpt und mager. Der Anzug, zerknüllt und schmutzig, hängt an ihm wie ein Sack. Poet II kauft manchmal fertige Anzüge in Konfektionsgeschäften, aber das passiert so selten, daß es nicht der Rede wert ist. Poet II führt einen unregelmäßigen Lebenswandel. Er wohnt in einem Raum, der eigentlich Waschküche ist. Als Untermieter des Hausmeisters. Die meiste Zeit verbringt er in billigen Speiselokalen, wo er auf Rechnung neuer Zufallsbekannter Schnaps trinkt. Am Tage schläft er. In die Stadt geht er am Abend hinaus, unrasiert und ungekämmt. Er lebt von geringen Anleihen.
Er erfreut sich allgemeiner Sympathie.

Menschen, die Äußerlichkeiten wichtig nehmen und denen die Werke beider Poeten fremd sind, wären geneigt anzunehmen, daß der Poet I schlecht und der Poet II hervorragend ist. Diese Annahme ist falsch. Beide Poeten sind miserabel.

ANTONI MARIANOWICZ

Kuchen

Die Hohe Kommission kam zusammen, um den Kuchen, das Werk eines Bäckergesellen, zu beurteilen. Das erste Mitglied der Kommission, mit einem Zirkel in der Hand, sagte, die Form des Kuchens lasse sehr zu wünschen übrig. Das zweite beanstandete, der Kuchen dufte nach Gebäck und nicht nach Parfüm »Quelques Fleurs«. Das dritte wies unumstößlich nach, daß der Kuchen als Mittel gegen Glatzenbildung unwirksam sei. Das vierte lehnte den Kuchen als viel zu mürbe ab, weshalb er sich zum Unterlegen unter wacklige Möbelstücke nicht eigne. Das fünfte Kommissionsmitglied schließlich war sehr erstaunt darüber, daß der Kuchen weder »Mama« noch »Papa« sagen könne.
Der Bäckergeselle, betrübt über den Mißerfolg seines Kuchens, ging erbittert an die Arbeit und legte bereits nach einem Jahr der Hohen Kommission einen zweiten Kuchen vor, den er genau nach den Ratschlägen der Ratsmitglieder gebacken hatte. Der Kuchen hatte die Form eines idealen Kreises, duftete berauschend nach Parfüm, förderte den Haarwuchs, eignete sich als Unterlage für wacklige Stühle und sprach klar und deutlich »Mama« und »Papa«. Nach mehrstündigen Beratungen hieß die Kommission den Kuchen gut. Er besaß alle möglichen Vorteile und nur einen kleinen Makel, den die Kommission unbeachtet ließ: er war nicht genießbar.

Der Monarch und der Dichter

Der Monarch ließ den berühmten Dichter zu sich kommen und sagte: »Wir werden einen Turm bauen; den höchsten

aller Türme. Von seiner Spitze werden Wir herrliche Aussichten genießen. Ist Unser Klima auch rauh, so werden Wir trotzdem den Anblick von Palmen, Agaven und nadelschlanken Zypressen auf Uns wirken lassen. Uns werden Azure blenden, wie sie nur von den allergrößten Dichtern besungen werden. Geh also, Meister, an die Arbeit und schreibe Uns eine Hymne zu Ehren Unseres Gigantischen Werks.«
Doch der Dichter kratzte sich an seinem kahlen, lorbeerbekränzten Schädel und sagte betrübt: »Gern schriebe ich einen Panegyrikos zu Ehren Eures Turmes, Gütige Majestät. Leider macht mir Eure Reihenfolge Sorge. Ihr wünscht zuerst die Hymne und danach den Turm. Ich möchte aber zuerst Euer Werk betrachten und dann erst mein eigenes, als bescheidenes Spiegelbild von Eurem, wagen. Wie könnte ich, Herr, ein Spiegelbild von etwas schaffen, das es noch gar nicht gibt?«
Der Monarch entrüstete sich ob des widerspenstigen Poeten und bestellte hundert Lobgesänge bei hundert Hofreimlieferanten, die ihren Auftrag termingerecht und wie gewünscht erledigt haben. Jede ihrer Arbeiten besang den großartigen Turm, an dem sich Wolken weideten.
In Wirklichkeit geriet nach Jahren, wie zum Trotz, statt des Turms, infolge architektonischer Irrtümer, ein Hühnerstall, an dem sich die Schweine scheuerten. Und von dem Stall aus konnte man trotz besten Willens weder stattliche Palmen noch schlanke Zypressen, noch blendende Azure erspähen.
Also gingen die hundert Reimlieferanten an die Arbeit und schrieben hundert bissige Pasquille gegen den Monarchen und seinen Hühnerstall.
Nur der Dichter spottete über den mißratenen Bau nicht. Der Dichter weinte.

JANUSZ OSĘKA

DER MANN, DER SICH FLÜGEL WACHSEN LIESS

Heldenmut sah ekstatisch zum Himmel, flog mit den Blicken von Wolke zu Wolke, und wenn sich vor ihm die endlose blaue Ferne auftat, schwebte er noch höher aufwärts, wo nachts die Sterne leuchteten.
»Ich laß mir Flügel wachsen, Sabine«, sagte er zu seiner Frau.
»So wie man sich einen Bart wachsen läßt?«, fragte sie.
»So ungefähr«, erklärte er kurzerhand. Er nahm ihre Hände in die seinen, zitterte vor innerer Erregung und sprach: »Weißt du, was das für einen Buchhalter bedeutet, sich in die Lüfte emporzuschwingen, die Flügel über den Häuserdächern auszubreiten und hinter den Schwalben herzujagen? Für mich, Sabinchen, der ich seit zwanzig Jahren an den Schreibtisch gekettet bin, ist das Fliegen eine Notwendigkeit geworden!«
Als er das gesagt hatte, trat er vor den Spiegel, zog das Hemd aus, kniff mit der rechten Hand die Haut über dem linken Schulterblatt zusammen und zog daran recht beachtlich.
»Die Haut reicht aus«, stellte er fest, »du mußt sie mir nur noch geschmeidiger machen, dehnbarer, damit sich die Flügel unter ihr entfalten.«
»Du bist zu alt, Karl, um dir jetzt noch Flügel wachsen zu lassen«, wandte sie vorsichtig ein. »Du wirst nicht mehr weit fliegen können.« Er sah sie geringschätzig an.
»Merke, gerade die Alten verspüren den Drang zum Fliegen am stärksten. Die Jugend ist sich des Mangels an Flügeln gar nicht bewußt.«
Es blieb ihr nichts anderes übrig, als an seinem Rücken zu massieren. Aber die Haut wurde nur um ein geringes weiter, so daß man aus ihr kaum winzige Flügelchen, wie die eines Kolibris zum Beispiel, formen konnte.

»Und jetzt reiben wir das Fischbeinelexier ein und machen damit die Flügelchen steif«, sagte Heldenmut. »Ich habe Angst, Karl, daß du dich in einen Engel verwandelst«, nörgelte die Frau.

Doch Heldenmut kochte das Fischbein, goß den Extrakt durch ein Sieb und ließ sich damit seine Flügelansätze einreiben. Danach kletterte er auf einen Schemel und sprang zur Probe herunter, aber die Flügel hatten ihre Funktion noch nicht erfüllt. Er verstauchte sich das Bein. »Die Tragfläche ist noch zu klein«, stellte er fest. »Daran muß noch mehr gearbeitet werden. Sich Flügel wachsen zu lassen ist kein Pappenstiel.«

»Ich weiß nicht, ob es gut ist, einen Sputnik zum Mann zu haben«, zweifelte Frau Heldenmut.

»Du bist ein erdgebundenes Wesen. Niemals wirst du ein Vogel sein, Sabine, niemals in den Höhen zwitschern«, warf ihr Heldenmut vor und arbeitete weiter an dem Walzwerk, mit dem er seine Rückenhaut zu Flügeln auszuwalzen gedachte. Aber sie: »Du machst mir meine Wringmaschine kaputt, Karl ... «

Im Büro trug Heldenmut die ein- und ausgehenden Briefe in das Postbuch ein, in bester Stimmung, denn er hatte eine Zukunft. Er sah jetzt sogar an trüben Tagen Sterne durch die schmutzigen Fenster seines Zimmers.

»Sie sind schmal geworden, Herr Heldenmut«, stellte sein Chef fest und sah ihn prüfend an.

»Ich laß mir Flügel wachsen. Das ist sehr anstrengend für den Organismus«, antwortete er bescheiden. »Oh!« wunderte sich der Chef, und seine Augen drückten Besorgnis aus. »Daß er mir nur das Postbuch nicht versaut«, dachte er insgeheim. Wenn gerade niemand von der Direktion zugegen war, kamen die Kollegen zu ihm und stichelten: »Flieg mal auf die andere Straßenseite, Heldenmut! Flieg doch wenigstens den Korridor entlang bis zum Klo und zurück!«

»Wartet noch ein Weilchen«, sagte er dann. Aber Heldenmut hatte sich niemals provozieren lassen. »Etwas Geduld, und ihr werdet es erleben!«

Heimgekehrt, band er an die keimenden Flügel eine Schnur, zog die Schnur hoch an eine Flasche, die an der Decke hing, und beschwerte sie am anderen Ende mit Gewichten. So schlief er nun täglich mit den sich entfaltenden Flügeln am Flaschenzug. Die Flügel wurden immer größer, und der Fischbeinaufguß, täglich eingerieben, verlieh ihnen eine wachsende Festigkeit und Elastizität.

Eines Tages rief Heldenmut den Flugplatz an, erkundigte sich nach den Flugverhältnissen und gab, während er das Päckchen mit dem zweiten Frühstück an den Mantelknopf hängte, seiner Frau Bescheid: »Heute fliege ich ...«

Sie legte den Schal um seinen Hals und knöpfte ihm den Mantel unterm Kinn zu. »Gib dort auf die Meteoriten acht«, rief sie ihm hinterher, als er schon auf der Treppe war.

Heldenmut steuerte geradewegs auf den Platz los, auf dem sich die Kirche mit dem höchsten Turm der Stadt befand. Die Passanten drehten sich nach ihm um und wunderten sich über die Wölbung des Mantels auf seinem Rücken; manche bedauerten ihn, denn sie glaubten, es sei ein Buckel. Das Leben hatte ihnen nie Gelegenheit gegeben, Menschen mit Flügeln zu sehen, dagegen hatten sie sehr viele Bucklige erlebt. Nur ein im Torbogen hinter seiner Zeitung verborgenes Subjekt, das die Straße durch ein Loch in dieser Zeitung beobachtet hatte, vermutete unter Heldenmuts Mantel einen Sack Kokain, weil es für einen Buckel nichts bezahlt bekam.

Vor der Kirche ließ Heldenmut seinen Blick eine Weile auf den schweren steinernen Engeln ruhen, die mit Zement an die Mauern gekittet waren, und ging hinein, den Schritt auf die Turmtreppe gerichtet.

»Wo willst du hin, mein Sohn?« fragte ihn jemand aus dem Halbdunkel. »Auf den Turm, ich möchte fliegen«, antwortete Heldenmut. »Mit der Seele fliegen?« »Nein, mit dem

Körper.« »Mit dem Körper schaffst du es nicht«, sagte jener, aber Heldenmut kletterte bereits auf den steinernen Stufen nach oben.

Vor der Kirche hatte sich inzwischen eine von sensationellen Gerüchten herbeigelockte Menschenmenge versammelt. Die Gesichter spähten nach der Gestalt auf der Turmspitze, die sich dort zu fliegen anschickte. Heldenmut, der zwischen vergoldeten Engeln und Schimären balancierte, zog seinen Mantel aus, legte ihn auf einen von den vielen künstlichen Sonnenstrahlen ab, rückte seinen Schal zurecht, heftete sein zweites Frühstück an den Rockknopf und breitete die Arme aus.

Die Menge erstarrte. Der Mann auf der Spitze sprang, löste sich vom Turm, und plötzlich sahen tausend erstaunte Augenpaare Heldenmut segeln in der Luft über dem großen Platz. Zuerst segelte er etliche Male um die Kirche herum, dann aber flitzte er an einem Taubenschwarm vorbei, flog einen Kreis, einen zweiten, dritten. Es gab einen Augenblick, da die entsetzten Zuschauer schreien mußten: »Jetzt fällt er in einen Trichter, er fällt!« Aber nein! Heldenmut probierte nur einen Sturzflug, führte komplizierte Saltos aus, wonach er mit einer einzigen Flügelbewegung nach oben schoß, die Geschwindigkeit erhöhte und im Weltraum verschwand.

Die Stadt raste. Aus den Häusern, Büros, Ämtern, Fabriken und Institutionen fluteten Menschen und füllten die Straßen, Plätze und Anlagen. Die hochgereckten Köpfe sahen in den Himmel voller Neugier und Bewunderung. Nur die Taschendiebe sahen nicht nach oben, sondern arbeiteten emsig im Schweiße ihres Angesichts, wie sie es eben in der harten Schule des Lebens gelernt hatten.

Im Kriegsministerium saß am Radarschirm der Feldmarschall persönlich und beobachtete hinter dichten Augenbrauen jede Bewegung Heldenmuts. Das Elektronengehirn stellte selbsttätig Messungen an und übertrug die Ergebnisse direkt an das Forschungsamt des Generalstabs. Das Polizeipräsidium befand sich, einem Geheimbefehl zufolge, in äußerster Alarmbereitschaft. In engsten Stabskreisen hielt man vertrauliche Beratungen ab.

Indessen war Heldenmut in der Luft gesegelt, vielleicht eine Stunde, vielleicht auch zwei, bis er, ermattet, irgendwo im Vorstadtwäldchen landete. Trotz des Reißens in den Knochen, das er von dem schrecklichen Zugwind oben in der Luft bekommen hatte, war er mit sich selbst durchaus zufrieden, stellte seinen Rockkragen hoch und ging zu Fuß nach Hause. Vor Freude hatte er seinen Mantel vergessen, den er auf der Kirchturmspitze liegengelassen hatte.

In der Wohnung erwarteten ihn zwei Herren in Regenmänteln. »Herr Karl Heldenmut?« fragte einer von ihnen. »Ja«, antwortete Heldenmut. Der eine Besucher betrachtete aufmerksam die Halbschuhe des anderen, und der andere ließ wiederum den Blick nicht los von den Halbschuhen des ersten.

»Besitzen Sie einen Führerschein für Luftfahrzeuge?« fragten beide gleichzeitig.

»Ich besitze keinen Führerschein, und ich führe kein Luftfahrzeug. Ich wollte eben nur ein bißchen fliegen, zum Spaß, mit den Schwalben um die Wette, wie ein stolzer Adler ... Verzeihen Sie diese unschuldige Sehnsucht eines ewigen Schreibtischhockers! Und verstehen Sie mich richtig ...«

»Wir sind nicht hierher gekommen, um Sie zu verstehen«, sagte der eine von den Regenmänteln, »sondern um Ihre Flugerlaubnis einzusehen, die Nummer aufzuschreiben und das Ausstellungsdatum. Das Führen von Luftfahrzeugen ohne Erlaubnis ist nach Paragraph 9 B der Strafbestimmungen der Luftfahrtkonvention von Sao Paulo aus dem Jahre 1927 ein Verbrechen. Hier ist die Vorladung vor das Internationale Tribunal in Den Haag.«

Er legte das Papier auf den Tisch, und beide verließen ohne Gruß das Zimmer.

Noch hatte Heldenmut keine Zeit, sich über die Vorladung

zu erschrecken, als zwei Männer in Polizeiuniform in seine Wohnung traten. »Meine Herren«, begann Heldenmut unaufgefordert zu sprechen, »ich habe keine Flugerlaubnis, und ich bin kein Flugzeug, ich wollte mich lediglich ein bißchen in den Wolken tummeln ...«

»Das geht uns nichts an«, erklärten die Polizisten. »Wir sind von der Luftverkehrswacht. Sie flogen ohne vorschriftsmäßige Beleuchtung, haben bei Kurven keine Blinkzeichen gegeben.«

»Ich besitze keine Blinkzeichen«, entschuldigte sich Heldenmut. »Um so schlimmer. Das Fahrzeug ist unzulänglich ausgestattet und also verkehrswidrig. Wer ein solches Fahrzeug benutzt, muß mit Unfällen und tödlicher Gefährdung anderer Verkehrsteilnehmer rechnen. Unterschreiben Sie bitte das Protokoll.«

Der Vogelmensch unterschrieb und fühlte sich gebrochen. Zwei andere Herren vom Grenzschutz klagten ihn wegen unerlaubter Überschreitung der Schallmauer an.

»Es ist uns Menschen nicht gegeben, straflos zu fliegen, Sabine«, sagte Heldenmut zu seiner Frau. Mutlos geworden, faltete er seine Flügel zusammen und ging in die Kneipe »Zum Alten Adler«, um dort bei einem kleinen Bier zu überlegen, woher das Geld für Rechtsanwälte nehmen. Im Lokal saß er nicht lange allein. Ein kleiner Mann mit schnellen Augen und großen Ohren setzte sich zu ihm.

»Sorgen, Herr Heldenmut?« sprach ihn der Fremde sehr vertraulich und sehr gewandt an.

»Kennen Sie mich?« wunderte sich Heldenmut.

»Es ist mein Beruf, andere zu kennen«, bekannte das Männlein. »Sie werden eine Menge Unannehmlichkeiten haben. Ein paar hundert Jahre Gefängnis sind Ihnen gewiß. Und das ist kein Zuckerlecken ...«

»Wer sind Sie?« fragte der Vogelmensch.

Der Kleine zeigte die Kehrseite seines Revers. »Geheimpolizei. Trinken Sie ein Bierchen?«

Das Bier wurde kredenzt. Der Agent neigte sich über den Tisch und flüsterte: »Reden wir miteinander wie vernünftige Leute, Herr Heldenmut. Ein Gefängnis ist keine Pension. Wahrscheinlich wissen Sie das, und ich gebe Ihnen darauf mein Ehrenwort. Trotzdem gibt es einen Ausweg aus jeder Lage, wenn man wohlwollende Menschen um sich hat. Wir wollen Ihnen helfen, Herr Heldenmut. Alle Ihre Verbrechen werden vergessen, Sie werden nicht eingesperrt, die Sache wird unter den Tisch fallen. Und Sie vergelten es uns mit einer Kleinigkeit: Sie werden an die Fenster gewisser Leute fliegen, nachsehen, was sie treiben, und lauschen, was sie reden...«

»Ich, ein Zuträger?« empörte sich Heldenmut. »Nein!«

»Überlegen Sie es gut, Herr Heldenmut«, flüsterte das Männchen. »Dort werden Sie nicht mehr fliegen können...« Dann lächelte er und ging.

Ein alter Mann mit einer dunklen Brille, der auf Heldenmut vor dem »Alten Adler« gewartet hatte, trat auf ihn zu und sagte: »Die Abteilung Zwo des Stabes würde Ihnen aus der Patsche helfen, wenn – Sie sich erkenntlich zeigen wollten. Ihre Flügel, richtig eingesetzt, könnten für Sie den Anfang einer Karriere bedeuten, Reichtum...«

Zu Hause erwartete ihn ein versiegeltes Schreiben vom Verteidigungsministerium. Einberufung zur Reserveübung.

Hinter dem Kommissionstisch saßen mehrere Offiziere. Zivilisten und Ärzte in weißen Kitteln. Sie hatten Heldenmut untersucht, gemessen, durchleuchtet, an den Flügeln befühlt. Obwohl nur halblaut gesprochen wurde, konnte Heldenmut doch die Sätze eines Würdenträgers in Generalsuniform verstehen: »Und wenn wir ihm einen Atomkopf aufmontieren würden...«

Beim Verlassen des Wehrbezirksgebäudes zitterte Heldenmut am ganzen Körper. Er war blaß, schwach und wollte

nicht mehr fliegen. Seelisch gebrochen, betrat er einen Friseurladen.
»Haarschneiden?« fragte der Friseur.
»Nein, Rasieren«, antwortete Heldenmut.
»Den Bart?«
»Nein, die Flügel.«
Der Friseur seifte ein und begann das Messer zu wetzen.

STANISŁAW DYGAT

Eine unbekannte Episode aus dem Leben Fjodor Dostojewskijs

Eines Nachts, als sich der große Schriftsteller bei verflackerndem Kerzenschein über seine Manuskripte beugte, klopfte es an die Tür.

Dostojewskij beschäftigte weder einen Lakaien noch einen Hajduken, also antwortete er selbst:

»Herein ...«

Die Tür wurde langsam geöffnet. Es war, als käme durch den Spalt nach und nach eine Helligkeit ins Zimmer. Danach trat mit langen Schritten eine Gestalt mittlerer Größe in die Stube, mit schwarzem Bärtchen und Schnurrbart, in gestreiftem Beinkleid und einem dunklen Rock. Es war ein Herr, von dem man hätte sagen können, er sei in jeder Hinsicht überaus durchschnittlich, ohne besondere Kennzeichen, wäre nicht die Tatsache, daß er doch etwas Ungewöhnliches an sich hatte, nämlich Flügel, und daß von ihm jene Helligkeit widerschien, die vorhin in das Zimmer gedrungen war.

Das Leben hatte Dostojewskij gelehrt, sich über nichts zu wundern, so wunderte ihn auch dieser nächtliche Besuch nicht. Seine sensible Seele und angeborenes Feingefühl ließen ihn so tun, als merke er die ungewöhnlichen Attribute des Gastes nicht und als empfange er ihn wie einen gewöhnlichen Herrn in gestreiftem Beinkleid.

»Nehmen Sie bitte Platz«, sagte der Autor von *Schuld und Sühne*. »Womit kann ich dienen?«

Der Herr, der in der Mitte des Zimmers stehengeblieben war, ein wenig in der komödiantischen Pose eines maître des dances, schüttelte den Kopf. Er schien etwas gekränkt darüber, daß ihn Dostojewskij wie einen gewöhnlichen Herrn in Streifenhose empfing.

»Ich bin«, stellte er sich vor, »der Erzengel Gabriel. Ich komme im Auftrag des Herrn des Himmels und der Erde ...«
Er wurde aufgeräumter, nahm eine bequeme Haltung ein, blinzelte Dostojewskij mit freundlichem Auge zu und sagte:
»Der Alte möchte mit Ihnen sprechen. Ich soll Sie zu ihm führen.«
Dostojewskij stand auf und zog seinen Rock glatt.
»Ich bin immer bereit«, antwortete er.

Der Herrgott streichelte seinen Bart und sah Dostojewskij verlegen an, was hinter dem Ausdruck des Wohlwollens und der väterlichen Fürsorge nicht verborgen blieb.
»Kollege Dostojewskij«, sagte er endlich, »ich wollte Ihnen sagen, daß wir *hier* mit großem Interesse die Entwicklung Ihres Talents verfolgen ...«
Dostojewskij verneigte sich stumm.
» ... nur«, fuhr der Herrgott fort, »wie soll ich es sagen ... will uns scheinen, daß Sie es noch besser einsetzen könnten ... Schon gut, nur nicht gekränkt sein ... Es geht darum, daß Sie in meinem Lebenswerk nur die dunklen Seiten feststellen, die hellen aber, die Errungenschaften übergehen Sie ganz. Mein Lieber, man sollte dabei berücksichtigen, daß ich das alles in sechs Tagen zusammengestümpert habe. Deshalb muß dies und jenes, natürlich, unvollkommen geblieben sein, gleichwohl im großen und ganzen ...«
Der ehrwürdige Vater hat noch lange referiert und argumentiert, an das Gewissen des Schriftstellers appelliert, zu einer optimistischen Betrachtungsweise agitiert, beteuert, daß in der Wirklichkeit, die er geschaffen habe, Platz auch für Freude, für Sorglosigkeit und idyllische Liebe sei.
Als Dostojewskij in sein Arbeitszimmer zurückkam, überlegte er alles gründlich. Der Herrgott tat ihm leid. »Tatsächlich«, dachte er, »der arme Alte, schließlich ist er ja bemüht,

der Menschheit Gutes zu erweisen, man sollte ihn darin unterstützen. Ei, was schadet es, ihm einen idyllischen Liebesroman zu dedizieren.« Dostojewskij setzte sich hin und schrieb die *Brüder Karamasow*.

WIESŁAW BRUDZIŃSKI

Anspruchsvolle Ansprachen
Er pflegte seine Ansprachen anspruchsvoll zu beginnen: »Wenn ich meine Meinung äußern darf, so hat schon Engels gesagt, daß ...«

Autorität
Jeder tätige Mensch untergräbt irgendwann irgendwie mit seinem Verhalten seine Autorität. Wie groß wäre unsere Autorität, wenn es uns gelänge, nichts zu tun.

Apostel
Apostel sozialistischer Moral: Schon der fünften Frau bringt er sie bei.

Ausrede
»Er gab mir zwar eine Ohrfeige, aber es ziemt sich nicht, daß ich darauf reagiere, sonst sagt man noch, ich hätte aus persönlichen Motiven gehandelt.«

Alimente
Der Berg gebar eine Maus. Aber weshalb müssen wir die Alimente zahlen?

Aufschrift
Die Menschen sollten, nach dem Beispiel der Post, die Aufschrift tragen: »Nicht knicken! Nicht brechen!«

Auffallend
Auffallend: je weniger jemand recht hat, desto interessanter schreibt er darüber.

Ansehen
Genießt du das Ansehen eines unverantwortlichen Dummkopfs, dann mußt du weise damit wirtschaften.

Aus Angst
Er lief seiner Epoche voraus – aus Angst vor ihr.

KATZENJAMMER

Am übelsten dran sind die Neutralen. Im kritischen Augenblick können sie nicht einmal auf die andere Seite überlaufen.

Ein Gedanke, der in einen falschen Kopf gerät, kann unvorhergesehene Folgen verursachen; einschließlich seiner Verwirklichung.

Es gibt Menschen, die so beschäftigt sind, daß sie keine Zeit haben, gegen die Aussagen, die sie lesen, zu polemisieren. Und es gibt andere, die noch mehr beschäftigt sind, so daß sie die Aussagen, gegen die sie polemisieren, nicht einmal lesen können.

Vorsicht! Wer von fremden Niederlagen profitiert, wird leicht zum Mitverlierer.
Sein Standpunkt ist immer ein Widerstandspunkt.

Die Sportexperten entdeckten eine neue Disziplin: den Stafettenlauf nach Canossa.

Reprivatisieren wir die unrentablen Irrenhäuser.

Die Menschheit bevorzugt primitive Betrüger, die sie auf leicht verständliche Weise hinters Licht führen.

Die Wachablösung findet sehr häufig im Innern des Wächters statt.

Nur noch eine Triumphpforte – und du bist auf dem Friedhof.

Grabmal eines Genies: Meilenstein.

RYSZARD KRYNICKI

Fast alles

Es ist zwanzigstes Jahrhundert
ich gehe zu Bett mit der Zeitung
in Reichweite liegen meine Brille,
Tabletten und Uhr;
ich weiß nicht, ob ich einschlafe,
ich weiß nicht, ob ich aufwache

das ist alles

Wenn ich

Wenn ich zu rufen haben werde
»Es lebe Polen!«
– in welcher Sprache werde ich es tun
müssen?

Mein Töchterchen lernt lesen

Mein Töchterchen, bislang unfehlbar,
lernt lesen und schreiben,
und jetzt erst beginnt sie zu irren,
und ich erlebe meine alten
Menschheitsirrtümer
von neuem

Tag für Tag

Obwohl ich dich (überhaupt) nichts angehe,
gehst du Tag für Tag
mich immer mehr
an

meine unermüdliche räterepublikanische Uhr

Leise

Leise, Borkenkäfer, pst, leise
der Zensor schreibt einen Aufsatz
über Gedankenfreiheit

ALEKSANDER LITWIN

Über die Satire

Wehe einem Volk,
das seine Satiriker nicht versteht.

In traurigen Zeiten
ist die Satire lustiger.

Am ernstesten reden die Narren.

Wahre Satire
stimmt die Welt traurig.

Ob Ironie
die Welt erlösen kann?

Über den Humor

Ein wahrer Humorist
weint über seinen Humor

Der vermeintliche Unsinn des Humors
ist sein Sinn.

Humor muß
Mut und Anmut haben.

Galgenhumor
dringt zu den Wurzeln.

V

Respice finem.
Bedenke das Ende.

Hieronymus, Briefe

ZWISCHEN ZEIT UND ZEITUNG

Das Jahr 1975 gab der literarischen Kritik in Polen Gelegenheit zu einer Bestandsaufnahme: welchen Weg habe die moderne polnische Literatur hinter sich gebracht, was habe sie in den 30 Nachkriegsjahren erreicht, was versäumt, wie und womit habe sie sich behauptet, welche Wandlungen und besondere Kennzeichen mache sie heute sichtbar? Diese und ähnliche Fragen begannen notwendigerweise mit dem Versuch einer überschaubaren Periodisierung.

Kazimierz Wyka, der kürzlich in Krakau verstorbene Literaturhistoriker, hatte im Sommersemester 1972 in einer Gastvorlesung am Slawischen Seminar in Göttingen[1] die neuere polnische Literatur chronologisiert, damit auch das Verständnis für die literarische Gegenwart in Polen auf ein historisches Fundament zu stellen unternommen:

Die 1. Periode (1890–1918) begann mit der Veröffentlichung der modernistisch-neoromantischen Gedichte von Kazimierz Przerwa-Tetmajer und wurde später als »Das Junge Polen« registriert. *Sehnsucht, Trauer, Unlust, Melancholie* waren die Grundstimmungen jener *Literatur des noch unfreien Polen*, die mitunter aber auch Glanzleistungen symbolistischer Dichtung (Bolesław Leśmian) oder realistische Romane, wie »Die Bauern« des Nobelpreisträgers Władysław Reymont, hervorzubringen vermocht hatte. Tetmajer aber blieb unangefochten Sprecher jener Generation.

> Sehnsucht, Trauer, Unlust, Melancholie, Chimären
> sind meiner Seele Inhalt ... Mit gebrochenem Flügel
> streunt der Gedanke, statt den Weltraum zu durchqueren,
> wie ein verletzter Kranich am Fuße der Hügel.

Was hilft's, daß er zuweilen auffliegt, der Versehrte,
mit wehem Schrei der Sehnsucht, dort, woher die Sonne
erglüht, noch nicht verfinstert vom Gebräu der Erde,
wo das Gewölk vorbeirauscht, in den Wind versponnen? …

Ein Flügel, der gebrochen, kann nicht lange heben,
der fallende Gedanke, steinverletzt, muß treiben,
er schleppt sich weiter, während seine Erdenwege
die rote Blutspur zeichnet – – und so wird es bleiben.[2]

Die 2. Periode (1919–1939), *die ersten zwanzig Jahre des freien Polen*, in polnischen Literaturgeschichten kurz die *Zwischenkriegszeit* genannt, kennzeichnen hauptsächlich zwei Bewegungen: die Warschauer vitalistische und programmlose Poetengruppe »Skamander« und die prinzipienbewußte und intolerante Krakauer »Awangarda«. Die Gestaltungen der ersten reichten vom Klassizismus über den Parnassismus bis zum Futurismus, waren im wesentlichen optimistisch und zeigten besondere Vorliebe für das leicht Kommunikative, das Feuilleton und die Satire. Die Avantgardisten dagegen suchten die Literatur – inhaltlich und formal – vom Standpunkt der Ratio und konstruktivistisch zu erneuern. Gelegentlich wurden die zwanzig Jahre der Zwischenkriegszeit vereinfachend in zwei Dezennien geteilt: das helle, das ästhetische, und das dunkle, das ethische. Bedeutendster Vertreter des Skamander-Kreises ist der Dichter und Satiriker Julian Tuwim, der konsequenteste Repräsentant der avantgardistischen Schule und Tuwims Gegenspieler Julian Przyboś.

Gabst du mir schon das *Wort*, die höchste deiner Gaben,
So mach mein Herz im Zorn wie Ozeane branden,
Daß ich, wie frühe Dichter, einfach und erhaben,
Im Blutsturm die Tyrannen schlüge und die Granden.

Und schenk mir keine Hymnen, nutzlos sind sie jenen
Die in verschlißnen Busen unter den Klamotten
Nur leere Herzen tragen, heulend wie Hyänen
Nach Brot, und hinterm Spielmannszug des Königs trotten.

Doch leihe meinem Zorn die Glut vom Höllenofen,
Bravour und Phantasie und Rhythmus, spitz und edel,
Damit ich mit dem Feuer meiner hellen Strophen
Auch treff, in die ich ziele, mitten in die Schädel![3]

Anders haben die Avantgardisten die Wortkunst definiert: »Lyrik ist die für den Wandel, für das Neue empfindlichste Kunstgattung des Worts. Deshalb ist das sogenannte ›Schöpfen aus der Tradition‹ im lyrischen Schaffen – verglichen mit solchen Anlehnungen in anderen, gewissermaßen langsameren Gattungen – wenig fruchtbar, wenn nicht überhaupt unmöglich.
Ein gutes lyrisches Gedicht ist Definition einer bis dahin unbekannten Bewegung des Gefühls und der Phantasie. Wie ist also ein Gedicht zu beurteilen? Nach dem Grad seines Antitraditionalismus. Das wäre das negative Kriterium. Und das positive? Ein gutes Gedicht ist Entdeckung einer allgemein noch unbekannten emotionellen Verhaltensweise, also einer neuen lyrischen Situation, die der veränderten sittlichen Situation entspricht. Ein gutes Gedicht, indem es diese neue lyrische Situation wahrnimmt, verändert die bisherige Gefühls-, Vorstellungs- und Bewertungsweise.«[4]
Diesen Grundsätzen des Theoretikers Przyboś entsprangen die avantgardistischen Gedichte.

Klopf zweimal auf den Tisch, und einmal dahinter –
um alle jemals gebrauchten Worte zu vergessen,
damit die Augenblicke wachsen, voneinander getrennt
durch die neue Rose auf mutierendem Stengel,
damit die unbekannte Sprache beginnt, deren erstes

Wort stets das letzte ist,
welche die Schatten der Alleen verlängert und dich –
[...][5]

Das Formbewußtsein und den Zukunftsglauben der Krakauer Avantgarde zu erschüttern trat in Wilna in den dreißiger Jahren die sogenannte Zweite oder Anti-Avantgarde an, die sich um ihre Zeitschrift »Żagary« (Feuersbrunst) scharte und deren bedeutendster Vertreter Czesław Miłosz (heute Professor in Berkeley) war. Entsprechend ihren pessimistischen Visionen einer nahenden Weltkatastrophe wurden die Dichter dieser Gruppe »Katastrophisten« genannt. Der ›reinste‹ Vertreter des »Katastrophismus«, der extremste Gestalter der depressiven Untergangsstimmung der Zwischenkriegszeit war der Dramatiker und philosophierende Theoretiker St. Ignacy Witkiewicz (Witkacy), der im September 1939, beim Einmarsch der Roten Armee in die polnischen Ostgebiete, durch Freitod aus dem Leben schied.

Dieser Gliederung schließt sich heute die jüngere Literaturforschung im großen und ganzen an und setzt sie fort[6]: *Die 3. Periode* (1940–1954) unfaßt die *Literatur der Kriegs- und der ersten Nachkriegsjahre*, in der als Thema die Niederlage von 1939, der Freiheitskampf der Polen und die dramatischen, zum Teil makabren Erfahrungen mit der Besatzung dominieren. Hinzu kommt die Abrechnung, mehr oder weniger kritisch, mehr oder weniger direkt, mit den diversen Fehlleistungen des eigenen historischen und politischen Bewußtseins, die sich besonders in den Jahren 1949–1950 unter dem Druck der Stalinisierung zuspitzt, was vor allem die Bücher von Andrzejewski, Brandys, Borowski, Konwicki[7] belegen. Die heftige, zum Teil verzweifelte Auseinandersetzung von Weltanschauungen und Kunstauffassungen bis 1954 erfaßte alle Generationen, Gattungen und Richtungen. An diesem Prozeß nahmen so unterschiedliche, oft gegensätzliche Autoren teil wie Broniewski, Dąbrowska,

Gałczyński, Rudnicki, Różewicz, Szaniawski. Teile ihres Werks (Gedichte, Romane, Stücke, Erzählungen, Grotesken) sind in deutscher Sprache bekannt geworden.

Die 4. Periode (1955–1963) begann mit der unblutigen Revolte der Intellektuellen gegen die Wucherungen des Stalinismus, die 1956 ihren Ausdruck fand in den Unruhen in Posen und in der Ernennung Gomułkas zum 1. Parteisekretär im Oktober mit der Aussicht einer Liberalisierung in Polen; weshalb seitdem vom *»Polnischen Oktober«* als dem Auslöser und Höhepunkt dieser *Tauwetterperiode* gesprochen wird. Begonnen hatte diese Entwicklung mit der Veröffentlichung antistalinistischer Gedichte in der offiziellen Presse 1955 und mit dem Debüt einer neuen Autorengeneration 1956 in staatlichen Verlagen. Bezeichnend für diese Periode sind die Aphorismen, die »Unfrisierten Gedanken« von Lec, die Publikationen des Philosophen Kołakowski, die Stücke von Mrożek *(Die Polizei, Tango)* und Różewicz *(Die Kartothek)*, Ważyks *Gedichte für Erwachsene*, Andrzejewskis Roman *Finsternis bedeckt die Erde.* Zu den berühmten Debütanten des Jahrgangs 1956 gehört Zbigniew Herbert.

Befolge den ratschlag
des inneren Auges

füge dich nicht
dem getuschel gemaule geschmatze ...[8]

Die 5. Periode (1963–1968), als *Kleine Stabilisierung* bezeichnet, war eine offiziell gesteuerte, nicht zuletzt durch Manipulation der Zeitschriften bewerkstelligte Reaktion auf die Tauwetterperiode, als diese die marxistische Ideologie vollends ins Schwimmen zu bringen drohte. Die Lyrik hatte an Höhenflug verloren, die Prosa begnügte sich mit dem kleinen Realismus. Die Literatur stagnierte, zum Teil suchte sie nach Refugien in der Provinz, zum Beispiel in Breslau oder in Posen.

Die 6. Periode (1968 bis heute) wird in Zusammenhang gebracht mit den studentischen Unruhen an den Universitäten und den Arbeiterdemonstrationen in Danzig und in Stettin. Seitdem ist von der *Generation 1970* beziehungsweise von der *Neuen Welle* die Rede, von einem Gärungsprozeß, getragen von der akademischen Jugend mit unterschiedlichem Schwerpunkt: Zum Beispiel mit dem confessiven Anspruch, wie ihn die Gruppe »Teraz« (»Jetzt«: Zagajewski, Kornhauser, Kronhold) in Krakau formuliert, oder der mißbilligenden Rechenschaft, wie sie die junge Polonistengruppe in Posen (Barańczak, Krynicki) praktiziert. Gemeinsam ist beiden Gruppen die Haltung, der Wirklichkeit unter keinen Umständen auszuweichen, sondern sich ihr zu stellen und ihr literarisch die Wahrheit abzutrotzen.

Blicken wir der Wahrheit ins Auge: ins abwesende
Auge des zufällig angerührten
Passanten mit hochgestelltem Kragen: ins reglose
Auge das sich an die Abfahrtzeiten der Fernzüge
klammert; ins kurzsichtige
Auge das aus nächster Nähe das Kleingeschriebene in der Zeitung anstarrt;
ins Auge aus dem am Morgen eilig der ungehorsame Traum
gewaschen wurde, aus dem am Tage eilig
die ungehorsamen Tränen gewischt worden sind; denn
ungehorsam ist selbst
der Tod, er treibt zu hastig hinab in die blinde Gasse der Augenhöhlen;
schenken wir also das, was in uns ist
diesem Blick, zeigen wir uns auf der Höhe
des Auges, wie die Kreideaufschrift an der Mauer, wagen wir es
der Wahrheit ins graue Auge zu sehn, das nicht abläßt von uns,

das überall ist, festgetreten im Pflaster unter den
Füßen,
festgeklebt im Plakat, versunken in Wolken;
auch wenn uns nimmer etwas ins Schwanken
brächte, so wird uns einmal etwas bestimmt
auf die Knie zwingen.[9]

Barańczak handhabt die Poesie als kritisches und demystifizierendes Werkzeug, als Adresse von Autoren, die denken, an Leser, die denken. Diese Feststellung ist nachzulesen auf Seite 164 eines Buches zweier Autoren der Gruppe »Jetzt«, das 1974 im Literarischen Verlag in Krakau erschien und das sofort Zündstoff für heftige Diskussionen zur Lage der neuen Generation geworden ist. Das Buch trägt den Titel »Die nicht vorgestellte Welt«,[10] und seine Autoren heißen Zagajewski (geb. in Lemberg 1945) und Kornhauser (geb. in Gleiwitz 1946). Den Hauptvorwurf der beiden Autoren enthält bereits der Titel ihrer polemischen Schrift: Wir leben in einer konkreten Welt, wir verfügen über eine konkrete Literatur, aber diese Literatur stellt diese Welt nicht konkret dar. Und der jungen, nach dem Krieg geborenen Generation geht es vor allem um die Literatur als Träger des Zeitbewußtseins. Zagajewski und Kornhauser stellen in ihrer Auseinandersetzung mit den älteren und jüngeren Zeitgenossen, mit den aktuellen Themen, Formen und Tendenzen der jüngsten polnischen Literatur nicht die Errungenschaften, nicht die Werke in Frage, sondern den spezifischen Wert dieser Werke als Erkenntnishilfe oder gar Modell. »Uns interessiert nicht die literarische Börse, die Rezensionen, die Hierarchien und Ränge, sondern die Ideen und die Standpunkte.« Die Generation 1970 gibt sich mit dem »kleinen Realismus« und mit der bloßen und vagen »Orientierung« – so der Name des Organs ihrer Vorgänger in den sechziger Jahren – nicht zufrieden. Sie sucht handfeste »Ideen und Standpunkte« im konkreten »Jetzt« und im konkreten »Hier«.

»Ich schätze Kornhauser und Zagajewski dafür«, bekannte der Kritiker Jan Pieszczachowicz in einer »Diskussion rings um die junge Literatur«[11], »daß sie Grundsatzfragen stellten, nach dem Verhältnis zwischen der Form des gesellschaftlichen Lebens und dem, was geschrieben wird, was lanciert wird, fragen. Wir haben uns im Sinne der romantischen Tradition daran gewöhnt, daß unsere Literatur eine Literatur des ›Ausnahmezustandes‹ ist und – angeblich nur dann wertvolle Werke hervorbringt.«
In einer anderen Redaktionspolemik zum gleichen Thema, die in der Literatura vom 20. Februar 1975 stattfand[12], leitete einer der Gesprächsteilnehmer, T. Drewnowski, seinen Beitrag mit dem Bonmot ein, die Politik bestimme zwar nicht die Literatur, aber – »vor allem bei uns« – ihre Situation. Kein schlechteres und nicht weniger gültiges Bonmot wäre die Umkehrung dieses Satzes: Die Literatur bestimmt zwar nicht die Politik, aber – vor allem in Polen – ihre Situation.
Der Statistik des Ministeriums für Kultur und Kunst ist zu entnehmen, daß die Zahl der Neuerscheinungen in Polen rückläufig sei; so als würde die junge Literatur durch Antikonzeptionsmittel am Wachstum gehindert.[13] 1971 waren es 46 Erstveröffentlichungen junger (oder älterer) Autoren, 1972–37, 1973–35, 1974–27. Der eigentliche Stolz der polnischen Verlage der siebziger Jahre sind die Sachbücher, Bildbände, historische und ideologische Traktate, Anthologien, Bestandsaufnahmen in Sammelwerken, vorzugsweise Populärwissenschaft. Die Kritik sieht darin einerseits die Ratlosigkeit der Verleger, der Gegenwart und ihren Problemen – womit und wie? – gerecht zu werden, und andererseits die Ratlosigkeit der Autoren, die ihr ›schlechtes Gewissen‹ in unverfänglichen Arbeiten verbergen.
Das Schwergewicht liegt heute in Polen auf der volkswirtschaftlichen Anstrengung; Fragen des technischen Fortschritts genießen Vorrang. Der wachsende Anteil der wissenschaftlichen und der Fachliteratur und die Rückläufigkeit der

›schönen Literatur‹ entsprechen somit einem konkreten Nachholbedarf und sind für die Umformung der polnischen Mentalität von großer Wichtigkeit. Die Chefredakteurin von Nowe Książki (Neue Bücher), Zenona Macużanka, leitete eine Diskussion über die polnische Prosa 1975 mit der Bemerkung ein: »Wir geben uns nicht der Täuschung hin, daß in unserem gesellschaftlichen und kulturellen Leben eine mittelmäßige Fernsehfolge nicht eine größere Rolle spielt als das seriöseste Buch.«[14] Über Wajdas neuesten Film diskutiert ›die Öffentlichkeit‹ länger, erregter und nachhaltiger als über Herberts letzten Gedichtzyklus »Herr Cogito«. Trotzdem gilt in der Perspektive der Zeit ein literarisches Werk, auch wenn es zunächst unauffällig bleibt, mehr und wirkt selbständiger und beständiger fort als die wuchtigste Sensation der Saison. Ein steter Tropfen höhlt den Stein – ein Wolkenbruch näßt ihn nur oberflächlich, wenn auch tüchtig.

Der oben zitierte Barańczak formulierte für die Generation 1970 einige Forderungen an das Buch der unmittelbaren Gegenwart und Zukunft: es sei einmalig und notwendig, das heißt, es habe die Welt, die Kultur, die Gesellschaft – wie lächerlich utopisch das auch klingen mag – zu verändern. Erst dadurch rechtfertige es seine Existenz. Große Teile der Literatur der jüngsten Vergangenheit findet Barańczak damit befaßt, »Ersatzprobleme zu erfinden«, während es ihre Aufgabe wäre, die Stellung des einzelnen in der Gesellschaft, die moralische Verantwortung und die Pflichten der Kultur zu bestimmen, die Mechanismen der Geschichte zu erkennen, die zum Machtzuwachs der Massenmedien führen und mit deren Hilfe – ›soziodynamisch‹ – die Kultur praktisch (ideologisch) zweckbestimmen und steuern.

Barańczak unterscheidet aus dieser Sicht vier Phasen der Nachkriegsliteratur: 1. Phase des offiziellen sozialistischen Realismus – von 1949 bis 1955. Ihre Kennzeichen: Billigung und Ethik. 2. Phase der Tauwettergeneration um 1956. Kennzeichen: Widerspruch und Ästhetik. Widerspruch gegen die Diktatur eines Dogmas und Protest gegen das ästhetische Einheitsmodell. 3. Phase bis zum Ende der sechziger Jahre, getragen von der Aussöhnung mit den ›Realitäten‹ und von der Flucht in die Fragen der (oft konservativ begriffenen) Ästhetik. Also: Billigung und Ästhetik. 4. Phase der siebziger Jahre schließlich: Ethik und Widerspruch. Barańczak resümiert: »Eins steht fest: notwendig, nicht beiläufig, gesellschaftlich nützlich ist die Literatur immer dann gewesen, wenn sie dem Geist des schöpferischen Widerspruchs entsprang.« Für Barańczak sind Ethik und Ästhetik gleichberechtigte Teile einer Ganzheit.

Wenn Autoren von der Zeitschrift Kultura nach dem Grund ihres Schreibens befragt werden, antworten die Vertreter der Generation 1970 – Edward Redliński in der Kultura vom 3. März 1977 – nicht mehr so ausweichend oder zweideutig wie die Vertreter der älteren Generation (Artur Sandauer oder Tadeusz Różewicz). Redliński bekennt: »Ich schreibe, weil das Schreiben für mich die Art der Fortentwicklung meines Selbstbewußtseins ist. Ich publiziere, weil ich glaube, daß ich etwas Wichtiges meinen Lesern mitzuteilen habe, etwas, was ihnen kein anderer mitteilen wird. Ich kenne meinen künftigen Leser, ich stelle ihn mir vor. Ich wende mich wissentlich an die 20 Millionen Polen, die ähnlich wie ich den Aufstieg vom naiven Menschen der Kulturtradition zum bewußten Menschen der Kultur der Neuzeit erleben. Mit meinem Schreiben helfe ich ihnen und mir zu wissen, woher wir aufbrechen, welchen Sinn das hat, was wir tun, was wir anstreben.«

Während der »Polnische Oktober« von den älteren Autoren ausgerufen wurde, denen sich dann die junge Generation 1956 anschloß, wird die »Neue Welle« von den jungen Autoren getragen; sie bezieht aber die älteren Autoren in ihre Diskussion ein. Neben kritischen oder skeptischen Stimmen gibt es auch solche, die den Standpunkt der Jungen mit zusätzlichen Argumenten stützen. Gleich zu Beginn seines

Beitrags über »Authentismus und Wirklichkeit« in der Kultura vom 1. Juni 1975 erinnert Włodzimierz Sokorski, Sprecher der etablierten, offiziellen Literaturkritik, an den Kultusminister und Autor der Tauwetterperiode Leon Kruczkowski und seine kulturpolitische Devise: »Nichts vereinfachen und nichts verschweigen, das ist die Aufgabe der sozialistischen Literatur. Nur dann sind wir glaubwürdig und unsere Standpunkte einsehbar.«

Auch der Kritiker Pieszczachowicz bestärkt das von Barańczak erhobene Postulat der Priorität des ethischen Prinzips, das sich in der ständigen Selbstbefragung zu bewähren habe: »Wie weit kann ich mich der Welt beugen, um meine Authentizität nicht zu verlieren; wo verläuft die dünne Grenze zwischen der Nichtbilligung des Bösen (Konformismus, Heuchelei etc.) und dessen stillschweigender Billigung?«

Das moralische Dilemma beherrscht 1975 die Bücher der jungen wie der älteren Generation, auch wenn diese ihren Standpunkt etwas kühler und reservierter formuliert, wie der Erzähler Jan Józef Szczepański, dem es vor allem darauf ankommt, »Erlebtes und Gedachtes genau und deutlich« aufzuschreiben. Für Szczepański ist die emotionale und intellektuelle Ehrlichkeit höchster Wertmaßstab, dazu natürlich auch die Toleranz als menschliche und als literarische Qualität. Szczepański meint, der Leser müsse dem Autor unbedingt vertrauen können, er müsse sicher sein, es nicht mit einem Komödianten zu tun zu haben, der nur eine so oder anders modische Rolle spielt. Der Autor habe sich selbst und kein fremdes Diktat zu verbalisieren. »Mir kommt es sehr auf das Empfinden der Würde an ...«[15] Und Szczepański gibt zu – was auch für die anderen polnischen Autoren zum großen Teil zutrifft und was dem deutschen Leser polnischer Bücher immer schon Schwierigkeiten bereitet hat –, daß das, was er schreibt, sich stets an einen *polnischen* Leser richtet, an einen *Eingeweihten.* So spontan die Reflexe dieses polnischen

Lesers sein mögen, sie seien durch ein gemeinsames Schicksal, eine spezifische Erfahrung bedingt, durch Bewertungen und Bedenken, die in der polnischen Tradition angelegt sind und nur daher verstehbar werden. »Ich freue mich, daß nach wie vor *panta rhei* gilt und daß in diesem ewigen Fluß die ewigen Werte nicht verlorengehen. Immerhin und trotz allem.«

Sosehr sich die Generation 1970 untereinander und noch mehr im Vergleich mit den Älteren unterscheidet, die Grundsatzfrage ist für sie stets die gleiche. In unmittelbarer Volksnähe das Zeit-Gemäße – im ständigen, direkten oder indirekten Streitgespräch mit der Zeitung – ausfindig zu machen, erkennen zu lassen, zurechtzurücken. Die lebendige Literatur greift selbstbewußt in die Speichen der Zeit, um das vielbesagte ›Rad der Geschichte‹ in seinem Lauf zu korrigieren. Diese Wahrheitssuche – selbstkritisch, oft genug selbstquälerisch bis zum Freitod – ist weniger als ein Zeichen der Resignation des einzelnen denn vielmehr als gesellschaftspolitische Aktion von anhaltender Fanalwirkung zu bewerten. Der Selbstmord so hochbegabter Dichter wie Tadeusz Borowski in den fünfziger Jahren und Rafał Wojaczek in den siebziger Jahren lassen die Federn und die Gewissen der Schriftsteller nicht unbewegt. Eine sich derart verstehende Literatur und ihre Vertreter haben spürbare Erfolge zu verzeichnen, seien es die Errungenschaften der Liberalisierung im »Oktober«, seien es die Erfolge der Protest- und Hilfsaktionen des von Jerzy Andrzejewski als Sprecher angeführten Komitees zur Verteidigung der Arbeiter.

Die junge Generation kommt am überzeugendsten in der Lyrik zu Wort, was übrigens seit jeher ein Spezifikum der polnischen Literatur gewesen ist. Die Poesie reagiert empfindlicher und schneller, eigentlich sofort auf gesellschaftliche Vorgänge, die erzählende Prosa hat es in dieser Hinsicht etwas schwerer. Und weil die Lyriker der Generation 1970 dieses einsehen, geben sie idiomatische und andere Formspiele bewußt auf zugunsten einer größeren Ansprechbarkeit ihrer Gedichte. Sie wollen nicht im Dunkel ihrer Metaphern verborgen bleiben; sie bevorzugen die non-fiction und die direkte, leichtverständliche Rede. Sie legen Wert darauf, die Verbindung zur realen Welt nicht zu verlieren und nicht, wie die polnische Lyrik es allzu oft ist, unübersetzbar zu sein.

Mit der Ungeduld von Barbaren
überfallen wir die Metapher Schneiden ihr Herz heraus
Öffnen die Haut Suchen die dunklen Stengel der Adern
So viele Male schon lag sie im Wochenbett blau während wir
uns an die früheren Namen erinnert haben
Die Vorstellungskraft der Dichter aus den Ländern des Nordens
ist trocken leicht sie durchrieselt
die Gedächtnisfinger sanft sie vermischt sich
mit dem Sand der Erde rasch und genau.[16]

BÜCHER ALS BRÜCKE: ZUR REZEPTION DER POLNISCHEN LITERATUR

Irrungen und Wirrungen

Flüchtige Betrachtungsweisen sind kein Privileg der Analphabeten. Wie irreführend das Augenmaß sein kann, dafür gibt es höchst illustre Beispiele. Aus Breslau, von einer Reise nach Tarnowitz, Krakau, Wieliczka und Tschenstochau (3.-10. 9. 1790) zurück, schrieb Goethe an Herder, er habe in den acht Tagen »meist negativ Merkwürdiges« gesehen. Seiner Tarnowitzer Eintragung zufolge, sei ihm – »fern von gebildeten Menschen« – selbst Breslau noch »lärmend, schmutzig, stinkend« vorgekommen. Freilich, eine rußige Industrielandschaft ist kein Arkadien, was aber wären die bürgerlichen Refugien und die höfischen Residenzen ohne das Salz von Wieliczka, ohne die schlesische Kohle und ohne die Tarnowitzer Seife? Ungewaschen, kalt und ohne Würze.

Ähnlich befremdend wie Goethe den Osten erlebte Mickiewicz den Westen. Aus einem französisch geschriebenen Brief an Ottilie von Goethe (16. 12. 1829) erfahren wir, wie sich ihm, aus Weimar kommend und nach Italien fahrend, die westdeutsche Landschaft dargeboten hat: »Ich kann Ihnen meinen Verdruß nicht verhehlen, den ich angesichts der Ufer des Rheines empfand. Dieser urritterliche, urromantische Strom ist bürgerlich-ökonomisch geworden. Die Hacke der Zivilisation hat auf den Bergen nicht einen Wald, nicht einen Baum gelassen, der dieses Namens würdig wäre. Überall Weinberge und nichts als Weinberge. Herr von Goethe klagte einmal über die Monotonie der sizilianischen Erntefelder. Ihre deutschen Weinberge, ohne Bewegung und ohne Nuance, erscheinen mir tausendmal langweiliger.«[1] Mickiewicz, den litauischen Urwald gewohnt, mit Bären und Beeren, mit idyllisch zerfallenden Adelsnestern, artigen Amouren und zäher Zwietracht, mochte die Rheinlandschaft langweilig finden. Aber was wußte er von dem unermeßlichen Fleiß, der in Jahrhunderten die Weinkultur der Rheinlande gebaut hatte, und von der ›Bewegung‹ dieser Landschaft, die er im raschen Vorüberfahren, mehr in sich hinein als ins freie blickend, nicht wahrnahm? Was wußte Goethe von der ›Seele‹ des Ostens, als er – »fern von gebildeten Menschen« – die durchschwitzten Hemden der Grubenarbeiter roch, den Kohlenstaub auf seinem schneeweißen Kragen entdeckte und den üblen Geschmack des unraffinierten Salzes auf seiner Zunge schmeckte?

Zwei große Beispiele für zwei kleine, unreflektierte Urteile, also Vorurteile. Diese Beispiele sind atypisch, zugegeben, nichtsdestoweniger didaktisch nutzbar. Sie illustrieren die Unzuverlässigkeit der touristischen Weltanschauung. Will man von Volk zu Volk sich näherkommen, genügt es nicht, einmal »vorbeizufahren«.

Ein späteres Zitat von Goethe wird dem Geheimen Rat und der Sache um vieles gerechter. Am 9.11.1830 schrieb Goethe an von Willemer nach Frankfurt (der Absatz bezieht sich auf Mariannens Brief vom 27.10.1830; er steht im Konzept, wurde aber in die Reinschrift nicht aufgenommen): »Das polnische Büchlein war willkommen; wir sind mit dieser Nation und ihrer Sprache schon viel näher verwandt als sonst; sehr oft kommen gebildete Männer dorther... Unsere Bibliotheken besitzen Grammatiken und Wörterbücher hinreichend, und so wirkt eine Nation immer lebhafter auf die andere.« Also ›Büchlein‹, also ›willkommen‹, also ›näher‹. Also ›Bibliotheken‹.

Als die Süddeutsche Zeitung in München am 16.1.1975 über die Eröffnung der Ausstellung polnischer Bücher im Pavillon des Alten Botanischen Gartens berichtete, gab sie ihrem Vierspalten-Beitrag die Überschrift »Näher als ein Nachbar«. In dieser fast polnisch hintergründigen Formulierung kam eine nicht vereinzelte Meinung zum Ausdruck: Polen, eigentlich kein Nachbar der Bundesrepublik, hat Autoren und

Bücher, die uns »näher« stehen als manche der wirklichen Nachbarn.

Was im übrigen verschiedentlich von außen gesehen wurde und galt, hat sich bis 1970 und von 1970 bis 1980 nur noch gesteigert und intensiviert: daß nämlich die polnische Literatur der Welt vielfach über Deutschland vermittelt wird. So und damit »wirkt eine Nation immer lebhafter auf die andere«.

Lebhafte Wirkung

Es gibt ein Dutzend Verzeichnisse, Kataloge polnischer Bücher, die nach 1945 ins Deutsche übersetzt worden sind. Sie sind alle periodisch unterschiedlich eingeschränkt und alle auf ihre Weise unvollständig. Ein junger Frankfurter Polonist, Peter Drzymalla, versuchte aus den verschiedenen Quellen[2] das Zugängliche zusammenzutragen und kam dabei auf knapp 500 Titel in den Jahren von 1945 bis 1969 und auf 150 in den Jahren von 1970 bis 1974. Wir schätzen beide, daß es in der Bundesrepublik 1980 etwa 800 aus dem Polnischen übersetzte Werke gab. (Dazu kommt noch eine viel höhere Zahl der in der DDR, der Schweiz und in Österreich übersetzten Polonica, die in der Bundesrepublik zu kaufen und zu lesen sind, das hiesige Angebot also erweitern und vervielfältigen).

Ich blättere in den Verzeichnissen, Teil- und Sonderkatalogen der Stadtbüchereien und der Werkbüchereien[3] und sehe, wie sie das Goethe-Zitat zum Leben erwecken: »Unsere Bibliotheken besitzen ... und so wirkt eine Nation immer lebhafter auf die andere«.

Diese kleinen Hauskataloge, wie fragmentarisch und dilettantisch sie auch immer sein mögen, präsentieren bereits Beachtliches: Mehrere Anthologien polnischer Prosa, Poesie und Satire, dazu Einzelausgaben von Dramen, Lyrik, Erzählungen und Märchen; Werke der Literatur- und Sprachwissenschaft, marxistische Theorie und Ökonomie, Philosophie, Pädagogik, Naturwissenschaft, Sozialwissenschaft und eine lange Reihe von Sachbüchern. Modernes steht neben Klassischem, Biographien, Folklore, Bildbände, Kinderbücher ergänzen das Angebot. Wir sehen in den Regalen Witkiewicz neben Mickiewicz, Potocki neben Putrament, Reymont neben Rudnicki, Ossowski neben Kołakowski. Ein Dutzend Bücher von Andrzejewski, noch mehr von Iwaszkiewicz, Lem, Dobraczyński. Achtzehn verschiedene Ausgaben und Titel von Gombrowicz, dessen Werk der Neske-Verlag in Pfullingen noch vor der polnischen Edition in Paris als erster vollständig vorgelegt hatte.

Polen ist in der Bundesrepublik literarisch »zugegen«. Hans Werner Richter, Gründer der Gruppe 47, schrieb in einem Brief an mich, seine Begegnungen mit polnischen Autoren bleiben ihm »unvergeßlich ... Die neue polnische Literatur war für viele von uns ein neuer Anfang, so wie auch einige der polnischen Schriftsteller in der Gruppe 47 etwas Neues, Hoffnungsvolles« fanden. Siegfried Unseld, Chef der Verlage Suhrkamp und Insel, in denen ein gut Teil der polnischen Gegenwartsliteratur erscheint und der sich persönlich für diese Literatur ganz besonders engagiert, meinte: »Das Verlegen polnischer Literatur bei uns ist ein Abenteuer. Wir lieben ja die Polen, obwohl das, was man von ihnen liest, nicht immer einfach ist ...« So für deutsche Leser schwierige, weil ungewohnte Bücher wie »Tage und Nächte« von Maria Dąbrowska haben gleich zwei westdeutsche Verleger nacheinander durchzusetzen versucht. Die Frankfurter Allgemeine Zeitung half ihnen dabei, indem sie das Werk als Fortsetzungsroman abdruckte, ähnlich wie Die Welt früher schon durch Vorabdruck von Jerzy Szaniawskis »Professor Tutka« diesem Autor zum Durchbruch verhalf. Seine Erzählungen sind in zwei renommierten Verlagen und Reihen hintereinander erschienen: In der Gelben Reihe des Carl

Hanser Verlages in München und in der Bibliothek Suhrkamp, die die ›Klassiker der Moderne‹ versammelt. 1975 wurde vom Fernsehen der polnische Farbfilm »Die Bauern« nach Reymont in 13 Teilen zu einer bevorzugten Zeit (jeden Sonntag ab 17. August gegen 17 Uhr) ausgestrahlt, was dem Verleger Diederichs in Köln Gelegenheit gab, eine zweite Nachkriegsausgabe dieser Werke, nun im 45. Tausend bereits, vorzulegen.

Poesie als Verständigungsmittel

Verständnislosigkeit ist verbreitet, weil es Dinge und Vorgänge gibt, die noch keinen Namen haben oder aber mit den üblichen Kategorien nicht zu umschreiben sind. Poesie ist ein Versuch, diesem Mangel unserer Sprache – oder Begriffe – abzuhelfen.

Die polnische Poesie kam in der Bundesrepublik Ende der fünfziger Jahre ins Gespräch. Sie vermochte Namenloses zu umschreiben, Unverständliches näherzubringen, außerdem für sich, das heißt für das Land und das Volk, aus dem sie kam, einzunehmen.

Die polnischen Autoren – Bieńkowski, Herbert, Miłosz, Różewicz, Szymborska, Ważyk –, die wir inzwischen in deutschen Einzelausgaben und vielfach in Anthologien besitzen, haben unsere Sprach- und Empfindungsgrenzen erweitert. Ihre Namen sind den deutschen Poeten ebenso ein Begriff und vertraut wie die Namen der großen französischen, italienischen oder englischen Dichter. Die deutschen Rezensionen ihrer Bücher in Presse und Funk bestätigen das Ansehen, das sie genießen.

Tadeusz Różewicz war der erste, der mit seiner Lyrik eine ungewöhnliche Resonanz erreichte. Seine Gedichte waren in den Zeitungen und Zeitschriften – fast hundert Nachdrucke – zu lesen, seine Bücher hatten zweihundert Rezensionen; sie wurden mehrfach im Funk rezitiert, auf Auswahllisten empfohlen und von den deutschen Poeten in ihren Gedichten, von Filmemachern in ihren Filmen als Motto (Horst Bienek »Die Zelle«) zitiert.

Mieczysław Orski untersucht in der Nr. 10 der Zeitschrift polnische perspektiven, Warschau, Oktober 1975, das Phänomen »Różewicz im Ausland« – so der Titel seines Beitrages – und kommt dabei zu dem Schluß, daß die große Popularität seiner Werke in fremden Sprachen auf ihrem künstlerischen Rang basiere. Es sei dem Dichter gelungen, seinen persönlichen Erlebnissen und den nationalen Problemen universale Bedeutung und Eindringlichkeit zu verleihen.

Die ersten, auch die gründlichsten und die zahlreichsten Bücher (9 Titel) im Ausland hat Różewicz in der Bundesrepublik aufzuweisen. Er ist mit der Vielfalt seines differenzierten Werks repräsentativ vertreten: Mit Erzählungen, mehreren Gedichtbüchern, Stücken, mit poetischer Prosa und theoretischen Essays.

In namhaften deutschen Anthologien waren Różewicz' Gedichte in München, Darmstadt und Frankfurt bereits seit 1959 zu finden, ihnen folgten dann die italienischen Ausgaben von Verdiani 1964, die amerikanische von Miłosz bei Doubleday und die französische bei Seuil – beide 1965.

Orski hebt auch die Erfolge von Różewicz' Stücken auf deutschen Bühnen hervor, deren Reichweite die Aufführungen in Berlin (Schillertheater) und Hamburg, am Staatstheater in Kassel und an den Stadttheatern Saarbrücken, Bochum, Mannheim und Ulm, bis zu den Studententheatern von Bonn und Stuttgart markieren. Daß Różewicz in den bundesdeutschen Fernsehprogrammen kein Unbekannter ist, das versteht sich von selbst.

Auch die Gedichte des Zbigniew Herbert werden von der deutschen Öffentlichkeit zum Besten gezählt, was die Nachkriegslyrik in Europa und darüber hinaus hervorgebracht hat. »Dieser Pole läßt eine Hundertschaft von Engagierten hinter sich«, betitelte Ernst Günther Bleisch seine Rezension im Münchner Merkur am 3. 2. 1968. »Seine Bedeutung liegt darin, daß er die kulturelle Kontinuität im Erlebnis der heutigen Zeit spüren läßt«, lautete das Echo von Wolfgang Kraus in Die Presse in Wien am 23./24. 11. 1974, Karl Krolow[4] faszinierte Herberts originär engagierte »Klassizität« und »die philosophische Klarheit und die akribische Einzelheit«. Walter Helmut Fritz[5] hob in Frankfurter Hefte Nr. 2/1968 »das Gleichgewicht zwischen individuellem Ausdruck und Öffentlichkeitscharakter« dieser Poesie hervor und widmete Herbert ein eigenes, aus Herberts Gedichtstiteln montiertes Gedicht, das von intimem Verständnis des deutschen Lyrikers für seinen polnischen Kollegen zeugt:

Zbigniew Herbert lesend
Zum Beispiel
Die Heimkehr des Prokonsuls
Nike wenn sie zögert
Fortinbras Klage
Verstehe ich besser
wie die Wahrheit
ums Leben kommt
wie hinterhältig die Frage ist
ob das Entsetzliche
sinnvoll war
daß unsere Angst
keine Eulenaugen hat
keine Kerzen löscht
Daß Schutzengel
ohne Rücksicht sein können

Herberts polnisches Werkverzeichnis enthielt 1975 neun Buchtitel, das deutsche im gleichen Jahr ebensoviel.
Das Ansehen der polnischen Dichtung drückt sich nicht

zuletzt in den Ehrungen aus, die ihr zuteil werden. Herbert haben gleich zwei Akademien zu ihrem Mitglied gewählt, die Bayerische (1967) und die Berliner (1974). Aufgrund seiner in Frankfurt am Main in deutscher Sprache erschienenen Bücher wurde ihm 1960 der Österreichische Staatspreis für europäische Literatur (der Nikolaus-Lenau-Preis) und 1973 der Herder-Preis der Hamburger F. V. S.-Stiftung in Wien verliehen. Prof. Manfred Mayrhofer[6] sagte in seiner Laudatio damals, er finde es besonders ergreifend, wie sich in Herberts Dichtung die tief humanistische Gesinnung mit der Einsicht in die Tröstung der Geschichte verbinde. Dies sei »doppelt kostbar, als heute der Geschichte doch vielfach unter der Fahne eines neuen Humanismus ein tiefer, unversöhnlicher Haß entgegenschlägt«.
Herberts Bücher haben sich als tragfähige Zugbrücke erwiesen. Sie standen früher mehrfach auf Empfehlungslisten, zum Beispiel der Redakteure der Hamburger ZEIT, und sie tauchen auch heute aus der Flut der Neuerscheinungen unversehrt empor, um exzeptionelle Aufmerksamkeit zu erregen – wie zum Beispiel der letzte Gedichtband »Herr Cogito«, Frankfurt am Main 1974, den die Darmstädter Jury im Februar 1975 zum ›Buch des Monats‹ gewählt hat. Wenn man bedenkt, daß diese Auszeichnung nur zwölf Büchern im Jahr – unter den vielen Tausenden der jährlichen Neuerscheinungen – zuteil wird, wird das Gewicht dieses Urteils offensichtlich. Darin und in ähnlichem zeigt sich die Wirkung der polnischen Poesie auf die deutschen – die kompetenten – Leser.

Warum sind diese Komödien so traurig?

Dem Interesse am polnischen Theater kamen zunächst Informationen entgegen, die man in der westdeutschen Tages- und Fachpresse – von der kleinen Notiz bis zum analytischen Aufsatz – von Jahr zu Jahr häufiger zu lesen bekam. 1964 veröffentlichte dann Karl Hartmann seine sachliche Einführung in die polnische Dramatik der Gegenwart – »Das polnische Theater nach dem Zweiten Weltkrieg«, Marburg 1964 –, dem drei Jahre später eine zweibändige Präsentation bei Luchterhand folgte – »Modernes Polnisches Theater, herausgegeben und mit einem Nachwort von Andrzej Wirth«, Neuwied und Berlin 1967 – mit Stücken von Witkiewicz, Szaniawski, Kruczkowski, Gombrowicz, Różewicz, Broszkiewicz, Mrożek, Abramow, Grochowiak und Iredyński. Inzwischen waren auch polnische Referenten wie Jacek Frühling in der Bundesrepublik mit öffentlichen Vorträgen über das Theater in Polen aufgetreten und Theoretiker der polnischen Schule wie Jan Kott mit Buchpublikationen über das Welttheater in polnischer Sicht zu hohem Ansehen gelangt. Weder Spezifitäten wie das Theater von Grotowski und das von Tomaszewski noch andere authentische Inszenierungen aus Polen blieben dem deutschen Publikum fremd. Der schöne Brauch der Gastspiele machte das unmittelbare Kennenlernen möglich, einige Städte – wie Saarbrücken und Dortmund zum Beispiel – haben im Rahmen von eigens eingerichteten ›Polnischen Theatertagen‹ oder ›Polnischen Kulturwochen‹ ein ganzes, reichhaltiges Repertoire an polnischen Sprech- und Musikstücken gezeigt. Am Mittwoch, dem 6. Mai 1964, meldete die Deutsche Presse-Agentur »Ein polnischer Musik-Triumph in Wiesbaden – Das Gastspiel der Warschauer Oper bei den Maifestspielen« anläßlich der Aufführung der Moniuszko-Oper »Das Gespensterschloß«, die der Kritiker »hinreißend ursprünglich« und »außerordentlich erfolgreich« nannte. In Saarbrücken konnte man während der dortigen ›Polnischen Theatertage‹ Moniuszkos Nationaloper »Halka« erleben, daneben Stücke von Witkacy und Mrożek kennenlernen. Von beiden Dramatikern liegen in deutscher Fassung Stücke in Buchform vor, von Mrożek sämtliche dramatischen Werke; über beide Autoren gibt es deutsche Dissertationen und monographische Publikationen.

In den Spielplänen der Berliner, Münchener, Düsseldorfer, Hamburger, Frankfurter und anderer Bühnen begegnet man polnischen Namen immer häufiger. Besonders lobenswert ist die Tatsache, daß an den Aufführungen deutscher Ensembles hervorragende polnische Regisseure beteiligt sind, wie Dejmek, Świnarski, Jarocki, Axer, die uns das nicht immer ohne weiteres einleuchtende polnische Theater zu verdeutlichen helfen.

Das Besondere des polnischen Theaters ist seine groteske Exzentrik und sein tragisches – selbst im Absurden – Engagement. Das Komische, das Ironische steht im Vordergrund, ist das beherrschende Stilmittel, dessen Verfremdungsabsicht ist aber sehr bald zu erraten. Wie Borowski und Nałkowska seinerzeit die nationale Qual gnadenlos protokollarisch, scheinbar gefühllos und distanziert zu Papier brachten, um damit eine um so wirksamere Katharsis zu erreichen, so bedienen sich die polnischen Dramatiker der Gegenwart des Zerrbilds und der Farce des läuternden Kontrastes wegen: Dahinter verbirgt sich das Irrsinnige und das Unbegreifliche der menschlichen Charaktere in unserer Zeit und Geschichte.

Darum sind diese Komödien – in der Nachwirkung, durch Nachdenken – so traurig.

Lec oder die Fruchtbarkeit des Denkens

»Die Satire hat auszugraben, was das Pathos zugeschüttet hat.« Unter diesem Motto von Lec machte eine Anthologie – »Polnische Pointen, Satiren und kleine Prosa«, München 1962 – die deutschen Leser erstmalig mit dem Reichtum und der Brillanz der polnischen Satire bekannt. Diese erwies sich für den deutschen Leser sehr bald – wie das polnische Theater auch – als eine Qualität sui generis. »Explosivkörper auf jeder Seite; und man weiß nicht, was man mehr bewundern soll:

Den Mut der Aussage oder die Kunst der Formulierung«, urteilte die Neue Zürcher Zeitung am 19. 11. 1962. »Ein scharfer, süßsaurer Cocktail. Man muß sich Zeit nehmen und genießen«, meinte E. Ottevaere in de Standaard Brüssel am 27./28. 10. 1962. Und der Österreichische Rundfunk in Wien lobte die »Wachheit des Geistes, Intelligenz und Sprachkultur«. Wir zitieren drei ausländische Stimmen, um zu belegen, daß der deutsche Erfolg der polnischen satirischen Literatur (drei Auflagen mit insgesamt 31000 Exemplaren, die Auflagen sind vergriffen) nicht ein exklusiv binnendeutsches Phänomen geblieben ist.

Der Höhepunkt dieser erfolgreichen Auswahl war zweifelsohne Stanisław Jerzy Lec. Seine »Unfrisierten Gedanken«, die fünf Auswahlfolgen mit 30 Auflagen erreicht haben, waren von einer erstaunlichen, weil ebenso in die Tiefe wie in die Breite gehenden Wirkung. Prof. Bauer[7] nannte in seiner Antrittsvorlesung über »Lec und die Politisierung einer intellektuellen Dichtart« den Polen den »wichtigsten modernen Aphoristiker«. Insgesamt erreichten Lecs Bücher (die zahlreichen Nachdrucke in Anthologien nicht gerechnet) eine Auflage von etwa 300000 Exemplaren. Damit hätte Lec sein Ziel – »Man muß die Anzahl der Gedanken derart vervielfachen, daß die Anzahl der Wächter für sie nicht ausreicht« – erreicht. »Lec war ein Schütze, der letztlich mehr trifft, als er treffen wollte. Dies, meine ich, gehört zu den wichtigsten Kennzeichen, die gute Literatur von mittelmäßiger unterscheidet«, stand in Die Zeit zu lesen.

Die Frage, wo, mit welchen, wie gewählten und warum wann zitierten Gedanken Lec überall vertreten ist oder bestätigt (oder bestohlen) wird, wäre geeignet, ein literarsoziologisches Sonderseminar zu beschäftigen. Bonner Parlamentarier schmücken mit ihm ihre Reden in den Bundestagsdebatten, die Berliner Studenten trugen ihn – »Liebet eure Feinde, vielleicht schadet das ihrem Ruf« – per Trans-

parent bei der Demonstration am 29. 1. 1967 voran, der Verlag für kirchliche Kunstdrucke in Bremen kolportierte Postkarten mit Grafik von Rainer Trüstedt und je einem Merksatz von Lec als große Wurfsendung (Nr. SP 681–683); in einer Anthologie des Evangelischen Studienwerks Villigst stand Lec an erster Stelle vor Zitaten aus den Briefen der Korinther und der Römer, aus Brecht, Weizsäkker, Mann und Marcuse.
Die »Unfrisierten« sind so sehr zum Gemeingut geworden, daß es an Gemeinheit grenzt, wie man sie in Axel Springers Kalendarien, in der Frankfurter Zeitung, Blick durch die Wirtschaft und im Spiegel (dort sogar als »slowakisches Sprichwort« apostrophiert)[9] namenlos ausbeutet.
So schmücken sich mit und profitieren von Lec die Burschenschaftsblätter (Acrimonia), die Pressebüros und -Dienste, selbst die Besinnungsblätter für Soldaten, die das Evangelische Kirchenamt für die Bundeswehr im Kreuz Verlag Stuttgart herausgibt. Sogar – und das schlägt dem Faß den Boden aus – in Polizei-Festschriften[10] sind sie zu finden, und darunter solche Gedanken wie folgende: »Er war ein vorzüglicher Hüter des Rechts. Er behütete es so gut, daß niemand in dessen Genuß kam.« Oder: »Auch an den Kreuzwegen der Geschichte versucht die Polizei den Verkehr zu regeln.« Oder: »Er lachte nur im Geiste – und wenn, dann in dem des Gesetzes.« Sage da einer, die Polizei hätte keinen Sinn für Humor. Sie hat sogar einen für Selbstironie! In der Grußadresse dieser Festschrift zeichneten verantwortlich: »1. Vorsitzender der Gewerkschaft der Polizei gez. Tretschok / Oberbürgermeister gez. Dopatka.« In Leverkusen wird also polnisch gelacht – und signiert.
Fest steht, daß Lec in der Bundesrepublik der in Vergessenheit geratenen Gattung des Aphorismus zu einer Renaissance verholfen hat. Poetische und geistreiche Köpfe[11] ließen sich von ihm inspirieren, Erich Frieds »Warngedichte« und epi-

grammatische »Zeitfragen« sind leibliche Schwestern der Lecschen »Steckbriefe« und Mahngedichte »An Abel und Kain«:

Lec: »Im Hause des Gehenkten spricht man nicht vom Galgen«.

Fried: *Taktfrage*

Im	darf	nicht	sein
Haus	man	reden	Henker
des	vom	weil	dort
Gehenkten	Strick	jetzt	im
			Ruhestand
			lebt

Jüngere Autoren befruchtete Lec auf ähnliche Weise. Ulrich Erckenbrecht stellte seiner Aphorismen-Sammlung »Ein Körnchen Lüge«, Gießen 1974, einen Lec-Aphorismus voran und schrieb dazu: »von der polnischen Aphoristik lernte ich viel«. Wolfgang Eschker vom Goethe-Institut in Göttingen setzte über seine Aphorismen als Motto den Satz: »Aphorismen können verLECen.«

Janusz Korczak und die deutschen Lehrer und Kinder

Ausschlaggebend für das Verhältnis eines Volkes zum Buch ist seine (geleistete und genossene) Erziehung zum Lesen. Es ist deshalb für das deutsch-polnische Verhältnis und Verständnis nicht unwichtig, ob und wie die polnischen Autoren Eingang in deutsche Schulbuchverlage finden.
Ein entscheidender Durchbruch gelang dem pädagogischen Buch aus Polen – diesmal gleichermaßen für die Erzieher wie die zu Erziehenden – mit der posthumen Auszeichnung des

Werkes von Janusz Korczak im Jahre 1972. Die Autorität des Friedenspreises des Deutschen Buchhandels und die von Hartmut von Hentig vor Verlegern und Buchhändlern aus vielen Ländern der Erde gehaltene Festrede – »Janusz Korczak oder Erziehung in einer friedlosen Welt« – begründeten Korczaks deutschen und weltweiten Ruhm.

Bekannt wurde Janusz Korczak in der Bundesrepublik durch Erwin Sylvanus, dessen Stück »Korczak und die Kinder« 1957 in Rowohlts Theaterverlag erschien, danach ein zweites Mal als Buch 1959 in St. Gallen und ein drittes Mal 1973 bei Suhrkamp in Frankfurt am Main. Das Stück ist auf vielen Bühnen der Bundesrepublik gespielt worden. Ein Korczak-Jugendbuch – »Der Bankrott des kleinen Jack« – gab es schon 1935 bei Williams in Berlin, doch es war bis zu seiner Neuauflage – »Jack handelt für alle« 1972 in Hamburg – ohne Beachtung geblieben.

Die pädagogischen Grundschriften des ›Doktors aus der Krochmalna‹ Janusz Korczak (eigentlich Henryk Goldschmit), der 1942 in einem deutschen Vernichtungslager umkam, werden seit 1967 im Verlag Vandenhoeck und Ruprecht in Göttingen verlegt: Übersetzt von Armin Droß und herausgegeben von Elisabeth Heimpel und Hans Roos. Die Süddeutsche Zeitung bezeichnete »Wie man ein Kind lieben soll« (1973 in der 4. Auflage) einen »Glücksfall in der großen pädagogischen Literatur ... Selten treffen wissenschaftliche, humane und schriftstellerische Qualitäten so glänzend zusammen«. Auch das Kinderbuch »König Hänschen I.« – deutsch von Katja Weintraub – erlebte in kurzer Zeit, bis 1973, vier Auflagen.

Die wissenschaftliche Erschließung des Werkes in der Bundesrepublik wurde mit Studien von Erich Dauzenroth eingeleitet. Sie sind u. a. in Frankfurter Hefte, Emuna, Pädagogische Rundschau zu lesen gewesen und waren anschließend ins Englische, Niederländische und Polnische übersetzt erschienen. Die erste italienische Korczak-Publikation von Bruno

Maria Bellarate entstand durch Anregung der Gießener internationalen pädagogischen Kolloquien.
Der Höhepunkt der wissenschaftlichen Beschäftigung mit Korczak war das von Dauzenroth und Hampel im Mai 1973 an der Gießener Justus v. Liebig-Universität organisierte Internationale Korczak-Symposion mit Teilnehmern aus der Bundesrepublik, Polen, Italien und Belgien. Unter den zahlreichen Korczak-Artikeln in der Tagespresse sind die von Rudolf Gönner und Erina Kumm besonders lesenswert. 1973 entstand – in deutsch-israelischer Koproduktion – ein Korczak-Film »Der Märtyrer«. Korczak zu Ehren haben Schulen in Göttingen, Gießen, Villingen-Schwenningen seinen Namen angenommen. Eine vollständige Zusammenstellung aller Korczak-Editionen und -Literatur besorgte Ursula Assmus.[12]
Zweifelsohne trug die Korczak-Publizität dazu bei, daß die Präsenz des polnischen Kinderbuches in der Bundesrepublik weiterhin wuchs. Dieser Anteil reicht inzwischen von den didaktischen »Fabeln« des Ignacy Krasicki über »Durch Wüste und Wildnis« von Henryk Sienkiewicz (über zehn Auflagen in zwei verschiedenen Übersetzungen) und Bücher solcher Autoren wie Ossendowski, Iłłakowicz, Tuwim, Brzechwa bis zu den Autoren der allerjüngsten Gegenwart.
Zusammen mit den Autoren setzten sich in der Bundesrepublik auch polnische Buchillustratoren durch: Janusz Grabiański, Jan Marcin Szancer, Andrzej Wierciński und Józef Wilkoń.
Zwischen den westdeutschen (und auch ausländischen) Kinderbuchautoren und den polnischen Illustratoren haben sich Gemeinschaftsarbeiten entwickelt. Die Kinderbücher »Der Kranich auf einem Bein« von Paul Schaaf (1963) und »Herr Minkepatt und seine Freunde« von Ursula Valentin, beide mit Illustrationen von Wilkoń, sind mit dem Jugendbuchpreis 1964 und 1965 und als »Schönste deutsche Bücher«

ausgezeichnet und in die Bestenlisten aufgenommen worden.
Von Wilkoń bebildert sind Robert W. Schnells »Bonko«, Janoschs »Die Löwenkinder« und Uwe Friesels »Der kleine Herr Timm und die Zauberflöte Tirili«. Die Presse hob die »Anmut, Leichtigkeit und Atmosphäre« der »unnachahmlich sanft und differenziert illustrierten« Bücher hervor, ihren »weichen und dennoch entschiedenen Schwung« (Saarländischer Rundfunk), ihre zurückhaltende »Sensibilität« (Neue Ruhr-Zeitung), die »aufregend schön« (Frankfurter Allgemeine Zeitung) wirkten und als »künstlerische Kostbarkeiten« (Norddeutsche Rundschau) zu würdigen seien. Diese Bücher, häufig nachgedruckt, finden über Westdeutschland Lizenzausgaben in England, Frankreich, Holland, Japan, Schweden, Südafrika, USA. Der deutsch-polnische »Herr Minkepatt« wurde 1965 mit dem Premio Europeo ›Città di Caorle‹ für hervorragende Illustrationen prämiert. Die oben genannten Kinderbücher – auch andere – gibt es inzwischen in Taschenbuch- und Heftausgaben sowie in Buchgemeinschaften (des Deutschen Bücherbundes und der Büchergilde).

Bilanz

Die Bilanz dessen, was die polnische Literatur in der Bundesrepublik nach dem Kriege erreicht hat, was oben an einigen Beispielen angezeigt wurde, läßt sich in vier Thesen zusammenfassen.
1. Die polnische Literatur ist in der Bundesrepublik gegenwärtig. Das Interesse wurde 1956 – durch, zugegeben, politische Initialzündung – wach, bekam um 1960 Richtung und Breite und hat sich nun aus einem modischen Phänomen zu einem festen Bestandteil der literarischen Diskussion in der Bundesrepublik Deutschland, auch der Weltliteratur, entwickelt. Wir haben zahlreiche Anthologien, die Überblick

schaffen und vermitteln, und wir beobachten eine Präsenz vieler Einzelautoren, die erstaunlich ist. Von einigen – Andrzejewski, Brandys, Gombrowicz, Herbert, Hłasko, Iwaszkiewicz, Kołakowski, Lec, Lem, Różewicz, Bruno Schulz – sind inzwischen auf Deutsch mehrere Auflagen und Ausgaben – repräsentative, preiswerte Taschenbuchausgaben und andere – erschienen. Von manchen liegt das Gesamtwerk vor (Mrożek), von anderen (Gombrowicz) kam die deutsche Gesamtausgabe ihrer Werke einige Jahre vor der polnischen – in Paris – zustande.

2. *Die polnische Literatur findet ein breites Echo und Anerkennung.* Man entnehme das nicht den Auflagenziffern – wir wissen, daß diese nicht immer viel besagen, es haben auch ausgezeichnete deutsche Autoren kleine Auflagen und große Bedeutung – man entnehme es den deutschen Sachverständigenstimmen: der Kritik, der Verleger, der Schriftsteller-Kollegen, der Buchhändler, der Bibliothekare. Das bestätigen auch hohe internationale Auszeichnungen für polnische Autoren und ihre Anwesenheit in Spitzengremien der internationalen Repräsentanz. Günter Grass zum Beispiel hält Tadeusz Różewicz für den bedeutendsten Dichter seiner Generation, andere räumen diesen Platz Zbigniew Herbert ein. Mit Różewicz, Herbert, Szymborska werden Akademievorlesungen veranstaltet und über sie Examensarbeiten geschrieben – diese Beispiele, sie ließen sich fortsetzen, zeugen davon, daß die auswahlbewußten und kritischen Leser in der Bundesrepublik sehr wohl begriffen haben, daß wir es hier mit einem untersuchungswürdigen Gegenstand zu tun haben, der zwar national geprägt ist, der aber zur internationalen Allgemeinbildung gehört.

3. *Das deutsche Publikum schätzt an der polnischen Literatur zweierlei.* Erstens die Auskunft über wenig bekannte, äußere und innere Vorgänge eines sehr wichtigen Nachbarn; den Wahrheitsfanatismus dieser Aussage; den Mut zu philosophischen Schlußfolgerungen. Zweitens die Originalität dieser

Aussagen; die künstlerische Kraft, mit der sich starke, zum Teil unterschiedliche Persönlichkeiten, unabhängig von ihren Erfahrungen, artikulieren und nachdrücklich durchsetzen. Faszinierend ist der formale Reichtum dieser Begabungen, der im geistigen kein Einerlei kennt und im Künstlerischen keine Uniform trägt. Die Individualität und Toleranz sind kennzeichnend. Ich unterstreiche, daß ich nur von guten Büchern guter Autoren spreche, nur diese in Betracht ziehe, nicht aber die indiskutablen anderen, die es in Polen genauso gibt und in genau solchen Mengen wie bei uns und anderswo. Die polnische Literatur ist in der Bundesrepublik erfolgreich aus Gründen ihrer Qualität.

4. *Nicht unwichtig allerdings sind die glücklichen Umstände, die der polnischen Literatur halfen und immer noch helfen, sich gebührend durchzusetzen.* Der offene, vorurteilsfreie Blick nach dem Osten war uns lange Jahre verbaut. Das deutsche Bedürfnis, diesen Blick freizubekommen, wurde immer stärker. Und hier erwies sich die polnische Literatur als ein ausgezeichnetes, souveränes und zuverlässiges Medium, das den freien Blick ermutigt, ermöglicht. Sehr wichtig ist auch die große Zahl der aus dem Osten stammenden, am Thema Polen unmittelbar interessierten Deutschen. Es sind Millionen, und diese Millionen bilden die potentielle Leserschaft der polnischen Literatur. Daher kam es, daß man in der Bundesrepublik Deutschland in diese Literatur tiefer eindringen konnte als in irgendeine beliebige fremde. Es war zum Teil auch unsere, von uns nicht geschriebene Literatur. Dichter, Erzähler und Kritiker wie Grass, Piontek, Lenz, Härtling, Bienek, die aus dem Osten kamen, bauten ihr ein solides kritisches Fundament, auf dem sie bestehen konnte. Nicht unwichtig sind dabei natürlich auch die bildungspolitischen Bemühungen, die von den berufenen Stellen unternommen werden, um das günstig sich anbahnende Verhältnis zwischen dem polnischen Buch und dem deutschen Leser zu unterstützen. Dazu zähle ich die polnischen Wochen und

Kulturtage, die polnischen Buchausstellungen und Theatertage, veranstaltet von den Städten, Rundfunkanstalten und Organisationen. Dazu zähle ich auch die Kongresse und Symposien der Akademien, Universitäten und Schulen, die Stipendien und den akademischen Austausch sowie alle Formen des Informationsdienstes, den die Medien geleistet haben und leisten. Zur Förderung des Interesses an der polnischen Literatur trägt natürlich auch der wachsend gute Ruf der anderen Künste in und aus Polen bei: des Theaters, der Musik, des Films, des Plakats.

Das wäre die eine Seite, wären die Aktiva. Doch eine Bilanz hat auch Passiva aufzuweisen. Es wäre falsch, ja Fälschung, auf diese nicht wenigstens andeutend hinzuweisen.

1. *Auf die erste Entdeckung guter Autoren folgte allzu rasch das beliebige literarische Geschäft.* Daß das Buch auch eine Ware ist, daran haben wir uns gewöhnt. Deshalb wäre es nicht schlimm, auch den zweit- und drittklassigen Büchern eine Chance zu geben – wenn man sie nicht mit einer falschen Verlagsreklame befrachtete, die das Vertrauen des Lesers in diese Literatur insgesamt zu erschüttern droht. Falsche Etikettierung rächt sich allemal.

2. *Auf die erste Periode der unschuldigen Enthusiasten pflegt oft zu übergangslos die zweite Periode der nicht immer kundigen Pragmatiker zu folgen.* Eine florierende Verwaltung ist im Kulturaustausch eminent wichtig. Aber sie hat eine dienende Funktion zu erfüllen, wessen sie sich nicht immer bewußt ist. Der organisierte Kulturaustausch von heute – nicht nur zwischen der Volksrepublik Polen und der Bundesrepublik Deutschland, insgesamt – vermittelt nicht selten den Eindruck, als diene dieser mehr oder weniger der Administration.

Auch bloßer Veranstaltungstourismus, naturgemäß der Oberfläche verhaftet, schafft nicht das, worauf die Völker angewiesen sind – die Annäherung durch Kultur, die immer tiefer reicht und gründliches Wissen voraussetzt. Man könnte manche Rechnungen aufmachen, wieviel kostbare Energie, Hoffnung, Zeit, Gelder und Chancen durch mangelnden Sachverstand, durch Flüchtigkeit und Kurzsichtigkeit vertan werden.

Da jetzt, erfreulicherweise, auf diesem Gebiet sehr viel geschieht, sollte man darauf achten, daß das Richtige auf rechte Art und zu Recht geschieht. Dabei sind neben den offiziellen bilateralen Initiativen, die sich in letzter Zeit vielversprechend vermehrt haben, auch die Privatinitiativen, die spontanen, inoffiziellen Begegnungen und Kooperationen im Zeitalter der Entspannung nicht minder wichtig als zuvor.

Anlage 1

Statistik der in der Bundesrepublik Deutschland veröffentlichten Übersetzungen aus dem Polnischen ins Deutsche für die Zeit von 1946 bis 1969:

	I	II	III	IV	V	VI	VII	VIII	IXa	IXb	IXc	
1946				1		1						2
1947				1		2						3
1948						1						1
1949				2	1	3						6
1950				1								1
1951				1	1							2
1952		1			1	2						4
1953					5	6						11
1954					3	4				1		8
1955	1				2	2	2					7
1956				1	3	7	1					12
1957		1		3	1	6	1			1		13
1958					1	8				1		10
1959			1		1	17				2		21
1960	2			7	3	15	1		3	3		34
1961	1			2	2	18	1	1	2	2		29
1962		2		1	2	24		1	6	1		37
1963	1		1	2	3	18	2	3	7	2	1	40
1964	3	3		3	1	18	1	2	5	4	1	41
1965	5	1	1	4	3	20	2	5	4	1		46
1966	2			4	3	20	1	2	3			35
1967	2	1		5	8	17	2	2	2		3	42
1968	3	1	2	6	2	20			1	4	1	40
1969	1	3	2	4	3	19	1	2	3	2	1	41
	21	13	7	48	49	248	15	18	36	24	7	486

Die Statistik ist nach folgenden Gebieten (mit römischen Zahlen gekennzeichnet) aufgeschlüsselt:

I. Allgemeines, Religion, Philosophie, Literatur- und Sprachwissenschaften.
II. Recht, Pädagogik, Sozialwissenschaften, Ökonomie.
III. Natur- und angewandte Wissenschaften.
IV. Spiel, Kunst, Folklore, Bildbände, Kinderbücher, Musik.
V. Geographie, Politik, Geschichte, Biographie.

VI. Prosa.
VII. Poesie.
VIII. Drama, Opern-, Film-Texte.
IXa Anthologien, Prosa.
IXb Anthologien, Poesie.
IXc Anthologien, Drama, Oper, Film.

Anlage 2

Statistik der in der Bundesrepublik Deutschland veröffentlichten Übersetzungen aus dem Polnischen ins Deutsche für die Zeit von 1970 bis 1979:

	Titel	v. H. der Gesamtübersetzungen	Davon schöne Literatur Titel	%
1970	31	0,9	20	1,2
1971	35	0,6	19	0,7
1972	42	0,9	19	0,9
1973	41	0,9	11	0,9
1974	28	0,5	17	0,8
1975	30	0,7	14	0,7
1976	31	0,6	16	0,6
1977	44	0,8	14	0,5
1978	46	0,7	18	0,7
1979	53	0,8	21	0,8
	381	0,74	169	0,78

(Angaben nach: Buch und Buchhandel in Zahlen, Börsenverein des Deutschen Buchhandels, Frankfurt am Main, Jahrgänge 1947–1980)

DEUTSCH ALS MEDIUM – POLNISCH ALS REIZ

Die Wechselwirkung zweier Literaturen

Im Anfang war das böse Wort, welches besagte, daß Deutschland nach dem Zweiten Weltkrieg wenig dazugelernt habe und daß es, nach wie vor, sich über alles in der Welt halte. Das Wort lebt fort und ist in unserer Nachbarschaft immer noch zu hören und zu lesen. Es ist – was das Buch, die Literatur betrifft – ein unwahres, ein falsches Wort. Ich gehe nicht auf den Index Translationum, auf die Rechenschaftsberichte des Börsenvereins für den Deutschen Buchhandel ein, die den Nachweis darüber führen, daß die Bundesrepublik zu den übersetzungsfreudigsten Ländern der Welt gehört und daß die deutsche Sprache als Mittlersprache den fremden Nationen und Ideen wieder so offen steht wie eh und je, wie wenige andere sonst. Ich greife ein Einzelbeispiel heraus, ein pars pro toto, ein besonders geeignetes, das Beispiel der deutsch-polnischen literarischen Wechselbeziehung, die hoffnungslos vertan schien, da die Vorurteile hier besonders tief und hartnäckig saßen. Beiderseits.

Nun erfahren wir nüchterne Zahlen, die das böse Wort Lügen strafen. Die Zahlen, die ich zitieren möchte, wurden in Polen errechnet und sind in Polen publiziert worden: in der Zeitschrift Literatura, den Nummern 22 und 23 vom 2. und vom 9.6.1977. In einer umfangreichen Bilanz unter dem Titel »Die polnische Literatur im Ausland« analysiert Zbigniew Wasilewski die literarischen Wechselbeziehungen Polens mit dem Ausland auf Grund einer Bibliographie der Polnischen Nationalbibliothek[1], die von 1945 bis 1974 reicht.

Nach Wasilewskis Bilanz sind in dieser Zeitspanne (1945-1974) Übersetzungen polnischer Bücher in folgender Anzahl erschienen:

in der DDR	500	insges.	i. d. UdSSR etwa	1000
in der BRD	403	deutsch	in 23 Sprachen,	
in der Schweiz	58	1016	davon *russisch etwa*	500
in Österreich	55		in der ČSSR etwa	1000
in Italien	188		in Jugoslawien	247
in den USA	170		in Ungarn	228
in Frankreich	158		in Bulgarien	169
in GB	141		in Rumänien	91
in Schweden	47			

Es ist richtig, die Übersetzungen ins Deutsche insgesamt zu betrachten, weil sie in allen vier deutschsprachigen Ländern zugänglich sind. In den Buchhandlungen und Bibliotheken der Bundesrepublik sind sowohl Übersetzungen der DDR als auch die aus Österreich und aus der Schweiz zu haben.
Es ist auch richtig zu bemerken, daß von den 1000 sowjetischen Übersetzungen nur 500 in russischer Sprache, der Rest aber in 22 anderen Sprachen der Völker der Sowjetunion verfaßt sind.
Tatsache also ist, daß in deutscher Sprache doppelt so viele polnische Bücher vorliegen wie in russischer.
Diese verlegerischen Leistungen sind Fakten, die kein Vorurteil aus der Welt schaffen kann.
Wasilewski, der das Profitkalkül, die Auswahlkriterien, die System- und Planlosigkeit in der Veröffentlichung polnischer Literatur in westlichen Ländern kritisiert, in denen kapitalistische Gesetzmäßigkeiten und Motive, wie Sensation, Mode, Konjunktur den Markt bestimmen und die Kommerzialisierung der Kultur bewirken, der auch den unverhältnismäßig hohen Anteil der Emigrantenliteratur (25 %) in diesen Ländern beanstandet, bemerkt in seiner Analyse wiederholt, daß die Bundesrepublik Deutschland dabei eine rühmliche Ausnahme darstelle. »In den kapitalistischen Ländern hat die meisten Übersetzungen die Bundesrepublik aufzuweisen« (Literatura, 2.6.77, S. 3). Hier werde nicht nur das meiste übersetzt, sondern auch *systematisch und konsequent* ediert,

die Nationalliteratur mit Gesamtdarstellungen in zahlreichen Anthologien repräsentativ vorgestellt, hier habe auch die Emigrantenliteratur den angemessensten Anteil, nämlich einen von 11 %.

Wasilewski findet den polnisch-westlichen Bücheraustausch ungerecht einseitig, das Interesse der Polen am Ausland größer als das des Auslands an Polen, die Proportionen »unrealistisch und unvernünftig«. Er wünschte sich Parität im Literaturaustausch, die sich in seinen Zahlen nur in einem Ausnahmefall, dem der deutsch-polnischen literarischen Wechselbeziehung, zeige.

In den Jahren 1974 und 1975 erschien jährlich in jedem der angeführten Länder folgende Zahl von Übersetzungen schöngeistiger Literatur des anderen Landes:

in der BRD	20 poln. Titel:	in Polen 22 deutsche Titel (einschl. Klassik)
in Frankreich	4,5 poln. Titel:	in Polen 44,5 franz. Titel
in den USA	6 poln. Titel:	in Polen 39,5 amerik. Titel
in GB	3 poln. Titel:	in Polen 69,5 brit. Titel

Es ist richtig, daß Wasilewski betont, die 22 polnischen Übersetzungen aus dem Deutschen beinhalten auch die Klassik, die darin einen erheblichen Anteil hat. Die 20 deutschen Übersetzungen betreffen dagegen fast ausschließlich die Gegenwartsliteratur, weil die polnische Klassik im deutschen Sprachraum so gut wie überhaupt nicht publiziert wird. (Die Ausnahmen haben kaum öffentliches Gewicht.)

In der Bundesrepublik Deutschland erscheinen also 30 % mehr polnische Bücher jährlich als in Frankreich, Großbritannien und in den USA zusammengenommen. Und zählte man die deutschen Übersetzungen der DDR, der Schweiz und Österreichs dazu, so wären es sogar 120 %.

Für Wasilewski – und hier vertritt er ein wesentliches Postulat der polnischen Kulturpolitik – hat der literarische Austausch Vorrang als konstruktiver Faktor der friedenspolitischen

Ost-West-Beziehung. »Die Literatur eines Volkes stellt sein Leben, seine Sitten, die Mentalität und die Vorstellungen, die wesentlichen historischen Bedingungen, die es bewegenden Überzeugungen und Wünsche, den erwählten Weg in die Zukunft in Bildern dar – seine Selbsterkenntnis also, somit auch den Akt des Verständnisses dafür, was Mochnacki[2] ›das Selbstbegreifen eines (jeden) Volkes in seinem Wesen‹ nannte – als Hauptbestandteil eines Programms der Koexistenz ... im Frieden.« (Literatura, 2.6.77, S. 3.)
Die freie Marktwirtschaft aber – so beanstandet Wasilewski – überlasse diese eminent wichtige Informationsquelle dem Zufall oder dem Prinzip des Profits. Ihre eindeutig kommerzielle Zweckreklame verwirre die Meinungsbildung und verfälsche die Qualitätsmaßstäbe. Den Staat und die in den westlichen Ländern »so zahlreichen gesellschaftlichen Organisationen« kümmere es wenig, ob und in welcher Form oder Zuverlässigkeit die Informationsquelle Buch aus dem Ausland den Leser im Inland erreiche und was sie anrichte. Der »gute Wille« der Privatinitiative aber arbeite zu isoliert und zu partiell, um mehr als bescheidene Resultate zu erzielen.
Daß es nicht unbedingt so sein muß und nicht ganz so ist, dafür statuiert die Leistung der deutschen Verlage ein Beispiel, was Wasilewski – nulla regula sine exceptione – nicht verschweigt.
Ich habe mich der polnischen Statistiken und der polnischen Argumente bedient, um nicht in den Geruch zu kommen, aus eigenen nationalen Quellen pro domo zu berichten. Unsere Fakten gewinnen an Überzeugungskraft, wenn sie von der anderen Seite recherchiert und dort offiziell publiziert worden sind. Aus ihnen und den Kommentaren dazu geht klar hervor, daß das Deutsch für die polnische Literatur – gerade was ihren nicht kommerziellen Teil, ihren Erkenntniswert und ihre künstlerische Bedeutung in einer vergleichbaren Vielfalt betrifft – zum wichtigsten Medium im Verkehr der Nationen geworden ist, zur Brücke in die Weltliteratur.

Wasilewski schlägt für den Anfang der internationalen Zusammenarbeit die Bildung einer »Helsinki-Bibliothek« vor: jeder Staat solle mäzenatisch dafür Sorge tragen, daß in seiner Sprache wenigstens eine Anthologie der Poesie der Gegenwart aus den anderen Literaturen ediert werde; wünschenswerter Anfang. Bei uns ist Wasilewskis Wunsch seit langem erfüllt. Anthologien polnischer Dichtung haben wir in deutscher Sprache inzwischen mehr als ein Dutzend. Es gibt außerdem kaum ein renommiertes Sammelwerk, das nicht den Reiz der polnischen Poesie, Prosa und Satire entdeckt und gebührend berücksichtigt hätte. In Deutschland haben polnische Autoren ihre Bücher schon früh – Borowski 1945 in München – in polnischer Sprache publizieren können, das Gesamtwerk von Gombrowicz ist zuerst in deutscher Sprache – bei Neske in Pfullingen – erschienen, danach erst auf Polnisch in Paris und nur in Bruchstücken in Polen selbst. In der Bundesrepublik haben Autoren wie Mrożek einige ihrer Stücke erstaufgeführt, hier werden zielstrebig so umfangreiche Werkausgaben wie die von Stanisław Lem (im Insel Verlag) ediert. Mit Hilfe der deutschen Übersetzung sind bedeutende Dichter und Aphoristiker Polens – Lec, Różewicz und Herbert – zu einem ungewöhnlichen internationalen Ansehen gelangt; von deutschen Akademien und Stiftungen sind polnische Autoren mit literarischen und Friedenspreisen und Mitgliedschaften geehrt worden. Über die deutsche Sprache schließlich sind polnische Gedichte, Prosatexte oder Aphorismen in dritte Sprachen – zum Beispiel ins Niederländische, Dänische, Schwedische – gelangt. Die Polen registrieren das und honorieren es mit Sympathie.

So gut das Deutsche für die polnische Literatur zum erstrangigen Medium wurde, so sehr ist die polnische Literatur in der deutschen Sprache eine Entdeckung, Bereicherung, ein Erkenntnisgewinn von besonderer Bedeutung und spezifischem Reiz. Hans Werner Richter verzichtete auf polnische Gäste bei seinen Sitzungen der Gruppe 47 nicht. So war die polnische Literatur bei der deutschen zu Gast und stimmberechtigt. Auf mehrere polnische Gedichte reagierten deutsche Lyriker mit Antwort-Gedichten, wie Walter Helmut Fritz mit dem Gedicht »Zbigniew Herbert lesend«, um nur ein Beispiel zu nennen. Lyriker beider Sprachen widmen sich gegenseitig ihre Werke, wie Tadeusz Różewicz das Gedicht »Weiße Fahnen« Hans Magnus Enzensberger, dessen Kursbuch Nr. 1 mit einem Różewicz-Gedicht den Lyrik-Teil einleitet. Andere polnische Autoren statuierten folgenreiche Exempla, wie Stanisław Jerzy Lec, dessen Aphorismen 30 Auflagen und 300000 Exemplare erreicht und ein Dutzend deutscher Nachahmer gefunden haben. Durch ihn ist bei uns eine fast schon totgesagte literarische Gattung wieder wach und zu hohem Ansehen gelangt. Ähnlich bilden Stanisław Lems phantastische und futurologische Eskapaden nicht nur per se eine ganze Bibliothek; sie haben eine beispiellose deutsche Wirkung ausgelöst, die langlebig zu sein verspricht.

Polen ist in deutscher Sprache, trotz der kleinen Auflagen und geheimbündlerisch exklusiven Leserkreise, in einer Breite und Tiefe vorhanden, wie dies in keiner anderen Sprache sonst vorkommt. An der deutschen Rezeptionsgeschichte dieser Literatur wird in Funk- und Zeitschriftenbeiträgen, Seminaren und Dissertationen Monat für Monat, Stück für Stück gearbeitet. Nähme man nur das Wesentliche davon, wäre damit ein stattlicher Band leicht zu füllen. Hinzu kommen noch die zahlreichen Veranstaltungen, Lesungen, Diskussionen und die professionellen und nicht professionellen Leserzuschriften, Anfragen und Wünsche, die davon zeugen, wie ernst und bewegt zugleich die polnischen Autoren bei uns wahrgenommen werden, welche Anteilnahme ihnen von Jahr zu Jahr breiter und gründlicher zuwächst.

In diesen Tagen erst erreichte mich die Zuschrift einer Buchhändlerin aus Koblenz[3], eine von vielen, die dies belegt. Ich zitiere daraus: »Eine Rose für Polen und für Tadeusz Różewicz... Vor ein paar Jahren fuhr ich begeistert für Polen und seine Literatur nach Breslau und stand mit einer roten Rose vor T.R. – damit wollte ich ihm meine und die meiner Leser Verehrung kundtun... bald fanden wir uns mitten im Ost-West-Austausch. Zu T.R. wollte ich, weil er es war, der die Lyrik von allem Kriegsunrat gereinigt neu erstehen ließ... T.R. ist richtungweisend...« Der Huldigung an den polnischen Autor fügte die Briefschreiberin ein Goethe-Gedicht bei, das sie als gültig für den Autor, seinen Übersetzer, aber auch für die deutsch-polnische literarische Wechselbeziehung von heute insgesamt empfand:

Dieses Baums Blatt, der von Osten
Meinem Garten anvertraut,
Gibt geheimen Sinn zu kosten,
Wie's den Wissenden erbaut.

Ist es ein lebendig Wesen,
Das sich in sich selbst getrennt?
Sind es zwei, die sich erlesen,
Daß man sie als eines kennt?

Solche Frage zu erwidern,
fand ich wohl den rechten Sinn;
Fühlst du nicht an meinen Liedern,
Daß ich eins und doppelt bin?[4]

Unabhängig davon, und doch fast identisch, nur in einer anderen Zunge einer anderen Zeit, beschreibt der polnische Autor Tadeusz Różewicz den sich sparsam aber stetig vollziehenden literarischen Grenzverkehr zwischen unseren Sprachen:

An den Übersetzer K.D.

Du übersetzt
mein gedächtnis
in dein gedächtnis
mein schweigen
in dein schweigen

das wort leuchtest du aus
mit dem wort
hebst das bild
aus dem bild
förderst das gedicht
aus dem gedicht zutage

verpflanzt
meine zunge
in eine fremde

dann
tragen meine gedanken
früchte
in deiner sprache

Do tlumacza K.D.

Moją pamięć
tłumaczysz
na pamięć własną
moje milczenie
na swoje milczenie

słowo słowem oświetlasz
wyłaniasz obraz
z obrazu
wydobywasz
z wiersza
wiersz

przeszczepiasz
obcojęzycznym
mój język

potem
moje myśli
owocują
w twojej mowie

Da dieser Beitrag überaus sachlich, statistisch begann, bitte ich nachzusehen, daß er überaus persönlich, lyrisch endet. Das Thema »Austausch und Vermittlung« trifft, betrifft beides: die Sachen wie die Personen.

ZEHN FRAGEN

von Ryszard Salinger, Chefredakteur der Zeitschrift Polnische Neuerscheinungen (Nowości Wydawnicze) Nr. 9, Warschau, September 1976

1. In seinem Vorwort zu einem Ihrer polnischen Bücher[1] *schreibt Jerzy Kwiatkowski, Ihre Individualität und Meisterschaft, ja Ihr moralisches und ästhetisches Programm zeigten sich vor allem in der Auswahl dessen, was Sie übersetzen, was Sie sammeln und herausgeben.*

Es gibt Sammler, die mit Vorliebe aufspüren, was auf ihrem eigenen Wege liegt, was sie möglicherweise selbst bestätigt. Eine solche Kollektion hat Vorteile; sie ergibt meist einmütige Ensembles, geschlossene Gesellschaften, synchrone Folgerungen. Mich fasziniert, ich gestehe, etwas anderes. Ich glaube an die kreative Kraft der Widersprüche im Menschen. Leben heißt widersprechen, dann aber: Widersprüchliches durch Bildung (Bilder, Bildhaftigkeit, Vorbilder) mildern und zusammenführen, damit es größere Einheiten bilde. Es gibt nichts Monolithisches von Dauer.

Lebendiges muß Für und Wider, Licht und Schatten dulden lernen. In diesem Sinne sträube ich mich gegen jede Unterdrückung des Andersartigen. Salz ist dazu da, damit wir uns des Geschmacks der Süße (natürlich des fraglichen) bewußt werden. Salz widerspricht dem Zucker, aber es hebt auch dessen Wirkung. Bejahung ist produktiv und anzustreben. Aber eine restlos optimistische Welt ohne die Prise Salz der Verneinung wäre ungenießbar (abgesehen davon undenkbar, also unwirklich). Reine Formen stellen sich in Ermangelung einer Gegenwirkung schließlich selber auf den Kopf und werden somit von selbst zu ihrem eigenen Gegenteil. Süßmilch wird sauer, Frischobst vertrocknet oder fault, Wasser verdunstet, Stein verwittert zu Sand. Die Gefahren der Inzucht sind – am Ende – immer größer als die Gefahren der Mesalliance.

Um vom Allgemeinen zum Konkreten herabzusteigen: Ich bemühe mich, die polnische Literatur so zu zeigen, wie sie sich mir im Querschnitt und im Längsschnitt darstellt; mit Höhen und Tiefen, mit Licht und Schatten; mehrdimensional. So, glaube ich zumindest, gewinnt sie Plastizität, Lebendigkeit, Glaubwürdigkeit – und Freunde. Es ist ein Irrtum zu meinen, daß Freundschaft nur Löbliches aussprechen darf. Nur zu loben (oder nur zu tadeln) ist künstlich, also unmenschlich. Es erzeugt Mißtrauen. Es befremdet, es stößt ab. Damit hätten Sie sogleich eine Begründung dafür, warum ich das Sowohl-Als-auch der Auswahl dessen, was vorzuzeigen ist, schätze.

2. Man könnte – wenn eine solche Verallgemeinerung zulässig ist – sagen, daß Sie einen eigenwilligen, dazu höchst deutschen Typus von Übersetzer repräsentieren, der seine Welt, seine Bücherwelt als ›Wille und Vorstellung‹ kreiert? Der etwas schafft, womit er sich ganz identifizieren will, beziehungsweise wofür er die volle Verantwortung allein tragen möchte?

Wille ja, Vorstellung nicht unbedingt. Verantwortung ja, Identifikation nein. Was ein Autor, ein Übersetzer (auch jeder anders Tätige) schafft, ist nicht immer ganz das, was er schaffen will. Es ist vielmehr die Summe aus Vorsätzen minus die realen subjektiven Grenzen und minus die realen objektiven Hindernisse. Eine Rechnung also mit zwei Unbekannten, oder zumindest mit zwei unüberwindlichen Widerspenstigkeiten. Es ist durchaus möglich, daß ein Übersetzer Gutes beabsichtigt und Schlechtes schafft. Es ist denkbar, daß ein Wurf nach allen Regeln der Kunst gut gemeint und getan ist, daß aber die plötzlich eintretenden Seitenwinde, die Unbilden der Ballistik unserem Wurfgeschoß einen unerwünschten Drall verleihen und es das Ziel verfehlen lassen. Zugegeben, einiges läßt sich einkalkulieren, voraussehen, vorausberechnen, einiges, aber nicht alles.

Ich weiß, daß der Übersetzer X bessere Einfälle hat als der Übersetzer Y, daß sein Konzept besser ist und sein Talent größer. Aber seine Gesundheit ist schwach, schon gegen Mittag plagen ihn Müdigkeit und Apathie, seine Magengeschwüre setzen ihm zu, er kann seinen Verpflichtungen nicht immer sofort nachkommen, nicht die notwendigen Reisen unternehmen, nicht die wichtigen Kontakte pflegen, wie es der andere tut. Und so erreicht der Schlechtere zuweilen – ungerechterweise – bessere Effizienz. Auch ein Übersetzer lebt – vielleicht sogar verstärkt – im Spannungsfeld des alten Widerspruchs zwischen Geist und Materie. Er glaubt, dem Geist zu dienen, und ist doch im erheblichen Maße der Materie ausgeliefert. Der andere sieht es auf die Materie ab und gerät dennoch in die Fangarme des Geistes. Man strebt nach Philosophie und Soziologie, und die Biologie oder Psychologie machen einem einen Strich durch die Rechnung. Oder: Der eine ist auf sich selbst angewiesen, dem anderen stehen Mitarbeiter und Gehilfen zu Verfügung. Das sind alles Dinge, die die Reinheit des Urteils und der Vergleichbarkeit trüben.

3. Was Ihre polnischen Leser und Rezensenten, ich darf sogar sagen Freunde immer wieder aufs neue erstaunt, ist die Tatsache, wieviel Sie (des Guten) übersetzen und wieviel Sie außerdem noch – außer dem Schreiben – an deutsch-polnischen Aktivitäten entwickeln, leisten.

Schreiben allein genügt wohl niemals. Schreiben ist nur ein erster Schritt. (Gewiß – auch der kann bereits tödlich sein, aber er kann auch ein Schritt zum Fort-Schritt sein.) Wer schreibt, will etwas auslösen, bewirken, erreichen. Er sieht im Schreiben eine Möglichkeit, eine Chance – der Wahrheit zum Beispiel –, die er schreibend wahrnimmt. Und nun kommt es darauf an, was damit geschieht, was daraus wird. Es kommt nicht darauf an, ob etwas Geschriebenes gut ist. Es kommt vielmehr darauf an, daß das Geschriebene eine gute

Wirkung tut. Daß es praktische und nützliche Folgen hat. Daß ich viel übersetze, stimmt nur bedingt. Viel und wenig sind relative Begriffe. Ich selbst halte mich nicht für besonders ergiebig. Ich arbeite zum Beispiel nicht gleichmäßig. Ich bin nicht immer aufgelegt. Ich habe wenig Zeit, wenig Muße, ohne die es bekanntlich keine Kunst gibt. Und ich arbeite – na domiar złego[2] – sehr langsam. Ich bin am Schreibtisch, was man mir vielleicht anderswo nicht anmerkt, voller Hemmungen, zögernd. Die Entwürfe, die Ideen fliegen mir rasch zu, aber es dauert lange, bis ich mich für eins der vielen, der zahllosen Details entschlossen habe.
Bei dieser Gelegenheit ein Wort zur Produktivität des Übersetzers. Die Maßstäbe verkümmern allmählich. Erscheinen heute, im Zeitalter der enormen Kapazitäten und der ständig sich steigernden Leistungsfähigkeiten, von einem Autor mehr als ein paar Dutzend schmalbrüstige Gedichte im Jahr, gerät er unweigerlich in den Geruch eines »Vielschreibers«. Das Viel bedeutet immer fast das Gegenteil von Gut. Was soll das eigentlich besagen? Woher kommt diese Fallsucht des Fleißes? Der Übersetzer von Shakespeare-Sonetten Jordan schrieb in den zwanziger Jahren schuldbewußt, daß er »auch nach erlangter Übung und Erkenntnis der richtigen Methode durchschnittlich nur vier Sonette auf den Tag zu bewältigen« vermocht hatte. Ich kam mir in den letzten Jahren bei meiner meist überschätzten Jahresproduktion demgegenüber recht träge und fast unnütz vor.

4. Verzeihen Sie die stereotype Frage, die Sie sicherlich schon mehrmals beantworten mußten: Was hat Sie veranlaßt, sich derart der polnischen Literatur zu verschreiben – jetzt einmal davon ganz abgesehen, was schon alle wissen, nämlich, daß Sie das Polnische hervorragend beherrschen. Ich könnte mir trotzdem denken, daß es für einen Westdeutschen lukrativer, auch leichter und angenehmer wäre, an den Hudson zum Beispiel oder an die Seine, oder an die Adria zu reisen als an

die Weichsel. Warum interessiert Sie unser – verglichen mit den anderen – kleineres, jüngeres, ärmeres Land?
Ein Erwachsener, ein Großer, ein Reicher bedarf nicht so sehr der Unterstützung anderer. Seine Muskelkraft ist entwickelt genug, um ihn weiterzubringen. Ein Neugeborenes – und die polnische Literatur war bei uns vor noch nicht allzu langer Zeit ein Neugeborenes – bedarf besonderer Anteilnahme, der Fürsorge und der Pflege. Bedarf einiger Stützen von außen.
Eben dieser Erkenntnis zufolge habe ich mir in den vergangenen fünfzehn Jahren verschiedene Initiativen außerhalb des rein Literarischen aufgebürdet; um ein nicht ohne weiters mögliches Verständnis vorzubereiten, um Formen dieses Verständnisses zu entwickeln. Das waren Gespräche, Vorträge, Lesungen, Symposien, Reisen – mühsame und zeitraubende, scheinbar wenig sinnvolle, weil wenig produktive Anstrengungen, die aber notwendig waren, um dem Sinnvollen und Produktiven eine Basis zu schaffen. Darüber hinaus nahmen einen großen Teil meiner Energie und Zeit die täglichen Kleinarbeiten in Anspruch, wie Auskünfte an Interessenten, Gutachten, Beiträge in der Tagespresse, in Zeitschriften und im Funk. Das harte und bittere Schwarzbrot der Publizistik eben. Um es offen zu sagen, was mich in meiner Arbeit am meisten aufhält, ist nicht die Publizistik, es sind die – zugegeben notwendigen, doch oft ermüdenden – Korrespondenzen, die unzähligen Briefe, ohne die man leider keine Information und keine Kommunikation erreicht. Und weil ich weiß, wieviel mir selbst an Antworten gelegen ist, bringe ich es nicht fertig (wenige Fälle ausgenommen), einen Brief unbeantwortet zu lassen.

5. Welche polnischen Bücher, Autoren bevorzugen Sie, welche sind für Sie besonders interessant und attraktiv, besonders übersetzenswert?
Das ist eine der häufig (listig) gestellten Fangfragen, die den

Übersetzer festnageln wollen auf eine bestimmte Sympathie oder Antiphatie. Dieselbe Frage stellte mir unlängst auch die Redaktion Ihrer Zeitschrift Literatura. Ich habe sie folgendermaßen beantwortet. Für mich ist ein Autor dann etwas wert und seine Arbeiten wert, gelesen zu werden, wenn er für sein Handwerk und sein Thema – sachlich und formal – prädestiniert ist. Wenn er nicht Unwahres verbreitet und nicht an ahumane Instinkte appelliert. Wenn er etwas Neues, Ungewöhnliches zu sagen hat. Wenn dieses Neue und Ungewöhnliche mir hilft, die Menschen, das Leben, die Geschichte besser zu verstehen. Wenn es mich nicht irreführt, nicht erpreßt, nicht langweilt, nicht entmenschlicht, nicht beschränkt, nicht verdummt ... Ich mag die billige Attraktion nicht, die ohne rechten Grund und Nutzen, als pure Schaustellung, sich aufdrängt ... Ich mag keine Literatur, die aus außerliterarischen Gründen allein interessant ist, eben aus Gründen von hintergründigen Interessen. Einer solchen Aktualität ist zu mißtrauen.
Meine ersten deutschen Polonica – zwanzig Jahre vor der Offenbarung des heiligen Geistes von Helsinki – waren damals für die interessierten Kreise durchaus uninteressant ... Man sollte Mut haben – diese alte Geschichte wiederholt sich –, etwas zu tun, zu sagen, zu schreiben, was nicht (noch nicht) der Mode oder den Interessen entspricht. Irgendwann kommt dann doch die Zeit, wo sich die Attraktivität und das Interesse, auch die Aktualität von selber einstellen; ohne auf eine besondere Propaganda angewiesen zu sein; einfach kraft seiner selbst, kraft der übergeordneten, alles ordnenden Kriterien literarischer, geistesgeschichtlicher Gültigkeit.

6. *Es stimmt also, was allgemein erzählt wird, daß Sie sich noch nie zu einer Übersetzung haben überreden lassen, weder von einem Verleger noch von einem Autor, nicht einmal von einem Freund; daß Sie also kein einziges Buch bis jetzt im Auftrag, sondern alle aus eigenem Antrieb und aus eigener*

Wahl übersetzt haben. Daß Sie, kurz gesagt, nur das wählen, was Ihnen gefällt?

Ich wähle nicht nur das, was mir gefällt. Es gibt da ein Regulativ in meinem Kopf, das mir sagt: auch das andere, das mir weniger gefällt, könnte – für die anderen – wichtig sein. Dieses Organ schaltet Gegenkriterien – gegen meine Gefallkriterien, auch Gefallsuchtkriterien – ein und sorgt, wenn Sie so wollen, (so gut es geht) für eine Objektivierung meiner Subjektivität. Es sorgt dafür, daß ich auch die (möglichen) Standpunkte und Argumente der anderen zu verstehen versuche.

Man könnte natürlich – wie anno dazumal Sparta, Herodes oder das Dritte Reich – befehlen, die ›Mißgeburten‹ und die ›Entarteten‹, die Andersgläubigen oder die potentiellen Widersacher zu eliminieren, literarisch umzubringen. Aber – wir haben es gelernt – das funktioniert nicht immer. Die Tücke will es oft, daß der Falsche ein falsches Urteil fällt, daß dann die falschen Zeitabläufe eintreten und die allgemeine Falschheit unserem Leben eine falsche Wendung gibt. Wer möchte heute im voraus bestimmen wollen, was des Lebens wert und was seiner unwert ist? Mit allen Konsequenzen und für alle Zeit, für alle Menschen, für alle Zonen? Komplikationen, Fragen, Zweifel, Nöte ohne Ende. Und eine ungeheuerliche Doppelverantwortung, die unwiderrufbar ist, die schwarz auf weiß steht. Das ist das Tagewerk eines Herausgebers und Übersetzers.

7. *Das Echo, das Ihre Arbeiten finden, scheint die Richtigkeit Ihrer Strategie und Taktik zu bestätigen. Vielleicht ist es so, sicherlich ist es so, daß Wort und Tat zusammengehören, sich gegenseitig stützen und gegenseitig bestätigen müssen. Aber nun etwas anderes: Wäre es nicht einfacher, auch erfolgversprechender, auch leichter – wenn es schon um das Verständnis zwischen den Völkern geht –, sich der einfacheren Sprache, das ist der Prosa, zu bedienen? Wird nicht dadurch, daß Sie*

fast ausschließlich poetische, dazu meist komplizierte Texte bevorzugen, übersetzen, vorstellen, die bilaterale Verständigung erschwert, auf metaphorische Umwege oder gar Abwege verwiesen?

Diese Frage ist schwierig und wohl in Kürze nicht erschöpfend zu beantworten. Es gibt manches, was als Antwort in Frage käme. Erstens die persönliche Berechnung: Prosaübersetzer gibt es viele, Lyrikübersetzer nicht. Ich hatte schon immer das Antitalent, das zu wählen, was mir das Leben schwer machte. Vielleicht ist es eine Art Ananke, vielleicht ein wenig Trotz, etwas Ehrgeiz, wahrscheinlich aber auch der Mangel an praktischer Intelligenz (die bekanntlich leichte Erfolge sichert).

Ich suche Schwierigkeiten. Mich ziehen Schwierigkeiten geradezu magnetisch an. Ungeachtet dessen bin ich, zweitens, felsenfest davon überzeugt, daß in einem Gedicht mehr steckt als nur Aussage, Information, Appell für den Sofortgebrauch. Eine der Ursubstanzen der (echten) Poesie ist die dauerhafte Faszination, und das ist ein sehr wesentlicher Faktor, wenn wir es auf Verständigung und Annäherung absehen. Leichterhand, prosaisch erworbenes Verständnis kann ebenso leicht verlorengehen. Es bleibt an der Oberfläche und hält nicht lange an. Poesie geht unter die Haut.

Sie werden mir, drittens, zustimmen, daß die Poesie seit jeher den wichtigsten und auch wertvollsten Teil der polnischen Literatur ausmacht. Sollen wir warten, bis die ganze Welt Polnisch gelernt hat und die Poesie solange aus dem internationalen Kulturkreislauf eliminieren?

Poesie und Prosa sind zwei verschiedene Organe eines Organismus; ein gesunder Organismus weiß sie beide zu schätzen und zu nutzen. Gegen Ihren Zweifel spricht übrigens die nachweisbare Tatsache, daß es nach 1945 gerade die polnische Lyrik war, die deutsche Sympathien für Ihr Land und Ihr Volk zu mobilisieren vermocht hatte, wobei ich natürlich den Bogen Poesie weiter als üblich spanne und damit auch solche

Prosa wie die von Bruno Schulz oder die Aphorismen von Lec einbeziehe. Demgegenüber könnte ich Ihnen eine ganze Reihe polnischer Prosawerke aufzählen, die in Deutschland überhaupt kein Verständnis gefunden haben. Sie sehen – so einfach ist das nicht. Es ist Vorurteil oder Vereinfachung zu sagen, Prosa erleichtere die Verständigung, Lyrik erschwere sie. Vielleicht kommt es auch darauf an, wie man das Schwierige lesbar und anschaubar macht?

8. In diesem Blatt hat unlängst einer Ihrer Kollegen die Meinung vertreten, daß man »Lyrik immer nur im Original lesen sollte, moderne Lyrik schon ganz gewiß«.
Ich kann mir nicht vorstellen, daß diese Meinung jemand ernsthaft vertreten kann, der als Kulturschaffender allgemein und als ambitionierter Übersetzer insbesondere gelten will. Ich halte diese Meinung für diskutabel als Herausforderung, aber als Standpunkt scheint sie mir unbedacht.
Zur Übersetzbarkeit der Lyrik und zu ihren Grenzen ist viel Gescheites geschrieben worden. Es langweilt, das alles noch einmal zu wiederholen. Daß bestimmte Details von Sprache zu Sprache unmittelbar nicht übersetzbar sind, ist selbstverständlich. Aber das gilt doch für die Prosa genauso wie für die Lyrik! Ich kenne lyrische Gedichte, die viel kommunikativer sind als manche Texte der sogenannten Prosa. Übertragbarkeit ist eine Frage der Sprachzustände, aber auch – und vor allem – eine Frage der dem Übersetzer zur Verfügung stehenden Äquivalente, seiner Sprachpotenz, seiner literarischen Bildung, seines Anspruchs, seiner sonstigen Mittel. Es gibt miserabel übersetzte Prosa, die nichts »überträgt« oder »erklärt« (tłumaczy), und es gibt auf der anderen Seite geglückte Gedichtübertragungen, wie zum Beispiel die George-Übersetzungen der Gedichte von Rolicz-Lieder, die in deutscher Sprache beständig nachwirken, oder Rilkes Lermontow-Übertragungen, oder Lermontows und Pasternaks Goethe-Nachdichtungen.

Es ist unvorstellbar, was heute wäre, wenn sich diese risikoscheue Meinung – Dichtung sei unübersetzbar – von Anfang an durchgesetzt hätte: Das wäre so – horribile dictu! –, wie wenn jemand sagte: Gerechtigkeit ist eine Utopie, es hat keinen Zweck, sie erst zu versuchen. Die Weltliteratur wäre nur denjenigen zugänglich, die alle Sprachen der Welt beherrschen, also niemandem. Den Völkern wären die Bibel, Homer, Dante, Shakespeare, Goethe, Puschkin, Mickiewicz unbekannt. Wir wüßten voneinander nur das, was in Prosa geschrieben steht, und da steht bekanntlich nicht alles. Vieles, Wesentliches steht außerhalb des Unmittelbaren, unmittelbar Mitteilbaren. Oder glauben Sie, daß alle, die sich je mit der Übertragung von dichterischen Schriften befaßt haben, wie Hieronymus, Luther, Kochanowski, Słowacki, Lermontow, Staff usw., ausgemacht infantil waren? Oder ohne Erfolg?

9. *Ich hätte es ahnen müssen, daß diese Herausforderung bei Ihnen eine aggressive Reaktion auslöst, da sie, sozusagen, Ihren Lebensnerv trifft. Aber nun etwas anderes, Vordergründigeres: Meinen Sie, daß die polnische Gegenwartsliteratur in der Bundesrepublik gut vertreten ist, oder gibt es da Lücken? Wie beurteilen Sie die Voraussetzungen, die unsere Literatur bei Ihnen hat?*
Natürlich klaffen große Lücken; sieht man sich um, fehlt es an allen Enden an Wichtigem, was aber nicht besagt, daß unsere Verlage nicht trotzdem in kurzer Zeit Beachtliches geleistet hätten. Wenn man die literarische Verwüstung unserer Kriegs- und Vorkriegszeit bedenkt, dann sieht man ein, daß hier verhältnismäßig vieles rasch und umsichtig nachgeholt worden ist.
Die polnische Literatur übte bei uns leider selten eine besondere Anziehungskraft aus. Man fand die Sprache schwierig, sogar (fäschlicherweise) reizlos, es standen zu wenige Interpreten zur Verfügung, und die polnische Thematik lag den deutschen Lesern fern. Sie sei zu nationalbestimmt, zu

eigenbrötlerisch, ja, sagen wir's: zu provinziell – so war die weitverbreitete Meinung. Zu vieles spiele sich da außerdem ab im ländlichen Milieu (Iwaszkiewiecz, Dąbrowska), das wir *so* schon fast nicht mehr zu sehen wußten, und in Randgebieten, die uns kein Verständnis abgewinnen konnten. Zu vieles war verschlüsselt oder befremdend durch die für uns anders belasteten, verdächtig gewordenen Begriffe wie ›Ruhm und Ehre‹, ›Heldentum‹ und ›Opfer‹, Begriffe, die uns fast nur noch in das falsche Ohr gerieten. Die Vorliebe für Kassiber, Dunkles, Mehrdeutiges war nicht sofort einzusehen. Vielleicht war unsere Grundeinstellung falsch: wir suchten in der fremden Literatur das uns Vertraute, ›Familiäres‹. Da aber gingen Dinge vor sich, die wir nicht begriffen, und weil die Nachbarschaftsbeziehungen zu schlechter Letzt auch nicht die besten waren, kam niemals auf, was ich vereinfachend die Lesersympathie benennen möchte. Im Jahre 1953 stieß mein Vorschlag, der Literatur der Polen in der Bundesrepublik mehr Beachtung zu schenken, noch auf Unverständnis. Und ich sprach damals beileibe nicht mit irgendeinem der Verleger. Verleger, mit denen ich sprach, glaubten damals nicht daran, daß uns die Literatur der Polen etwas zu sagen hätte, daß sie über das Nationale hinaus interessant genug wäre, die Feuerprobe einer Übersetzung zu überleben.

10. Und woran mag das, Ihrer Meinung nach, gelegen haben?

Es lag wahrscheinlich daran, daß wir 1953 auch anderswo noch sehr viel aufzuholen hatten. Da denkt man seltsamerweise zunächst ans ›Fernliegende‹, Amerika zum Beispiel, und nicht an einen Nachbarn. Und außerdem denkt man auch zuerst ans Einleuchtende, Selbstverständliche: was die Sprachbarrieren betrifft und was die Probleme betrifft.

Polen war uns damals ein – noch und besonders – suspektes

Land. Aus jeder Hecke sprang uns das Schuldbewußtsein an, üble Erinnerungen, Kreuze, Fratzen, Gewehre, Gräber und Ruinen. Auch deutsches fatales Schicksal war damit unselig verknüpft; mißachtete Landsleute, vertriebene Millionen, verlorene Städte und Provinzen. Was könnte schon Gutes aus Polen zu uns kommen, hatte man gedacht.

Das ist nun anders geworden. Wir haben inzwischen so etwas wie eine, wenn auch nur partielle, Reinigung durchgemacht. Wir sind geistig poröser, durchlässiger geworden. Wir sehen ein, daß wir uns der Welt öffnen und stellen müssen, sie auch von ihrem Standpunkt begreifen lernen müssen. Die Bereitschaft, auch anscheinend hermetisch Verschlossenes aufzuschließen, wurde größer. Darauf basieren die deutschen Erfolge der polnischen – vor allem ›schwierigen‹ – Literatur, der Dichtung und der dichterischen Prosa. Hier muß unterschieden werden zwischen der Literatur, die sich materiell auszahlt, und einer, die als Phänomen zählt. Es kann ein Buch hohe Auflagen erreichen und trotzdem als polnische Repräsentanz wenig gelten, weil es uns über Polen wenig aussagt. Wenn es nur indifferente, beliebig austauschbare Unterhaltung ist.

Und dann gibt es die anderen, von wenigen gelesenen Bücher mit kleinen Auflagen, die eine unverhältnismäßig größere Bedeutung haben und behalten werden. Die, zunächst, wenigen Leser sind eben die richtigen Leser. Durch sie gerät das Buch oder dessen Zitate in deutsche Schul- und Lesebücher, auf Auswahllisten, in die Diskussionsveranstaltungen der Presse und des Funkes, in die Hörsäle und Studentenzimmer. Dort wirken sie weiter. Und das ist wichtig. Nicht die steigenden oder fallenden Zahlen der von der Warschauer Autorenagentur jährlich bei uns verkauften ›Titel‹ sind entscheidend, sondern was mit diesen Büchern und ihren Autoren bei uns, in der neuen Sprache, geschieht. Ich bin auf diese Frage schon des öfteren, mit Namen, Titeln und Zahlen, eingegangen. In aller Kürze: Entweder wir behandeln die

Literatur als Ware und verstehen uns als Händler, oder wir sehen in ihr einen schwierigen, aber authentischen Zugang zum Alter ego, dann spielt die Quantität eine sekundäre Rolle, dann ist die Qualität, sowohl anfänglich als auch auf Dauer, das primäre Kriterium.

ZEHN ANTWORTEN

auf Fragen von Peter Nasarski von der »Kulturpolitischen Korrespondenz« Bonn, veröffentlicht in »Wege zum Nachbarn«, Bielefeld 1974

1. In Ihrem Buch »Deutsche und Polen. Botschaft der Bücher«, erschienen 1971 in München, finden wir als Anhang einen »Arbeitsbericht«, der eine stichwortartige Übersicht über Ihr bisheriges Schaffen vermittelt. Wenn wir allein diese achtzehn Seiten umfassenden Titel von Büchern, Zeitschriftenaufsätzen, Vorträgen und Rundfunk-Lesungen Revue passieren lassen, ergibt sich eine so geradlinige Schaffensbilanz, eine so immense Fleißleistung, daß man – der polnischen Publizistin Krystyna Brzozowska folgend – »den Fall Dedecius« wirklich mit einer »Pioniertat auf dem Gebiete der literarischen Wissensvermittlung über Polen und die Polen« gleichsetzen kann. Den Ehrentitel eines »Botschafters der Kultur« haben Ihnen polnische Kollegen ohnehin lange vorher schon verliehen.

Die geläufige Vorstellung vom Botschafter – der Botschafter im Galaanzug, der Überbringer von Beglaubigungsschreiben, die Zierde der Empfänge, der Funktionsträger staatlicher Präsenz – dazu fehlt dem Übersetzer ziemlich alles. Akzeptabler wäre für ihn schon die Botschaft schlicht als Kunde, der Botschafter als Kundschafter verstanden. Denn die Literatur, wenn man es recht bedenkt, gibt wohl am reinsten – in ihrer Vielfalt – die historischen Erfahrungen und Intentionen einer Generation, eines Volkes kund und weiter.

Und was die Quantität seiner, des Übersetzers Kommunikationsarbeit betrifft – so ist er sich der Antinomie Quantität-Qualität sehr wohl bewußt. Das Verfängliche seiner Aufgabe aber ist, daß sie – will sie wirksam sein – sowohl Menge als auch Güte voraussetzt. Der Übersetzer muß auf das akute Bedürfnis einerseits rasch, andererseits gründlich reagieren:

das ist sein Dilemma und auch seine ständige Zerreißprobe.

2. Kehren wir noch einmal zu Ihrem schon erwähnten Buch zurück: es ist, soviel wir wissen, das erste Buch eines deutschen Autors aus Polen, das nach Kriegsende auch in einem polnischen Verlag herausgebracht wurde. Sie skizzieren in der Einführung den Sinn Ihres »Versuchs, eine Chronik zusammenzustellen«, die »... den permanenten geistigen Austausch, die gegenseitige Anziehungskraft und Wechselwirkung« zum Inhalt haben sollte, »eine Chronik, die die nationalen Komplexe heilt und den Verbindungslinien nachgeht, um sie zu Freundschaftsknoten zu verbinden ..., die nicht die Friedhöfe, sondern Sternstunden der Menschheit registrieren«. Lassen sich dieses Motto und dieser Anspruch nicht im Grunde genommen mit Ihrem gesamten Werk verbinden?

Jedermann ist durch Erbmasse, Erziehung, Erfahrung auf eine bestimmte Grundhaltung programmiert. Für einiges kann man, für anderes nichts. Es gibt immer etwas, was sich außerhalb unserer Verdienste und/oder unserer Schuld vollzieht.

Ich wuchs zweisprachig in einer Region der seit Generationen bewährten Symbiose auf. Das ab und an von außen – von jeder Seite – geschürte Zerwürfnis war weder ›gottgewollt‹ noch ›naturgegeben‹. Es hatte spekulativen, ideologischen oder anders unlogischen Ursprung. Es gipfelte dann auch dementsprechend katastrophal: in Kriegen. Wodurch niemand etwas auf Dauer gewann, aber alle, Sieger wie Besiegte, sehr viel verloren. Das legte mir die Chance nahe, aus dem Teufelskreis von Schuld und Sühne, von Haß und Rache auszubrechen; sich vom persönlichen Verlust nicht beirren zu lassen.

3. Man gelangt bei der Lektüre Ihrer Bücher, Ihrer Aufsätze und Übertragungen aus dem Polnischen unwillkürlich zu dem Eindruck, daß Sie mit einer geradezu an Besessenheit grenzenden Konsequenz den freundlichen Zügen und den positiven Aspekten der deutsch-polnischen Beziehungen nachgehen. So sympathisch und unzweifelhaft wichtig gerade auch angesichts der vielen andersgearteten Tendenzen in der deutschen Literatur der Zwischenkriegszeit dieses Bemühen ist – verführt es nicht dann und wann zu gewissen »Vergoldungen« und Überdeckungen der Wirklichkeit, die letzten Endes Sie selbst in Ihren Jugendjahren erlebt haben? Liegt nicht auch angesichts einer gewissen schwärmerischen Hinwendung einer breiten deutschen Öffentlichkeit in den letzten Jahren zu allem »Polnischen« die Gefahr einer unkritischen Haltung und Glorifizierung polnischen Wesens, polnischer literarischer, künstlerischer und sonstiger Leistungen nahe – eine Neigung, die angesichts des deutschen Wesensmerkmals, aus einem Extrem ins andere zu verfallen, ungute Auswirkungen mit sich bringen könnte?

Meine Konsequenz rührt daher, weil ich erfahren habe: Wer Vorteile sucht, muß übervorteilen; bevor Gewinne erzielt werden, müssen Verluste beigebracht werden. Jeder Übervorteilte sucht im Gegenzug, und wenn es in der zweiten oder zehnten Generation geschieht, seinen Nachteil wettzumachen, ganz gleich, mit welchen Mitteln und Folgen. So funktioniert das, was man Weltgeschichte nennt, Strategie und Taktik der militärischen oder politischen Auseinandersetzung.

Meine Besessenheit rührt daher, weil ich erfahren habe: Einsicht allein hilft wenig. Der kühle Intellekt, auf Abstand und sich selbst bedacht, ist wie das Samenkorn ohne Boden, ohne Wasser und Sonne – er geht nicht auf. Was Früchte tragen soll, braucht beides: Boden und Klima.

Mit der Darstellung einer guten Seite wird die ungute nicht geleugnet, falls Sie das meinen, sondern ihrer Vormachtstellung enthoben. Jeder Betriebspsychologe weiß, daß wohlbedachtes Lob zur rechten Zeit den Mitmenschen entkrampft, ermutigt, bessert, während der Mißbrauch des Tadels – und

der Tadel wird meist mißbraucht – nur destruktive Folgen hat. Sich gegenseitig seine Fehler vorzuhalten versagt als Selbstschutz bereits in so kleinen Institutionen wie der Ehe – um wieviel mehr im Umgang ganzer Völker.
Wer die polnische moderne Literatur als Informationsquelle annimmt, wird sehr bald herausfinden, daß ihr nichts wesensfremder ist als die »Vergoldung«, »Glorifizierung« und »schwärmerische Hinwendung«, die Sie ansprechen. Natürlich meine ich nur den qualifizierten Teil der Gegenwartsliteratur, den, der Einsichten, Rücksichten und Aussichten stiftet. Nur diesem Teil gilt mein Interesse und meine Arbeit. Darin allerdings sehe ich keine Gefahr.

4. Im Rückblick auf die Geschehnisse der Jahre 1939 bis 1945 war es für Deutsche allgemein, wenn sie nicht zu den aktiven Widerstandskreisen gegen den Nationalsozialismus gehörten, sehr schwer, mit Polen wieder ins Gespräch zu kommen. Welche Wege sind Sie gegangen, welche Erfahrungen haben Sie gesammelt? Es ist sicher kein Zufall, daß Ihre ersten umfangreichen Veröffentlichungen aus den späten fünfziger Jahren datieren?
Daß ich spät zu publizieren anfing, ist kein Zufall, es hat einen zwingenden Grund. Ich kam erst spät – nach sieben Jahren – aus der Gefangenschaft zurück.
Mein Bemühen alsdann, mit den Polen ins Gespräch zu kommen (es waren nur ein paar wenige Dichter, Literaten, Wissenschaftler, Künstler), stieß zwar hin und wieder auf administrative Schwierigkeiten, aber auf kein menschliches, keinesfalls unüberwindliches Hindernis. Ich stellte Fragen und bekam Antworten, früher oder später. Ich teilte mich mit und wurde verstanden. Vielleicht lag das einfach daran, daß ich Glück in der Wahl meiner Gesprächspartner hatte.

5. Welches Ihrer Bücher, welche Ihrer Anthologien würden Sie heute als die gelungensten, die wichtigsten ansprechen?

Kann von einem Ihrer Werke gesagt werden, daß es den »Durchbruch« Ihrer Geltung und Anerkennung in Polen – und auch bei den Polen im Exil – eingeleitet hat? Oder war es in erster Linie Ihr beharrliches Wirken, Ihre Zielklarheit auf dem Felde der deutsch-polnischen Verständigung, die allmählich »das Eis zum Schmelzen« brachte?

Es fällt mir schwer, eins meiner Bücher als besonders wichtig oder gelungen zu bezeichnen. Es sind Steinchen, die später einmal ein Mosaikbild ergeben sollen. Natürlich neigt man dazu, die ›größeren‹ Überblicke, die Anthologien zum Beispiel *(Polnische Prosa, Polnische Poesie, Polnische Pointen)*, als besonders informativ zu betrachten. Aber auch sie sind nur Teile eines noch nicht vollendeten Ganzen. Abgesehen davon haben sich genauso die Dichter-Monographien, die Werke von Herbert, Różewicz, Szymborska oder Lec als feste, tragfähige Verständigungsbrücken erwiesen.

Mit Fleiß allein wäre das Eis, wie Sie sich ausdrücken, natürlich nicht zum Schmelzen zu bringen gewesen. Dazu bedurfte es zusätzlich – der Wärme, der Aufgeschlossenheit oder Anteilnahme. Gespräche scheitern meist dann, wenn ein Partner den anderen dabei ertappt, daß nicht eigentlich er, sondern des anderen Eigennutz gemeint ist, wenn der andere sein Vertrauen zu gewinnen trachtet. Gespräche gelingen aber, wenn man sich des Mit-Gefühls und Mit-Verständnisses sicher sein kann und die Denunziation nicht zu fürchten braucht.

6. Sie waren des öfteren in den letzten Jahren in Polen. Welche Begegnungen, welche Erfahrungen haben Sie besonders beeindruckt?

Die Erfahrung schlechthin, daß man sich auf einer bestimmten Ebene sofort verständigen kann. Nämlich: auf der Ebene unserer Gemeinsamkeiten, die uns zusammenführen, und auf der Ebene unserer Unterschiede, die uns beiderseitig interessieren, anziehen, im Austausch der Begabungen bereichern.

Begegnungen, die mich besonders beeindruckt haben, gab es während meiner Polen-Reisen mehrere. Zum Teil fanden sie Niederschlag in meinen Büchern, zum Teil werden sie in meiner nächsten Arbeit – sie wird »Polnische Charaktere« heißen – vorkommen.

7. *Wie steht es um die Ergebnisse Ihrer Vortragsreisen innerhalb der Bundesrepublik Deutschland und in westlichen Ländern? Gibt es hier Erlebnisse, derer Sie sich – aus welchen Gründen auch immer – besonders gern erinnern?*
Ja, einige Bilder, die ich hier nur kurz andeuten möchte. Vortragsreise in die USA: Am Flughafen in New York öffne ich vor einem Zollbeamten den Koffer. Ganz oben liegen ein paar polnische Bücher, die ich für meine Vorträge brauchte. Der Zöllner sieht und liest die Titel, sieht mich lange und eindringlich an, schließt meinen Koffer und sagt auf polnisch: »Dieses Gepäck unterliegt keiner Kontrolle.« An der Princeton-University: Bekanntschaft mit zwei Gelehrten; der eine, ein junger Deutscher aus Berlin, lehrt in Amerika polnische Sprache und Literatur, der andere, ein Pole aus Warschau, leitet die germanistischen Studien junger Amerikaner.

8. *Sehen Sie im Schicksal, in der Zerstreuung unserer Landsleute, der Deutschen aus Polen, innerhalb der beiden deutschen Staaten und über alle Kontinente hinweg einen tieferen »historischen Sinn«?*
Die Rolle der Deutschen in Polen ist nie Gegenstand meiner Studien gewesen. Das Schlimme hat wohl die Nachkriegspublizistik emsig genug verzeichnet. An das Erfreuliche habe ich in meinem Buch »Deutsche und Polen« unvollkommen zu erinnern versucht, allerdings nicht aus nationaler, eher aus mit-menschlicher Sicht.
Ich bin unbegabt, der Selbstdarstellung eines Volkes, die sich in der Abgrenzung gegen das andere dokumentiert, Geschmack abzugewinnen. Ich habe Verständnis dafür, daß

man Originalitäten hervorhebt – damit sie voneinander profitieren, nicht aber, um sie gegeneinander auszuspielen. Die Frage nach dem »historischen Sinn der Zerstreuung unserer Landsleute« klingt in meinen Ohren mythisch. Ich heiße jede zwangsweise Entwurzelung nicht gut, aber auch jede zwangsweise Zusammenführung schlecht. Die Menschheit scheint mir sehr (gern) mobil geworden zu sein, die Grenzen (bis auf einige Ausnahmen leider) durchlässig – ich sehe den Sinn der Geschichte in der Bewegungsfreiheit aller überall. Jeder sollte selbst bestimmen können, auf welchem Kontinent und in welcher Staatsform er »gesammelt« oder »zerstreut« glücklich sein möchte. Und die Staatsformen sollten so geartet sein, daß sie ihren Bürgern diese Wahl frei lassen, und die Kontinente sollten für die allseitige Beförderung der Bürger offen sein. So könnte, scheint mir, der »historische Sinn« eine einleuchtende Variante bekommen. Nicht »zerstreut« oder »gesammelt« ist die für mich entscheidende Frage, sondern »freiwillig« oder »gezwungenermaßen«.

9. *Das war ein Ausflug ins Utopische – doch ist Ihre Antwort, soweit sie das Allgemeinmenschliche, das Wünschenswerte betrifft, sicherlich unmißverständlich.*
Die ältere Generation der aus Polen und aus anderen Gebieten Osteuropas stammenden Menschen ist verständlicherweise stärker an den Fragen ihrer alten Heimat im Zusammenhang mit ihrer neuen Heimat interessiert. Dieses Interesse differenziert sich als sentimentales, intellektuelles, wirtschaftliches, politisches. Jeder hat da seine eigenen Erinnerungen und Hoffnungen. Die Alteingesessenen sehen das alles im allgemeinen nüchterner, manchmal teilnahmsloser, oft ohne Verständnis für die komplizierten Ungereimtheiten, auf alle Fälle ohne das fragwürdige »Sendungsbewußtsein«. Meine Kinder, im Nachkriegsdeutschland geboren, unterscheiden nicht. Für sie ist mein polnischer Geburtsort Lodz gewissermaßen »ohne Eigenwert«, ein ebenso interessantes

oder uninteressantes Ausland (Aus-Land) wie Lyon oder Manchester oder Mailand. Er genießt keinen »Sonderstatus«.

10. Ihre Pläne für die Zukunft?
Weitermachen. Schreiben, übersetzen, Bindungen nachgehen. Vor etwa fünfzehn Jahren habe ich einigen Stellen den Plan eines »Polen-Instituts« vorgelegt. Der Plan stieß auf das Interesse eines Kultusministers und einiger Fachslawisten, fand aber keine wirtschaftliche Basis zur möglichen Verwirklichung. Es ist denkbar, daß sich dies ändert; dann hielte ich an diesem Plan fest.

Nachtrag anläßlich der Veröffentlichung dieses Buches: Das Deutsche Polen-Institut wurde am 13. 12. 1979 in Bonn gegründet und am 11. 3. 1980 in Darmstadt eröffnet. Das Institut wird von den Kultusministern der Länder Hessen und Rheinland-Pfalz getragen und hat die Aufgabe, zur Vertiefung der Kenntnis des Kultur- und Geisteslebens beider Völker beizutragen.

ANMERKUNGEN UND QUELLENVERWEISE*

I

Vorstellung

Vorstellung. Vorgetragen am 6. 5. 1978 in Darmstadt, anläßlich der Wahl zum Mitglied der Deutschen Akademie für Sprache und Dichtung; abgedruckt im Jahrbuch 1978 (»Vorstellung neuer Mitglieder«) der DASD.

1 Das Thema des Vortrages lautete »Erfahrungen mit Grundwerten des Thomas von Aquin« von Paulus Engelhardt (Bibel-Übersetzer). Im Anschluß daran las Golo Mann seine Übertragungen lateinischer Gedichte.

Stammbaum. Dankesrede, gehalten anläßlich der Verleihung des Übersetzerpreises der Deutschen Akademie für Sprache und Dichtung im Frühjahr 1966 in Köln, veröffentlicht unter dem Titel »Zwischen Ein- und Aussicht: Das Übersetzen« im Jahrbuch 1967 der DASD.

2 Decius der Flötenspieler. Von Ernst Eckstein. Leipzig 1891.

3 Władysław Pociecha, Decjuszowie (Jost Ludwik ojciec i syn). Kraków MCMXXXIX. (Mit umfangreicher Bibliographie.)

4 Ernst Kaussler, Ein Pfälzer in Polen. Die Landauer Boner und ihre Weissenburger Freunde. Neustadt an der Weinstraße 1974. (446 Seiten Text mit 457 Anmerkungen und Quellenangaben, Ahnentafeln und XXXII Illustrationen.)

5 Władysław Pociecha, a.a.O., S. 6.

6 Władysław Pociecha, a.a.O., S. 11.

Hieronymus. Erstveröffentlichung auf polnisch (in der Übersetzung von Michał Misiorny) unter dem Titel »Prawzór« in: Litery Nr. 7, Gdańsk 1971, in: Karl Dedecius, Notatnik tłumacza (in der Übersetzung von Jan Prokop). Kraków 1974. Auf deutsch in: Kulturpolitische Korrespondenz Nr. 230. Köln 15. 4. 1975.

7 Stefan Żeromski (1864-1925), Schriftsteller des Umbruchs, von starker Wirkung auf die polnische Literatur nach dem 1. Weltkrieg. Ż. war 1924

* Alle Texte sind neu bearbeitet (gekürzt, aktualisiert). Alle polnischen Zitate sind vom Verfasser übersetzt.

von seinem Land für den Nobelpreis vorgeschlagen, den allerdings sein Gegenkandidat Wł. St. Reymont (»Die Bauern«) bekam.

8 Goethes Werke (Meyers Klassiker-Ausgaben), hrsg. v. Prof. Dr. Karl Heinemann. Leipzig o.J.: Vierter Band: Westöstlicher Diwan. Aus dem Nachlaß, S. 327.

Geburtsurkunde. Vorgetragen beim Übersetzer-Treffen im Literarischen Colloquium Berlin im Sommer 1966, gedruckt unter dem Titel »Das frag-würdige Geschäft des Übersetzens« in: Sprache im technischen Zeitalter, hrsg. v. Walter Höllerer, Nr. 21 (Januar–März). Stuttgart 1967.

In memoriam Kazimierz Wyka. Erstveröffentlichung auf polnisch unter dem Titel »Moja bardzo osobista sesja z Kazimierzem Wyką« in: Miesięcznik Literacki Nr. 5. Warszawa 1976. Auf deutsch, englisch und französisch in: Europäische Hefte / Notes from Europe / Cahiers Européens Nr. 4, hrsg. v. d. Stiftung F.V.S. in Hamburg und von der Johann-Wolfgang-von-Goethe-Stiftung Basel. Hamburg im Oktober 1976. Nachgedruckt in der Kulturpolitischen Korrespondenz Nr. 351/352. Bonn, 25. 9. 1978.

9 Kazimierz Wyka (1910-1975), Dr. phil., Professor an der Jagiellonen-Universität in Krakau, Direktor des Instituts für Literaturforschung (Instytut Badań Literackich) der Polnischen Akademie der Wissenschaften in Warschau, Literaturhistoriker und -kritiker, Nestor der modernen Polonistik.

10 Paraphrase eines im literarischen Polen wohlbekannten Zitats von Artur Oppman (1867-1931), Pseudonym Or-Ot, eines polnischen Dichters deutscher Abstammung, Obersten der Polnischen Armee, populär als Besinger Warschaus und der polnischen Freiheitskämpfe, Verfasser patriotischer Gedichte, die er wegen des »Tropfens meines deutschen Blutes« schrieb.

11 Ks. Dr. Jan Czuj, Św. Hieronim. Żywot – Dzieła – Charakterystyka. Warszawa 1954, S. 25.

Stichworte

Grenzen. Erstveröffentlichung unter dem Titel »Grenze. Geist. Gedicht. Die Topographie eines Übersetzers.« in: Brot und Wein. Dichtergabe aus Südwestdeutschland. Siebte Folge. Hrsg. v. Emil Wenzel. Stuttgart 1959.

Literatur. Erstveröffentlichung zweisprachig (polnisch/deutsch) unter dem Titel »Konwokacja książek/Botschaft der Bücher« als Vorwort zum Katalog: Polonica in den Verlagen der Bundesrepublik Deutschland

1946-1966, ausgestellt auf der XI. Internationalen Buchmesse in Warschau. Ausstellungs- und Messe GmbH des Börsenvereins des Deutschen Buchhandels, Frankfurt am Main 1966.

Libri. Erstveröffentlichung als »Geleitwort« zum Katalog: Osteuropäische Literatur in deutschen Übersetzungen, ausgestellt in Holland, gedruckt bei Vandenhoeck & Ruprecht, Göttingen 1969.

Selbstbewußtsein. Sprachverkehr. Namengebung. Teile des Eröffnungsvortrags zum 2. Internationalen Forum für Literatur mit Übersetzertreffen von Teilnehmern aus Jugoslawien, Österreich, Polen, Rumänien, Ungarn, Tschechoslowakei und der Bundesrepublik Ende 1967, abgedruckt unter dem Titel »Westöstlicher Diwan 1967« in: Der Übersetzer Nr. 1/2/3 (in Fortsetzungen). Neckarems 1968 (Januar bis März). Auf polnisch in: Karl Dedecius, Notatnik tłumacza. Kraków 1974.

12 Wilhelm von Humboldt, Einleitung zu »Aeschylos Agamemnon metrisch übersetzt von W. v. H.«. Leipzig 1816.

13 Valery Larbaud, Sankt Hieronymus, Schutzpatron der Übersetzer. Berechtigte Übertragung von Annette Kolb. München 1956. S. 58.

Synthese. Fragment der zum deutsch-polnischen Symposium der Evangelischen Akademie (vom 13. bis zum 16. 11. 1968) in Loccum vorgetragenen Schlußthesen.

II

Übersetzung und Gesellschaft

Vortrag bei der Tagung der Evangelischen Akademie Berlin am 14. 9. 1968, abgedruckt in: PEN, Neue Texte deutscher Autoren, hrsg. v. Martin Gregor-Dellin im Auftrag des PEN. Tübingen und Basel 1971.

Slawische Lyrik: Übersetzt – übertragen – nachgedichtet

Erstveröffentlichung in: Osteuropa Nr. 3 (11. Jg.). Stuttgart 1961. Gekürzt nachgedruckt in: Das Problem des Übersetzens, hrsg. v. Hans Joachim Störig. Darmstadt 1969.

1 Zitiert nach: Goethes Werke (Meyers Klassiker-Ausgaben), hrsg. v. Prof. Dr. Karl Heinemann. Leipzig o. J.; Fünfter Band: Faust, Erster Teil, Studierzimmer, S. 65.

Theorie und Praxis

Erstveröffentlichung auf polnisch in: Karl Dedecius, Notatnik tłumacza. Kraków 1974.

2 Diese Termini führt K. Bühler, Sprachtheorie, 1932, ein, während die Unterscheidung selbst – mit unterschiedlichen Bezeichnungen – schon auf die Vorsokratiker zurückzuführen ist.

3 Hieronymus, De optimo genere interpretandi, Brief 57.

4 Quintus Horatius Flaccus, Epistola ad Pisones, V. 133. Zitiert nach: Horaz, Ars Poetica/Die Dichtkunst, Lateinisch/Deutsch. Stuttgart 1972, S. 12.

5 Marcus Tullius Cicero, De optimo genere oratorum.

6 Walter Widmer, Fug und Unfug des Übersetzens. Köln 1959.

7 Novalis, Blüthenstaub, in: Athenaeum 1798.

8 Goethes und Schillers Übertragungen antiker Dichtungen, mit dem Urtext hrsg. v. Horst Rüdiger. München o. J.

9 Das Problem des Übersetzens, hrsg. v. Hans Joachim Störig, Darmstadt 1963 (versammelt Beiträge von 26 Übersetzern, Philologen und Philosophen, von Hieronymus bis zu Autoren der Gegenwart).

10 A. W. Schlegel, Über die Bhagavad-Gita, in: Indische Bibliothek, 2. Heft des 2. Bandes. Bonn 1828.

11 Karl Krolow, Der Lyriker als Übersetzer zeitgenössischer Lyrik, in: Die Kunst der Übersetzung. München 1962, S. 118/119.

12 Heinrich Böll, Frankfurter Vorlesungen. München 1968, S. 61.

13 Alfred Kurella, Theorie und Praxis der Übersetzung. In: Von der Verantwortung des Übersetzers, Beiträge zur deutschen Gegenwartsliteratur Heft 4. Diskussionsmaterial zur Vorbereitung des IV. Deutschen Schriftstellerkongresses der DDR. Berlin 1955.

14 Franz Fühmann, Kleine Praxis des Übersetzens unter ungünstigen Umständen. In: Der Bücherkarren II/1970 (Builletin des Verlages Volk und Welt). Berlin.

15 Friedrich Nietzsche, Werke in zwei Bänden. Band II: Jenseits von Gut und Böse, 28. München 1967 (2. Aufl. 1973), S. 32.

16 Maximilian Braun, Russische Dichtung im XIX. Jahrhundert. Heidelberg 1954. S. 37.

17 K. Tschukowskij, Wyssokoje iskusstwo. Moskwa 1941, S. 57.

18 E. Etkind, Poezija i perewod. Moskwa 1963, S. 206-214.

19 Goethe, Faust, perewod N. Cholodkowskogo. Minsk 1956, S. 161-162.

20 A. Fjodorow, Wwedenije w teoriju perewoda, Biblioteka filologa. Moskwa 1953, S. 159.

21 R. Miljar-Belorutschew, Posledowatelnyj perewod, teoria i metody obutschenija. Moskwa 1969.

22 Masterstwo perewoda, Sbornik statjej. Moskwa 1955, S. 287.
23 Masterstwo perewoda 1962. Moskwa 1963, S. 127-132.
24 Masterstwo perewoda 1964. Moskwa 1965, S. 411.
25 Otto Braun, Fragen der literarischen Übersetzung. In: Von der Verantwortung des Übersetzers, Beiträge zur deutschen Gegenwartsliteratur Heft 4. Diskussionsmaterial zur Vorbereitung des IV. Deutschen Schriftstellerkongresses, hrsg. v. Deutschen Schriftstellerverband der DDR. Berlin 1955.

Rückmeldung

Rückmeldung. Fragment der Laudatio anläßlich der Verleihung des Übersetzerpreises von Inter Nationes an Michael Hamburger und Irena und Egon Naganowski am 5. 11. 1975 in Bad Godesberg. Abgedruckt in: Der Übersetzer Nr. 3 (14. Jahrgang). Tübingen März 1977.

Zwang und Freiheit. Erstveröffentlichung auf polnisch in: Karl Dedecius, Notatnik tłumacza. Kraków 1974.

1 Wacław Rolicz-Lieder, Wybór poezji. Wyboru dokonała, przypisami i bibliografią opatrzyła Maria Podraza-Kwiatkowska. Kraków 1962, S. 149.
2 Stefan George – Wacław Rolicz-Lieder, Gedichte und Übertragungen. Düsseldorf und München 1968, S. 17.
3 Monografia Gerharta Hauptmanna i związki Karola Hauptmanna z kulturą polską. In: Twórczość Nr. 2. Warszawa 1971.
4 Wł. St. Reymont, Die Bauern. Düsseldorf–Köln 1958, S. 90.
5 Wł. St. Reymont, Bauernnovellen, Deutsche Buch-Gesellschaft. Berlin o. J., S. 15.
6 Stefan Żeromski, Opowiadania, Czytelnik. Warszawa 1963, S. 196.

III

Pole, wer bist du?

Radioessay, gesendet vom Hessischen Rundfunk am 28. 3. 1973, erweitert abgedruckt in: Europäische Ideen Heft 43, hrsg. v. Andreas W. Mytze. Berlin 1978.

1 Witold Wirpsza, Spożytkować pisarsko. In: Przesądy. Warszawa 1966, S. 11.
2 Witold Wirpsza, Sonata. In: Poematy i wiersze wybrane. Warszawa 1956, S. 7.

3 Aus dem Manuskript.
4 Witold Wirpsza, Pole, wer bist du? Luzern und Frankfurt a. M. 1971.
5 Witold Wirpsza, Półwysep. In: Świat, Jg. 1966.
6 Witold Wirpsza, Etwas Grillenhaftes – das Spiel von Bedeutungen (Teil I). In: Akzente Nr. 2. München 1967, S. 176-191.
7 Ebd., S. 176.
8 Witold Wirpsza, Pole, wer bist du? S. 20 (1), S. 143 (2), S. 50-51 (3).
9 Jan Pieszczachowicz, Poezja skrajności. In: Odra Nr. 5. Wrocław 1971.
10 Witold Wirpsza, Komentarze do fotografii. Warszawa 1962.
11 Witold Wirpsza, Orangen im Stacheldraht. München 1967, S. 164 und S. 97-98.
12 Witold Wirpsza, Wykorzenienie. Aus dem Manuskript.
13 Witold Wirpsza, Dziecko. In: Przesądy. Warszawa 1966, S. 31.
14 Polnische Poesie des 20. Jahrhunderts, hrsg. und übertr. v. Karl Dedecius. München 1964, S. 112-114.
15 Witold Wirpsza, Deutsche und polnische Lyrik. In: Neue Zürcher Zeitung vom 14. 5. 1967.
16 Witold Wirpsza, bruchsünden und todstücke, hrsg. v. Max Bense und Elisabeth Walther. Stuttgart 1967.
17 Witold Wirpsza, Wiatraki. Aus dem Manuskript.
18 Witold Wirpsza, Theologie. In: Polonaise èrotique, Thema mit Variationen für weibliche und männliche Stimmen, in deutsche Töne gesetzt und instrumentiert von Karl Dedecius. Frankfurt a. M. 1968, S. 35.
19 Witold Wirpsza, Ze zderzeń. In: Przesądy. Warszawa 1966, S. 45.
20 Lech Sokół, Konstruuję, więc jestem. In: Poezja Nr. 8. Warszawa 1967, S. 87.
21 Marta Wyka, Odmiany liryki, In: Życie literackie Nr. 812. Kraków, S. 10.
22 Witold Wirpsza, Zatarcie pisma. In: Przesądy. Warszawa 1966, S. 42.
23 Witold Wirpsza, Einführung in das Gedicht: Don Juan. Warszawa 1960.
24 Siehe 18.
25 Siehe 20.
26 Witold Wirpsza, Kraina ekscesu. In: Przesądy. Warszawa 1966, S. 59.
27 Siehe 14.
28 Michail Bachtin, Literatur und Karneval. München 1969.
29 Witold Wirpsza, Przesądy. Warszawa 1966.
30 Jan Józef Lipski, Autotematyzm, ekspresja i koncept. In: Twórczość Nr. 12. Warszawa 1967.
31 Witold Wirpsza, Podróże. In: Przesądy. Warszawa 1966, S. 21.
32 Witold Wirpsza, Rzeczy ostateczne. In: Mały gatunek. Warszawa 1966.
33 Witold Wirpsza, Milczenie. In: Przesądy. Warszawa 1966, S. 44.

Die totale Parodie

Erstveröffentlichung in: Akzente Nr. 4, München 1971 unter dem Titel »Ein Drama als Parodie eines Dramas«, nachgedruckt in: Jahresring 1971/1972, hrsg. v. Rudolf de le Roi, Hans Bender, Eduard Trier, Gustav Stein. Stuttgart 1971.

1 Wiadomości Nr. 45, 9. 11. 1969. London.
2 Listy Witolda Gombrowicza do Jarosława Iwaszkiewicza. In: Twórczość Nr. 12, Dez. 1969. Warszawa.
3 Marek Hłasko, Piękni dwudziestoletni. Paris 1966, S. 30.
4 Stefania Kossowska in Wiadomości Nr. 43 vom 26. 10. 1969. London.
5 Dominique de Roux, Gespräche mit Witold Gombrowicz. Pfullingen 1969.
6 Stefania Kossowska in Wiadomości Nr. 43 vom 26. 10. 1969. London.
7 Dominique de Roux, Gespräche, S. 149f.
8 Ebd., S. 85.

Die reine Form und der unreine Sinn

Erstveröffentlichung in: Areopag 1981, Jahrbuch für Kultur und Kommunikation, hrsg. v. Gottfried Edel. Pfullingen 1980.

Ein Eisenbahnunglück und seine Folgen

Erstveröffentlichung als Vorwort zur Neuausgabe der polnischen Familienchronik »Die Bauern« von Wł. St. Reymont (Nobelpreis für Literatur 1924). Düsseldorf und Köln 1975.

1 Alfred Wysocki, Sprzed pół wieku. Kraków 1974, S. 122.

Ein Pole in Europa

Erstveröffentlichung in: Deutsche Studien 66, XVII. Jg., hrsg. v. Dr. Karl Gehrmann, Professor Dr. Walter Hildebrandt, Professor Dr. Hans Lades, Dr. Robert Müller-Sternberg. Hamburg 1979.

1 Jarosław Iwaszkiewicz, Wiersze zebrane. Warszawa 1968, S. 251ff. Der Band enthält auch die anderen hier zitierten Gedichte: Sentimentaler Spaziergang (Oktostychy: Przechadzka sentymentalna), Serenade (Krągły rok) und Juli (Lipiec).

2 J. Iwaszkiewicz, Mapa pogody. Warszawa 1977, S. 7-13 (Azjaci).
3 Jerzy Kwiatkowski, Poezja Jarosława Iwaszkiewicza na tle dwudziestolecia międzywojennego.
4 Biblioteka Polonistyki pod redakcją J. Z. Jakubowskiego: Jarosław Iwaszkiewicz. Materiały zebrał i wstępem opatrzył Janusz Rohoziński. Warszawa 1968, S. 78-79.
5 Kultura Nr. 7, Warszawa 18. 2. 1979.
6 Polen Nr. 2 (294), Warszawa 1979.
7 Helena Zaworska, Włochy w poezji Jarosława Iwaszkiewicza. In: Odra Nr. 12, Wrocław 1977.
8 J. Iwaszkiewicz, Sława i chwała, Tom I. Warszawa o.J. (1956), S. 264.
9 J. Iwaszkiewicz, Dzieła. Opowiadania II. Warszawa 1958, S. 223. Beide Werke (Anm. 8 u. 9) sind in deutscher Übersetzung von Klaus Staemmler im Verlag Langen-Müller München erschienen.

Leon Kruczkowski und »Die Deutschen«

Erstveröffentlichung in: Deutsche Studien Nr. 64, XVI. Jg. Hamburg 1978.
1 Twórczość, Warszawa, heute (1981) im 37. Jg.
2 Kordian i cham. Powieść. Kraków 1932.
3 Henryk Sienkiewicz (1846-1916), Verfasser patriotischer Romane rhetorischen und didaktischen Charakters, konservativ, kritiklos in der Verherrlichung der polnischen Vergangenheit, berühmt geworden vor allem durch den Roman »Quo vadis« (1894-1896); erster polnischer Nobelpreisträger (1905).
4 Stefan Żeromski (1864-1925), Autor patriotischer Erzählungen, Romane, Dramen in kritisch realistischer Manier, angereichert mit Lyrismus und Pathos, die zum Symbolismus und Expressionismus tendieren.
5 Władysław Stanisław Reymont (1867-1925), Autor von »Lodz, das gelobte Land« und »Die Bauern« (1902-1909), für die er 1924 mit dem Nobelpreis ausgezeichnet wurde.
6 Geschlechternamen: Fürsten, Atamane, Wojewoden, Kanzler – von großem Einfluß in der polnischen Geschichte.
7 Sejm, polnisches Parlament.
8 Leon Kruczkowski, Rebell und Bauer. Roman. Übersetzung aus dem Polnischen von Karl Dedecius. Weimar 1952. S. 308-311.
9 Adam Mickiewicz (1798-1855), Polens größter Dichter, auch Verfasser von Dramen und politisch-polemischen Schriften.
10 Joachim Lelewel (1786-1861), Historiker, Bibliograph – Professor an der Universität Wilna, Lehrer von Mickiewicz, Mitglied der Nationalregie-

rung im Novemberaufstand 1830/31, Begründer der Vereinigung Polnischer Emigration in Paris und Brüssel.

11 Piotr Wysocki (1799-1875), Leutnant, Instrukteur an der Warschauer Fähnrichschule, Anführer der Fähnrichsverschwörung, die am 29. 11. 1830 zum Ausbruch des Novemberaufstands geführt hat.

12 Juliusz Słowacki (1809-1849), der zweite, neben Mickiewicz, der beiden großen Dichter-Propheten der polnischen Romantik. Lebte seit 1831 in der Emigration.

13 Kazimierz Wyka (1910-1976), Professor für polnische Literaturgeschichte an der Universität in Kraków, Mitglied der Polnischen Akademie der Wissenschaften, Kritiker, Essayist.

14 Eliza Orzeszkowa (1841-1910) Romanautorin, führende Vertreterin des polnischen Positivismus, Verfechterin der »organischen Arbeit«, der Frauenemanzipation, der Beseitigung der sozialen Not und der Unfreiheit, vor allem auf dem Lande.

15 Elżbieta Morawiec, »Niemcy« dzisiaj. Życie literackie. Kraków, Nr. 870, S. 7.

16 Kazimierz Wyka: Pogranicze powieści. Warszawa 1974, S. 77ff.

17 Zbigniew Kwiatkowski, Sezon niemiecki w TV. Życie literackie, Nr. 924, S. 11.

18 Tadeusz Borowski (1922-1951), Lyriker und Erzähler, bekannt geworden durch seine Auschwitz-Erzählungen »Die steinerne Welt« (Kamienny świat). Warszawa 1948.

19 Zofia Nałkowska (1884-1954), in der Bundesrepublik Deutschland durch ihre Kriegserzählungen »Medaillons« bekannt (Bibliothek Suhrkamp).

20 Tadeusz Różewicz (1921): Offene Gedichte. München 1969.

21 Leon Kruczkowski, Droga do »Niemców«. In: Literatura i polityka. Opr. Z. Macużanka. T. 2. Warszawa 1971, S. 370.

22 Leon Kruczkowski, Niemcy. Sztuka w 3 aktach. Biblioteka szkolna. Warszawa 1969, S. 98ff. Deutsch von H. Holzschuher. Berlin/Leipzig 1951, S. 62f.

23 Heinrich Olschowsky: Tua res agitur. Zur Rezeption von Leon Kruczkowskis »Die Sonnenbrucks« in der DDR. In: Weimarer Beiträge, Berlin, Heft 2/1976. Polnisch in: Miesięcznik literacki. Warszawa, Heft 1/1976.

24 Renata Zwoźniakowa: Przedzieranie się do jasności. Leon Kruczkowski czytany współcześnie. In: Poglądy. Katowice, Nr. 15, 1-15. 8. 1977.

25 Edmund Jan Osmańczyk, Niemcy czy »Sonnenbruckowie«? Wspomnienie o Leonie Kruczkowskim. In: Poglądy, a.a.O.

26 Odrodzenie (Wiedergeburt), die erste lit.-gesellschaftspolitische Wochenzeitschrift in Volkspolen, gegründet 1944 in Lublin, hrsg. 1945

bis 1947 in Kraków, von 1947 bis 1950 in Warszawa. Die Redakteure waren Karol Kuryluk und Jerzy Borejsza.

27 Leon Kruczkowski, Droga do »Niemców« i Jeszcze o »Niemcach«. In: Literatura i polityka, a.a.O., S. 371ff.

28 Włodzimierz Sokorski, Pisarz swego czasu. In: Kultura, Warszawa, Nr. 28, 13.7.1975.

29 Zenona Macużanka, Ostatnie opowiadania Kruczkowskiego. In: Nowe książki. Warszawa, Nr. 14/1963, S. 689-691.

30 Leon Kruczkowski, Literatura i polityka. T. 1. W. klimacie dyktatury. 1927-1939. T. 2. Wśród swoich i obcych. 1945-1962. Wybór tekstów i oprac. przypisów: Z. Macużanka i K. Schild. Wstęp: S.W. Balicki. Indeks zestawiła K. Kurmanowa. Warszawa 1971.

31 Nad książkami Kruczkowskiego. Publicystyka. In: Odra. Wrocław, Nr. 6/1972.

32 Lech Bartelski, Polscy pisarze współcześni 1944-1969. Warszawa 1970.

33 Słownik współczesnych pisarzy polskich. Nowy Korbut. Opracował zespół pod redakcją Ewy Korzeniowskiej. Warszawa 1964.

»Der Gedanke ist eine seltsame Weite«

Nachwort zu den Gedichten von Karol Wojtyła, verlegt in Freiburg–Basel–Wien 1979.

1 Max Scheler, Vom Umsturz der Werte. Bern 1955, S. 186.

2 Max Scheler, Stellung des Menschen im Kosmos. Bern–München 1962, S. 52.

3 Mieczysław Kotlarczyk, Die Kunst des lebendigen Worts. Diktion, Expression, Magie. Rom 1957.

4 Walter Höllerer, Was alles hat Platz in einem Gedicht. München 1977, S. 7.

5 Gruda (deutsch: Scholle), eines der Pseudonyme des Autors Karol Wojtyła.

IV

Polen, Land der Pointen

Polen, Land der Pointen. Referat zum Symposion der Osteuropa-Gesellschaft am 21./22.9.1979 in Schlangenbad. Teilweise nachgedruckt in der Neuen Zürcher Zeitung Nr. 39 vom 16./17.2.1980.

V

Zwischen Zeit und Zeitung

Erstveröffentlichung in: Jahresring 1977/1978, hrsg. v. Rudolf de le Roi, Hans Bender, Eduard Trier, Gustav Stein und Volker Neuhaus. Stuttgart 1977.

1 Kazimierz Wyka, Die polnische Literatur des XX. Jahrhunderts auf ihrem europäischen Hintergrund. Gastvortrag. Manuskript.

2 Kazimierz Przerwa-Tetmajer, Nachdenklichkeiten. Aus: Poezje II, 1898.

3 Julian Tuwim, Bitte um das Lied. Aus: Słowa we krwi, 1926.

4 Julian Przyboś, Aus der Poetik. In: Gedichte, übertr. v. Karl Dedecius. Ebenhausen 1963.

5 Julian Przyboś, Die neue Rose. In: Polnische Poesie des XX. Jahrhunderts, hrsg. u. übertr. v. Karl Dedecius. München 1964.

6 Andrzej Lam, Z problemów periodyzacji nowszej literatury polskiej. In: Miesięcznik literacki. Warszawa 12/1975.

7 Hier wie in der Folge werden nur Autoren zitiert, deren Arbeiten in deutscher Übersetzung zugänglich sind.

8 Zbigniew Herbert, Studium des Objekts. In: Zbigniew Herbert, Gedichte, aus dem Polnischen übertragen und mit einem Nachwort versehen von Karl Dedecius. Frankfurt am Main 1964.

9 Stanisław Barańczak, Blicken wir der Wahrheit ins Auge. In: Polnische Lyrik der Gegenwart, hrsg. u. übertr. v. Karl Dedecius. Stuttgart 1973.

10 Julian Kornhauser – Adam Zagajewski, Świat nie przedstawiony. Kraków 1974.

11 Dyskusja wokół młodej literatury. In: Nowe książki Nr. 15. Warszawa 15.8.1975.

12 Literatura lat siedemdziesiątych – czy coś takiego istnieje? In: Literatura. Warszawa 20.2.1975

13 Siehe 11.

14 Tematy, tendencje, wartości. Rozmowa o polskiej prozie 1975. In: Nowe Książki. Warszawa.

15 Interview mit J. J. Szczepański in: Kultura Nr. 20/1975.

16 Adam Zagajewski, Metapher; aus dem Band »Sklepy mięsne« (Metzgereien). Kraków 1975.

Bücher als Brücke

Vortrag, mehrfach gehalten, veröffentlicht in: Bundesrepublik Deutschland/Volksrepublik Polen. Bilanz der Beziehungen. Probleme und Perspektiven ihrer Normalisierung. Hrsg. v. Hans-Adolf Jacobsen, Carl Christoph Schweizer, Jerzy Sułek, Lech Trzeciakowski. Alfred Metzner Verlag Frankfurt am Main/Polski Instytut Spraw Międzynarodowych. Warszawa 1979 (Parallelausgaben deutsch und polnisch).

1 Zit. nach: Adama Mickiewicza listy nie objęte ostatnim wydaniem książkowym. Oprac. S. Pigoń. In: Pamiętnik Literacki LIII 1962.

2 Index Translationum. Polonica-Katalog 1946-1966 des Börsenvereins des Deutschen Buchhandels. Frankfurt am Main. Ludomira Ryll/Janina Wilgat, Polska literatura w przekładach 1945-1970. Warszawa 1972. Buch und Buchhandel in Zahlen. Frankfurt am Main 1946-1979.

3 Mir lagen die von Dortmund, Göttingen und Biberach a.d. Riss vor: »Bücher von Polen, aus Polen, über Polen«, sowie der Hauskatalog der Siemens-Werkbücherei: Nachbar Polen, April 1968.

4 Dichter, Vizepräsident der Deutschen Akademie für Sprache und Dichtung in Darmstadt.

5 Lyriker, Erzähler und Kritiker, Mitglied der Deutschen Akademie für Sprache und Dichtung in Darmstadt und der Bayerischen Akademie der schönen Künste in München.

6 Abgedruckt in der Dokumentation: Stiftung F.V.S. zu Hamburg. Gottfried-von-Herder-Preise 1973, S. 22f.

7 Prof. Dr. Helmut Bauer: Lec und die Politisierung einer intellektuellen Dichtart. Antrittsvorlesung an der Technischen Hochschule in Darmstadt, nachgedruckt in: Sprache im technischen Zeitalter Nr. 37, Stuttgart 1971.

8 Jg. 15, Nr. 63/D 1914 A vom 5.3.1972.

9 Nr. 30 vom 28.6.1968, S. 56.

10 Polizeifest Leverkusen 1969. Gewerkschaft der Polizei. Kreisgruppe Leverkusen. Redaktion: Rudolf Blatnik.

11 Herbert Heckmann, An den Rand geschrieben, in: Neue Rundschau Nr. 4/1968; Gabriel Laub, Verärgerte Logik, München 1969.

12 Börsenblatt für den deutschen Buchhandel, Frankfurter Ausgabe Nr. 73 vom 12.9.1972.

Deutsch als Medium – Polnisch als Reiz

Erstveröffentlichung in: Jahrbuch der Deutschen Akademie für Sprache und Dichtung. Darmstadt 1977.

1 Janina Wilgat, Ludomira Ryll, Polska literatura w przekładach. Bibliografią 1945-1970. Warszawa 1972. (Die Ergänzungen bis zum Jahre 1974 stammen aus einem Manuskript von Janina Wilgat, Polnische Nationalbibliothek.)

2 Maurycy Mochnacki (1803-1834), politischer Publizist, Literaturkritiker, bedeutender Vertreter der romantischen Schule im Einflußbereich von Schiller und Schlegel.

3 Schloßbuchhandlung Christiansen und Schmidt, Koblenz, Casinostr. 44. Brief von Frau Ursula Christiansen vom 23.9.1977.

4 Westöstlicher Diwan. Buch Suleika: Ginkgo biloba – ein aus Japan stammender Baum im Heidelberger Schloßgarten, dessen Blatt als Sinnbild der Freundschaft Goethe an Marianne von Willemer sandte.

Zehn Fragen

Erstveröffentlichung unter dem Titel »Gespräch mit Karl Dedecius« in: Polnische Neuerscheinungen Nr. 9. Warschau 1976.

1 Karl Dedecius, Notatnik tłumacza. Autoryzowany przekład z niemieckiego Jana Prokopa. Wstępem opatrzył Jerzy Kwiatkowski. Wydawnictwo Literackie Kraków 1974.

2 Na domiar złego (poln.) zu schlechter Letzt.

Zehn Antworten

Erstveröffentlichung in: Wege zum Nachbarn. Interview des Herausgebers Peter E. Nasarski. Bielefeld 1974.

PERSONENREGISTER

Von Karl Dedecius erschienen im
Suhrkamp Verlag und Insel Verlag

Überall ist Polen. Zur polnischen Literatur der Gegenwart. 1974.

Polnische Profile. 1975.

Zbigniew Herbert: Gedichte aus zehn Jahren. 1956-1966. Herausgegeben und übertragen von Karl Dedecius. 1966.

Zbigniew Herbert: Inschrift. Gedichte. Herausgegeben und übertragen von Karl Dedecius. 1973.
Bibliothek Suhrkamp 384

Zbigniew Herbert: Im Vaterland der Mythen. Griechisches Tagebuch. Herausgegeben von Karl Dedecius. 1973.
Bibliothek Suhrkamp 339

Zbigniew Herbert: Herr Cogito. 50 Gedichte der letzten fünf Jahre. Edition, Übersetzung und Nachwort von Karl Dedecius. 1974.
Bibliothek Suhrkamp 416

Zbigniew Herbert: Gedichte. Aus dem Polnischen übertragen und mit einem Nachwort versehen von Karl Dedecius. 1964.
edition suhrkamp 88

Czesław Miłosz: Zeichen im Dunkel. Poesie und Poetik. Herausgegeben von Karl Dedecius. 1979.
edition suhrkamp 995

Julian Przyboś: Werkzeug aus Licht. Poesie und Poetik. Herausgegeben und aus dem Polnischen übertragen von Karl Dedecius. 1978.
edition suhrkamp 908

Wisława Szymborska: Salz. Gedichte. Übertragen und herausgegeben von Karl Dedecius. 1973.
edition suhrkamp 600

Wisława Szymborska: Deshalb leben wir. Gedichte. Übertragen und herausgegeben von Karl Dedecius. 1980.
Bibliothek Suhrkamp 697

Wiesław Brudziński: Katzenjammer. Aphorismen. Herausgegeben und aus dem Polnischen übersetzt von Karl Dedecius. 1964.
edition suhrkamp 162

Wiesław Brudziński: Die rote Katz. Auf deutsch aus dem Sack gelassen von Karl Dedecius. 620 Aphorismen mit 10 Zeichnungen von Szymon Kobyliński und 26 Vignetten von Juliusz Puchalski. 1970.
Bibliothek Suhrkamp 226

Konstanty Ildefons Gałczyński: Die Grüne Gans. Das kleinste Theater der Welt deutsch aufgeführt von Karl Dedecius. Kostüme von Sławomir Mrożek. 1969.
Bibliothek Suhrkamp 222

Adolf Neuwert Nowaczyński: Der schwarze Kauz. Eulen-Spiegel-Glas-Splitter, aufgelesen und aus dem Polnischen herübergetragen von Karl Dedecius. 100 Glossen und mehr mit 10 Zeichnungen von Heinz Edelmann. 1972.
Bibliothek Suhrkamp 310

Jerzy Szaniawski: Der weiße Rabe. Professor Tutkas Geschichten. Eingeleitet, übersetzt und herausgegeben von Karl Dedecius. Mit vier Zeichnungen von Daniel Mróz. 1975.
Bibliothek Suhrkamp 437

Polnische Liebesgedichte. Mit Zeichnungen von Pablo Picasso. Ausgewählt und übertragen von Karl Dedecius. 1980.
Insel-Bücherei Nr. 1008

Wladimir Majakowskij: Liebesbriefe an Lilja. Herausgegeben und übertragen von Karl Dedecius. 1969.
Bibliothek Suhrkamp 238

Wladimir M. Majakowskij: Die Wirbelsäulenflöte. Neu übersetzt und ins Gedächtnis gerufen von Karl Dedecius. 1971.
Insel-Bücherei 961

Wladimir Majakowskij: Ich. Ein Selbstbildnis. Collagiert und kommentiert von Karl Dedecius. 1973.
Bibliothek Suhrkamp 354

Gennadij Ajgi: Beginn der Lichtung. Gedichte. Herausgegeben und aus dem Russischen übertragen von Karl Dedecius. 1971.
edition suhrkamp 448